Felix Dahn

Bausteine

Gesammelte kleine Schriften 4. Reihe

Felix Dahn

Bausteine
Gesammelte kleine Schriften 4. Reihe

ISBN/EAN: 9783743643543

Hergestellt in Europa, USA, Kanada, Australien, Japan

Cover: Foto ©Thomas Meinert / pixelio.de

Weitere Bücher finden Sie auf **www.hansebooks.com**

Bausteine.

Gesammelte kleine Schriften

von

Felix Dahn.

Vierte Reihe: Erste Schicht.

Rechtsphilosophische Studien.

Berlin 1883.
Verlag von Otto Janke.

Rechtsphilosophische Studien

von

Felix Dahn.

Berlin 1883.
Otto Janke.

Seinem lieben Freund und Collegen

in Poesie und Wissenschaft

Professor Max Seydel

in München.

Inhaltsverzeichniß.

Ueber das Verhältniß der Rechtsphilosophie zur Philosophie und zur Rechtswissenschaft . . . . . S. 1
"Naturrecht und Ethik" . . . . „ 13
Die Hauptprobleme der Rechts- und Statsphilosophie . „ 23
Hobbes . . . . „ 37
Sidney . . . . „ 49
Locke . . . . „ 68
Ueber Geschichte und System der Rechtsphilosophie . „ 76
Rechtsschulen . . . . „ 132
Zur Rechtsphilosophie . . . . „ 144
Zur Philosophie und Gesetzgebung des Strafrechts . „ 217
Zur Philosophie des Strafrechts . . . . „ 226
Zur Lehre von den Rechtsquellen, insbesondere von dem Gewohnheitsrecht . . . . „ 234
Der Kampf für das Recht . . . . „ 269
Zur Methode der Rechtsphilosophie . . . . . . „ 288
Vom Werden und Wesen des Rechts . . . . . „ 291

Über das Verhältniss der Rechtsphilosophie zur Philosophie und zur Rechtswissenschaft.[1]

Einleitung.

Die Rechtsphilosophie ist häufig Gegenstand von Angriffen gewesen, welche, von verschiedenen Gegnern von verschiedenen Gesichtspuncten aus unternommen, doch den Zweck gemein haben, die Nothwendigkeit oder gar die Möglichkeit dieser Wissenschaft zu bestreiten.

Vor Allem mußten diejenigen, welche alle Philosophie überhaupt für Luxus oder für Traum oder für Unrecht halten, consequent mit dem Gesammtkörper auch dies Glied verwerfen: wenn es überhaupt überflüssig oder unmöglich oder unrecht ist, zu philosophiren, so muß dies auch von der Rechtsphilosophie gelten.

Die Widerlegung dieser Ansichten ist in einem juristischen Vortrag ungehörig und unnöthig in diesem der Wissenschaft geweihten Raum und vor dieser Versammlung.

Abgesehen aber von den Angriffen, die mit unwissenschaftlichen Waffen geführt werden, lassen sich die Gegner

---

[1] Vortrag bei der Promotion zum Doctor der Rechte, München, 19. VII. 1855

der Rechtsphilosophie nach den Ausgangs-Puncten ihrer Polemik in zwei Gruppen scheiden: die Einen sind die Philosophen, die Andern die Juristen. Manche Philosophen behaupten, daß in dem System der Philosophie, manche Juristen, daß in dem System der Rechtswissenschaft kein Bedürfniß und folglich kein Platz sei für eine Disciplin, welche zwitterhaft aus zwei Naturen bestehe und keinem der beiden Wissenschaftsgebiete wirklich angehöre. Die Philosophen nennen sie unphilosophisch, die Juristen unjuristisch.

Die philosophischen Gegner der Rechtsphilosophie sprechen also:

"Eine Wissenschaft, welche sich mit Auffassung, Entwicklung und Zusammen-Stellung der positiven Normen irgend eines bestimmten Rechtssystems beschäftigt, sei keine philosophische, sondern eine historische oder juristische. Denn die Philosophie sei die Wissenschaft von den allgemeinen Principien der Welt und des menschlichen Geistes: mit Abstreifung des Zufälligen und Historischen, des Einzelnen und Vorübergehenden suche die Philosophie das Ewige, das Unwandelbare, das Allgemein-Menschliche, welches beharre in dem Wechsel der Erscheinungen. Daher könne die Beschäftigung mit den Einzelheiten z. B. des Privat- und Criminalrechts einer einzelnen Gesetzgebung nicht Philosophie sein. Höchstens die Grundsätze der Statenbildung etwa und die Construction der obersten Principien der Ethik gehörten der Philosophie an; mit einem Wort: die Philosophie sei eine abstracte Wissenschaft, jene Rechtsbetrachtung aber sei concret und darum keine Philosophie."

Umgekehrt! Gerade weil die Rechtsphilosophie concret ist, darum ist sie Philosophie. Obige Argumentation hängt zusammen mit einer scholastischen Auffassung der Philosophie, mit einem Irrthum, welcher Logik und Philosophie verwechselt. Die Logik freilich — und zwar nicht die Logik des Aristoteles, sondern die formale scholastische Logik — ist abstract und ihr Ideal, die Kategorientafel eines Raimundus Lullus, ist auch das Extrem der Abstraction.

Philosophie aber ist Weltweisheit: und so gewiß die Welt concret ist, so gewiß die Philosophie. Freilich ist die Philosophie die Wissenschaft von den Principien, vom Allgemeinen, aber das Allgemeine an sich und getrennt von dem Einzelnen ist ein todtes Schemen: nur in seiner Verwirklichung in Natur und Geschichte ist es lebendige Idee.

Gehen wir die Reihe der Philosophen durch: wir werden finden, daß gerade die Größten ihre Größe bewährt haben nicht in einer Metaphysik, die über den Wolken schwebt, sondern in concreter Weisheit, die in der Welt der Geschichte und der Natur lebt.

Hat nicht Sokrates in zwiefachem Sinne die Philosophie vom Himmel auf die Erde heruntergeführt?

Hat nicht Platon seine Ideologie auf die Erklärung des Schönen, des Guten, der Sprache, des States, der Natur angewandt?

Ist nicht die Philosophie des Aristoteles ein Wissen von Sprache und Stat und Kunst und Sitte und Natur?

Spinoza hat sein System in „theologisch-politisch ethischen" Tractaten dargestellt.

Die englischen Philosophen sind Psychologen.

Kant baut sein glorreiches Gebäude auf den Grund der Sprache und die Psychologie des Erkennens: über die aprioristischen Formeln aber bei Fichte, Schelling und Hegel hat die Geschichte bereits gerichtet. Nicht ihr metaphysisches System hat sich als ihre größte und unsterbliche That bewährt, sondern die genialen Durchführungen einzelner Principien in den concreten Gebieten.

Die Metaphysik Fichtes, Schellings und Hegels hat sich nicht halten können in dem Entwicklungs-Strom der Wissenschaften: aber was Fichte in ethischen, Schelling in ästhetischen, Hegel in logisch-intelligibeln Gebieten geleistet, das wird fortwirken nicht nur in Theorie und Philosophie, sondern auch in Litteratur und Kunst, in Sitte und Leben. Hegels Phänomenologie und manches Einzel-Stück aus seiner Logik, Aesthetik, Rechts- Religions- und Geschichtsphilosophie wird noch bewundert fortleben, wann sein metaphysisches Princip längst überwunden sein wird.

Die Abstractheit dieser Philosopheme ist ein Grund ihres Verfalls, ihrer Verrufenheit: concret muß die Speculation werden, soll sie wieder Werth und Ehre gewinnen. Aufgabe der Philosophie ist alles geistige Leben, den Inbegriff des Wißbaren die Resultate aller positiven Einzelwissenschaften zu umfassen, zu verbinden und so zu einem Ganzen abzurunden.

Wenn nun aber auch das Recht in dem Kreis des menschlichen Geistlebens ein ernstes, wichtiges Glied bildet, so liegt darin der Beweis, daß es auch eine Rechtsphilosophie geben muß. Das Recht einer Zeit, eines Volkes ist ein integrirender Theil der Welt, und die Philosophie, soll sie anders Weltweisheit sein, muß bis ins Detail dies Recht verfolgen und die darin immanente Vernunft begreifen und darstellen.

Damit scheint jener Angriff der Philosophie auf die Berechtigung der Rechtsphilosophie abgeschlagen und deren Nothwendigkeit nachgewiesen.

Von der andern Seite her behaupten manche theoretische, besonders aber die praktischen Juristen, „alle Rechtsphilosophie sei nicht nur entbehrlich, sondern vom Uebel. Es sei neben einer positiven Gesetzgebung und Jurisprudenz gar kein Bedürfniß nach einem dritten. Vielmehr sei die sogenannte Rechtsphilosophie ein gefährliches und verderbliches Ding. Die jüngern Juristen namentlich würden dadurch verführt, leere Abstractionen, die den Schein der Tiefe und den Reiz der Allgemeinheit hätten, dem mühsamen und gründlichen Fachstudium im Detail vorzuziehen; flüchtige Oberflächlichkeit, eilfertiges Begnügen mit dem Erreichten würden dadurch begünstigt und in nur äußerlichen todten Formeln wolle man die reiche Fülle lebendigen Materials erschöpfen, während der Fleiß der Detail-Forschung vernachlässigt werde."

Diese Einwürfe und Bedenken sind an sich vollkommen begründet, fechten uns aber gar nichts an, denn sie treffen nicht eine Rechtsphilosophie, wie wir sie wollen, sondern eine Abstraction, wie wir sie nicht wollen.

Das ältere Naturrecht, wie es etwa vom Jahre 1550—1800 betrieben und gelehrt wurde, dies freilich war eine Sammlung von abgezogenen Allgemeinheiten, ohne den Werth und das Leben der Besonderung und darum ohne innere Wahrheit.

Die Rechtsphilosophie Hegels allerdings, welche aus einem vorher construirten Princip oder vielmehr an einer genialen Hypothese als absolutem Maßstab das concrete Recht mißt, diese trifft der Vorwurf, durch den Zauberglanz geistreicher Formeln zu einer tief scheinenden Oberflächlichkeit zu verführen.

Aber die Rechtsphilosophie in unserm Sinn soll nicht

die Fiction eines Naturrechts, nicht die Hypothese eines dialektischen Processes zu Grunde legen, sondern die Rechtsgeschichte.

Nicht, wie bisher meist geschehen, soll ein fertiges philosophisches Princip, auf Metaphysik gebaut, der Reihe nach auf das Schöne, das Sittliche, das Religiöse und so denn auch auf das Recht angewendet werden, so daß an einigen Sätzen eines einzelnen Rechtssystems, etwa dem römischen Eigenthumsbegriff oder einigen Gedanken des römischen Erbrechts, die Uebereinstimmung mit dem sonstigen „Princip" aufgezeigt und so die encyclopädische Ehre des Systems gerettet würde: nicht Kant, Fichte und Hegel scheinen mir die größten Heroen der Rechtsphilosophie, sondern Niebuhr, Puchta, Savigny, Jakob, Grimm und Eichhorn: diese Männer haben den Geist des Rechts da gesucht und gefunden, wo allein er zu finden ist: in der Geschichte; nicht in abstracten Formeln, sondern im lebendigen Einzelnen haben sie das tiefste Wesen römischer und germanischer Rechtsbildung belauscht und die Idee des Rechts dargestellt nicht in einem fingirten Naturrecht, sondern in einem wirklichen, nationalen Recht.

So gewiß das Allgemeine nicht außer und über dem Besondern ist, so gewiß ist die Idee des Rechts nicht außer und über den nationalen Rechten, sondern nur in ihnen. So ist die Rechtsphilosophie die Wissenschaft von der Rechtsidee in der Geschichte, ihr Princip ist nicht irgend ein metaphysisches, sondern das historische. Sie soll das ganze Material eines nationalen Rechts in seine Einzelheiten verfolgen, seine Geschichte mikroskopisch betrachten und als Resultat aus diesem Stoff heraus den Charakter dieses nationalen Rechts, seinen eigenthümlichen Geist darstellen und den gemeinsamen Typus desselben an jedem seiner Sätze, an jeder Einzelheit seiner Geschichte nachzuweisen im Stande sein: sie soll die nationalen Rechte behandeln, nicht ein fingirtes Naturrecht, sie soll diese nationalen Rechte nicht metaphysisch apriori construiren, sondern aposteriori begreifen. Damit fällt der Vorwurf der Juristen, die Rechtsphilosophie führe zu vager, wohlfeiler Oberflächlichkeit: denn volle Beherrschung der betreffenden Rechtssysteme und quellenmäßige Kenntniß seiner Geschichte, kurz vergleichende Rechtsgeschichte ist uns Vorbedingung der Rechtsphilosophie: daher ist sie uns aber auch nicht der Vorhof, sondern die Kuppelwölbung aller Rechtswissenschaft.

Nachdem so die Begriffsbestimmung unserer Disciplin festgestellt ist, ergeben sich aus derselben von selbst drei Fragen, nämlich:

I. Wenn die Rechtsphilosophie eine philosophische Wissenschaft ist, welche Stellung hat sie in dem philosophischen System neben der Metaphysik einzunehmen: was ist ihre Bedeutung und Aufgabe für die Philosophie?

II. Wenn die Rechtsphilosophie eine juristische Wissenschaft ist, welche Stellung hat sie in dem juristischen System neben dem positiven Recht einzunehmen: was ist ihre Bedeutung und Aufgabe für die Jurisprudenz?

III. Wenn sie zugleich eine philosophische und eine juristische Wissenschaft ist, welches muß ihre Methode sein: welche Grundlage muß sie haben, diese doppelte Aufgabe zu lösen?

I. **Die Rechtsphilosophie in der Philosophie: — formale Rechtsphilosophie.**

Den Begriff der Philosophie in klarem Verständniß zu definiren, würde eine Darstellung des ganzen Systems erfordern: diese Definition ist nicht die erste, sie ist die letzte.

Hier muß daher dieser Begriff vorausgesetzt werden.

Philosophie ist Weltweisheit d. h. die Wissenschaft von den obersten Gesetzen der Welt — die Welt gedacht als Inbegriff alles Menschlich-Gedenkbaren. Die Hypothese, welche diesem Begriff zu Grunde liegt, ist, daß überhaupt über all den Einzelheiten, welche wir wahrnehmen, Eine Einheit, über allen Erscheinungen Ein Gesetz waltet.

Diese Hypothese ist freilich eine Hypothese: aber sie ist das ἐξ ὑποθέσεως ἀναγκαῖον für das menschliche Denken.

Denn der Mensch denkt in der Form von Urtheil, Begriff und Schluß: sein Denken ist eine Subsumtion des Einzelnen unter das Allgemeine vermittelst des Besondern; will er also überhaupt denken, so muß er auch objectiv eine solche Unterordnung des Einzelnen unter das Allgemeine annehmen, wenn sein Denken die Wahrheit soll erreichen und ausdrücken können.

Unter dem Menschlich-Gedenkbaren ist nun auch die Wahrnehmung, daß die Menschen selbst in einem Verhältniß stehen zu andern Menschen und zu den Dingen.

Dies Verhältniß enthält zwei Momente: ein innerliches, die Motive, die Gesinnungen — das Ethische: und ein stabil-äußerliches, eine äußere Form dieser Verhältnisse —: das Recht.

Wir beobachten, daß vorerst in den Gesinnungen der Menschen innerlich sich eine Ansicht über die äußeren Normalverhältnisse zu Menschen und Dingen bildet.

Sodann, daß dies Verhältniß durch ausgesprochene Regeln in seinem Normalbestand erhalten wird und zwar gerade so lange, bis in den Gesinnungen der Menschen allmählig ein neuer Kern sich gebildet hat: dieser wird nunmehr als das Normale aufgestellt, ihm gegenüber sind die früheren Regeln nicht mehr die richtigen, sondern unangemessen und sie fallen, sobald der neue Inhalt stark genug geworden, sich eine neue Form zu bilden: d. h. die Ideale der Moral und des Rechts wechseln wie die der Kunst.

Es verhalten sich auch jenes innere und äußere Moment nicht nur wie Inhalt und Form, sondern sie haben auch geradezu verschiedenen Inhalt. Manche sittliche Beziehung im Verhältniß von Mensch zu Mensch ist so innerlich, daß sie äußerlicher Form und Norm weder bedarf noch fähig ist und manche Formel des positiven Rechts hinwieder hängt mit dem Sittlichen an kaum mehr zu erkennenden Fäden zusammen.

Wir finden endlich zwei andere Mächte in der Menschenseele sehr geeignet sind, einen etwaigen Conflict zwischen dem innerlichen und äußerlichen Moment zu verhindern.

Einmal ein mehr innerliches, vom Subject ausgehendes Element: nämlich den Drang, das vom eignen Bewußtsein als Ideal Anerkannte auch Andern als Ideal darzustellen, andern die eigne Persönlichkeit mit dem Stempel des Idealen aufzuprägen: dies ist der pädagogische Trieb, welcher keineswegs auf das Gebiet der Kindererziehung beschränkt ist, — Kindererziehung ist nur sein einfachster, reinster Typus —: er ist überall wirksam, wo im Menschen eine Bewegung vom Princip des Individuellen ausgeht und das Allgemeine zum Endpunct hat.

Andersetts liegt im Menschen der Zug nach Reception, der aus dem Gefühl der eigenen Relativität und Unvollkommenheit entsprießende Drang, andere Art und fremde Eigenthümlichkeit, die doch als menschliche verwandt ist, auf sich wirken zu lassen: dies ist das politische Element, welches nicht auf das Gebiet des States beschränkt ist — der Stat ist nur ein einfachster, reinster Typus — er ist überall wirksam, wo im Menschen eine Bewegung vom Princip der Allgemeinheit ausgeht und auf das Einzelne zurückwirkt.

Das pädagogische Element sucht nun die innere Rechtsüberzeugung auch andern Individuen und der nächsten Generation einzuprägen.

Das politische Element sucht andrerseits als Stat theils die bestehenden Rechtsformen gegen äußere Angriffe und innere an sich unberechtigte oder doch noch unreife Aenderungen zu schützen, theils aber auch dem Innerlichen den gebührenden Einfluß auf die Gestaltung des äußern Rechts zu sichern.

So reicht sich das egoistische und das hingebende Element die Hand, die friedliche Entwicklung des Sittlichen und der Gewohnheit zur Kristallisation als Recht zu befördern.

Aus dem Bisherigen folgen nun die Aufgaben der Rechtsphilosophie für die Philosophie. Nämlich:
I. Bestimmung der Stelle des Rechts im Gesammtsystem.
II. Definition des Rechts.
III. Entwicklung des Verhältnisses des Rechts zu Moral und Religion.
IV. Die Quellen des Rechts.
V. Durchführung der gewonnenen Rechtsprincipien an den geschichtlichen Rechtsstoff auf Grund vergleichender Rechtsgeschichte.

II. Die Rechtsphilosophie in der Jurisprudenz: — materielle Rechtsphilosophie.

In dem Gebiet der Jurisprudenz hat die Rechtsphilosophie eine doppelte Art der Erscheinung. Einmal auch formell ausgeschieden als selbständige Disciplin, nämlich als philosophische Rechts-Encyclopädie.

Als solche ist sie wieder eine zwiefache, je nach dem Umfang des juristischen Stoffkreises, welchen sie umfaßt. Sie kann nämlich:

I. Encyclopädie der gesammten juristischen Disciplinen sein, welche unsern Rechtszustand bilden, indem sie den innerlichen Unterschied wie den innern Zusammenhang der beiden großen Rechtsgebiete, des Privatrechts und des öffentlichen Rechts und deren Uebergangslinien in Prozeß- und Criminalrecht, nachweist; indem sie weiter innerhalb des privatrechtlichen Kreises das Sachen- und Obligationenrecht, das Personen-, Familien- und Erbrecht in ihrer sich gegenseitig ergänzenden und postulirenden Reihenfolge nachweist und ebenso im Kreis des Proceß-, Criminal- und öffentlichen Rechts darstellt, wie ihr Inhalt und ihre Eintheilung keineswegs ein zufälliger ist, sondern eine nothwendige Folge aus dem Begriff des Menschen und seinem Verhältniß zu andern Menschen.

Sie hat hier ferner die wichtige Aufgabe, diejenige Systematisirung des Studiums zu bestimmen, welche pädagogisch das Verständniß zu einem organischen macht.

II. Die Rechtsphilosophie als Encyclopädie kann sich aber auch beziehen nicht auf die Gesammtheit der Disciplinen unseres Rechtszustandes, sondern auf ein einzelnes nationales Recht, wie es an sich in seiner Geschichte erscheint.

Jene erste Rechtsencyclopädie hatte systematisirenden, diese hat historischen Charakter. Hier gilt es, ein nationales Rechtssystem, z. B. das germanische Recht, im weitesten Sinn als ein Ganzes zu begreifen und aus dem völlig-beherrschten Stoff heraus die Principien nicht zu construiren, sondern historisch zu finden, die seine Eigenthümlichkeit ausmachen. Denn die Idee des Rechts ist wie alle Ideen nur in der Völkergeschichte lebendig vorhanden und wie das genus des Menschen nur in den verschiedenen Völkern, nicht in einer abstracten Menschheit, so erscheint das menschliche Recht in den verschiedenen Volksrechten, nicht in einem Naturrecht, welches das allen Einzelrechten Gemeinsame als gemeines Menschenrecht abstrahiren möchte.

Wenn aber das Recht nur in den einzelnen historischen Volksrechten ist, wie wird in dieser bunten Vielheit des Einzelnen das Begrifflich-Allgemeine gewahrt, welches doch Bedürfniß des Geistes und Ursache wie Endzweck aller Wissenschaft ist? Dadurch, daß man im Einzelnen das Allgemeine begreift als das Besondere, daß man in jedem einzelnen Volksrecht das charakteristische Princip aufsucht: denn das Abstract-Allgemeine, das Naturrecht, ist eine übermenschliche Fiction, das Zufällige, Einzelne ungenügend dem Drang des philosophischen Gedankens nach höherer Einheit: das Concrete aber als die Allgemeinheit im Einzelnen: dies ist das Aecht-Menschliche, das Gesundlebendige: und so erscheint dies als die höchste Aufgabe der Rechtsphilosophie, den Geist eines geschichtlichen Volksrechts aus diesem selbst zu begreifen.

Neben jener systematisch-encyclopädischen und historisch-encyclopädischen Function der Rechtsphilosophie, in welchen sie als besondere Disciplin auftritt, hat die Rechtsphilosophie noch andere, mehr praktische Aufgaben zu lösen, welchen sie entsprechen kann, ohne äußerlich gesondert aufzutreten. Diese Seite unserer Wissenschaft, welche man etwa reale Rechtsphilosophie nennen könnte, hat nun wieder eine dreifache Erscheinungsform: eine kritische, dogmatische und legislative.

1. Kritische Dienste kann die Rechtsphilosophie leisten, wenn in der Geschichte eines nationalen Rechts die Bedeutung irgend eines Rechtssatzes oder eines ganzen Rechtsinstituts dunkel oder streitig ist und es an positiven Gründen zur Aufklärung gebricht: dann wird die vergleichende Betrachtung gleicher oder verwandter Rechtsinstitute wenigstens subsidiäre Anhaltspuncte zur richtigen Beurtheilung geben: z. B. die Analogie des römischen ager publicus für das germanische Institut der Allmännde.

2. Dogmatisch zu wirken hat die Rechtsphilosophie, wenn es gilt, in Ermanglung von positiven Gründen eine Controverse aus Gründen zu schlichten, die dem Begriff des betreffenden Rechtsinstituts entnommen sind.

So lange nämlich das Gesetz selbst Anhaltspuncte zur Entscheidung einer Streitfrage gibt, ist die Beweisführung aus dem Begriff unzulässig: denn die Macht der Geschichte d. h. das Gebot seines States geht für den Richter über die Macht des Begriffs: allein falls die positiven Quellen schweigen oder sich widersprechen, dann ist es rechtsphilosophische Thätigkeit, aus der Analogie anderer Institute und dem Geist des betreffenden Rechts Entscheidungs-Gründe zu entnehmen: z. B. bei der Frage, ob der „dritte Dieb" der Carolina vom Rückfall oder von bloßer Wiederholung zu verstehen sei.

3. Endlich hat die Rechts-Philosophie noch eine legislative Function. Wenn es sich nämlich in der Gesetzgebung darum handelt, das richtige Maß zu halten zwischen dem Beharren bei dem Historischen und dem Fortschritt zu Postulaten einer verwandelten Zeit, so ist es rechtsphilosophische Weisheit, welche als ausgleichende Gerechtigkeit über dem Gegensatz jener beiden gleichberechtigten Momente den höhern Frieden findet, welche als Rechtspolitik das entscheidende, das schiedsrichterliche Wort spricht in dem großen Proceß des Beharrens und der Bewegung. Hat die Rechtsphilosophie in unserm Sinne als encyklopädische, kritische und dogmatische den Geist unseres Volks und seines Rechtsbewußtseins begriffen, aus seiner Volks- und Rechtsgeschichte heraus begriffen, — dann wird sie auch als legislative Rechtsphilosophie zugleich die Befugniß und die Fähigkeit haben, zu bestimmen, was in der Gegenwart der Rechtszustand dieses Volkes bedarf und erträgt.

III. Methode der Rechtsphilosophie.

Die Schlußfrage nach der Methode der Rechtsphilosophie beantwortet sich von selbst aus dem Bisherigen.

Soll die Rechtsphilosophie als encyclopädische den Zusammenhang des Rechtszustandes und den Geist des Volksrechts begreifen, soll sie als reale kritisch, dogmatisch und legislativ eingreifen können in die Fortbildung des Rechtslebens, so kann sie nur Einen Weg gehen, den der Geschichte: denn die Geschichte allein erschließt die lebendigen Quellen der Wahrheit und vermag daher Leben zu fördern, nicht die todte metaphysische Construction apriori.

Der ganze Stoff des Rechtsgebiets muß beherrscht und bearbeitet vor uns liegen, soll das Princip desselben gefunden werden, aus demselben Grund, aus dem man ein Haus von unten herauf baut und nicht von oben herunter. Im Detail muß die Eigenthümlichkeit jedes Rechtsinstituts aus dessen eigenem Werdegang begriffen sein, ehe man auf seine Principien schließen kann. Darum ist auch die Rechtsphilosophie eine vorzugsweise deutsche Wissenschaft: denn deutscher Geist vermag es vor andern, sich mit objectiver Hingebung in fremden Stoff zu versenken und Frembes mit fremden Augen anzusehen.

Die Grundlage alles Rechts ist die Volksgeschichte, denn alles Recht ist nationales Recht. Wie es widernatürlich wäre, einem Volk fremde Sprache aufzuzwingen, so ist es ein Unding, wenn das Recht eines Volkes nicht sein eigenes, nicht aus seiner Geschichte erwachsen ist: denn wie die Sprache der Ausdruck des Nationalcharakters, den National-Natur und der National-Geschichte, so ist das Recht die Kristallisation der flüssigen nationalen Rechtsüberzeugung: jeder Inhalt bedarf seiner eigenen Form: die Reception des römischen Rechts aber durch das deutsche Volk ist nicht eine Widerlegung, vielmehr eine großartige Bestätigung obiger Sätze: nur der deutsche Nationalcharakter und die geschichtlichen Voraussetzungen des XIII. — XV. Jahrhunderts erklären die merkwürdige Thatsache.[1])

Die Methode der Rechtsphilosophie ist also die historische, denn nur diese kann die obigen Aufgaben lösen.

„Aber — könnte man einwerfen — was hier gezeichnet worden, mag an sich ganz gut und löblich sein: jedoch es ist nicht das, was man bisher Rechtsphilosophie genannt hat: der bisherige Begriff dieser Wissenschaft war metaphysischen, nicht historischen Inhalts, und man hat kein Recht, alte Namen auf neue Dinge zu übertragen."

Gegen diesen Einwand läßt sich auch wirklich nichts sagen und man muß jener abstracten Wissenschaft den Namen: Rechtsphilosophie-Naturrecht herausgeben, wenn sie ihn vindicirt. Aber uns liegt auch nichts am Namen, sondern Alles an der Sache: denn der Name ist todt ohne die Wahrheit, die Wahrheit aber ist lebendig auch ohne den Namen.

Wird aber schließlich behauptet, daß die Rechtsphilosophie in unserem Sinne nie zu einem Abschluß kommen könne, weil sie die Rechtsgeschichte voraussetze und diese sowohl ihrem Inhalt nach unerschöpflich als ihrer Zukunft nach unendlich sei, so ist hierauf zu entgegnen: allerdings giebt es keine absolute Rechtsphilosophie, aber es

---

[1]) Vgl. Dahn, deutsches Rechtsbuch. Nördlingen 1877. S. 34.

gibt auch überhaupt keine absolute Philosophie. So gewiß die Idee der Schönheit fortwirken wird ohne Abschluß und Ende, so lange Menschen leben, so daß man nie wird sagen können: in diesem Kunststyl ist die erschöpfte, die vollendete Schönheit, über welche hinaus nichts mehr schön ist, so gewiß die Idee des Guten nie in irgend einem ethischen System oder einer nationalen Sitte ausgethan und vollendet sein wird — eben so wenig wird die Idee der Wahrheit jemals in einem philosophischen System erschöpft sein.

Die Rechtsidee ist eine Einheit, ihre Erscheinungen sind wandelbar, und wandelbar darum auch die Rechtsphilosophie: denn nicht nur in Gesetz und Gewohnheitsrecht, auch in den Gedanken der Rechtsphilosophen spiegeln sich die wechselnden Rechtsideale der Völker und Zeiten.

Der Tempel der Philosophie wird niemals voll ausgebaut: ein Stück der Kuppelwölbung wird immer fehlen: so kann auf ihren Altar hernieder leuchten der Stern der Idee.

„Naturrecht und Ethik."[1])

"Naturrecht?" Das klingt ganz befremdend in der zweiten Hälfte des neunzehnten Jahrhunderts. Der alte Titel, dessen Blüthezeit das siebzehnte und achtzehnte Jahrhundert, ist durch die neue historische Schule und durch den größeren Theil der neuern Philosophen in der Wissenschaft Acht und Aberacht gewiesen und, wenn auch vielfach der Inhalt leider! keine Verbesserung erfahren hat, so curfirt doch seit lange die alte Ware unter der neuen Etikette: „Rechtsphilosophie." Ohne Zweifel hatte Trendelenburg, durch seine logischen Untersuchungen und seine Arbeiten über Aristoteles hochverdient um die

---

[1]) „Naturrecht auf dem Grunde der Ethik von Adolph Trendelenburg." (Leipzig, 1857. Hirzel).

Philosophie und ihre Geschichte und an Bedeutung leicht die meisten unserer heutigen Weltweisen um Haupteslänge überragend, seine triftigen Gründe, diesen verpönten Namen durch seine Wahl wieder zu Ehren bringen zu wollen. Der Zusatz gibt diese Ursache an: „auf dem Grunde der Ethik". — Diese Auffassung bildet den Kern des Buches, gibt ihm seinen Charakter, geht in hundert Consequenzen durch alle seine Theile und ist, nach unserer Ueberzeugung, sein großer principieller Fehler. Da sich die ganze Geschichte der Rechtsphilosophie recht eigentlich um diese Frage, d. h. ihr Verhältniß zur Ethik dreht und da das Richtige in dieser Frage erst seit und nach Pufendorf und Kant getroffen worden, spalten sich alle Rechtsphilosophen nach diesem Losungswort in zwei Heerlager und ich bedaure, Trendelenburg in dem gegnerischen zu erblicken. Die Rechtsphilosophie, d. h. die Lehre von den letzten Principien von Recht und Stat, ist aber heutzutage nicht nur für Philosophen und Juristen, sie ist für alle Gebildeten eine interessante und hochwichtige Sache: es mag daher der Versuch gestattet sein, ihre Hauptfrage an dem jedesfalls sehr bedeutenden Werk Trendelenburg's in einleuchtender Weise zu erörtern.

Es ist ein doppeltes Bedürfniß, welches den menschlichen Geist zur Rechtsphilosophie geführt hat: oder, richtiger gesagt, von zwei Wissenschaften her führt ein nothwendiger Weg zur Rechtsphilosophie: von der Jurisprudenz und von der Philosophie. Der Jurist bedarf einmal einer Encyklopädie, d. h. einer Lehre von dem Zusammenhang und der begrifflichen Bedeutung der zahlreichen Rechtsgebiete, welche er nacheinander und, bei der äußerlichen Methode unserer juristischen Universitätsbildung, ziemlich unverbunden kennen lernt. Er muß sich doch fragen — wenn er sich überhaupt etwas fragt — in welchem innern, geistigen, nothwendigen Verhältniß die einzelnen Disciplinen stehen, die er hintereinander kennen lernt, wo Statsrecht, Kirchenrecht, Proceßrecht, Verwaltungsrecht, Privatrecht ihre Berührungs- und ihre Trennungspuncte haben, und ob und welcher innere Zusammenhang unter ihnen besteht, vielleicht gar ein höherer als der, daß er im Examen die Professoren dieser Fächer beisammen finden wird. Daß aber die Frage dieses Zusammenhangs nicht von einer der einzelnen Disciplinen, sondern nur von einer umfassenden Gesammtbetrachtung kann beantwortet werden, ist klar. Aber der Jurist hat ferner das Bedürfniß, in den einzelnen Disciplinen selbst Sätze begrifflich erläutert zu erhalten, ihre logische Berechtigung, ihre innere Nothwendigkeit zu begreifen, welche in jenen Disciplinen als Axiome, als selbstverständliche Heischesätze aufgestellt werden. Es drängt ihn, sich darüber bewußt zu werden, was z. B. im Strafrecht der letzte Grund des jus puniendi des States ist, wie es sich mit der Willensfreiheit des Menschen, wie mit der inneren Berechtigung der Strafe verhalte. Diese Frage führt ihn sofort zu der weiteren nach der Nothwendigkeit oder Willkürlichkeit des Statsverbandes, auf dessen Unterschied von der Gemeinde und von der Familie. Dies sind die Gedankenwege, welche den Juristen zur principiellen Untersuchung der Grundlagen von Stat und Recht führen.

Andrerseits hat der Philosoph die Aufgabe, alles, was er im Kosmos der Natur und des Geistes vorfindet, zu erklären, an dem Maße seines Systems zu messen, daran die allumfassende Ergiebigkeit seines Princips zu prüfen. Da findet er denn in der geistigen Welt als eine der wichtigsten Bildungen Stat und Recht und er kann sich der Einordnung derselben in sein System nicht entheben.

So hat die Rechtsphilosophie das Recht zum Vater, die Philosophie zur Mutter: beide haben gleiches Recht, gleiche Pflicht zu ihrer Pflege.

Hierbei liegt nun für die Philosophen eine Gefahr sehr nahe und die allermeisten sind ihr erlegen: nämlich eine ungebührliche, die selbstständige Sphäre des Rechts verkennende Confundirung des Juristischen mit dem Ethischen. Die Philosophen sind gewohnt, alles Sciende in die beiden großen Rubriken, Naturwelt und Geisteswelt, zu werfen. Die Geistesphilosophie zerfällt dann ebenso natürlich wieder in Logik (Erkenntnißlehre), Psychologie, Aesthetik, Ethik, oder in theoretische und praktische Philosophie. In der theoretischen Philosophie hat das Recht keinen Platz, also muß es in die praktische wandern. Hier aber fällt es sogleich in den vagen Schlund der „Ethik", worunter man schlendriansmäßigerweise das ganze Gebiet des menschlichen Willens ohne weitere Unterscheidung begreift. So wird denn das Recht ein Theil der Ethik, der Stat eine „ethische" Anstalt! Diese Confundirung hat aber noch weitere Gründe. Spät erst, nachdem die Menschen lange über die Sele und über die Grundlagen des Guten gedacht, entsteht das complicirtere Bedürfniß der Rechtsphilosophie und selbstverständlich tritt die letztgekommene in die Fußspuren ihrer Vorgängerinnen. Ferner: es ist gar nicht zu bestreiten, daß Recht und Stat mit der Ethik inhaltlich in zahlreichen und innigen Verhältnissen stehen: und wenn man nun nicht durch berufsmäßige Kenntniß von der Eigenart des Rechtslebens, von der Selbstständigkeit seines Wesens sich überzeugt und, als Dilettant, ohne genügende Beherrschung des Rechtsstoffes nicht wol hat überzeugen können, so muß das Recht entgelten, was der Philosoph verschuldet hat: es wird in eine abhängige Verbindung mit dem Ethos gebracht, etwa als äußeres „Mittel" zum höhern, innern „Zweck" des Sittlichen.

Es hat nun aber die Rechtsphilosophie in ihrer Geschichte das tragische Schicksal gehabt, für 1800 Jahre in die Hände der Philosophen zu fallen; ihre Mutter allein, die Philosophie, hat von Plato bis auf die Zeit der Reformation und der Englischen Revolution ihre Erziehung geleitet, ihrem Vater, dem Recht, wurde sie völlig entfremdet, und das Ergebniß war denn auch danach; es war das „Naturrecht", nicht nur „auf dem Grunde", sondern im Dienste der Ethik. Die Rechtsphilosophie hebt an bei den Hellenen, jenem eminent philosophisch und eminent unjuristisch angelegten Volk, welches in seinem ganzen Sprachschatz nicht einmal ein Wort für Recht, jus besitzt, (— denn θέμις, δίκη ist ganz etwas anderes —), welches es seiner Lebtage nicht zu einer festen Unterscheidung zwischen Strafproceß und Civilproceß gebracht und welches zwar Rhetoren und Sophisten die schwere Menge erzeugt, aber nicht Juristen zu einem eigenen Stand aus sich herausgebildet hat. Bei den Römern dagegen, dem mit eminenter Virtuosität juristischen Volk, finden wir so gut wie gar keine Rechtsphilosophie: die römischen Juristen hatte ihre Stärke ganz wo anders als in abstracter Speculation über die Principien des Rechts, und die römischen „Philosophen" — das Gott erbarm'! — über sie wollen wir den Mantel der christlichen Liebe breiten. Aber leider bedarf das Christenthum dieses Kleidungsstückes für sich selbst in dringendster Weise, um die Blößen und Lücken zu bedecken, welche es in Beziehung auf die Statslehre bietet. Oder vielmehr richtiger gesprochen, das Christenthum hatte seinem ganzen Charakter nach keinerlei Veranlassung, in Begünstigung der

Rechts- und Statslehre als einer dem Sittlichen gegenüber selbständigen Macht gut zu machen, was die hellenische Philosophie schlecht gemacht und das Römerthum in der Theorie versäumt hatte. Die Verhältnisse, unter denen das Christenthum in die Welt eintrat, waren nicht dazu angethan, ihm großen Eifer für den Stat, rege Theilnahme für das Recht einzuflößen, und der weltflüchtige, dem Stat abgewendete, um nicht zu sagen feindselige Geist seiner Lehren kann ihm zwar gewiß von Keinem verargt werden, welcher den heidnischen Römerstat jener Jahrhunderte kennt: aber dieser Antipolitismus mußte doch dahin führen, daß das christliche Mittelalter in der Theorie, daß die Scholastik keine neuen gesunden Elemente in die Geschichte der Rechtsphilosophie zu werfen vermochte. Vielmehr begnügte sich dieselbe mit den mehr oder weniger mißverstandenen Lehren des Plato und Aristoteles und besonders der Stoiker: und sofern von einem Einfluß des Christenthums auf diese Entwickelung zu sprechen ist, zeigte er sich in einer neuen Ethisirung des Juristischen: der „Gerechte im Sinne des neuen Testament, der δίκαιος, ist eben der sittlich durch den Glauben von der Sünde Gerechtfertigte und im Dekalog wollte man den Inbegriff nicht nur der sittlichen, sondern auch die Basis der juristischen Gesetze finden.

Dieser ganzen Bewegung, von Pythagoras herab, der im Stat eine Erziehungsanstalt zur Tugend sieht, bis auf Thomas von Aquino und die späteren Ausläufer der Scholastik, welche den Stat mit Sanct Augustin als ein nothwendiges Uebel, eine Folge der Erbsünde betrachten, dieser ganzen, dem Specifisch-Juristischen ungewachsenen, fremden und feindseligen Richtung, dieser ganzen Verbildung der Rechtsphilosophie durch eine einseitige Schulphilosophie tritt erst seit dem sechszehnten Jahrhundert ein entgegengesetztes heilsames Element gegenüber: die großen geistigen Kämpfe, welche sich an die Reformation und die englische Revolution anschließen. In jenen Erschütterungen der Grundvesten des mittelalterlichen Kirchen- und Statsthums war es das geschichtliche, das praktische Bedürfniß der Statsmänner, der Parteiführer, was zu neuer Erforschung der Principien von Recht und Stat führte und mit großer Entschiedenheit wandte man besonders in England der scholastischen Statslehre den Rücken. Das ist das Gemeinsame, was die

Hobbes, Locke, Milton ꝛc., so verschieden ihre Parteistellung, als Brüder, als Söhne Einer großen und neuen Zeitströmung kennzeichnet, daß sie den Stat von der Kirche, das Recht vom Ethos scheiden.

Alsbald freilich stellt sich dafür ein anderer Mangel in den Vordergrund. Zur Einsicht in die Nothwendigkeit der Rechts- und Staatsbildung, zur Anerkennung des Rechts als Selbstzweck, als einer so wesentlich menschlichen und unentbehrlichen Sphäre wie Sprache, Religion, Kunst, Ethos hatte man sich noch immer nicht aufgeschwungen und der Stat wurde als eine durch Vertrag willkürlich errichtete Anstalt betrachtet. Damit hing ein anderer Grundirrthum zusammen. Eben weil das Leben im Stat erst spät durch künstliche Vereinbarung entstanden sein sollte, nahm man einen Naturstand an, in welchem die Menschen vor Abschluß jenes contrat social lebten. Dieser Naturstand war nun auch nicht durch viele, willkürlich ersonnene, vergängliche Gesetze geregelt, wie der Stat, sondern in ihm galt höchstens das Naturrecht, ein Inbegriff von ethischen Normen, welche etwa Ansätze zum Recht enthalten, eigentlich aber ein solches entbehrlich machen. Und nun wurde in doctrinär rationalistischem Sinn die bunte Vielheit der nationalen Rechte gescholten: nur Ein vernünftiges Recht, das Recht der ganzen Menschheit, konnte es ja geben und dies Naturrecht, das ewig-menschliche, war im Grunde nur eine juristisch bemalte Ethik.

Erst die historische Schule im römischen und deutschen Recht, wie sie seit Anfang des Jahrhunderts, und die nüchternere, ebenfalls geschichtliche Richtung in der Philosophie, wie sie seit dem Untergangs des Fichte-Hegel-Schelling'schen aprioristischen Weltreichs zu siegen begann, hat diese Sätze als irrig verworfen. Wir wissen heutzutage, daß der Stat nicht auf willkürlichem Vertrag, sondern nothwendig auf dem Wesen des Menschen ruht, daß es einen „Naturstand" in jenem Sinne nie gegeben hat, daß das Recht verschieden vom Ethos, daß es Selbstzweck der Vernunft ist, und daß es ein abstractes, allgemein menschliches Naturrecht, außer und oberhalb der historisch nationalen Rechte, nicht gibt. Wir wissen, daß es eine abstracte Menschheit nicht gibt, sondern nur eine concret in den Völkern erscheinende; wir wissen, daß es kein allgemein menschliches Naturrecht gibt, so wenig wie eine Natursprache, Naturkunst, Naturreligion, welche allen Menschen gemeinsam wäre. Die Idee des Rechts wie der Kunst und Religion ist freilich allgemein menschlich, aber sie erscheint nur in der Verschiedenheit der Völker und Zeiten.

In dieser scheinbar allzu langen Einleitung liegt nun unser Urtheil über das „Naturrecht auf dem Grunde der Ethik" schon ausgesprochen. Trendelenburg steht auf viel zu hoher Stufe, um in die äußersten Fehler jener von uns verworfenen ethisirenden Naturrechtslehre zu verfallen und der gediegene Freund des Aristoteles weiß recht wol, daß der Mensch ein ζῶον πολιτικόν und der Stat keine willkürliche Vertragsanstalt ist. Allein abgesehen von solchen Extremen, theilt das Werk doch ganz den Standpunct, der uns principiell verwerflich erscheint. Der Schüler der Hellenen, der Nichtjurist, der Metaphysiker ist überall herauszufühlen, und die Auffassung des Rechts als auf dem Ethos gegründet, als Form und Mittel zum Zweck des Ethos, führt sehr häufig zu dogmatisch wie systematisch sehr bedenklichen Folgen; namentlich soll in einer Reihe von Stats- und Rechtsbildungen immer das Sittliche als Grund und, was gefährlicher, als Kanon gelten, wo es sich wirklich nur um Specifisch-Juristisches handeln kann, wofür es freilich jedem Nichtjuristen an einem gewissen sympathischen Verständniß gebrechen muß. Diese Bemerkung soll dem hochverehrten Verfasser gegenüber um so weniger eine unartige Juristeneitelkeit sein, als gern eingeräumt wird, daß kaum ein neueres Buch über Rechtsphilosophie besteht, das eine so reiche Kenntniß auch des Rechtsdetails und zwar nicht nur des alleinseligmachenden römischen Rechts, sondern auch der ketzerischen deutschen, englischen ꝛc. Rechte aufweisen kann. Positive Rechtskenntniß ist übergenug da: aber ein anderes ist es mit jenem juristischen Sinn, der dem nicht mit der Rechtspraxis genau Vertrauten schwerlich je in hinreichendem Maß eignet.

Wir können an dieser Stelle nicht den Spuren jenes Ethisirens durch das ganze Buch nachgehen: nur beispielsweise wollen wir einige charakteristische Consequenzen des Princips hervorheben.

Die Definition des Rechts lautet S. 76: „Das Recht ist der Inbegriff derjenigen allgemeinen Bestimmungen des Handelns, durch welche es geschieht, daß das sittliche Ganze und seine Gliederung sich erhalten und weiter bilden kann: Die äußere Allgemeinheit der sittlichen Zwecke, für deren

2*

Bestand das Recht da ist." Deutlicher konnte nicht gesagt werden, daß das Recht nicht selbständig, sondern die gehorsame Dienerin der Ethik ist, wogegen wir uns mit Händen und Füßen wehren müssen. Wir stellen dieser Definition einfach die unsere entgegen, deren Beweis natürlich nur in der Durchführung, im System liegen könnte: "Das Recht ist in Realisirung einer wesentlich menschlichen Idee die vernünftige Friedensordnung einer Menschengenossenschaft für ihre äußeren Verhältnisse zu einander und zu den Sachen."

Im innigen Zusammenhang mit jenem Princip steht es nun, daß Trendelenburg nicht das Strafrecht an sich als ein eigenes, von eigenen Grundsätzen beherrschtes Rechtsgebiet zu fassen vermag, sondern die einzelnen Verbrechen bei den einzelnen durch sie verletzten Privatrechten einfügt, also z. B. Diebstahl beim Eigenthum, Ehebruch im Familienrecht: Folgen dieser entschieden unjuristischen Methode sind einerseits seltsame Verbindungen, andererseits seltsame Uebergehungen und große Unvollständigkeit im Strafrecht. Der Hauptunterschied der Rechts- von den Sittenpflichten wird als möglichst gering bezeichnet (S. 9 u. 19) und es ist dann ganz consequent, aber dem Juristen doch sehr befremdlich, daß das Gesetz erst sein "Ziel erreichen" soll, wenn es Sitte wird! (S. 18). Der Unterschied des Sittlichen und des Legalen soll aufgegeben (S. 20) und das Princip des Rechts innerhalb des Sittlichen gesucht werden (S. 21); das ist gerade wie wenn man das Princip der Kunst im Religiösen, oder das der Mathematik innerhalb der Poesie suchen wollte. Und wie das Recht mit der Ethik, wird die Ethik mit der Religion in bedenklichen Zusammenhang gebracht (S. 53): das Recht soll (S. 71) die äußeren Bedingungen für Verwirklichung des Sittlichen gewähren: wir glauben vielmehr, daß alles Menschliche, nicht nur das Ethische, auch Religion, Kunst, Gewerk ꝛc., sofern es der äußeren Formen und Bedingungen bedarf, diese in Recht und Stat findet und die Frage, "was sittlich sei", wobei die Rechtswissenschaft freilich philosophisch, ethisch werden müßte (S. 82, 83), hat eben nicht die Rechtswissenschaft zu beantworten. Daß der Hauptzweck der Strafe die Besserung sein soll (S. 23), will dem Juristen nicht einleuchten und es ist jenem Zweck nicht entsprechend, wenn dann doch die Todesstrafe (die freilich unentbehrlich ist) gebilligt wird! Hin und wieder begegnet es denn auch in der Verarbeitung des juristischen Materials, daß dabei noch von Ansichten ausgegangen wird, welche in der Jurisprudenz nicht mehr haltbar sind; z. B. daß die Verjährung einen stillschweigenden Verzicht des Eigenthümers voraussetze! (S. 180), daß das Autorrecht literarisches Eigenthum sei! (S. 183), oder daß in der Aktiengesellschaft ein „Gesammteigenthum" bestehe (S. 211), oder daß der Vergleich bei Processen aus Verträgen, nicht ebenso bei andern Streitigkeiten eine Rolle zu spielen habe! (S. 392), und seltsam erscheint der Vorschlag, bei undeutlichen Testamenten den wahrscheinlichen Willen des Erblassers durch Geschworene festzustellen (S. 267). Auch in der Systematik gäbe es allerlei bedenkliche Puncte, wenn z. B. die Billigkeit hinter der Tortur, der Stimmenmehrheit und dem Los, die Arbeitsscheu mit Diebstahl und Raub bei dem Verbrechen gegen das Eigenthum (S. 185) besprochen wird — das kommt von dem Mangel eines strafrechtlichen Systems einerseits, von der Confundirung von Unrecht und Unsittlichem andrerseits — wenn ferner die juristische Person bei der societas (S. 210), der Meineid bei dem Obligationenrecht (S. 222), der Zweikampf mit der Wechselfälschung bei den Verbrechen gegen den Verkehr (S. 229), der Schulzwang im Familienrecht (S. 259) untergebracht wird.

Indessen sind das Nebensachen. Die Hauptsache ist die durch den ganzen Gedankengang sich hinziehende Ethisirung des Rechts, wonach dasselbe immer und immer wieder nur als Mittel zum Zweck des Sittlichen betrachtet wird. Blos einen Punct aus dieser Reihe wollen wir noch bemerken. Das richtige Verhältniß vom Stat zur Kirche ist Gott sei Dank! allmählich anerkannt (1857! — 1882?): nämlich die volle Freiheit der Kirche im Innern und die volle Herrschaft des Stats im Aeußern. Der Stat ist nicht indifferent gegen die Kirche, so wenig wie gegen Kunst und Wissenschaft und alles Menschliche. Aber für den Stat ist die Religion eben auch nicht mehr als andres Menschliches. Er verlangt von seinem Bürger keine Religion: er verlangt nur legales Handeln äußerlich, Sittlichkeit wünscht er innerlich. Aber nicht verlangt er von seinem Bürger Religiosität und dem Bekenntniß legt er, soweit es nicht in unsittlichen oder verbrecherischen Handlungen erscheint, absolut keinen Einfluß für das Rechts- und Statsleben bei. Wo also z. B. der Streit der Confessionen die

Ruhe der Familien zu erschüttern droht, schreitet der Stat ruhig mit der Civilehe ein. Die Ehe ist für den Stat ein bürgerlicher, nicht religiöser Act; er wünscht, aus sittlichen Gründen, daß sie die Weihe der Religion erhalten, aber er fordert sie entfernt nicht und erkennt als rechtsgiltige Ehe jede an, welche seinen Gesetzen entspricht, auch wenn sie die Kirche verwirft. Es ist deßwegen von vornherein ein schiefer Gesichtspunkt, die Civilehe als aus einem „Zwiespalt zwischen Kirche und Stat entstanden" zu beklagen (S. 249). Und es ist doch im höchsten Grad befremdlich, wenn man Seite 477 wörtlich liest: „Die Voraussetzung, daß es denen, die es wollen, auch möglich sein müsse, ohne Religion im Stat zu leben, darf so wenig gedacht werden, als alte Gesetzgeber die Möglichkeit des Vatermordes gar nicht denken konnten" (soll heißen: als Gesetzgeber die Möglichkeit .... denken konnten), des Gemüths, das „keine Religion mehr hat, bemächtigt sich unfehlbar die Superstition." Da müssen wir denn doch feierlich protestiren! Das wirft uns in eine Verkettung von Stat und Kirche zurück, welche das neunzehnte Jahrhundert nicht mehr erduldet. und gerade in Preußen, meinen wir, hätte man in einigen Jahrzehnten an dieser romantischen Verbindung genug kriegen können. (geschrieben 1857!) Aber das ist die Folge, wenn Recht und Stat dem „Sittlichen bienen", und wenn die sittlichen Grundsätze wesentlich im Religiösen wurzeln sollen. Der Vater dieses Buches ist der antike Politismus, der Recht und Ethik darin confundirt, daß das Individuum ethisch völlig im Stat aufgeht, und wörtlich heißt es bei Trendelenburg wie bei Aristoteles (S. 475): „Im guten Stat fällt der Bürger mit dem guten Menschen zusammen." Die Mutter des Buches ist die ethisirende rationalistische Naturrechtslehre: deßhalb ist ihm das Recht nur Mittel zum Ziel der Ethik (S. 76) und deßhalb schießt es mit dem Prospekt auf „das Recht der Menschheit" (S. 544), da die farblose Abstraction der Menschheit über den Trümmern der verschwundenen nationalen Unterschiede thront. Das ist „Naturrecht" auf dem Grunde der Ethik. —

Die Hauptprobleme der Rechts- und Statsphilosophie.

Es wird heutzutage wol von allen Schulen und Parteien, welche den Namen der philosophischen verdienen, anerkannt, daß das Scheitern der großen Systeme von Fichte, Schelling und Hegel einen seiner Hauptgründe in dem Mangel wissenschaftlicher Beherrschung des Stoffes innerhalb der verschiedenen Gebiete des geistigen und natürlichen Kosmos hatte, welche zu erklären Aufgabe der Philosophie ist. Die souveräne Verachtung, mit welcher die apriorische Speculation alle empirische Detailforschung vernachläßigte und, ohne die Mühe des Lernens, Geschichte, Kunst, Recht, Religion, Ethos und die Natur „construiren" zu können wähnte, hat sich schwer gerächt. In den zahlreichen Vergewaltigungen des Thatsächlichen, den oft lächerlichen Irrthümern und Mißverständnissen und Spielereien mit Zahlen und Namen, welche Schelling und Hegel, am gröblichsten in der Naturphilosophie, dann aber auch in der Philosophie der Geschichte, des Rechts und der Religion begingen, lagen große Blößen und herausfordernde Angriffspuncte auch für solche Gegner, welche nicht vermochten, an der Hand der Geschichte der Philosophie die colossale Einseitigkeit des subjectiven Idealismus aufzudecken, welcher jene genialen Systeme ihre großartigen Erfolge, aber auch ihre großartigen Verirrungen verdankten.

Die Folge davon war, daß man der Philosophie, welche sich allein für Wissenschaft erklärt, und der Jurisprudenz, der Geschichts- und Naturforschung, nur die Bedeutung „unwissenschaftlicher Handlangerdienste zum Aufbau der Wissenschaft vom Absoluten" übrig gelassen hatte, nun umgekehrt die Würde der Wissenschaft absprach, und seit 15—18 Jahren in sehr einseitigem Uebergewicht nur die empirische Forschung betrieb.

Es war das eine heilsame Ernüchterung gegenüber dem speculativen Rausch, in welchem man solange „gottestrunken" getaumelt hatte, aber es war doch auch eine einseitige Verirrung, eine Verkennung der höchsten Aufgabe aller Wissenschaft: aus der Erscheinung zu Gesetzen, zu Allgemeinem aus dem Einzelnen aufzusteigen.

Es ist Aufgabe unserer Gegenwart und Zukunft, beide Extreme zu vermeiden. Gegenüber dem selbstgenügsamen Dünkel empirischer Forschung werden wir die Nothwendigkeit speculativen Denkens geltend machen und gegenüber dem Hochmuth apriorischer Philosopheme werden wir die Forderung gründlicher Beherrschung des Wissensstoffes aufstellen.

Die Anwendung dieser Errungenschaft auf die Rechtsphilosophie ist die eine wichtige Krisis, in welche diese Disciplin in unsern Tagen getreten ist. Ueber der Geschichte dieser Wissenschaft hat das eigenthümliche und nicht eben glückliche Schicksal gewaltet, daß sie lange Zeit fast ausschließlich von den Metaphysikern, nicht von den Juristen getragen und entwickelt worden ist. Ihre Geschichte hebt an bei den Hellenen, diesem für die Speculation äußerst glücklich, für die Rechtswissenschaft wenig glücklich angelegten Volk, und sie überspringt vollständig die Römer, das Juristenvolk im eminenten Sinn. Das Christenthum, im Gegensatz zu dem Stat auftretend, hatte weder Liebe noch Talent für eine tiefere Begründung der Rechtseinrichtungen, welche nur als ein nothwendiges Uebel, nach dem Sündenfall eingetreten, erschienen. So wurde die Rechtslehre von den Scholastikern sofern sie dieselbe überhaupt berührten, als die Aschenbrödel der theologischen Moral in einem Winkel des Systems mehr mißhandelt als abgehandelt.

Erst die großen Erschütterungen, welche die Reformation und die Englische Revolution über das 16. und 17. Jahrhundert brachten, bewirkten hierin eine Aenderung. Jetzt, da das Verhältniß von Stat und Kirche, das Verhältniß der Gewissensfreiheit des Einzelnen zur Zwangsgewalt des Stats, das Widerstandsrecht des Unterthanen gegen die Obrigkeit, im höchsten Grade zu brennenden Tagesfragen geworden waren und in ganz Europa als höchst practische Controversen mit Pulver und Blei durchstgeritten wurden, jetzt führte das praktische Bedürfniß die Juristen, die Statsmänner, die Parteigänger zur Untersuchung der letzten Principien von Stat und Recht, Kirche und Religion. Niemand wird verkennen, daß in den Stürmen jener Tage, mitten in den Aufregungen und Verirrungen der leidenschaftlich kämpfenden Parteien die Rechtsphilosophie, die moderne Statsphilosophie gezeugt wurde, nachdem sie unter den Hellenen gleichsam eine ideale Präexistenz, wesentlich verschieden von ihrem nunmehrigen Charakter, geführt hatte.

Und zwar regt sich in diesem Gebiet, das solange todt gelegen, plötzlich das reichste Leben. Die Macchiavell, Oldendorp, Hemming, Buchanan, Winkler, Lossius, Albericus Gentilis, Hugo Grotius, Selden, Hobbes, Locke, Filmer, Sidney, Salmasius, Milton, Baco, Cumberland, daneben die Jesuiten de Soto, Vasquez, Covarruviaz, Molina, Bellarmin, Suarez, und Mariana, ferner Alberti und Seckendorf, dann die eigenartige Richtung von Montaigne, Charron, Pascal, endlich Spinoza und Pufendorf — wie sind sie alle mehr oder weniger angeregt und ausgegangen von den großen Streitfragen ihrer Zeit! Sie alle gehören den Jahren von 1500—1650 an, und wie mächtig haben sie, sei es durch Wahrheit, sei es durch Irrthum, das lebendige Strömen dieser Entwickelung befördert! Ja, es ließe sich nachweisen, daß auch in der frühern Periode die eigentlichen Träger des Fortschritts in diesem Gebiet immer von den praktischen Bedürfnissen, von den Kämpfen ihrer Tage fortgeführt wurden zu ihren Ergebnissen: so Abälard, so Occam, so Dante. Wahrlich, nicht die Metaphysiker als solche sind die Heroen der Rechtsphilosophie.

Leider wurden die günstigen Resultate dieser mächtigen Bewegung, welche in Thomasius noch kräftig nachtönt, durch zwei große Verirrungen sehr beeinträchtigt. Das „Naturrecht", welches, wie es in zahllosen sich gegenseitig ausschreibenden Compendien seit Hugo Grotius bis auf unsere Tage herunter dargestellt wurde, als das Ergebniß jener Arbeit des 16. und 17. Jahrhunderts anzusehen ist, wurde entstellt durch die aus dem Christenthum mißverständlich herübergenommene, auch von Rousseau bis zum Extrem mißbrauchte Hypothese eines „Naturstandes" und durch die kritiklose Auffassung des Römischen Rechts als des Normalrechts, der raison écrite. Auf diese beiden bequemen Faulbänke streckte sich die Rechtsphilosophie wieder aus. Vergebens that der große Erwecker Kant das äußerste, sie zu kräftigem, zu wachem Leben aufzurütteln: sie brachte es nur zu dem verzückten Traumwandeln der Fichte'schen und Hegel'schen

Systeme und erst das krachende Niederschmettern dieser stolzen Gebäude auf den harten Boden des Historischen hat sie gewaltsam aus Schlaf und irrem Traum geweckt.

Wenige Worte werden genügen, dies zu veranschaulichen.

Die eigentliche philosophische Grundfrage: wie kommt der Mensch zu Stat und Recht?, welche einigermaßen befriedigend nur durch sehr gründliche philosophisch-psychologische und cultur- und rechtsgeschichtliche Forschungen beantwortet werden kann, wurde von dem „Naturrecht" einfach umgangen. Die christlichen und widerchristlichen Statsphilosophen des 18. Jahrhunderts wußten sich durch die Annahme eines völlig widergeschichtlichen und psychologisch unmöglichen „Naturstandes" sehr naiv zu helfen. Ob dieser Naturstand als ein höchst idealer, glücklicher, oder als ein höchst unvollkommener, elender geschildert wurde, ist dabei selbstverständlich gleichgültig. Nach der Lehre der Einen wurde dem Paradiesezustand durch den Sündenfall ein Ende gemacht. Die seither verdunkelte Vernunft bedarf, das Göttliche zu erkennen, der übernatürlichen Offenbarung; das Irdische hingegen, die jetzt erst auftauchenden Fragen des Privat- und Strafrechts, ordnet sie, mangelhaft genug, mit ihren eigenen mangelhaften Mitteln unter göttlicher Zulassung. Nach der Lehre der englischen, französischen und deutschen Aufklärung dagegen sind die Menschen — welche Menschen, wo, wann und wie? wird natürlich nicht gefragt — aus dem „Naturstand" völliger Gleichheit an Rechten, d. h. eigentlich völliger Unsicherheit jedes Rechts, aus einem Krieg Aller gegen Alle durch einen bestimmten, mit Bewußtsein und Absicht vorgenommenen Act herausgetreten: sie haben eines schönen Morgens gesagt: wir wollen den contrat social, den Gesellschaftsvertrag, schließen, Recht und Gesetz und Obrigkeit schaffen, die Güter vertheilen, und den todt schlagen, der gegen diese Vereinbarung verstößt. Hiernach ist also der Stat lediglich aus Furcht entstanden, eine rein äußerliche Affecuranzanstalt, welche zu entbehren, ja zu verderben jeder das Recht, der den Muth und die Kraft dazu hat. Von einer sittlichen Weihe ist keine Rede: und woher den Menschen, die jahrtausendelang wie ein Rudel Wölfe im „Naturstand" nebeneinander gelebt haben, urplötzlich die Idee des Rechts in die Selen fällt, — das ist eine fürwitzige Frage.

Ebenso leicht wie mit ihrer philosophisch-psychologischen Basis machte sich's diese Rechtsphilosophie mit ihrem juristisch-historischen Stoff. Daß die Rechtsidee bei allen Völkern Bildungen treibt, daß sie, wie die Idee des Schönen, zu verschiedenen Zeiten in verschiedenen Ländern anders, aber doch bei allen Stämmen in dem Nationalcharakter entsprechenden Formen erscheint, war eine Thatsache, die man am liebsten völlig ignorirte, die man in ihrer ganzen Ausdehnung noch gar nicht erfaßt, in ihrer ganzen folgenschweren Bedeutung noch gar nicht begriffen hatte. Vielmehr hielt man sich in bequemem und bornirtem Dogmatismus einfach an das eine zunächst liegende Muster, an das römische Recht in der geistlosen, zopfigen und unwahren Gestalt, wie es dazumal in den herkömmlichen Compendien entstellt wurde: nicht an jenes herrliche und stolzeste Gebilde stahlharter und stahlgeschmeidiger Römergedanken, nicht an jenes großartigste Spiegelbild römischen Nationalcharakters, welches, von Hugo und Savigny und Puchta und Niebuhr und Mommsen aus dem Staub der Jahrhunderte hervorgegraben, wir heutzutage in diesem Recht bewundern. Nein, sondern was im Corpus juris geschrieben stand, oder was man herauslas, das war raison écrite, das war die einzig vernünftige, die einzig mögliche Gestaltung des Rechtsgedankens in jedem einzelnen Fall. Und wie war das nun bequem für den Philosophen! Er brauchte nur einmal einen Institutionencursus gehört, nur seinen Höpfner oder Mackeldey durchblättert zu haben und er hatte das ganze juristische Material beisammen; durch Umschreibung und Verbrämung dieses Institutionensystems mit den Ausdrücken der herrschenden Philosophie war das ganze „Naturrecht" fix und fertig und brauchte nur auf die Grundlage des „Naturstandes" mittels des Leimes des „Gesellschaftsvertrags" aufgeklebt zu werden.

Dieser dogmatische, selbstzufriedene Schlendrian wurde nur durch Kant vorübergehend unterbrochen; ich komme auf letztern zurück.

Fichte wurde von den Consequenzen seines subjectiven Idealismus zu den ungeheuerlichsten Widersprüchen gegen alle geschichtliche Rechts- und Statenbildung geführt und Hegel gelangte unter harsträubenden Mißhandlungen der Rechtsbegriffe — neben genialen Blicken — zu dem unwürdigen Absurdum, den königlich preußischen Stat der dreißiger Jahre als die höchste Realisirung der Rechtsidee zu construiren. Da war es aus.

Die großartigen Siege der historischen Schule in Rechts-, Religions- und Sprachforschung, die glänzenden Erfolge der historischen Kritik gingen neben den glänzenden Niederlagen der apriorischen Speculation Hegel's und Schelling's in der Rechts- und Naturphilosophie gleichzeitig einher: die Folge war die Erkenntniß, daß die historisch-kritische Methode auch für die Philosophie fortan unentbehrlich sei.

Damit ist die Rechtsphilosophie den leichtfertigen Mißhandlungen unwissender Methaphysiker definitiv entzogen; philosophisch geschulten Historikern und Juristen ist der gebührende Antheil an der Pflege dieser Wissenschaft gesichert. So treffliche Werke wie Hildenbrand's „Geschichte der Rechts- und Statsphilosophie" machen den Dilettantismus der Philosophen auf unserm Gebiet so gut wie unmöglich; Ihering's „Geist des Römischen Rechts", sogar Lassalle's vielfach ungereimtes, aber ernst gearbeitetes „System der erworbenen Rechte" sind tüchtige Riegel gegen die Phrasendreherei: wenn heutzutage noch Philosophen die Rechtsprincipien erörtern ohne Sachkenntniß, so läßt die vernichtende Beschämung nicht mehr lange auf sich warten. Es ist sehr anzuerkennen, daß Philosophen wie Ahrens und Trendelenburg in ihren rechtsphilosophischen Arbeiten sehr schöne Rechtskenntnisse zeigen; es ist dies, neben der eigentlich philosophischen Begabung dieser Männer, gewiß der Hauptgrund, daß ihre Leistungen in dieser ganzen Literatur hervorragenden Rang einnehmen. Dieser formale Fortschritt in der Methode bewährte seine hohe Bedeutung alsbald in einem sehr wichtigen inhaltlichen Gewinn, zu welchem er führte. Nachdem man eingesehen, daß zur Ergründung der Rechtsprincipien keineswegs das zu Fadenschlagen einiger römischer Rechtsanschauungen mit philosophischem Raisonnement genüge, sondern daß man so viel Material als möglich aus dem Rechtsleben aller Völker herbeizuschaffen habe, gelangte man durch das Studium der nach dem Nationalcharakter verschiedenen Rechte zu der Erkenntniß, daß es ein allgemeines, gleichheitliches Menschheitsrecht, ein abstractes Naturrecht neben und über den einzelnen historischen Nationalrechten nicht gebe, nicht geben könne und nicht geben solle. Eine würdige und tiefe geschichtlich-philosophische Grundanschauung verdrängt allmählig die frühere ungeschichtliche und unphilosophische Auffassung in diesen principiellen Fragen. Im Zusammenhang damit stehen die Fortschritte, welche ein besonnener, aber enschiedener Pantheismus unerachtet der Gegenbestrebungen eines ängstlich an das Christenthum sich klammernden Theismus langsam, aber sicher unter der deutschen Bildung macht. Denn der Theismus wird immer dahin neigen, das Religiös-Ethische einseitig an die Spitze des Menschlichen zu stellen: Recht und Stat werden dann leicht nur als nothwendiges Uebel, als Einrichtungen betrachtet, welche leider zwar bei der Unvollkommenheit der menschlichen Natur dermalen noch unentbehrlich sind, aber durch die fortschreitende sittlich-religiöse Bildung schon auf Erden immer mehr entbehrlich gemacht werden sollen; das Recht soll in der Moral, der Stat in der Kirche oder in einem allgemeinen Tugendbund der Menschheit „aufgehen", die barbarischen, blos auf Haß gegründeten nationalen Verschiedenheiten in Recht und Sitte, ja auch in Kunst und Sprache werden verschwinden und das Ziel, welches die Menschen, unter übernatürlicher Leitung der göttlichen Vorsehung, am Ende der immer fortschreitenden Vervollkommnung erreichen werden, ist ein Zustand negationsloser Gleichmäßigkeit, mit unendlicher Ruhe — und unendlicher Langeweile, setzen wir hinzu. Nicht zu vergessen, daß Recht und Stat überhaupt nur von dieser Welt und nur menschliche Nothbehelfe für das Diesseits, im Jenseits aber, zu dem alles Irdische nur die an sich werthlose Vorbereitung, nicht mehr nöthig, ja nicht mehr möglich ist.

Solch wohlfeilem Gerede gegenüber darf es wol bald als Gemeingut aller wirklich philosophisch Denkenden gelten, die Idee des Rechts und Staats als eine selbstständige Manifestation des Absoluten, als eine um ihrer selbst willen bestehende Erscheinungsform des Weltgesetzes zu fassen. Der Geist, der in der Menschheit erscheint, stellt sich in der Idee von Recht und Stat dar, wie in der Religion, der Kunst, dem Ethos. Aber die Menschheit selbst erscheint nicht abstract, sondern concret in der Vielheit der Nationen. Das ist das Wesen oder (wenn man den umpassenden, weil eine vorhergewußte Absicht bezeichnenden Ausdruck nicht aufgeben will) der „Zweck" der Geschichte, die in dem Begriff des Menschen liegenden Potenzen, das Einheitlich-Menschliche in allen möglichen Formen zu realisiren. Die dem menschlichen

Wesen nothwendig eignen Attribute: Sprache, Religionstrieb, Geschlechtsverhältniß, Familie, Kunsttrieb, Ethos, Rechtstrieb, sollen in immer wechselnden Verschiedenheiten alle ihre Möglichkeiten entfalten. Das und das allein ist das geistige Wesen oder der „Zweck" der Geschichte: sie ist Selbstzweck, so gut wie die Natur: das Göttliche stellt sich in diesen beiden Urformen dar, deren Einheit in ihm selber liegt. Die Nationalcharactere sind die verschiedenen Farben, in denen das Eine menschliche Licht erscheint; abgesehen von ihnen, außerhalb ihrer, über ihnen erscheint es — auf Erden, nach menschlichem Wissen — gar nicht.

Das ist nun freilich jenes vielverschriene pantheistische Princip, vor dessen „Trostlosigkeit" zu warnen die Professoren des „christlich-germanischen Stats" gehalten sind. Das Trostbedürfniß und die Art seiner Befriedigung sind subjectiv. Wir für unsern Theil finden unsern „Trost" im Bewußtsein der Allgegenwart des Göttlichen, das wir in jedem Herzschlag der Natur, in jeder Regung des Geistes pulsiren sehen, in der Majestät dieses großartigen Processes, der sich von Ewigkeit zu Ewigkeit vollzieht mit unerschöpflichem Wechsel und immer gleicher Einheit, weil er seinen Grund und seinen Zweck in sich selbst hat.

Wissenschaftlich empfiehlt sich dieses Princip blos durch zwei Kleinigkeiten: einmal: es kann ohne surpranaturalistische Absurda begründet werden; zweitens: es führt nicht zu absurden Consequenzen.

Es ergeben sich nun aber aus diesem allgemein metaphysischen Princip die nachstehenden Folgerungen für die Eine uns hier beschäftigende Disciplin. Vor allem fällt der ungeschichtliche und unlogische Begriff des „Naturrechts." Nicht das ist Aufgabe der Rechtsentwickelung, ein allgemeines, gleiches Menschheitsrecht herzustellen, sondern die Eine Rechtsidee, dem Menschen wesentlich, treibt in der Verschiedenheit der Völker verschiedene Bildungen, deren Einer Hauptfactor der Nationalcharacter ist. In jenem Streben nach Einheit liegt allerdings ein Stück Wahrheit: es ist die Ahnung von der Einheit der Rechtsidee.

Aber es ist ein durch die Geschichte widerlegter Irrthum, wegen dieser Einheit der Idee die Einheit der Gestaltungen zu fordern. Auch in der Kunst ist es die wesentlich menschliche, einheitliche Idee des Schönen, welche bei den verschiedenen Völkern verschiedene Formen bildet; wir begreifen, wie der hel=

lenische Tempel aus dem Inbegriff der geschichtlichen und natürlichen Voraussetzungen des Hellenenthums, wie der gothische Dom aus dem frühmittelalterlichen Christenthum erwuchs; wir lassen sie beide nebeneinander gelten und freuen uns der reichen Manchfaltigkeit, es fällt uns nicht ein, über diesen nationalen Bildungen eine abstracte, allgemeine Menschheitskunst zu fordern, die characterleer und farblos wäre. Ebenso verhält es sich mit den Gestaltungen des Rechtstriebs. Diese Auffassung ist, nebenbei gesagt, auch frei von dem in manchen theistischen Systemen herrschenden Wahn von der stetig fortschreitenden Vervollkommnung des Menschengeschlechts in der Geschichte, eine Vorstellung, welche dem Historiker lächerlich ist. Besteht ja doch nur in sehr wenigen Stücken ein wirklicher Zusammenhang der aufeinander folgenden Völker, und ist es doch unleugbar, daß in manchen Gebieten, wo wir vergleichen können, Rückschritte eingetreten sind. Oder sind wir vielleicht in der Plastik den Hellenen um die 2000 Jahre voraus, die sie — der Zeit nach — hinter uns sind? Jenes eitle Philistergefühl: „wie wir's so herrlich weit gebracht," ist eine sehr widergeschichtliche Illusion. Es lassen sich die verschiedenen Culturepochen und Volkscharactere, weil sie ungleichartige Größen sind, nicht einfach nach der Schablone von gut, besser, am besten vergleichen. Für die deutschen Urwälder war die Volksfreiheit, wie Tacitus sie schildert, die angemessene Rechtsform, für den Geist des Mittelalters der Lehenstat, für die Uebergangszeiten des 17. und 18. Jahrhunderts der aufgeklärte Despotismus, und im 19. Jahrhundert wird in Deutschland die Repräsentativverfassung die einzig mögliche sein. Das sind relative, geschichtliche Elemente, nicht absolute; jede Zeit schafft sich für ihren eigenthümlichen Inhalt ihre eigenthümliche Form.

Diese Auffassung ist frei von jener Unruhe, welche, niemals mit dem Gegenwärtigen begnügt, das Normale immer in unerreichbarer Ferne, in einer Zukunft diesseits oder jenseits glaubt, und nicht erkennt, daß das Göttliche schon jetzt, schon hier uns umgibt; denn „in ew'ger Gegenwart steht alles Leben."

Als die zweite große Errungenschaft dieser Auffassung ist zu bezeichnen: die Emancipation des Rechts von der Ethik.

Nicht-Juristen, Theologen, Philosophen und andere wohlmeinende Gemüther pflegen heftig zu erschrecken über die Forderung: Trennung des Rechts von der Moral; sie sehen darin die Entsittlichung des Rechts, denken dabei an Rabulisterei, Formgerechtigkeit und manches andere, was nicht hierher gehört. Der Schreck ist unnöthig. Das Recht soll und kann nicht von der Moral getrennt werden im Sinne der Feindschaft oder auch nur des Gegensatzes, wol aber im Sinne der Selbstständigkeit, der Eigenberechtigung; gelöst soll werden die unlogische Verbindung zweier Mächte, die man sich im Verhältniß von Mittel und Zweck dachte, während sie, zwei Radien Eines Centrums, selbstständig nebeneinander stehen.

Die unlogische Fesselung des Rechts an die Moral, die Ethisirung des Rechts, die Behandlung desselben als Magd der Moral ist der große folgenschwere Irrthum, welcher anhebt in der Rechtsphilosophie der Hellenen, mit dieser bei den Römern importirt, vom Christenthum keineswegs gehoben, sondern mächtig befestigt, auch von den großen Naturrechtslehrern seit der Reformation nicht beseitigt, von unsern deutschen Philosophen in der Hauptsache nicht überwunden, und erst in unsern Tagen nach dem Fall der apriorischen Systeme von der historischen Richtung exacter Philosophie aufgedeckt und abgestellt wird.

Bei den Hellenen, welche bekanntlich in ihrem ganzen Sprachschatz gar kein Wort für Recht, jus, haben — denn δίκη, θέμις sind ethisch religiöse Begriffe — waltet deßhalb die völlige Vermischung von Recht und Moral, weil bei ihnen alle ἀρετή πολιτικὴ ἀρετή ist, weil der alles absorbirende Stat auch Religion und Ethos vorschreibt.

Religion, Moral, Recht und Stat waren untrennbar ineinander gehüllt; der Stat nahm eine religiös-ethische Färbung an und controlirte dann auch diejenigen Gebiete ästhetischer, religiöser, sittlicher Individualfreiheit, die ihn schlechterdings nichts angehen. Die Statsphilosophien von Plato und Aristoteles stehen nicht in der Luft: sie stehen auf der geschichtlichen Basis der dorischen Verfassung, welche den Besten auch unter den Nicht-Doriern gegenüber der heillosen Ochlokratenwirthschaft in Athen und seinen Bundesstaten als Ideal erscheinen mußte. Wenn nach jenen Philosophemen der Stat die Stimmung der Instrumente und die erlaubten Dichtungsarten festsetzt, jedem seinen Stand, seine Beschäftigung, die Wahl seines Weibes ꝛc. vorschreibt, wenn Familie, Gesellschaft und persönliche Freiheit des Seelenlebens dem Stat geopfert werden, so ist dies nur die Consequenz der echt hellenischen

Verquickung von Recht und Ethos: der Stat ist alles und jedes, die nothwendige Grenze zwischen Aeußerm und Innerm wird aufgehoben, diesmal zum Nachtheil des Innern; die Moral geht auf im Recht.

Zu dem entgegengesetzten Irrthum wurde durch die Verquickung von Moral und Recht das mittelalterliche Christenthum geführt. Die christlichen Ideen gelangten zur Herrschaft im Kampf gegen die Nationalität und gegen den Stat: ihr Reich war nicht von dieser Welt. Die ganze Erde und das Menschengeschlecht war seit dem Sündenfall depravirt: nicht hier, im himmlischen Jenseits hat der Christ seine wahre Heimat, auf Recht und Stat soll er nicht mehr Kraft und Liebe wenden, als diese leider! nothwendigen Uebel unerläßlich fordern. Der Glaube und die religiöse Moral sind die Hauptsache, diese aber gedeihen auch ohne den Stat; der Stat hat alle Berechtigung nur darin, mit seinem weltlichen Arm die Kirche zu beschirmen. Während daher Verstöße gegen die Rechtsordnung als solche ziemlich glimpflich abkommen, wird umgekehrt der Stat dazu erniedrigt, die geistliche Strafe der Excommunication für ethisch-religiöse Sünden mit der weltlichen Strafe der Reichsacht zu verschärfen; die nothwendige Grenze zwischen Aeußerm und Innerm wird abermals aufgehoben, diesmal zum Nachtheil des Aeußern: für moralische Schuld rechtliche Strafe: der Stat wird der Büttel der Kirche — sie nennt ihn ihren Vogt und das ist seine höchste Ehre.[1]

Nachwirkungen dieser unwürdigen Auffassung von Recht und Stat finden sich bis zur Stunde in den Systemen unjuristischer Philosophen. Noch immer wird der Stat nur als nothwendiges Uebel betrachtet, das mit den Fortschritten der sich vervollkommnenden Menschheit immer weniger nothwendig werden soll. Nur die Leidenschaften, die Selbstsucht der Menschen machen die äußere Zwangsanstalt von Recht und Stat nöthig. Aufgabe des Stats ist daher, sich allmählig selber überflüssig zu machen. Er soll in seinen Bürgern so viel Bildung und Tugend verbreiten, bis sie eines Tages einsehen, daß sie seiner nicht mehr bedürfen und ihn wegwerfen, wie der Gesunde die Krücke seiner kranken Tage. Strafrecht

---

[1] Recht und Stat abhängig von der Moral, die Moral von der Religion, die Religion von der Kirche — also Recht und Stat von der Kirche (quod erat demonstrandum).

und Strafproceß werden zuerst überflüssig: denn Verbrechen kommen in jenem Zustand der Vollkommenheit nicht mehr vor: zunächst das Völkerrecht: denn Kriege gibt es nicht mehr und das barbarische Vorurtheil der Nationalität, des Einzelstats, ist längst abgestreift: alle Völker miteinander bilden den „Weltstat". In diesem ist ein Statsrecht und eine Polizei nicht mehr nöthig: alle Glieder sind zugleich Herrscher und Beherrschte, Aemter und Steuern sind längst vergessen. Aber auch das Privatrecht und der Civilproceß sind zuletzt überflüssig, denn Niemand will mehr ein besonderes Eigen haben: über Mein und Dein zu streiten wäre unsittlich; kurz „in dem Weltstat freier Association ist das Recht aufgegangen in die Moral."

Gegenüber solchen Utopien haben wir daran festzuhalten, daß Moral und Recht sich zwar nicht als Gegensätze, aber auch nicht als Synonyme und nicht als Zweck und Mittel zueinander verhalten. Widersprüche im Princip zwischen ihnen sind deshalb undenkbar, weil beide Manifestationen des einen gemeinsamen Grundes, des Weltgesetzes in der Menschenvernunft, sind. Aber sie sind auch nicht identisch, und so wenig etwa die Kunst Mittel zum Zweck der Religion: sondern, trotz inniger Verwandtschaft, ein selbstständiges Geistesgebiet ist, so wenig hat das Recht die Bedeutung, lediglich eine Zwangsanstalt zu Gunsten der Moral und zur bereinstigen Auflösung in dieser bestimmt zu sein. Das Recht stammt aus einem eigenen, von der Moral verschiedenen Trieb und Sinn der Menschennatur und des Menschengeistes. Der Mensch bedarf zu seiner physischen Existenz der Herrschaft über Dinge der Außenwelt, der Sachen: schon sein Fuß bedarf der Erdscholle, darauf zu stehen, er selbst bedarf der Speise, des Trankes, der Kleidung, der Wohnung, des Geräths, der Waffe zur Erhaltung seines Lebens. Schon der thierische Trieb, der Instinct, führt ihn zur Aneignung, zur Occupation. Aber nicht auf dies blos Physische allein oder direct baut sich der Gedanke des Rechts, nicht blos aus der factischen, materiellen Noth entspringt es. Denn jene Thatsache der Occupation allein begründet noch kein Recht: unter den Thieren entsteht der Rechtsgedanke nicht: ohne weiteres nimmt das Eichhorn dem Häher die gesammelten Nußvorräthe und ohne weiteres nimmt in der vorstatlichen Horde der Barbar dem Besitzer seine Habe, ohne das Gefühl des Unrechts.

Vielmehr verbindet sich mit jener äußern materiellen Noth in der Natur eine innere ideale Nöthigung im Geist des Menschen. Der Mensch ist — schon die Hülflosigkeit seiner Kindheit, und vor allem sein Sprachvermögen beweisen es — geistig wie natürlich zur Gemeinschaft, zum geselligen Leben gezwungen: er kann viele der in ihm liegenden Potenzen nur realisiren im Gemeinleben, in Ehe, Familie, Horde, Gemeinde. Zum Zusammenleben treibt ihn, mehr noch als das äußere, ein inneres Bedürfniß. Damit ist aber die Nothwendigkeit einer Ordnung jener Ansprüche auf die Sachen schon gegeben. Der Einsiedler bedarf des Privatrechts, des Proceßrechts nicht; schon die zur Horde erweiterte Sippe germanischer, tscherkessischer, arabischer Geschlechter bedarf derselben. Endlich aber — und dies ist der Adelsbrief des Rechts, dies ist seine Rechtfertigung als eines selbstständigen Geistesgebietes neben Ethos, Religion und Kunst — des menschlichen Geistes tiefstes Wesen ist ein Suchen von Gesetzen, ein Streben vom Einzelnen hinweg zum Allgemeinen. Unsere Logik, unser Denken in Urtheil, Begriff und Schluß, unsere Sprache ist nichts anderes als ein stetes Suchen nach Gesetzen für die sich aufdrängenden Erscheinungen, ein Streben, für Einzelnes einen deckenden Gemeinbegriff zu finden.

In dem gewöhnlichsten Satz, der nur eine auseinandergesetzte Interjection ist, in einem Urtheil wie „heute ist es kalt, warm", bethätigt sich dies Grundgesetz des menschlichen Denkens nicht minder wie in dem kühnsten metaphysischen Schluß. Sage ich „heute ist es kalt", so suche ich für die momentane Einzelempfindung des Kalten nach einem Allgemeinen: ich nenne die Empfindung wie alle frühern gleichartigen mit dem Gemeinbegriff: kalt. So hat der menschliche Geist sich nicht begnügt, die einzelnen Naturerscheinungen einzeln zu fassen: er sucht ihr Allgemeines und alle Naturwissenschaft ist ein Suchen von Naturgesetzen. So begnügt sich der Menschengeist nicht mit den Einzelwahrnehmungen des Schönen in Natur und Kunst: die Wissenschaft vom Schönen sucht nach dessen vernünftigen Gesetzen.

Dieser Trieb des Menschengeistes, der Drang nach dem Allgemeinen, die Nöthigung, das Vernunftgesetz der Einzelerscheinungen zu finden, ist es, der von der idealen Seite her zum Rechte führt, wie von der realen Seite her der

Selbsterhaltungstrieb und der Gemeinsinn. Wenn die Menschen existiren sollen, müssen sie in gemeinsamem Leben die Naturdinge, die Sachen gebrauchen. Auf daß dies möglich sei, bedarf es einer Ordnung dieses Gebrauchs. Der Gesetzesdrang aber des Menschengeistes führt dahin, die vernünftigste Ordnung dieses Gebrauches, d. h. eine solche, bei welcher Friede bestehen kann, aufzusuchen. Das Product dieß Gesetzesdranges ist das Recht.

Das Recht ist also die vernünftige Friedensordnung einer Menschengenossenschaft über ihre äußern Verhältnisse zueinander und zu den Sachen.

Die Moral dagegen ist die vernünftige Friedensordnung der Menschen über ihre innern Verhältnisse (Gesinnungen, Beweggründe) zueinander.

Es ist hiernach klar, daß Recht und Moral weder feindlich noch identisch, noch Mittel und Zweck zueinander sind.

Wir behalten uns vor, die wichtigen Consequenzen aus jedem Merkmalswort unserer Definition vom Recht bei einer andern Gelegenheit auszuführen. Hier am Schlusse eines schon allzu lang gewordenen Aufsatzes sollen nur nochmals die Errungenschaften aus der gegenwärtigen Krisis der Rechts- und Staatsphilosophie kurz zusammengefaßt werden; sie sind:

1) die Erkenntniß der Nothwendigkeit der historischen Methode gegenüber der frühern apriorischen Construction;
2) die Verwerfung eines abstracten Naturrechts über den nationalen geschichtlichen Rechten;
3) die Erkenntniß, daß sich die Rechtsidee nur in den zeitlichen Nationalrechten realisirt;
endlich
4) die Emancipation des Rechts von der Moral und die Anerkennung desselben als selbstständigen, unabhängigen Geistesgebiets, als Selbstzweck wie Moral und Religion.

Hobbes.

Thomas Hobbes, geboren den 5. April 1588 zu Malmesbury in der englischen Grafschaft Wilton, gestorben 1679, der Zeitgenosse von Baco, Hugo Grotius, Descartes und Spinoza, der Sohn eines Geistlichen, bezog, da sich seine Fähigkeiten sehr früh entwickelten, schon im fünfzehnten Jahre die Universität Oxford. Ein unverstandener Aristotelismus, wie er dort auf gut scholastisch gelehrt wurde, war die erste Gestalt, in der ihm die Philosophie entgegentrat. In seinem zwanzigsten Jahre machte er als Hofmeister des ältesten Sohnes des späteren Grafen von Devonshire eine Reise durch Frankreich und Italien und kam in Berührung mit den bedeutendsten Gelehrten jener Länder, welche in mancherlei Abstufungen den allmähligen Uebergang von der alten Scholastik in eine neue Periode wissenschaftlichen Lebens darstellten. Die Folge der gewonnenen Anregungen war für Hobbes ein entschiedener Bruch mit dem ganzen damaligen Schuldogmatismus: nach seiner Rückkehr verwarf er Logik, Physik und Methaphysik,[1]) und strebte eifrig nach lebendigeren Anschauungen auf Grund empirischer Forschung im Studium der classischen Philosophen, Dichter und Geschichtschreiber, insbesondere des Thukydides, den er in's Englische übersetzte (1628).[2]) In diese Periode seiner ersten Emancipation von der abstracten Scholastik fällt auch sein vertrauter Verkehr mit dem fast um dreißig Jahre älteren Baco, welcher sich von Hobbes mehr als irgend Einem verstanden erklärte.[3])

---

[1]) „tanquam nimis umbraticam." vita p. 21.
[2]) Angeblich damals schon in der Absicht „ut ineptiae democraticorum Atheniensium concivibus suis patefierent." vita p. 3.58. 118.
[3]) vita p. 22. Nicht mit Unrecht hat man in Hobbes eine Fortwirkung der Baconischen Ideen, vom Gebiet der Natur auf das des Geistes übertragen, gefunden. Vgl. Kuno Fischer, Baco von Verulam. Leipzig 1856 p. 389. Hobbes löst die von Baco gestellte Aufgabe, Ethik und Politik physikalisch zu begründen und führt in der That die Politik sammt der ihr untergeordneten Ethik und Religion auf Naturgesetze zurück.

Auf einer zweiten französischen Reise wurde er durch das Studium des Euklid von der Wichtigkeit der mathematischen Methode für das philosophische Denken überzeugt,[1] ein Gedanke, den er mit den großen Meistern der damaligen Philosophie theilte. Im Jahre 1631 wurde er wieder Hofmeister eines jüngeren Sohnes des Grafen von Devonshire, mit welchem er abermals Frankreich und Italien bereiste, (1634—37). In diese Jahre fällt sein Bekanntwerden mit Galilei zu Pisa, mit Gassendi und Mersenne in Paris und sein hierdurch angeregtes eifriges Studium der Physik. Durch den Ausbruch des englischen Bürgerkriegs, dessen erste Anfänge er bei seiner Rückkehr in Bewegung fand, wurde Hobbes Thätigkeit auf das Gebiet der Politik und Statsphilosophie gelenkt und seine staatsphilosophische Schriften sind es, welche seinen Namen berühmt gemacht haben.

Hobbes, dessen Leben fünf Regierungen Englands berührt — von Elisabeth bis Karl II. — war aus innerster Ueberzeugung Royalist und entschiedenster Gegner der demokratischen und republicanischen Ideen, die er für die Ursachen aller Leiden seines Vaterlandes hielt; er suchte nun auf philosophischem Weg, aus dem Begriff des Menschen, des Rechts und des States heraus, den Beweis zu führen von der Unvernunft und Unhaltbarkeit des demokratischen Princips, den Beweis von der Vernunftnothwendigkeit der unbeschränkten Monarchie. Man muß diese pathologischen Motive, diese leidenschaftliche Abneigung gegen alle freie Volksbewegung stets im Auge behalten, um zu begreifen, wie ein Mann von der geistigen Kraft Hobbes' sich bei den absurden Consequenzen des „Leviathan" beruhigen konnte. Er verließ England, dem ihm unerträglichen Bürgerkrieg auszuweichen, und wandte sich nach Paris (1640), wo er viel mit Gassendi verkehrte und mit Descartes bekannt wurde (1641). Er erwarb sich die Gunst des geflüchteten Prinzen von Wales, des späteren Königs Karl II., und unterrichtete ihn in der Mathematik. In dieser Zeit erschien zuerst sein Buch elementa philosophica de cive, 1642, jedoch nur in wenigen Exemplaren, die er unter seine Londoner Freunde vertheilte. Dieses Werk, 1646 in bereicherter Ausgabe verbreitet, und in noch greller Form der (zuerst 1651 englisch erschienene) Le-

---

[1] vita p. 25.

viathan, sive de materia, forma et potestate civitatis eclesiaticae et civilis behaupteten nun gegenüber den in England herrschenden Statsideen die absolute Monarchie in extremster Weise. Aber Hobbes hatte von dem Fürsten, dem er zunächst damit dienen wollte, schlechten Dank dafür. Da er die königliche Gewalt, wie in allen andern Gebieten, auch gegenüber der Kirche als völlig unbeschränkt hingestellt hatte, zog er sich den grimmigen Haß der Geistlichkeit, der hochkirchlichen wie der katholischen, zu. Hobbes hatte in strenger Consequenz die absolute Allgewalt des Stats in jeder Verfassungsform, in der Republik nicht minder als in der Monarchie, behauptet; dies genügte, ihn der Accomobation an das Parlament zu verdächtigen: es gelang, ihn um die Gunst Karls zu bringen, so daß dieser ihm seinen Hof verbot und ihn nöthigte, Paris zu verlassen.

So ging denn der eifrigste Verfechter des Königthums wieder nach dem demokratischen England zurück (1652) und hielt sich im Hause des Grafen von Devonshire verborgen. An den politischen Parteikämpfen betheiligte er sich nicht. Einen Annäherungsversuch Cromwell's, der ihm das Statssecretariat anbot, wies er entschieden zurück. Er arbeitete seine philosophischen Anschauungen aus und lebte im Verkehr mit englischen Gelehrten wie Harvey, Selden, Cowley, Ayton, Waller, Vaughan ꝛc. Doch verwickelten ihn seine Schriften nach vielen Seiten in literarische Fehden. Eine ganze Fluth von Gegenschriften (bis 1680 schon über 24) ergoß sich über den Leviathan; über seine Lehre von der Willensfreiheit gerieth er in Streit mit Bischof Johannes Bramhall (1656): auch gegen seine Geometrie erhoben sich viele Gegner, insbesondere der Mathematiker John Wallis. Als aber Karl II. restaurirt wurde (1660), wandte er dem treuen Anhänger seine Gunst wieder zu, bedachte ihn mit einem Jahrgeld und bewahrte sein Porträt, von dem berühmten Samuel Cooper gemalt, in seinem Arbeitszimmer.[5]) Hobbes wurde nun in hohem Grad ausge-

---

[5]) Die von diesem Original stammenden Copien zeigen einen energischen, bedeutsam gezeichneten Kopf: man glaubt seinem Biographen, daß er mit denen, welche seine politischen Principien bestritten — vehementius disputabat quam erat necessarium p. 15 vgl. p. 84. Hobbes hatte ein gehöriges Bewußtsein von der Wirkung und Bedeutung seiner Lehre: „Niemand — meinte er —, auch er selbst nicht, würde das Licht, das seine Werke in der Welt verbreitet, wieder verdunkeln können." — An answer to Bishop Bramhall. p. 459.

zeichnet: Fürsten und Vornehme besuchten ihn auf ihren Reisen; auf dem Festland wie in England fand er höchste Anerkennung, freilich neben heftigster Anfeindung. Das Parlament verurtheilte den Leviathan und öffentliche Anklage wegen Häresie stand bevor.

Im Jahre 1674 zog er sich auf's Land zurück, wo er sich, bis an sein Lebensende rüstigen Geistes, eifrig mit Philosophie, Mathematik, Geschichte und Poesie beschäftigte. Er starb, einundneunzig Jahre alt, am 4. Dezember 1679.

Hobbes war ein Fünfziger, als seine statsphilosophischen Arbeiten begannen. Seine geistige Eigenthümlichkeit war also längst fest gezeichnet und er übertrug sie natürlich auf das neu betretene Gebiet. Wahre Principieneinheit freilich, welche, wie bei Platon, Aristoteles, Spinoza und den großen deutschen Philosophen in allen Theilen der Wissenschaft mit Bewußtsein den Grundgedanken des Systems durchführt, finden wir bei Hobbes so wenig als bei den meisten englischen Denkern. Indessen, der Zusammenhang seiner politischen mit seiner sonstigen Philosophie liegt in dem Wesen seiner empiristischen Denkweise. Das Charakteristische aller seiner Anschauungen ist ein mechanischer Atomismus: der Begriff des Nebeneinander, die Kategorie äußerlicher Verbindung äußerlicher Gegensätze erfüllt ihn ganz und beherrscht seine Politik wie seine Physik und Metaphysik: darin liegt der allerdings selbst nur mechanische Zusammenhang seiner Staatsphilosophie mit seiner Gesammtanschauung: — wie ihm alle Philosophie nur ein Wissen vom Körper ist, „eine geometrische Wissenschaft," — wie ihm alles Denken nur ein Rechnen, ein Addiren und Subtrahiren, — wie die Sprache nur eine Verbindung der von Adam erfundenen Wörter — (Nachwirkungen des scholastischen Nominalismus) —, wie es bei den Körpern nur Quantität gibt, (alle scheinbare Qualität ist nur durch quantitative Bewegung entstanden) — wie die Bewegung selbst nicht den Körpern d. h. der Natur inne wohnt, sondern von Außen mechanisch an sie gebracht wird —: so ist ihm auch der Stat nur eine mechanische Verbindung der einzelnen Willensatome: der Begriff des Organismus ist ihm fremd, wie bei'm Menschen, so bei'm Stat. Ethik und Politik gehören zur Physik, denn sie beruhen auf physischen Leidenschaften; es gilt nur, dafür so sichere Anhaltspunkte zu gewinnen als die Mathematik für die Physik gewährt: übrigens ist bies auch leichter in den Geisteswissenschaften, ubi nos lineas ducimus. Hobbes geht dabei aus von der Selbstsucht, dem Selbstsuchtstrieb als der Wurzel aller menschlichen Affecte.⁶) Die Selbstsucht aber treibt den Menschen seiner Natur nach zur Isolirung, nicht zu statlicher Gemeinschaft: diejenigen irren, welche den Menschen von Natur aus zur Gemeinschaft neigen und aus diesem Gemeinsinn den Stat entstehen lassen. Im bewußten Gegensatz zu Hugo Grotius faßt Hobbes den Gemeinsinn nur als ein accidens: nicht aus Wohlwollen, sondern aus Bedürftigkeit und Ehrbegierde d. h. eben aus Selbstsucht verbinden sich die Menschen zu friedlicher Gemeinschaft. Diese kann, als in der Grundtendenz der menschlichen Natur nicht gelegen, kein natürlicher, sie muß ein künstlicher Zustand sein. Der status naturalis ist nicht der Friede, sondern der Krieg. Denn, da alle Menschen von Natur aus zu allen Gütern gleichberechtigt und gleichbefähigt sind,⁷) so sucht im Naturstand jeder Alles zu erwerben und jeden Andern von Allem auszuschließen. Eben dadurch wird jenes Recht Aller auf Alles unnütz: denn von jener unbegrenzten Freiheit bleibt bei der allgemeinen Unsicherheit nur die Möglichkeit, daß Jeder den Andern tödten kann, übrig und die nothwendige Folge ist ein Krieg Aller gegen Alle (bellum omnium contra omnes⁸). Dieser status hostilis kann nicht lange dauern, denn Niemand wird ihn für ein Gut halten: vielmehr lehren die natürlichen Triebe, deren Gesetze mit dem moralischen identisch,⁹) die Menschen das Gegentheil jenes Uebels suchen — den Frieden — und: pax est quaerenda lautet das erste Natur- und Sittengesetz. Damit aber Friede sein könne, muß Jeder von seinem Recht auf Alles nachlassen im Wege des Vertrages und diese Verträge müssen gehalten werden, weil ihr Bruch den alten Kriegs- und Naturzustand erneuern würde. Daher heißt das zweite Naturgesetz: pactis standum est sive fides observanda.¹⁰)

---

⁶) Dies wurde Grundsatz für die eudaimonistische Ethik der englisch-französischen Aufklärung, findet sich übrigens in ähnlicher Weise schon bei Aelteren wie z. B. bei Telesius und Cremonini; Hobbes schickt wie Mariana dem Stat eine Darstellung des status naturalis voraus.

⁷) Lev. c. I. 3. vgl. de cive c. I. § 3.

⁸) civ I, § 11.

⁹) civ II § 31 legem naturalem eandem esse cum lege morali consentiunt omnes scriptores.

¹⁰) civ. c. III. § 1

Aber so lange die Menschen einen Einzelwillen haben, ist stets die Gefahr vorhanden, daß ein solcher Einzelwille, dem Grundzug der Selbstsucht folgend, die Verträge zu seinem Einzelvortheil bricht und dieser Gefahr ist nur dadurch vorzubeugen, daß Alle sich ihres Einzelwillens begeben und durch gemeinsamen Vertrag ihrer Aller Willen auf einen Einzigen (oder ein Collegium) übertragen: ich übertrage Macht und Recht, mich zu regieren, einem Dritten unter der Bedingung, daß Alle demselben Macht und Recht, sie zu regieren, übertragen.

Hier liegt, selbst alle früheren Prämissen eingeräumt, der logische Fehler des Systems: denn durch die Uebertragung aller Einzelwillen auf Einen erhält ja nun dieser Eine die Möglichkeit und, vermöge des Grundtriebes der Selbstsucht, die Aufforderung, in seiner schrankenlosen Macht wie im Naturstand gegen die Uebrigen zu handeln und den Kriegszustand gegenüber Wehrlosen zu erneuern. Der absolute Stat des Hobbes ist eine tyrannis unius contra omnes, viel schlimmer als der Zustand vor dem Stat: an die Stelle unerträglicher Unsicherheit tritt noch unerträglichere Knechtung. Bei Rousseau ist dies vermieden, indem bei ihm im Statsvertrag alle Bürger untereinander sich zu gleichen Rechten und Pflichten verbinden und nicht in Ein Individuum oder Collegium, sondern in die Gesammtheit der Bürger selbst die höchste Gewalt verlegen. Gerade das Gegentheil von Hobbes ist die Milton'sche Statsauffassung, welche umgekehrt nur das Volk vor dem Herrscher und gar nicht den Herrscher vor dem Volk sichert.

Durch diesen Vertrag nun entsteht der Stat, der große Leviathan, der die Rechte und Willen Aller verschlingt: (der Name ist gewählt mit Bezug auf Buch Hiob cap. 14), der sterbliche Gott, welchem, nach dem Unsterblichen, die Menschen Schutz und Frieden danken.") Der Stat ist nun

---

") Communem autem potentiam constituendi, quae homines tum ab invasione exterorum tum ab injuriis mutuis tueri possit — unica via haec est, ut potentiam et vim suam omnem in hominem vel hominum coetum unum unusquisque transferat, unde voluntates omnium ad unicam reducantur, id est ut unus homo vel coetus unus personam gerat unius cujusque hominis singularis utque unusquisque autorem se esse fateatur actionum omnium quas egerit persona illa, ejusque voluntati et judicio voluntatem suam submittat. Est autem hoc aliquid amplius quam consensio aut concordia. Est autem in personam unam vera omnium unio; quod fit per pactum unius cujusque

entweder der natürliche, natürlich entstandene, falls jene
Unterwerfung durch Krieg, oder künstlich entstandene, in-
stitutive, falls sie durch friedliche Uebereinkunft der Bürger
erfolgte.¹²) Der Stat ist hier also nicht, wie bei Hugo
Grotius, das natürliche Ergebniß des ebenfalls friedlichen
Naturzustandes, sondern eine künstliche, an Stelle des un-
haltbaren Naturstandes gesetzte, gegentheilige Einrichtung:
der Stat ist der künstliche Mensch, homo artificialis.¹³) Der
Mensch verliert daher auch bei der Entstehung des Stats
seine natürliche Freiheit. Der Stat, in der Einen Person
des Herschers concentrirt, auf den Alle ihre Einzelwillen
übertragen haben, hat nur allein in dieser Person das
Recht der Gesetzgebung, die Civil- und Strafgerichtsgewalt,
die Militairgewalt, das Recht, alle Beamte und Officiere
und insbesondere auch seinen eigenen Nachfolger zu er-
nennen.¹⁴) Er hat aber auch alle Lehren und Meinungen
zu prüfen und alle für den Frieden gefährlichen zu verbieten:
denn zwar ist Wahrheit das Ziel aller Wissenschaft, aber
eben die wahre Lehre wird nie statsgefährlich werden.¹⁵)
Diese sämmtlichen Gewalten dürfen nun nicht getrennt
werden: die Lehre von der Trennung der Gewalten und
deren Vertheilung unter König und Volksvertretung hebt
den Stat auf, gibt dem Volk einen Willen zurück, auf
welchen es seit dem Verlassen des Naturstandes verzichtet
hatte: und diese Lehre ist es gerade, welche das Unheil des
Bürgerkrieges über England gebracht hat.¹⁶) Nur wo der
Stat absolut ist, hat er Friede.¹⁷) Wenn überhaupt der

cum unoquoque; tanquam si unicuique unusquisque diceret: Ego huic
homini vel huic coetui autoritatem et jus meum regendi me ipsum
concedo, ea conditione, ut tu quoque tuam auctoritatem tuum jus
regendi in eundem transferas. Qua facto, multitudo illa una persona
est et vocatur civitas et respublica. Atque haec est generatio magni
illius Leviathan vel mortalis dei, cui pacem et protectionem sub deo
immortali debemus omnem. Civitas persona una est, cujus actionum
homines magno numero per pacta mutua unius cujusque cum unoquoque fecerunt se auctores, eo fine, ut potentia omnium arbitrio suo
ad pacem et communem defensionem uteretur. Lev. c. 17. civ. c. V. § 6. 9.
¹²) civ. c. V. § 11 12.
¹³) Lev. introd.
¹⁴) civ. c. VI. § 8 9. Lev. 18 c. 19.
¹⁵) Lev. c. 18.
¹⁶) Opinio docentium jura regni anglicani divisa esse inter regem,
proceres et coetum communium causa fuit belli quod secutum est
civilis. Lev. c. 18.
¹⁷) Lev. c. 20.

Stat sein soll, muß er absolut sein: denn nur durch völliges Aufgeben aller Einzelwillen wird der Naturstand aufgehoben und nur durch Uebertragung aller Willen auf Einen entsteht der Stat: der Wille des Königs ist der des Stats, ja der König ist der Stat, was freilich den Meisten nicht einleuchten wolle.[18]) Die drei Arten des Stats, Monarchie, Aristokratie, Demokratie, nach der Zahl der Herschenden — ihre drei Extreme, Tyrannis, Oligarchie, Anarchie haben keine objective Existenz und sind nur von Malcontenten erfundene Caricaturen.[19]) — könnten, nach der Meinung Mancher, auch gemischt gedacht werden: aber damit entsteht Theilung der Gewalten, Streit der Einzelwillen und wir haben so wieder den Naturzustand, der schlimmer ist als Unterwerfung unter den schlimmsten Stat. Nur in der Monarchie ist jeder Dissens der Herschaft unmöglich und deßhalb erscheint diese Form als die beste, wiewohl Hobbes es verkehrt nennt, hierüber zu streiten: denn je die bestehende Statsform sei je die Beste und im Besitz zu erhalten. Zwar habe auch die Monarchie manche Uebelstände, wegen der Leidenschaften des Herrschers, aber doch sei sie noch besser als das bellum omnium contra omnes (Lev. c. 18.) und in der Demokratie steigen diese Uebelstände mit der Zahl der Herrschenden (Lev. C. 19.).[20]) Der Stat ist eben ein nothwendiges Uebel: wären die Menschen vollkommen, so bedürften sie freilich des States nicht. Auch kann nicht etwa der König wegen schlechten Regiments abgesetzt werden (Lev. c. 18): denn der Vertrag, welcher ihm die Gewalt übertragen, ist ja nicht zwischen ihm und den Bürgern, sondern unter den Bürgern allein geschlossen worden: daher

---

[18]) Apparet cum, qui tali imperio praeditus est, habere ad civitatem rationem animae, non capitis civ. c. VI. § 49.

[19]) Lev. c. 19.

[20]) Hierin liegt der praktische Gegensatz von Hobbes zu Spinoza. In den Ausgangspuncten hat der tractatus politicus mit dem Leviathan manches gemein und einige Stellen Spinoza's zeigen deutlich den Einfluß der Ideen Hobbes'; aber in den Consequenzen neigt Spinoza im Praktischen zur Demokratie, (während ihm als Ideal ein sublimer Aristokratismus vorschwebt). Hobbes dagegen wird von Leben und Reflexion zur absoluten Monarchie geführt. Vergl. die ausführliche Darstellung von Sigwart, Vergleichung der Rechts- und Statstheorien des B. Spinoza und des Th. Hobbes Tübingen 1842, und Kuno Fischer, Gesch. d. neueren Ph. 1. Abthl, 2. XXI. p. 428. Stahls Auffassung dieses Verhältnisses. Rechtsphilosophie III. p. 176. 2 Aufl. ist getrübt durch seine charakteristische Antipathie gegen alle pantheistische Ethik.

sind alle unbedingt an den Regenten gebunden und nur durch eigene Zustimmung kann er die Herrschaft verlieren. (civ. c. VI. §. 10.)

Uebrigens muß man in jeder Statsform wohl unterscheiden zwischen „Volk" und „Menge." Die Menge ist weder Einheit noch Person, das Volk aber als einheitliche Person herrscht in jeder Verfassung, auch in der Monarchie: denn es ist ja des Volkes eigener Wille, daß ex pacto Einer über Alle hersche. Deßhalb giebt auch Mißherrschaft kein Recht zur Revolution: denn jeder Einzelne hat sich selbst anzuklagen, daß solch Regiment bestellt worden. (In der Aristokratie und Demokratie ist die einheitliche Volksperson die Curie, in der Monarchie ist das Volk der König selbst: rex est populus (civ c. XII. § 8). Zwar erhält auch der König seine Gewalt von dem Volk als Person, aber sobald der König bestellt ist, hört das Volk auf, Person zu sein.) Der König kann kein Unrecht thun: denn Unrecht ist Vertragsbruch: dem König gegenüber besteht aber kein Vertrag. Die Auflösung der Herrschaft kann also nicht durch Revolution, sondern nur dadurch geschehen, daß der Herrscher selbst die Gewalt derelinquirt oder ohne Nachfolger stirbt — in diesen Fällen tritt der Naturzustand wieder ein — oder der Feind das Land erobert. Die Nervenbande des künstlichen Menschen, des Stats, sind ebenfalls künstlich: die Sitten und Gesetze: und nur zu solchen Handlungen hat der Bürger Freiheit, worüber in den Gesetzen nichts vorgeschrieben ist. (Lev. c. 21). Der Unterschied des Bürgers vom Knecht liegt lediglich darin, daß der Bürger dem Stat so dient, wie dem Bürger selbst der Knecht.

Oberste Handlungsnorm aber für den Herrscher wie für alle Theile des Stats ist das Wohl des Volkes: salus populi suprema lex. (civ. c. XIII. § 2. vergl. Lev. c. 30). In diesem Sinn hat nun aber der Herrscher allein zu setzen was recht, was unrecht: wo Mehrere beisammen sind, können sie sich alsbald über den Sprachgebrauch von Gut und Bös nicht mehr einigen: wenn Private dies selbst prüfen wollen, so liegt darin statsgefährliche Herrschsucht: nur Statsgesetze sind Recht und Unrecht, Gut und Bös; (daher auch alles Gewohnheitsrecht vom Uebel ist). Aufrührerische Lehren sind es, daß die Bürger hierüber selbst zu urtheilen haben, oder daß Sünde sei, was der Bürger gegen sein Gewissen thue: das rechte Gewissen ist das Gesetz des States. Ebenso aufrührerisch ist die Lehre, daß der Bürger absoluter Herr seines Eigenthums oder daß der Herrscher dem Privatrecht unterworfen sei. Insbesondere ist in dieser Hinsicht das Studium der Griechen und Römer statsverderblich: denn sie lehren so häufig den Tyrannenmord, daß sie, wie tollen Hundes Biß die Wasserscheu, die Tyrannenscheu erregen. Recht und Rechtspflege sind erst im State möglich: im Naturstand gibt es kein Verbrechen: erst gegenüber dem Gesetz entsteht das Verbrechen. Grund der Strafe ist ihm freilich nur die Abschreckung. (Lev. c. 28. de poenis et praemiis.)

Merkwürdig sind die Anschauungen über das Verhältniß der Kirche zum Stat: Hobbes faßt die Religion wie die Ethik rein politisch: sie ist ein natürlicher Affect (de homine 12, 5): der Stat bestimmt die Gottesverehrung nach Gegenstand und Modus, Aberglaube ist dann von der Religion nur dadurch unterschieden, daß die Objecte seiner Verehrung vom Stat nicht recipirt sind: (Lev. c. 6.) daher hat auch nur der Stat die authentische Interpretation der Offenbarung. (civ c. XV. § 16).

Die Kirche ist so die in Einer Person (d. h. in Einem State) vereinigte Versammlung von Christen, welche nach Erlaubniß oder Verbot dieser Person zusammenkommen oder nicht zusammenkommen dürfen. (Lev. c. 39.) Christus, der nur eine sittliche, weder eine philosophische noch eine politische, Sendung hatte, habe selbst die Unterordnung der Kirche unter den Stat anerkannt: jede Kirche ist daher nur Kirche nach Erlaubniß des Stats, die Geistlichen haben keinerlei zwingende Gewalt und die vom römischen Bischof geübte Excommunication kommt nur von seiner Anmaßung, der Könige König sein zu wollen. Hobbes bekämpfte daher Bellarmins Lehre von der Obergewalt des heiligen Petrus: dem Papst solle gegeben werden was dem heiligen Petrus: aber nirgend sei dem heiligen Petrus die Herrschaft der Welt gegeben. Der Mensch erhebt sich, religiös wie politisch, aus dem Naturstand zu einem künstlichen Zustand: dies aber ist nur möglich im State: deßhalb ist die Kirche lediglich ein abhängiges Moment des States.

Solche Sätze forderten natürlich den Widerspruch der Geistlichkeit heraus: sowol die hochkirchlichen Orthodoxen zu Oxford als die liberalen Puritaner zu Cambridge erhoben sich gegen eine Lehre, welche jenen demokratisch, diesen unsittlich erschien. Anhänger des Hobbes wie Scargil zu Cambridge, Wood zu Oxford, wurden verfolgt und als Hobbes sich des Letzteren annahm, schalt ihn John Fell, Decan zu Oxford, ein jähzorniges und höchst eitles Vieh und einen wahnsinnigen Menschen (irritabile illud et vanissimum Malmesburiense animal et furiosum hominem.) Aber auch unter den gleichzeitigen und späteren Philosophen fand Hobbes zahlreiche Gegner: Cudworth häufte, außer den banalen Beschuldigungen des Atheismus, triftige Gründe, wie gegen seine Erkenntnißlehre, gegen seine Lehre von Freiheit und Sittlichkeit und vertheidigte namentlich das subjective Gewissen gegen den Statsabsolutismus. Von den Naturrechtslehrern bestritt Alberti die Auffassung des Naturstandes bei Hobbes; Conring wollte den Satz von der Ungeselligkeit der Menschen ad absurdum führen. Pufendorf dagegen traf einen der schwächsten Puncte des Systems, indem er die Inconsequenz hervorhob, daß die Bürger bei Gründung des Stats nur untereinander Vertrag schließen, nicht auch den für die Sicherheit ungleich wichtigeren mit dem Fürsten, und das weitere Bedenken, daß das Verbrechen jedes Einzelnen jeden Augenblick auch allen Anderen von der Vertragspflicht entbinde und den Naturstand zurückführe. Von anderer Seite griff Thomasius die Vertragslehre an: Vertrag könne nicht Grundlage des States sein, da jeder Vertrag ein Gesetz d. h. also den Stat selbst, schon voraussetze, und die Gleichberechtigung und Gleichbefähigung aller Contrahenten sei eine Fiction; ebenso leugnet Cocceji (sen.) diese Gleichheit und sieht mit Recht den Grund des States im Wesen der ganzen Menschennatur, nicht in dem Einzelaffect der Furcht.

Wenn nun gleich Hobbes der Vorwurf trifft, auch an den absurdesten Consequenzen nicht die Irrigkeit seiner Prämissen erkannt zu haben, — jedesfalls liegt eine gewisse Idealität in seinem Suchen nach der Einheit im Stat, in seiner Erhebung des Menschen von der schlechten Freiheit des Naturstandes zu der wahren, menschenwürdigen Freiheit in Gesetz und Stat: und jedesfalls bleibt ihm in der Geschichte der Statsphilosophie das Verdienst, gegen die scholastische Stats- und Rechtsauffassung die schwersten Streiche geführt zu haben: er bekämpft energisch die Ethisirung von Recht und Stat, welche die ganze Scholastik beherrschte: er betont das Objective in Stat und Recht gegenüber dem religiösen Subjectivismus der scholastischen Rechtsphilosophie. Freilich geht er darin zu weit: und wie der Scholastik Stat und Recht in Ethik und Religion, so geht ihm Ethik und Religion in Stat und Recht auf: der Gegensatz von Sittlichkeit und Gesetzlichkeit hat für ihn keinen Sinn. Allein damals lag in seiner Richtung eine sehr heilsame und berechtigte Neuerung: darin besteht seine wichtige Bedeutung und daher erklärt sich der große Einfluß, den Hobbes, positiv und negativ, in Weiterbildung wie in Bekämpfung seiner Ideen, auf die weitere Entwicklung der Statsphilosophie geübt hat.

Quellen und Literatur. Die wichtigste Quelle für Hobbes Leben ist die anonyme Schrift: Thomae Hobbes Angli Malmesburiensis philosophi vita Carolopoli 1681, welche, außer mehreren älteren Biographien des Hobbes, eine Menge von wichtigen Notizen, Briefen, literarischen Nachweisen ꝛc. enthält; sie wird dem Londoner Arzt Richard Blackbury zugeschrieben, welcher jedoch jedesfalls Anregung und Material erhielt von John Ambry, Hobbes Freund. Von seinen Werken führen wir als die wichtigsten an: elementa philosophica de cive, zuerst Paris 1642, bis 1669 schon sechsmal aufgelegt. Elementorum philosophiae sectio prima de corpore engl. London 1655, de homine sive Elementorum philosophiae sectio secunda engl. London 1658. Leviathan, sive de forma, materia et potestate civitatis ecclesiasticae et civilis, engl. London 1651. Alle diese Lateinisch in: Thomae Hobbes opera philosophica, quae latine scripsit omnia. Amstelodami 1668. (de libertate et de necessitate, engl. London 1654). Die englischen Schriften in: the moral and political works of Th. Hobbes, London 1750, fol.) Die übrigen zahlreichen philosophischen, geometrischen, historischen, poetischen und Gelegenheitsschriften siehe in vita p. 91—96. — Die beste Darstellung seiner Lehre bei Hinrichs, Geschichte der Rechts- und Staatsprincipien, Leipzig 1848. p. 114—186, — Gute Bemerkungen auch in Heinrich Ritter's Geschichte der Philosophie X. p. 453—542 und bei Feuerbach, Geschichte der neueren Philosophie Ansbach 1833 p. 1—127. — Vgl. ferner Vorländer, Geschichte der philosophischen Moral, Rechts- und Statslehre der Engländer und Franzosen, Marburg 1855 p. 352—376. — J. H. Fichte, System der Ethik I, Leipzig 1850. p. 514. —

Anselm Feuerbach, Anti-Hobbes, Erfurt 1798. Unzugänglich war mir: E. Condi, Th. Hobbes Rechts- und Statstheorie genethisch entwickelt und kritisch beleuchtet. Zürich 1850.

Sidney.

Algernon Sidney zählt zu der denkwürdigen Gruppe von Stats-Philosophen, welche durch die kirchlichen und politischen Kämpfe des siebzehnten Jahrhunderts in England hervorgerufen wurden (siehe unten: Rechtsphilosophie); er steht neben Milton und Locke im Vordertreffen der Freiheitskämpfer: sein Geist, seine Bildung und Kühnheit, sein unglückliches Schicksal und der eble Muth, mit welchem er es trug, haben ihn zum Liebling des Liberalismus gemacht und sein tragisches Ende mag, wenn nicht rechtfertigen, doch erklären, daß man ihn als ein sittlich-politisches Ideal aufgestellt und über einen häßlichen Flecken auf dem Schilde dieses Ritters ohne Furcht und Tadel hinwegzusehen sich gewöhnt hat.

Algernon Sidney war als der zweite Sohn des Grafen Robert Leicester 1615 oder 1616 zu London geboren. Der Jüngling begleitete seinen Vater auf Gesandtschaftsreisen nach Dänemark und Frankreich und später folgte er und sein Bruder, der Graf von Lisle, demselben in Kriegsdiensten nach Irland, welches Leicester als Statthalter verwaltete. In der Bekämpfung des irischen Aufstandes zeichneten sich die beiden Söhne des Statthalters durch Tapferkeit so rühmlich aus, daß sie Karl I. nach der Waffenruhe von 1643 an seinen Hof rief. Aber das Parlament, bereits in offnem Widerstand gegen den König, ließ beide bei ihrer Landung verhaften und dies führte zu dem erklärten Uebertritt Leicesters und seines Hauses auf die Seite der Opposition, mit welcher er schon früher in heimlicher Verbindung gestanden. Der Graf von Lisle wurde nun Statthalter von Irland und Befehlshaber der Parlamentstruppen daselbst, Algernon Oberst eines Regiments unter Fairfax, sodann Generallieutenant seines Bruders und Gouverneur von Dublin, später von dem wichtigen Dover. Als Mitglied des high court of justice saß er mit zu Gericht über Karl I., blieb aber an dem Tag der Urtheilsfällung weg und unterzeichnete nicht den „Warrant" für die Hinrichtung. Daß er aber mit dieser Maßregel gleichwohl einverstanden war, geht weniger aus den paar Versen von seiner Hand in dem Album der Universität zu Kopenhagen hervor, welche man als Beleg dafür anzuführen pflegt, als aus dem Gesammtbild seines Charakters, aus den Principien und aus zahlreichen Einzelstellen seiner Schriften. Während der Regierung des Protectors und seines Sohnes zog sich der glühende Republikaner grollend aus dem Staatsleben auf seinen Landsitz zu Penshurst zurück — er hat Cromwell so wenig wie Cäsar begriffen —: erst nach dem Rücktritt Richard Cromwells und der Wiederberufung des langen Parlaments nahm er eine Stelle im Statsrath an und ging 1659 nach Kopenhagen, den Frieden Dänemarks mit Schweden zu vermitteln. Während seiner Abwesenheit auf diesem Posten vollzog sich nun aber daheim in England durch Monk die lange in der Stimmung der Bevölkerung vorbereitete Restauration der Stuarts und Karl II. bestieg den Thron seiner Väter. Sidney verschmähte ohne Besinnen die Amnestie des Königs, „die Freiheit dem Vaterland vorziehend" und lebte siebzehn Jahre als Verbannter mit anderen Flüchtlingen in Italien, der Schweiz und Frankreich.

Leider kann nun aber nicht geleugnet werden, daß der stolze Freiheitsheld in dieser Zeit von Ludwig XIV. Geld nahm. Es ist richtig, daß er damit nur that, was nach dem schlechten und laxen Ehrgefühl der Zeit nicht nur alle Höflinge Karls II. und ihr Herr selber am schamlosesten, sondern auch die meisten Häupter der englischen Opposition ebenfalls thaten und kaum zu verbergen für nöthig fanden; es ist auch richtig, daß er jene Pension nicht als Bestechung für Schritte wider seine bessere politische Ueberzeugung oder gar, wie ihn der Absolutismus verläumdet hat, als „Spionage-Geld" hinnahm. Aber es ist auch nicht hinwegzudeuten, daß er von seinem fanatischen Republikanismus bis zu dem verblendeten Plan getrieben wurde, durch die Waffen des französischen Königs in England die Republik wieder herzustellen: er wollte in England einen Aufstand herbeiführen, zu dessen Unterstützung dann eine französische Flotte landen sollte und für diese Thätigkeit, sowie später für seine Opposition gegen die Regierung, bezog er allerdings Geld von Ludwig und dessen Gesandten. Später gestattete ihm der König, wiewohl von seinen Gesinnungen und Machinationen unterrichtet, die Rückkehr nach England, um seinen sterbenden Vater noch einmal zu sehen, und bewilligte ihm gegen das Versprechen friedlichen Verhaltens auch den dauernden Aufenthalt im Königreich. Mit Unrecht hat man in der späteren Haltung Sidney's einen treulosen Bruch dieses Versprechens gefunden: seine Opposition war sehr heftig, aber auch streng gesetzlich und jenes Versprechen hatte ihm die verfassungsmäßige Geltendmachung seiner Ueberzeugung nicht entziehen können oder sollen. Freilich wurde er einer der gefährlichsten Führer der Whigs, der liberalen Opposition („country, parthy") und neben Shaftesbury, Russel, Grey, Hampden und Howard einer der kühnsten Verfechter der freien, nationalen Sache. Er widersetzte sich lebhaft dem Bestreben des Königs, Geld und Mannschaft zum Krieg gegen Frankreich bewilligt zu erhalten, nicht im Interesse Frankreichs, sondern weil er die Verwendung jener Mittel zur Unterdrückung der Freiheit in England besorgte, wiewohl er auch damals Geld von Ludwig XIV. bezog[1]).

Im Parlament (seit 1678) wurde seine glänzende, schonungslose und unwiderstehliche Beredsamkeit die Geißel der Minister und seine eifrige Unterstützung des Antrags,

---

[1]) Die richtige Würdigung bei Macaulay history of England Tauchnitz ed. I. p. 225: „Es würde ungerecht sein, ihnen die hohe Schlechtigkeit beizulegen, sich haben bestechen zu lassen, um ihr Vaterland zu schädigen. Im Gegentheil, sie glaubten ihm zu dienen: aber es ist unmöglich, zu läugnen, daß sie niedrig und unzart genug waren, sich von einem fremden Fürsten hiefür bezahlen zu lassen. Unter denen, die von dieser entehrenden Beschuldigung nicht frei gesprochen werden können, war Ein Mann, der allgemein für die Verkörperung des Gemeingeists gilt und der unerachtet einiger großen sittlichen und intellektuellen Fehler gerechten Anspruch hat auf die Namen des Helden, des Philosophen und des Patrioten. Nur mit Schmerz kann man einen solchen Namen lesen in der Liste französischer Pensionäre. Doch liegt ein Trost in dem Gedanken, daß in unserer Zeit ein Statsmann jeden Pflicht- und Schamgefühls verlustig gelten würde, der nicht eine Versuchung von sich stoßen würde, welche die Tugend und den Stolz eines Algernon Sidney besiegt hat.

den Herzog von York von der Thronfolge auszuschließen (exclusion bill,) haben ihm dieser und sein Bruder, der König, nie vergessen.

Dies zeigte sich, als einige Jahre später über ihn wie die andern Führer der Opposition die verderbliche Schlinge geworfen wurde. Sidney wurde 1683 mit Russel, Essex, Grey, Howard, Hampden und dem Herzog von Monmouth, als in die sogenannte Rye-house Verschwörung verwickelt, des Hochverraths angeklagt und verhaftet. Die volle Wahrheit über den Grad der Schuld der sämmtlichen Angeklagten ist unerachtet der Veröffentlichung der Prozeßacten und zahlreicher Memoiren der Zeitgenossen wohl nicht zu ermitteln. Wahrscheinlich bestanden zwei von einander unabhängige Pläne: der eine, von Leuten aus den untersten Ständen vorbereitet, ging darauf aus, den König und seinen Bruder, den Herzog von York, bei einem einsamen Meierhof „Rye-house" an der Straße zwischen London und Newmarket zu überfallen und zu ermorden. Gleichzeitig, aber ohne von diesem blutigen Vorhaben zu wissen, scheinen die Häupter der Whigs Berathschlagung über einen Aufstand im Stil des Kriegs der Barone gegen König Johann gepflogen zu haben: der Landadel sollte in verschiedenen Grafschaften die Waffen ergreifen und den König mit Gewalt zur Annahme der whiggistischen Vorschläge zwingen; es ließ sich jedoch nicht feststellen, wie weit die Oppositionsmänner in Ueberlegung dieser Schritte gekommen waren. Die Regierung aber konfundirte sofort die beiden Verschwörungen und suchte, falsche Anklagen und Verräthereien der Mitbeschuldigten benützend, die Führer der Liberalen in diesem Netz zu erwürgen. Lord Essex tödtete sich im Tower, Lord Russel, der fleckenloseste Charakter und auch bei dieser Anklage am wenigsten gravirt, starb auf dem Schaffot „mit christlicher, Sidney mit stoischer Seelengröße." (Macaulay S. 265.)

Der Prozeß gegen Sidney ist empörend. Zu seinem Oberrichter wurde der scheußliche Jeffreys bestellt, dessen Namen nicht nur dieser eine Justizmord brandmarkt. Nur Ein Zeuge trat wider Sidney auf, der Mitbeschuldigte Lord Howard, welcher sich jetzt durch Aussagen gegen seine Freunde nach dem Wunsch des Hofes zu retten suchte, nachdem er wiederholt feierlich geschworen, an der ganzen Verschwörungsgeschichte sei kein wahres Wort. Nunmehr beschwor er, Sidney sei Mitglied „des Rathes der Sechs" und habe als solches in zwei Versammlungen sich erboten, mit den schottischen Oppositionsmännern einen Aufstand zu berathen. Da nun der Angeschuldigte die Beweiskraft dieses Zeugen in vernichtender Weise abwies, griff man zu einem unerhörten zweiten Beweismittel. Von dem Pult Sidney's hatte man ein Manuscript weggenommen, welches eine Widerlegung der ultraroyalistischen Schrift „der Patriarch" von Filmer enthielt. Dieses Buch wurde als zweiter Beweis des Hochverraths gegen den Angeschuldigten benutzt. Vergebens fragte dieser, wie ein vor Jahren verfaßtes theoretisches Buch mit einer angeblich vor einigen Monaten ins Werk gesetzten Verschwörung in Verbindung stehen könne, vergebens hob er hervor, die Abfassung einer Schrift sei kein offener Act der Waffenerhebung, wie er nach dem Statut Eduard III. zum Thatbestand des Hochverraths gehöre, es fehle der zweite Zeuge, welchen dasselbe Statut fordere, und es sei, abgesehen von dem harmlos wissenschaftlichen Inhalt seiner Schrift, gar nicht seine Absicht gewesen, dieselbe überhaupt oder in diesem Augenblick zu veröffentlichen. Nach nur halbstündiger Berathung sprach die Jury das gewünschte Schuldig. Da brach Sidney in die Worte aus: „Gott, mein Gott, so bitte ich Dich denn, meine Leiden zu heiligen, mein Blut nicht an diesem Lande heimzusuchen; muß unschuldig Blut gerächt werden, so strafe nur die Boshaften, die mich um der Gerechtigkeit willen verfolgen." Dieser Ausbruch brachte Jeffreys aus der Fassung: er erhob sich und sprach: „Gott gebe Euch die rechte Gemüthsstimmung, um in die andere Welt zu gehen; ich sehe, Ihr seid nicht in dieser Stimmung." „Mylord," rief Sidney den Arm ausstreckend, „fühlt meinen Puls und sehet, ob ich in Unruhe bin. Gott sei Dank, ich war nie in besserer Stimmung als jetzt." (26. November.) Er richtete hierauf eine Schrift an den König, in welcher er sein Leben nicht von der Gnade, sondern von der Gerechtigkeit des Fürsten verlangte und mit der ihm eigenen gewaltigen Sprache sein gutes Recht vertheidigte. Aber Karl bestätigte das Todesurtheil, vielleicht auch deßhalb, weil der Herzog von Monmouth, nachdem er durch Verrath gegen seine Gesinnungsgenossen und demüthige Bitten um sein Leben die Begnadigung erkauft hatte, zu verbreiten suchte, er habe den König von der Nichtexistenz der ganzen Verschwörung überzeugt.

An demselben Tage, da Monmouth in Verbannung ging, ward (7. December) Sidney bei Towerhill zu dem Schaffot geführt. Lingard, der dem Verehrer des heidnischen Römerthums sonst keineswegs wohl will und seinem Werth nicht gerecht wird: sagt von seinem Tode XIII. S. 313: „Nie ging ein Mann den Schrecken des Todes mit größerem Gleichmuth und mit weniger Ostentation entgegen. Er litt nicht, daß ein Freund ihn begleitete, wies den Beistand der Religionsdiener zurück, erwiderte auf die Frage, ob er zu den Zuschauern sprechen wolle: „er habe sich mit seinem Gott ausgesöhnt und den Menschen habe er nichts mehr zu sagen," machte sich selbst fertig, legte das Haupt auf den Block und bat den Scharfrichter, seine Schuldigkeit zu thun.

Sidney starb als ein Blutzeuge für die englische Freiheit. Sein Charakter ist, abgesehen von der erwähnten Befleckung mit dem Laster der Zeit, untadelhaft, aus seinem Leben und seinen Schriften spricht ein kühner und edler Feuereifer für Freiheit und Recht, er ist ein Meister schlagenden Witzes und vernichtender Ironie, aber am liebsten hört man ihn doch die stolze Sprache des englischen Edelmannes reden, der in jedem Augenblick bereit ist, gegen die Prärogative des Königthums für die von den Ahnen erkämpften Rechte des Parlaments und vorab des Adels mit Schwert und Leben einzustehen, die Erzwingung der Magna Charta und die Besiegung Karl I. sind seine geschichtlichen Lebensbilder, und am gewaltigsten tönen seine Worte, wenn er immer und immer wieder die freien Männer Englands aufruft, die von den Vätern mit so großen Thaten und so großen Opfern erkämpfte und vertheidigte Freiheit mit gleicher Kraft und Tugend zu beschützen.

Wir kennen seine Ansichten über Stat- und Statsrecht*), aus den „Erörterungen über Statsregierung". Das Buch ist zunächst eine Widerlegung der Lehre Filmers, welcher das absolute Königthum als die einzige von Gott gewollte Statsform aus der Monarchie Adams über die Erde und der Gewalt der Patriarchen über ihre Familien ableitete; es ist aber, wie aus dem Vorwort der Originalausgabe erhellt, nicht dieses uns erhaltene Werk, sondern eine verlorene kleinere Abhandlung derselben Tendenz, die nicht

---

*) Discourses concerning government. Published from an original manuscript of the author. London 1698.

vollendet werden sollte, das Beweismittel gewesen, welches gegen ihn benutzt wurde.

Die Widerlegung der albernen Sätze Filmers erscheint uns heute als eine sehr überflüssige Arbeit. Daß sie es damals nicht war, kann schon der Umstand beweisen, daß sie außer einem Sidney auch ein Locke zu unternehmen nicht verschmähte (s. u.) und es war in der That jene Theorie von dem heiligen, von Gott allein gewollten, patriarchalisch-absoluten Königthum dazumal in England viel mehr als die harmlose Schwärmerei eines Doktrinärs, sie war nur die philosophisch-religiöse Rechtfertigung der Stuart'schen Praxis und wie man heutzutage (1863) aus der mißverständlichen Redensart vom Königthum von Gottes Gnaden sehr bedenkliche praktische Konsequenzen zu ziehen geneigt ist, so war in den gefährlichen Tagen, da die Könige das Wort „Kingcraft," „right divine" und „divine royalty" erfanden, jenes Extrem des theoretischen die bequeme Brücke des praktischen Absolutismus. Karl und Jakob beriefen sich darauf, daß sie noch lange nicht alle jene Rechte beanspruchten, welche jene theologische Rechtsphilosophie ihnen aus dem alten und neuen Testament ableitete.

Dem gegenüber weist nun Sidney die Haltlosigkeit dieser ganzen Lehre nach, indem er sich dabei auf den Standpunct des Bischofs selbst bereitwillig einläßt und auf dem von jenem gewählten Boden seine einzelnen Sätze als der Bibel, der Geschichte und der Logik widersprechend darthut. Die Widerlegung der Filmer'schen Sätze gibt so die Umrisse für die Structur des Buches, aber in jedem Abschnitt knüpft sich an die Polemik die Darlegung der Ansichten Sidney's über eine Reihe verwandter Fragen und verleiht der Schrift ein hohes selbstständiges Interesse, abgesehen von jener für uns unerquicklichen Kontroverse. Denn Sidney, obwol in vielen Dingen in den Voraussetzungen seiner Zeitbildung befangen — z. B. in der ganzen Auffassung der biblischen Offenbarung und ihrer Bedeutung für die menschliche Erkenntniß, in der kritiklosen Annahme der jüdischen, hellenischen, römischen Sage, dem blinden Glauben an klassische Autoritäten, der Ueberschätzung der Bedeutung einer einzelnen Statsform für die nationale Geschichte, in der Auffassung des vorstatlichen Zustandes und der Entstehung der statlichen Ordnung — ist doch in zahlreichen Fragen weit über die Vorurtheile seiner Zeit hinaus und man mag füglich zweifeln, ob der rechtsphilosophische Gehalt seiner allgemeinen Sätze oder die Fülle von interessanten Aeußerungen über die damalige Weltlage und die jüngste Vergangenheit, seine historischen Wahrnehmungen und Beurtheilungen von höherem Werthe sind. Denn wenn seine Auffassung der alten Geschichte nothwendig die Höhe damaliger Geschichtswissenschaft nach Inhalt und Methode nicht überragt und uns deßhalb häufig ungenießbar ist, so zeugen seine Bemerkungen über die neuere Geschichte Europa's, zumal seines Vaterlandes, von feiner Beobachtungsgabe, durchdringendem und durch reiche statsmännische Erfahrung geschärftem Blick und hoher geistiger Klarheit und Ueberlegenheit.

Zur richtigen Beurtheilung des Buches wird dienlich sein, das allgemeine rechtsphilosophische Princip desselben im Voraus zu bestimmen. Sidney theilt die äußerliche mechanische Auffassung seiner ganzen Zeit von Recht und Stat. Jenes Jahrhundert war (aus Gründen, die wir unter „Rechtsphilosophie" entwickeln werden) dahin gekommen, das große Wort des Aristoteles, daß der Mensch von Natur aus die Idee von Recht und Stat aus sich entwickeln müsse, völlig zu vergessen; der Stat entsteht nach jener Ansicht aus Gründen äußerer Bedürfnisse, äußerer Vortheile, äußerer Nöthigung, nicht aus innerer Nothwendigkeit; die Einzelnen verzichten auf ihre unbeschränkte Freiheit und treten durch den Gesellschaftsvertrag aus dem Naturstand in den politischen Zustand ein; der Stat ist eine Assecuranzanstalt, in welcher jeder Einzelne seine Freiheit einzahlt und dafür an der allgemeinen Sicherheit Theil nimmt. Diese Auffassung, welche die ideale Nothwendigkeit des Rechtsbegriffs, der von der menschlichen Vernunft so nothwendig wie der des Guten, Schönen und Wahren gefordert wird, verkennt, findet sich, wenn auch mit vielen Modificationen im Detail, bei allen Statsphilosophen jener Zeit und auch Sidney setzt sie als selbstverständlich voraus; wiederholt spricht er von dem „common stock of rights and liberties," in welchen der Einzelne sich durch Verzicht auf seine unbeschränkte Naturfreiheit einkauft. Mit dieser unorganischen Grundansicht vom Recht hängt der zweite Irrthum Sidney's zusammen, die Verfassungsform nicht als den Ausdruck des jeweiligen Volkslebens zu fassen, nicht als ein Historisches, sondern als ein Abstractum. Er meint, es kann für alle Völker und alle Zeiten nur Eine Idealverfassung geben: die aristokratische Republik, nach dem Muster von Sparta, Rom und Venedig: und anstatt einzusehen, daß die sittliche Entartung der Römer den Fall der Republik herbeiführte und den Statsstreich Cäsars möglich und nothwendig machte, sagt er umgekehrt, der Sturz der Republik durch Cäsar habe die sittliche Entartung der Römer herbeigeführt. Er verkennt, daß zwischen Inhalt und Form des Volkslebens die innigste Wechselwirkung besteht, daß, wenn allerdings die Tyrannei demoralisirt, anderseits auch nur ein demoralisirtes Volk die Tyrannei aufkommen läßt, er sieht nur das Volksleben durch die Statsform bestimmt. während doch noch vielmehr die Statsform durch das Volksleben bestimmt wird*).

Die Polemik beginnt mit der Widerlegung des Filmer'schen Satzes, die allgemeinen Begriffe von Freiheit seien eine Erfindung der „Schultheologen": sie liegen vielmehr in der Natur des Menschen. Der Mensch ist von Natur aus frei, kann dieser Freiheit nicht ohne Grund beraubt werden und gibt sie freiwillig nur gegen ein von ihm höher gewerthetes Gut auf. Gibt es daher Mißhelligkeit zwischen König und Volk, so ist ersterer dem Willen des letzteren unterworfen: denn nicht der König hat das Volk gemacht, sondern das Volk den König und nicht ist das Volk um des Königs Willen da, sondern der König um des Volkes Willen. Die Völker dem eingebildeten absoluten Recht der Könige zu opfern, ist ruchlos und Männer dieser Ansicht und Absicht hervorgebracht zu haben, ist der letzte Fluch, der die Schmach unserer Zeit und das Elend unseres Landes vollendet. Aber das ganze Gebäude der Tyrannei wird erschüttert, wenn wir darthun, daß die Völker das Recht haben, ihre Gesetze selbst zu machen, ihre Obrigkeit selbst zu bestellen und diese für die Führung ihres Amtes zur Rechenschaft zu ziehen (C. I. Section 2.).

Die Geschichte zeigt durch zahllose schlechte und unfähige Fürsten, daß die Krone keineswegs auf mystischem Wege Tugend und Weisheit nothwendig verleiht —: wir müssen daher prüfen dürfen, ob unsere Herrscher gut oder

---

*) Nur an Einer Stelle im dritten Kapitel nähert Sidney sich sehr der richtigen Ansicht, ja adoptirt sie zum Theil, läßt sie aber wieder fallen und geht überall stillschweigend von der entgegengesetzten Auffassung aus.

schlecht regieren. Auch nützen gute Räthe eines schlechten Fürsten nichts, ausgenommen, sie dürfen auch gegen seinen Willen handeln, was aber die Regierung factisch in eine Aristokratie verwandelt. In den Männern, welche Tyrannen mit Gewalt zu stürzen unternehmen, hat man von jeher etwas Göttliches verehrt: Gott selbst hat die gewaltsame Befreiung eines Volkes von Tyrannen und Fremdherrn nicht nur gebilligt, sondern befohlen, denn er hat Moses, Gideon, Samson, Samuel, David und den Makkabäern ihr Volk zu befreien geboten. (Sekt. 3.) Sklaverei ist es, von dem Willen eines Menschen abhängen und wenn, nach Filmer, die größte Freiheit eines Volkes darin besteht, unter einem Alleinherrscher zu leben, so sind die Venetianer, Schweizer, Graubündner, Niederländer Knechte, und frei nur die Türken und die — Franzosen.[*)]

Wenn aber der Verband zwischen König und Volk so eng ist, daß, wie Filmer sagt, ihre Wohlfahrt sich gegenseitig bedingt, warum hat doch Nero Rom verbrannt und Caligula seinem Volk Einen Kopf gewünscht, ihn mit einem Streich abzuhauen? (Sekt. 5.) Nein, Gott hat den Menschen die freie Wahl ihrer Verfassung gelassen: er hat nicht Eine Form vorgeschrieben, sondern ihnen anheimgestellt, diejenigen Einrichtungen zu schaffen, die ihnen ersprießlich scheinen. Wer aber schafft, darf auch abschaffen (cujus est instituere ejus est abrogare): das Volk kann die Herrschaft, die es gegeben, wieder entziehen. Man wende nicht ein, dadurch werde der öffentliche Friede gestört; wo keine Gerechtigkeit, ist kein Friede, und wo die zum Heil des Volkes bestellte Gewalt sich zu dessen Verderben verkehrt, da ist keine Gerechtigkeit. (S. 6.)

Darauf wendet sich Sidney gegen die Begründung des absoluten Königthums auf die Gewalt der Patriarchen, welche Gott mit Adam und Abraham eingesetzt und die sich auf die Könige als deren Erben fortgesetzt habe. Mit größtem Ernst stellt sich der Kritiker auf den Boden seines

---

[*)] Es ist im höchsten Grad erstaunlich, Sidney, welcher doch von Ludwig XIV. gleichzeitig Pension bezieht, über die Tyrannei dieses Fürsten und das Elend seines Volkes in den furchtbarsten Worten seiner furchtbaren Sprache reden zu hören: ich kenne keine gleichzeitige und keine spätere Beurtheilung jenes Herrschers, welche schärfer durch den Schimmer seiner Regierung in das innere Verderben seines States blickt und seine Größe gewaltiger niederwirft.

Gegners und schlägt ihn mit seinen eigenen Waffen, indem er eine viel verständigere Beurtheilung und eine viel genauere Kenntniß der alttestamentlichen Geschichte bewährt, als dieser; dabei fühlt sich aber sehr deutlich die Ironie heraus, mit welcher der aufgeklärte und geschmackvolle Sidney eine Methode und einen Standpunct betrachtet, welche die Rechte des englischen Königs gegen sein Parlament von Noah oder Nimrod ableitet. Er beweist nun, daß Adam, Abraham und die Patriarchen nicht Könige waren, sondern Familienhäupter, daß vielmehr Nimrod der erste König war und daß dieser bei Lebzeiten seiner Patriarchen, Ham, Sem und Noah, also auch über diese, folglich nicht aus Gründen patriarchalischer Erbwürde, sondern in Folge kriegerischer Uebergewalt, die Herrschaft führte. (S. 7. 8.) Die Gewalt eines Vaters kann nur einem Vater zukommen, nicht einem Andern, dem die natürliche Rechts- und Machtstellung des Erzeugers fehlt. (S. 9.) Jenes angebliche väterliche Recht ist, wenn theilbar, längst erloschen, wenn untheilbar, jedem Nachkommen Adams zuständig; (S. 12.) unter den Juden bestand nicht ein Schatte jenes patriarchalischen Königthums oder einer Anordnung desselben durch Gott; weder in seinen Worten, noch in seinen Thaten, noch in dem Licht der Vernunft, welches von Gott herrührt, hat Gott eine solche Anordnung getroffen. Detur digniori, sagt die Vernunft, und Salomo, von Gottes Geist erfüllt, sagt nicht detur seniori, sondern: „Ein weises Kind ist besser, als ein alter und thörichter König." (S. 13.) Jenes patriarchalische Herrschaftsrecht aber ist, auch wenn es bestand, längst erloschen, da wir ja nicht mehr den ältesten Sohn des Patriarchen und seine Descendenz kennen. (S. 14.) Vielmehr wird alle Herrschaft eines Einzelnen über eine Mehrzahl durch deren Einwilligung oder doch durch die zwingende Gewalt der Mehrheit begründet, wenn die Menschen, ihre ursprüngliche Freiheit beschränkend, aus dem Naturstand in Stat und Gesellschaft eintreten. (S. 10. 11.) Die Völker erhoben alsdann diejenigen zu Königen, welche sich in den für die bürgerliche Gesellschaft wohlthätigsten Tugenden am Meisten auszeichneten. Griechen und Römer in ihrer Blüthezeit hatten republikanische Verfassungen: zwar schmäht Hobbes jene „griechische und römische Anarchie" und Filmer sagt, in der Monarchie liegt die größte Ordnung, Stärke und Dauer; aber dann ist doch sehr sonderbar, daß jene

griechischen und römischen Anarchien nach der Reihe alle
Monarchien mit denen sie zusammenstießen, über den Haufen
geworfen haben. Wenn die Menschen nach der Vernunft
handeln, die ihre Natur ist, bestellen sie ihren Herrscher nach
dem Maß seiner Tüchtigkeit für die Aufgabe, das Heil des
Volkes zu fördern. Erfüllt er diese Aufgabe nicht, so hebt
er den Grund seiner Macht auf —: verwendet er diese
anstatt zum Wohle des Volkes zu seinem eigenen Nutzen
und Vergnügen, so gibt er dem Volk dadurch die alten
Freiheitsrechte zurück, die es hatte vor der Erhebung der
Obrigkeit. (16).

Der Satz, daß jeder Monarch durch die mit besondern
göttlichen Gnaden geweihte Krone höhere Weisheit und
Tugend erlange, wird durch die Geschichte aller Völker
widerlegt (I. 19.) und die Lehre Filmers, welche durch das
Extrem des Legitimismus die Ordnung befestigen will, führt
zur gefährlichsten Versuchung.

Denn Filmer legt jenes göttliche Recht der Könige
jedem bei, der einmal den mystischen Reif der Krone trägt,
gleichviel wie er sie gewonnen; nicht die Art des Macht-
erwerbs, die Macht selbst sollen die Unterthanen im Auge
haben: also wird jeder, der den früheren König ermordet,
sofort Vater seines Volkes und erwirbt mit der Krone zugleich jene besondere göttliche Gnade. Wird diese Lehre
verbreitet, so ist kein König mehr eine Stunde auf seinem
Throne sicher: gerade die trefflichsten Männer werden ihm
am meisten nach der Krone trachten, um durch sie jene
mystischen Segnungen Gottes zu erlangen. (I. 19. 20.) Alle
gerechte Herrschaft beruht auf Consens: die Menschen im
Naturstand sind nur dem Naturgesetz, die im politischen Verband ihren selbst gegebenen Gesetzen unterworfen und solchen
Herrschern, welche das Volk unmittelbar oder durch Delegaten
in seinen Tagsatzungen, Reichsständen, Parlamenten, die sich
bei allen freien Völkern finden, gewählt hat (II, 5.). Demzufolge können auch Völker das Königthum neu einführen.
Keineswegs ist aber das Erdulden einer Herrschaft an sich
schon Beweis der Anerkennung derselben, sondern nur dann,
wenn das Volk in der Lage ist, die Herrschaft auch abzu-
werfen (II, 6). Die Gesetze jeder Nation sind das Maß
der obrigkeitlichen Gewalt, diese also auch bei den Königen
sehr verschieden. Aus dem Wort „König" allein eine überall
gleiche göttliche Gewalt abzuleiten ist lächerlich, denn schon

sprachlich wechseln die Bezeichnungen bei jedem Volk und ein spartanischer und ein persischer König sind zwei sehr verschiedene Dinge (II, 7). Daß in Mensch und Thier eine natürliche Hinneigung zur Monarchie sei, wird durch die zahlreichen Republiken der Weltgeschichte widerlegt (II, 8): die Monarchie kann sich nicht auf göttliche Einsetzung berufen, im Gegentheil: die von Gott bei den Hebräern angeordnete Verfassung war eine aristokratische Republik und Gott hat den Abfall der Juden zur Monarchie als eine Sünde angesehen und gestraft. (II, 9).

Die „gemischten Verfassungen" in denen die Monarchie durch ein formales Oberhaupt, die Aristokratie durch einen engeren Rath, das demokratische Element durch Volksversammlungen oder durch Parlamente vertreten ist, sind recht eigentlich die Staten nach dem Herzen Sidney's, und jener ursprünglich aristotelische, aber schon von Cicero mißdeutete, von der ganzen Geschichte der Rechtsphilosophie bis auf das vorige Jahrhundert als Ideal überlieferte Schulbegriff der gemischten Verfassung gewinnt bei dem aristokratischen Republikaner, im Kampf für das Parlament gegen die Stuarts, einen sehr lebendigen Inhalt und eine sehr praktische Bedeutung. Die stete Anwendung seiner abstracten Sätze auf die concrete geschichtliche Erscheinung zeichnet Sidney vortheilhaft vor andern Statsphilosophen seiner Zeit aus und giebt seiner Polemik eine nachdrückliche Gewalt. So fragt er seinen Gegner, der Unordnung und Schwäche der Republiken im Vergleich mit den Monarchien hervorhebt, ob keine Ordnung in Venedig herrsche, ob Toskana glücklicher sei unter der Tyrannei der Mediceer als da es voll freier Städte gewesen, ob die Niederländer nicht stärker seien jetzt, als unter dem spanischen Joch, ob es leicht scheine, die Schweiz zu unterwerfen, nach Karls des Kühnen Zeugniß: ja endlich wagt er die statsgefährliche Frage, ob die englische Republik, welche ganz Schottland und Irland erobert, die Holländer auf der Höhe ihrer Macht bewältigt und in fünf Jahren die erste Stellung in Europa gewonnen, vielleicht ein Beispiel sei von der Unordnung und Schwäche freier Staten? (II, 11.). Auch der Römer Ruhm, Tugend und Macht begann und endete mit ihrer Freiheit, (II, 12), wobei, wie gesagt, nur übersehen ist, daß zuvor die Tugend und dann erst die Freiheit der Römer erlosch. Die besten Verfassungen der Welt sind, wie bemerkt, aus monarchischen, aristokratischen und demokratischen Momenten combinirt; so steht in der von Gott eingesetzten Verfassung der Juden. neben dem monarchischen Richter der aristokratische Sanhedrin und die demokratische Versammlung des ganzen Volks: in Sparta, Athen, Rom, Venedig, Genua, Lucca, Deutschland und allen Staten der sogenannten gothischen Verfassung ist oder war es zur Zeit ihrer höchsten Blüthe ebenso. Wenn Demokratien nur bei einem kleinen Stadtgebiet und unter seltenen Voraussetzungen frommen, so braucht man deßhalb nicht gleich in das andere Extrem der absoluten Monarchie zu verfallen, sondern eine aristokratische Republik oder eine durch Rechte von Adel und Parlament beschränkte Monarchie empfiehlt sich am meisten (II, 16.). Da auch die friedlichste Gerechtigkeit nicht vor ungerechten Angriffen schützt, so ist immer die Verfassung die beste, welche am Besten für den König und die Selbsterhaltung des States sorgt (II, 22. 23): dies ist aber am wenigsten bei Erbmonarchien der Fall, in denen die Unfähigkeit des Nachfolgers alle Erfolge eines tüchtigen Vorgängers vereitelt. Daran knüpft sich eine ziemlich wohlfeile Polemik gegen das Erbfolgeprincip, welche einseitig die Nachtheile hervorhebt, die in der Gebundenheit an Weiber, Kinder, Kranke, Thoren und Frevler als unvermeidliche Nachfolger bestehen, während der große Vortheil, der in der Vermeidung der Wahlkriege liegt, völlig übergangen wird.

Aufstand, Tumult und bewaffneter Widerstand sind nicht unter allen Umständen gegen Gesetz und Sittlichkeit, sondern wenn die Obrigkeit das Recht bricht und die Gerichte zu schwach gegen ihre Willkür sind, wenn die Obrigkeit keine gesetzlich bestellte ist, oder die vom Gesetz bestimmte Amtsdauer überschreitet oder eine Gewalt ausübt, die ihr das Gesetz nicht verleiht, oder auch die gesetzliche Gewalt zu andern Zwecken anwendet, als für welche sie ihr gegeben ist, dann sind Aufstand, Tumult und bewaffneter Widerstand gerechtfertigt durch die Gesetze von Gott und Menschen. Filmer freilich will gar keinen Titel des factischen Herrschers untersuchen lassen, aber wir müssen doch den feindlichen Einbringling und den Räuber von gesetzlicher Obrigkeit unterscheiden. Doch auch dem gesetzlichen König kann gerechter Widerstand entgegengesetzt werden, wenn die Statsgewalt zwischen ihm, dem Parlament und dem Volk getheilt ist und der König Rechte der andern beiden Factoren sich anmaßt:

denn in so weit hat er keine Zwangsgewalt und wer ein Recht hat, muß dies Recht auch schützen dürfen. Allerdings wird so das Volk zum Richter in eigner Sache gemacht. Aber wer soll denn die Frage entscheiden, ob ein König ein Tyrann und deßhalb zu stürzen sei? Doch nicht der Tyrann selbst? Also offenbar die Tyrannisirten. Warum findet man etwas so Arges in dem Gedanken: „Könige absetzen"? Warum sollen sie nicht abgesetzt werden, wenn sie Feinde ihres Volkes werden und persönliche Interessen im Widerspruch mit der öffentlichen Wohlfahrt verfolgen, zu deren Förderung sie bestellt sind? Man muß gegen Alle, die die Gesetze übertreten, gerichtliche oder außergerichtliche Hilfe finden, oder kein Gesetz, keine Gesellschaft, keine Verfassung und kein Ziel der Verfassung: allgemeine Wohlfahrt, kann bestehen. Kann daher gegen jene Personen wegen ihrer Macht nicht auf gerichtlichem Wege eingeschritten werden, so muß eben ein außergerichtliches revolutionäres Verfahren abhelfen. Wer dies leugnet, der weigert alle Hülfe gegen die Tyrannei eines Usurpators, oder gegen den treulosen Rechtsbruch eines legitimen Herrschers. Nicht nur haben Moses, Gideon und David auf Gottes Befehl ihr Volk befreit, auch die Apostel, die Begründer des Christenthums, haben im Widerspruch gegen die Gesetze und Obrigkeit gehandelt und sind von den Behörden als gefährliche Volksaufwiegler bezeichnet worden.

Die Machtfülle unbeschränkter Gewalt verdirbt durch das Uebermaß der Versuchung leicht auch treffliche Naturen: und die Geschichte von Frankreich und England zeigt, daß die Erblichkeit der Krone keineswegs Bürgerkriege ausschließt: die Gewalt, Gemeinheit, Thorheit und Feigheit der Könige, die Thronstreitigkeiten, die Wirthschaft von Buhlerinnen und Günstlingen sind der Monarchie eigene, der Republik fremde Heimsuchungen: bürgerliche Unruhen und Kriege, welche in freien Staten häufig vorkommen, sind nicht die höchsten Uebel, die ein Volk befallen können. Die Grabesstille Italiens und Spaniens unter der Herrschaft der Päpste und der Philippe ist furchtbarer als das rege Leben, welches, wenn auch manchmal übersprudelnd, in jenen Ländern zur Zeit ihrer Freiheit blühte (II. 20). Das Unheil und die Grausamkeit der Tyrannei sind schlimmer als alle Uebel der Volksherrschaft oder gemischten Verfassung; in diesen haben die Bürger thätige Sorgfalt für die öffentlichen Dinge: denn sie haben ein Recht mitzureden und mit zu handeln: in

Despotien haben sie kein Interesse an der Erhaltung nud dem Flor des States, der nicht ihnen sondern dem Despoten angehört (II. 27, 28); ja die Siege des Despoten müssen von dem eigenen Volk gefürchtet werden, wie die Edelleute in Ludwigs XIV. Her den Fall von Rochelle, das sie belagerten, als eine neue Stärkung ihres Tyrannen fürchteten. Es besteht keinerlei Gewähr dafür, daß ein Fürst als ein Einzelner durch seine Weisheit die Schäden des States zu heilen besser Kraft und Willen haben werde, als das Volk (II. 29). Die Monarchie ist dann allein wohl geregelt, wenn die Gewalt des Herrschers durch das Gesetz begrenzt ist (II. 30). Die Obrigkeiten erwerben ihre Rechte nur unter Voraussetzung der Erfüllung aller ihrer Pflichten und im Wege von feierlichen und rechtsverbindlichen Contracten (II. 32). Die Könige haben daher gerechtermaßen nur so viel Gewalt, als ihnen das Gesetz verleiht; sie haben keinen Anspruch auf die Vorrechte des „Gesalbten des Herrn", denn sind nicht, wie die alttestamentlichen Könige, von Gott unmittelbar erkoren und auf seinen Befehl gesalbt, um sie mit seinem Geist zu erfüllen (III. 1): übrigens standen auch jene Könige von Israel und Juda unter Gesetzen, welche sie zu übertreten nicht wagen durften: Samuel hat überdies das Volk vor der Einführung des Königthums durch Schilderung der mit demselben verbundenen Uebel gewarnt (III, 1. 2.). Es ist nicht rathsam, daß die Könige Ueberfluß an Macht und Reichthum haben: denn die Erfahrung lehrt, daß sie diese Mittel leicht zur Unterbrückung ihrer Völker mißbrauchen; man soll sie knapp halten, damit sie auf den guten Willen des Volkes angewiesen sind. Aus dem bekannten Ausspruch Christi: „Gebt dem Kaiser, was des Kaisers ist," folgt mit nichten ein unbedingtes Besteuerungsrecht der Fürsten: es liegt darin nur eine Anerkennung der Verpflichtung der Völker, dem obersten Magistrat dasjenige für die Bestreitung der öffentlichen Ausgaben zu entrichten, was das Gesetz feststellt (III, 8): wenn der Apostel Paulus Gehorsam gegen die Obrigkeit einschärft, ist damit jede Art von Verfassung, und nicht eine besondere Heiligkeit des Königthums gemeint (III, 10). Unsere positiven Gesetze in England bestätigen uns den Genuß der angeborenen Freiheitsrechte: ungerechte Gebote sind keine Gesetze und können keinen Gehorsam verlangen (III, 9. 11). Diese Gesetze werden nicht von den Königen, sondern vom

Volk oder seinen Vertretern gemacht: nicht, wie die Royalisten lehren, deßhalb, weil die Könige mit höheren Dingen als der Ordnung des Rechts beschäftigt sind, sondern weil das Volk nicht nach ihrer Willkür, sondern nach den von ihm selbst aufgestellten Normen beherrscht sein will, und weil die Filmer'sche allgemeine Vermuthung dafür, daß Könige gut regieren werden, nach dem Zeugniß der Geschichte nicht hinlängliche Sicherheit gewährt; es ist thöricht, von Tyrannen, welche sich über alle Gesetze hinwegsetzen, die freiwillige Befolgung des Naturgesetzes des Guten zu erwarten (III, 15, 16).

Wenn das ganze Buch geschrieben ist mit steter Beziehung auf das Vaterland des Verfassers und die Zeitkämpfe der Gegenwart, wenn auch in den allgemeinen Sätzen vom Wesen des Stats und der Statsregierung immer deutlich durchzufühlen ist, wie die Veranlassung in den englischen Zuständen liegt und wie sie die Entscheidung der großen politischen Tagesfragen bezwecken, so wendet sich der Verfasser in den letzten Abschnitten ausdrücklich und ausschließlich zur Erörterung des englischen Statsrechts: ja, in diesen praktischen und concreten Consequenzen seiner abstracten Theorie gipfelt das ganze Werk: seine Kenntniß der Geschichte, seine durchdringend scharfe Auffassung, sein unerschrockener Freimuth in unverhüllter Aeußerung der kühnsten Urtheile über Menschen und Dinge und die feurige Begeisterung für Recht und Freiheit, die stolze Siegeszuversicht, mit der er den Unterdrückern dieser Freiheit den sichern Untergang, der Tyrannei das Zerschellen an dem felsenharten Widerstand des englischen Volkes prophetisch verkündet, zeichnen gerade diese Theile des Buches aus und machen es zu einem der schönsten Denkmäler aus jenem merkwürdigen Freiheitskampf.

Es geht von der Freiheit des englischen Volkes aus, wie sie Gott und die Natur gegeben (III, 33); die magna charta ist nicht die Quelle, sondern nur eine Erklärung dieser Freiheit. Dieses und andere Gesetze haben nicht die Rechte der englischen Könige beschränkt: sie haben sie erst geschaffen: denn die englische Nation hat sich immer selbst oder durch ihre Vertreter regiert, und sie allein hat das Recht, die Grenzen der königlichen Gewalt zu bestimmen und zu verändern. Es ist eine leere Fiction, daß der König

Herr alles englischen Bodens und deßhalb mit besonderen Rechten über die Bewohner des Statsgebietes ausgestattet sei. Alle Könige von England, mögen sie dem Schwert oder einem oft nicht geachteten und viel durchkreuzten Erbrecht zunächst die Krone verdanken, erhielten ihr Herrschaftsrecht doch nur durch die Zustimmung des Volkes, welche einzuholen sogar Wilhelm der Eroberer für nöthig hielt: nur diese ist der wahre Rechtstitel der Krone. Die Engländer haben wie alle freien Völker das Recht, sich zu versammeln, wann und wo sie wollen: denn nie haben sie sich dieses Rechtes berauben lassen oder selbst begeben. Die Rechte des Monarchen sind in verschiedenen Staten verschieden bestimmt: sind sie in Rom und Frankreich ausgedehnter als in England, so ist dies für uns völlig gleichgültig und kann unserer Freiheit nicht präjudiciren; ebensowenig thun die ehrfurchtsvollen Formen, mit welchen das Volk seine höchste Obrigkeit umkleidet, irgend dem materiellen Bestand seiner Freiheit Eintrag. Die allgemeine Erhebung des Volkes gegen seine Regierung kann nicht als „Rebellion" geschmäht werden: sie erfolgte in England nicht gegen die Verfassung, sondern gegen den Mißbrauch und den Verfall derselben. Nicht die Verfassung von England ist übel eingerichtet, sondern die Mängel, die wir in neuerer Zeit in unserem Statswesen empfinden, wurzeln in der Veränderung der Sitten und der Verderbniß der Zeit. Die Macht, Parlamente zu berufen und aufzulösen, steht nicht beim König allein: sollte das Volk nicht selbst dieses Hauptmittel seiner Vertheidigung anwenden können, gegen äußere und innere Feinde, wenn es der König nicht thun kann oder will? Nur kluge, gute, für die allgemeine Wohlfahrt ausschließlich eifrige Könige sind wahre Häupter ihres Volkes: gegen die Unfähigkeit oder den übeln Willen schlechter Fürsten helfen nur gute Gesetze. Daraus folgt, daß nur das Volk selbst, nicht die Fürsten, zu entscheiden hat, ob seine Obrigkeit ihr Amt recht verwaltet oder nicht und daß nicht die Könige, sondern nur das Parlament im Fall des Streites die Grenzen der königlichen Macht zu ziehen und zu bestimmen hat, ob der Krone ein fragliches Recht zustehe oder nicht. Es muß daher auch wol unterschieden werden zwischen Verordnungen des Königs und Gesetzen des Stats: der König kann durch einseitige Verordnung lediglich die bestehenden Gesetze ausführen, nicht aber sie verändern, aufheben oder ersetzen und am Wenigsten durch Verordnungen den Kreis seiner Rechte erweitern. Die gesetzgebende Gewalt kann niemals einer Person oder einer Körperschaft anvertraut werden, die nicht gehalten wäre, ihre eigenen Gesetze, so lang sie gelten, zu erfüllen. Und nicht der König, sondern das Parlament als freie Vertretung des freien Volkes verleiht dem Gesetz die zwingende Gewalt.

Wenn wir in der allgemeinen Theorie Sidney's die äußerliche Auffassung des Rechts und Stats und die Ueberschätzung der abstracten Statsform gegenüber dem geschichtlich wechselnden Inhalt des concreten Volkslebens zu rügen hatten, so dürfen wir in seiner Anwendung der Theorie auf die englische Verfassung nicht verkennen, daß seine Begeisterung für die aristokratische Republik ihn hie und da verleitet, den englischen König lediglich wie den Präsidenten einer Republik zu behandeln und das Schwergewicht der Gewalt im Stat auf das Parlament allein zu verlegen. Allein diese Auffassung Sidney's ist höchst bedeutsam. Sie zeigt, daß schon unter den Stuarts ein Geist, der durch die Formen hindurch auf das Wesen des englischen Stats blickte, die Uebergewalt der Volksvertretung erkannte und vertrat. Vergebens haben die Stuarts gegen diese Auffassung angekämpft. Sidney ist erlegen: aber seine Idee ist, wenn auch nicht in ihrer ganzen Schroffheit, zum Siege durchgedrungen und es ist, wenn nicht durch das Gesetz, doch durch eine unanfechtbare Gewohnheit das entscheidende Schwergewicht im englischen Stat in die Mehrheit des Parlaments, zunächst des Unterhauses verlegt.

Literatur: Discourses concerning government by Algernon Sidney. London 1698. Lingard, Geschichte von England. Deutsch durch Verly. Frankfurt am Main 1833 XIII. S. 288—312; und die daselbst angeführten Zeitungen, Denkschriften, Reden u. s. w.

John Locke.

John Locke, geboren den 29. August 1632 zu Wrington bei Bristol in England (sein Vater, Jurist von Profession, diente im Heer des Parlaments als Hauptmann), studirte zu Oxford Medicin 1651 und wurde, durch schwache Gesundheit von der ärztlichen Wissenschaft abgezogen, erst durch die Werke des Cartesius mit der Philosophie befreundet. Seine naturwissenschaftlichen Kenntnisse vermittelten 1666 seine Bekanntschaft mit Lord Ashley, später (1672) Graf Shaftesbury, der, Großkanzler des Reichs unter Karl II., sein Freund und Schützer wurde und ihm die Erziehung seines Sohnes übertrug. Als Shaftesbury mit mehreren anderen Lords vom König Karl II. die Provinz Carolina in Nordamerika als Lehen erhielt, übertrug man Locke die Aufgabe, eine Verfassung für die Provinz zu entwerfen. So entstand seine Fundamental Constitution of Carolina 1669. (Works London 1801 X Bd.). Er wurde darauf (1672) Sekretär für die Ernennung zu geistlichen Würden (secretary of the praesentation to benefices). Mit Shaftesbury trat auch Locke aus dem Statsdienst 1673 und begleitete später jenen in die Verbannung nach Holland, 1682. Er wurde wegen dieser Treue von Karl II. und Jakob II. verfolgt, aus der Zahl der Mitglieder des Christ-college zu Oxford ausgeschlossen und seine Auslieferung von den Generalstaten verlangt, so daß er sich einige Jahre in den Niederlanden bei Freunden verborgen halten mußte. Dort begann er seine Briefe über Toleranz 1685. 1690. 1692. (W. B. VI). Nach der Revolution kehrte er nach England zurück (1689,) und bekleidete wieder mehrere Aemter: 1689 erschien sein schon früher begonnener essay concerning human unterstanding, sein philosophisches Hauptwerk über die Erkenntnißlehre, und im gleichen Jahre die zuerst anonym herausgegebenen two treatises of government (W. B. V. S. 209—482). Im Jahre 1700 legte er sein zuletzt verwaltetes Amt, das Kommissariat des Handels und der Colonien, nieder und zog sich nach Oates in der Grafschaft Essex zurück, wo er am 20. October 1704 starb.

Die größere Bedeutung Locke's liegt auf dem Gebiet der Lehre von der menschlichen Erkenntniß, auf welche hier nicht ausführlich eingegangen werden kann. Es genüge die Erinnerung daran, daß Locke, wie so viele seiner Landsleute vor, mit und nach ihm, die Erfahrung allein als Quelle der Erkenntniß annimmt. Er verwirft daher die Lehre des Cartesius von den angeborenen Ideen, den ideae innatae, connatae und die Annahme von unmittelbaren Wahrheiten und Grundsätzen a priori. Vielmehr entstehen alle unsere Gedanken durch Erfahrung, aber nicht blos durch äußere Erfahrung, Wahrnehmung (sensation), wie Hobbes meint, sondern auch durch innere Erfahrung (reflexion). Aeußere und innere Erfahrung, sensation und reflexion, sind die beiden ausschließlichen Quellen aller Erkenntniß von Gott und Welt. Sie entsteht, indem wir unsere Vorstellungen verknüpfen, wenn und sofern sie übereistimmen und auseinander halten, wenn und sofern sie einander widersprechen. So ist die Wahrheit nur die correcte Verbindung oder Trennung von Vorstellungen, je nachdem die Gegenstände derselben übereinstimmen oder nicht übereinstimmen. (S. im Allgemeinen den Essay. W. Bd. I—III). Von einem ganz ähnlichen Princip geht nun Locke in dem Gebiet aus, welches uns hier allein angeht, dem Ethisch-Politischen, und für welches er nach mancher Richtung ebenfalls von großer Bedeutung ist. Er gehört im Allgemeinen zu der Gruppe von englischen Denkern, welche, nachdem die religiösen und kirchlich-politischen Krisen der Reformation bereits, wie in Deutschland, Holland nnd Frankreich, auch in England die träg dahinschleichende Statsphilosophie plötzlich zu lebhaftester Thätigkeit fortgerissen hatten, praktisch durch die nationale Revolution zu erfolgreichem Kampf gegen die alten scholastischen, feudalen und einseitig confessionellen Grundlagen der bisherigen Gesellschaftslehre getrieben wurden. Er bildet in mancher Hinsicht ein merkwürdiges Seitenstück zu Hobbes (s. oben S. 37). Wenn auch dieser den Absolutismus, Locke die Volksfreiheit vertritt — sie sind beide die Söhne Einer Zeit und stehen auf dem gleichen Boden: dem des modernen, von der Kirche und von religiöser Grundlage sich gelöst fühlenden States.

Hobbes sah in einem aufgeklärten Despotismus, Locke in einem aufgeklärten Liberalismus, in einer Art Repräsentativsystem das neue Heil. Hierin also sind sie heftige Gegner, aber einig sind sie darin, daß sie beide der scholastischen Rechtsphilosophie den Rücken kehren.

In Uebereinstimmung mit seiner Auffassung des Wahren und Unwahren erklärt Locke auch das Gute und Böse als Uebereinstimmnng oder Nichtübereinstimmung: nämlich mit einem dreifachen Gesetz, dem götilichen (religiös-ethischen) bürgerlichen (juristischen) und dem der öffentlichen Meinung (ethischen). Es ist nun aber bezeichnend für den ganzen Charakter der seit dem Anfang des 16. Jahrhunderts wahrzunehmenden neuen Strömung in der Statsphilosophie, daß sie ihre Veranlassung und Anregung in den praktisch-politischen Fragen der Zeit findet. So spricht auch Locke den praktisch concreten Zweck seiner Untersuchung bestimmt aus: er will in dem großen durch die Revolution herbeigeführten Kampf der Parteien seine Ueberzeugung geltend machen, seine Sache vertreten. Es ist die Sache der Volksfreiheit und des liberalen Königs Wilhelm, welche er gegen den Absolutismus der Stuarts und deren literarische Parteigänger führen will.

Seine erste Abhandlung ist demgemäß eine Widerlegung des berüchtigten „Patriarcha" von Robert Filmer († 1680; das Buch erschien 1665), welcher die absolute Monarchie auf die Lehre von der Entstehung aller politischen Gewalt aus der Familienautorität des Hausherrn und Hausvaters begründet hatte. Elterliche und königliche Gewalt sind identisch und das unbeschränkte Königthum hat seinen von Gott eingesetzten Anfang in Adam. Dagegen richtet nun Locke seine erste Abhandlung, die zweite enthält die eigene Statsphilosophie Locke's, und das ganze Unternehmen hat den Zweck, die Handlungsweise König Wilhelm's und des englischen Volkes in der Revolution zu rechtfertigen, wie er ausdrücklich in der Vorrede sagt. (Vol. V, pag. 210). Die Widerlegung Filmer's, deren Detail hier füglich übergangen werden mag, war keine schwere Aufgabe: Locke löst sie, indem er sich völlig auf den Standpunkt seines Gegners einläßt, daher uns heutzutage seine Argumentation gegen die absolute Monarchie Adam's so possirlich vorkommen muß wie die Anstrengungen seines Gegners für dieselbe. Er bekämpft nach einander alle Rechtstitel Adam's auf die Souveränität, mögen sie sich auf die Schöpfung (c. III, S. 222—227); oder eine Schenkung Gottes (c. IV, S. 221—224), oder die Unterwerfung Eva's (c. V, S. 224—249), oder Vaterschaft (c. VI, S. 249—267), oder Eigenthum (c. VII, S. 267—273) gründen, indem er besonders den Unterschied zwischen väterlicher und königlicher Gewalt betont (c. II, S. 215—222) und die Vererbbarkeit von Adam's Autorität bestreitet (c. IX—XI, S. 173—292).

Die zweite Abhandlung nun geht aus von dem Naturstand vor der Begründung des Stats und der bürgerlichen Gesellschaft (c. II of the state of nature, S. 339—347). In diesem sind alle Menschen gleich und frei und nur an das Gesetz der Natur gebunden (S. 340), dies Gesetz fordert aber die Erhaltung (preservation) nicht nur des eigenen Lebens, sondern auch der Mitmenschen: jenes, weil das Geschöpf seinem Schöpfer gehört, dieses, weil alle Menschen Theil haben an der gemeinsamen Natur (S. 341); deßhalb hat im Naturstand jeder das Recht, auch einem Dritten angethane Schädigung zu strafen (l. c.). Wegen dieser Erhaltungspflicht ist aber der Naturzustand ein Zustand des Friedens, nicht wie Hobbes lehrt, ein Krieg Aller gegen Alle. Der Kriegsstand ist also von dem Naturstand zu scheiden, d. h. die Unabhängigkeit von jeder menschlichen Autorität und allen Gesetzen außer dem Naturgesetz; die Freiheit in der Gesellschaft aber, im Stat, ist nicht mehr, die Fähigkeit zu thun, was man will, sondern die Unabhängigkeit von jedem Gesetz, dem man nicht selbst beigestimmt. Sklaverei aber ist der zwischen einem Sieger und Besiegten nach dem Kampf fortgesetzte Kriegszustand (c. IV, of slavery S. 352). In dem Naturstand besteht ursprünglich kein Sondereigen: denn Gott hat den Menschen die Erde insgemein gegeben, aber bald hat das Bedürfniß den Einzelnen zur Arbeit, zur Specification, und dadurch zur Begründung des ausschließenden Privateigenthums geführt: deßhalb ist rechtmäßig (just) nur solche Ausdehnung und Verwendung des Eigenthums, welche vom Bedürfniß gefordert wird (c. V, of property S. 352—367). Im Naturstand gibt es nun zwar verschiedene Arten von Gesellschaft (zwischen Mann und Weib, Eltern und Kind, Herr und Knecht), aber noch keine politische Gesellschaft. Namentlich ist das Verhältniß von Vater und Kind, begründet durch das Naturgesetz auf Schutz

und Ehrerbietung, keine solche und nicht der Ursprung des
States; väterliche und politische Gewalt sind verschieden
nach Ursache, Wesen und Zweck (c. VI, of paternal power
S. 367—383 bes. S. 378). Diese entsteht erst, wenn die
Einzelnen, der Unsicherheit und anderer Nachtheile des Naturstandes müde, ihre natürlichen Rechte der Gesammtheit
übertragen und diese einen Richter und Souverän ernennet
zu Schutz des Lebens und Eigenthums und aller andern
Güter und Rechte. Daraus folgt nun aber, daß die absolute Monarchie dem Begriff des States und dem Zweck
widerspricht, um beßwillen die bürgerliche Gesellschaft begründet wurde. Denn nicht dazu haben die Menschen den
Naturstand verlassen und auf ihre ursprünglichen Rechte
und Freiheiten verzichtet, um die Fülle einer Macht und
Gewalt einem Einzelnen zur Ausübung über sie Alle in die
Hände zu geben. Der Monarch ist, wie der ganze Stat,
nur Mittel zum Zweck der Freiheit und Sicherheit der
Rechte Aller. Der absolute Monarch steht zu seinen Unterthanen im Naturstand, denn er hat kein Gesetz, keinen Richter
über sich, er ist Richter in eigener Sache (c. VII, of political ar civil society S. 383—394, bes. S. 390). Dieser
Abschnitt ist eine glänzende Widerlegung der Lehre von
Hobbes und deckt den logischen Hauptfehler in dessen
Gedanken ganz auf (s. oben S. 42). Nicht also in
der absoluten Monarchie liegt die wahre Sicherheit der
Rechte, sondern in der freien Bestellung einer Corporation
zur Ausübung der gesetzgebenden Gewalt, heiße sie Senat
oder Parlament oder wie immer; erst dadurch werden alle
Statsbürger, auch König und Gesetzgeber selbst, Unterthanen
des Gesetzes (l. c. S. 393, 394). Dieser Zustand aber
und alle bürgerliche Gesellschaft entsteht durch den stillschweigenden Vertrag, durch welchen eine Gruppe von Einzelnen auf ihre natürlichen Freiheitsrechte zu Gunsten ihrer
Gesammtheit verzichtet und sich der Entscheidung der Mehrheit zu fügen beschließt (c. VIII, of the beginning of political societies S. 394—411, bes. S. 395). Der Einwand,
daß die Geschichte keinen Fall einer solchen Entstehungs-
weise der Staten berichte, wird damit zurückgewiesen, daß
die Anfänge der Gesellschaft aus dem Gedächtniß schwinden,
ganz wie der Einzelne von seinen ersten Lebenstagen nichts
weiß, und die Behauptung, daß die in einem Stat geborenen
Menschen an die von ihren Ahnen eingegangenen politischen

Verpflichtungen gebunden seien, dadurch entkräftet, daß die Vererbbarkeit solcher Verpflichtungen geleugnet wird. (l. c. S. 396. 406). Die Zwecke der Statsbildung sind, wie erwähnt, Sicherung aller menschlichen Güter: der Mensch tritt sein Recht der Selbstbestimmungen an das Gesetz, das Recht der Strafe jeder Schädigung an die ausführende Gewalt ab (c. IX, of the ends of political society and government S. 411—415): das gemeinsame Gesetz für alle Formen der Statenbildung, Monarchie, Oligarchie und Demokratie, (c. X, of the forms of a comonwealth) ist die Bewahrung der Gesellschaft. Deßhalb darf auch der Stat nur erhalten, bewahren, nicht zerstören, da seine Rechte nur die Summe der Rechte der Einzelnen im Naturstand sind und kein Einzelner in diesem Zustand Leben oder Eigenthum seines Nächsten schädigen darf (c. XI, of the extent of the legislative power S. 416—424). Dies ist nur gegen Tyrannisirung der Unterthanen gerichtet: die gegen die Todesstrafe und Krieg daraus zu ziehenden Consequenzen werden umgangen. Die Gewalt des States ist dreifach: die gesetzgebende, ausführende und förderative d. h. die repräsentative Gewalt, das Verhältniß zu andern Völkern (Krieg, Friede, Bündniß ꝛc.) zu bestimmen: zu diesen steht der Stat an sich d. h. bis zur Abschließung von besonderen Verträgen im Verhältniß des Naturstandes, eine seit dem 16. Jahrhundert häufig begegnende Auffassung. (c. XII, of the legislative, executive and federative power of the commonwealth S. 424—426). Der gesetzgebenden sind alle andern Gewalten untergeordnet, auch die ausübende, wenn gleich sie das Recht der Berufung des Parlaments hat. Aber Zweck und leitendes Princip des States ist immer das Wohl des Volkes (salus populi suprema lex heißt es hier (S. 432) wie bei Hobbes), und wenn daher der Gesetzgeber dieses verletzt, wenn Sicherheit und Freiheit bedroht werden, so macht das Volk von seinem Selbsterhaltungsrecht auch gegen den Gesetzgeber Gebrauch: — aus diesen Sätzen weht uns der Geist entgegen, der damals in England die Stuarts gestürzt hatte (c. XIII, S. 426—434 of the subordination of the powers of the commonwealth.) Die ausführende Gewalt erhält durch das Volk die Befugniß, in vom Gesetz nicht vorgesehenen Fällen nach eignem Gutdünken, aber immer im Sinne des öffentlichen Wohles, zu entscheiden. Das ist die Prärogative der Krone (c. XIV, of the praerogative S. 434—440): diese hat also in Folge derselben entfernt nicht eine despotische Gewalt: eine solche besteht überhaupt nur gegen Kriegsgefangene zu Recht, sonst ist sie weder durch die Natur, wie die väterliche, noch durch Vertrag, wie die politische Gewalt, begründet (c. XV, of paternal, political and despotical power considered together S. 440—443). Der Eroberer kann gerecht sein, wenn er seine Gewaltthätigkeit nicht auf Nichtcombattanten ausdehnt. Der Usurpator dagegen hat nie das Recht für sich, denn die Usurpation — ein domestic conquest, während die Eroberung eine foreign usurpation — ist ja gerade Anmaßung fremden Rechts, (c. XVII, of usurpation S. 455). Tyrannei aber ist — der Maßstab im Jahre 1690 war streng in England! — schon jeder Gebrauch der Regierungsgewalt nicht zum Heil des Volkes, sondern des Regenten allein, jede Handlung nach dem subjectiven Willen statt nach dem Gesetz, jede Handlung, die nicht die Förderung des Volkes, sondern die Befriedigung eigener Leidenschaft bezweckt (c. XVIII, of tyranny S. 457). Was die Auflösung der politischen Bande betrifft, so muß man wol unterscheiden zwischen der Auflösung nur einer Regierung und der Auflösung der Gesellschaft selbst. Das Erstere wird herbeigeführt, z. B. wenn der König die Wahlgesetze des Parlaments verletzt oder wenn die Minister die Gesetze nicht ausführen — in diesem Fall hat das Volk seine Freiheit wieder und kann ohne Weiteres eine andere Regierung einsetzen. Aber nicht blos die Regierung, der Stat selbst, die ganze bürgerliche Gesellschaft wird aufgelöst, wenn der König oder Parlament gegen ihre Vertrauensaufgabe handeln (c. XIX, of the dissolution of government S. 469 if they act contrary to their trust), wenn sie durch einen Statsstreich Leben, Freiheit oder Eigenthum des Volkes verletzen; dann tritt der Kriegsstand gegen sie ein und das Volk hat das Recht, kraft seiner ursprünglichen Freiheit eine neue gesetzgebende und regierende Gewalt einzusetzen.

Die ganze Abhandlung athmet den Geist eines starken, männlichen Unabhängigkeitssinnes und wird durch die theils geradezu ausgesprochenen, theils leicht herauszufühlenden Beziehungen auf die Zeitgeschichte besonders lebendig gefärbt. Die gleich fortgeschrittene politische Anschauung leitet Locke's Auffassung des Verhältnisses von Stat und Kirche, wie er sie in seinen berühmten Briefen über Toleranz niedergelegt:

hier ist der Bruch mit der Scholastik fast noch mehr entschieden. Die Offenbarung, meint er, darf nimmermehr die Vernunft nnd beßhalb auch nicht die von ihr unzertrennliche Freiheit des Menschen unterdrücken. Darum ist nicht nur jede religiöse Gesellschaft in ihrem Cult, und wär' er Götzendienst, vom Stat zu dulden und zu schützen, sondern der Stat, der von der Kirche absolut verschieden und getrennt ist, darf der Religionsverschiedenheit keinerlei Einfluß auf das Maß der politischen Rechte seiner Bürger gestatten.

Diese Grundsätze, um derentwillen Locke selbstverständlich von den Rechtgläubigen mit großer Heftigkeit angefeindet und mit dem Namen eines Atheisten, der schon bald zum Ehrennamen aller unabhängigen Denker geworden ist, gebrandmarkt wurde, sind nun auch in die Fundamentalverfassung von Carolina übergegangen, auf welche wir zum Schluß einen raschen Blick werfen. Von den 120 Artikeln derselben beschäftigen sich die ersten 27 mit der Eintheilung der Provinz in counties, signories, baronies, precincts und colonies und der Abstufung der Rechte der englischen Herren. Darauf folgt die Einrichtung der Parlamente, Ministerien, Regierungscollegien, Gerichtshöfe, Militair- und Civilbehörden, Geschworenengerichte (mit Verzicht auf Einstimmigkeit a. 69. Vertheidigung gegen Geldlohn wird verpönt a. 70). Alle zwei Jahre tritt ein neues Parlament zusammen: passive Wahlfähigkeit für dasselbe setzt 500 acres, active Wahlfähigkeit 50 acres freien Grundbesitz im Wahlbezirk voraus (a. 72). Commentare zur Constitution sind verboten (a. 80); großes Gewicht wird auf die Führung der Civilstandregister gelegt (a. 84—90). Am interessantesten sind aber für uns die Bestimmungen über die Religionsverhältnisse (a. 95—110). Alle freien Insassen von Carolina haben anzuerkennen die Existenz Gottes, die Nothwendigkeit seiner öffentlichen Verehrung und die Pflicht der Eidesleistung als Anrufung seines Zeugnisses. Unter einziger Voraussetzung dieser Principien kann jede Gemeinschaft von sieben Menschen, seien sie Christen, Juden oder Heiden, eine vom Stat anzuerkennende Kirche bilden: jede Kränkung von Andersgläubigen um ihres Glaubens willen ist untersagt und insbesondere die Eingeborenen sollen nur etwa durch Beispiel und Lehre bekehrt werden dürfen. Zu diesen Grundsätzen paßte es nur sehr wenig, wenn einer der Lords gegen Locke's Willen die Anerkennung der Kirche von England als der einzig wahren und orthodoxen und der Statsreligion wie von allen anderen britischen Besitzungen auch von Carolina durchsetzte (a. 106).

Fassen wir das Urtheil über die hier skizzirte Statsphilosophie Locke's in Kürze zusammen, so werden wir zwar eine richtige Abgrenzung des Ethischen vom Juristischen vermissen und die Lehre der Entstehung des States durch Vertrag anstatt durch historische Entwicklung des menschlichen Wesens verwerfen, im Uebrigen aber die Klarheit, Unabhängigkeit und gesunde Gediegenheit dieser Anschauungen nicht verkennen.

Quellen und Literatur. Locke's sämmtliche Werke sind wiederholt herausgegeben. Hier wurde die zehnte Ausgabe, London 1801 in ten volumes, benützt, und für sein Leben die dort beigedruckte Biographie. Außer seinen bereits erwähnten Schriften sind hier noch hervorzuheben seine thoughts on education Bd. IX. reasonableness of christianity Bd. VII. Gute Darstellungen seiner Lehre bei Hinrich's Geschichte der Rechts- und Stats Principien seit der Reformation bis auf die Gegenwart I. Band, Leipzig 1848 S. 216—240; und Schärer, John Locke, seine Verstandestheorie und seine Lehren über Religion, Stat und Erziehung. Leipzig 1860, p. X und S. 300.

Ueber Geschichte und System der Rechtsphilosophie.

1. Begriff und Aufgabe.

Von zwei Seiten her drängt sich dem menschlichen Geist das Bedürfniß einer philosophischen Betrachtung des Rechts auf. Der Jurist und der Philosoph brauchen sie, wenn sie ihre Wissenschaften tief und erschöpfend fassen. Die Disciplin ist zunächst eine philosophische: aber sie ist zugleich eine juristische: und ihre Geschichte zeigt, daß die Vernachläſſigung der poſitiven geſchichtlichen Grundlage und der Mangel an Beherrſchung des juriſtiſchen Stoffes die abſtrakten aprioriſchen Conſtructionen der Schulphiloſophie hier noch raſcher und empfindlicher ins Abſurde führte als auf andern Gebieten.

Der Juriſtiſch-Gebildete kann ſich der Aufgabe nicht entziehen, über gewiſſe oberſte Principien ſeiner Wiſſenſchaft, welche dieſe ſelbſt nicht erklären kann und erklären ſoll, über ihre Begründung und ihren Zuſammenhang ſich Rechenſchaft zu geben; nicht nur der Statsmann, der Geſetzgeber, der Rechtslehrer allein, auch der Richter und der Anwalt finden in ihrer Thätigkeit Aufforderungen in Menge, ganze Inſtitute oder einzelne Sätze des poſitiven Rechts nach ihrer Berechtigung, nach den inneren Gründen ihrer Geltung zu prüfen, je nach dem Ergebniß auszulegen und ihre Beibehaltung oder Aenderung anzuſtreben. Der Politiker wird ſich eine Reihe der wichtigſten Begriffe, mit denen er zu operiren, der nächſtliegenden Aufgaben, welche er zu behandeln hat, gegenüber den bewußten und unbewußten Verdrehungen der Parteileidenſchaft oder auch gegenüber der veralteten Auffaſſungen früherer Geſetze ins Klare zu ſtellen haben durch Kritik und Principien und durch Zuſammenhalt mit ſeiner ganzen Weltenſchauung, d. h. eben durch eine philoſophiſche Betrachtung. Bedeutung und Berechtigung der Perſönlichkeit, Widermenſchlichkeit der Sklaverei, Weſen der Ehe, Erfaſſung derſelben als eines menſchlich-ſittlichen Verhältniſſes, mit facultativer religiöſer Weihe und Vorzug der Monogamie, Abgrenzung der Statsgewalt gegenüber dem innerlich freien Individualleben, gegenüber der Kirche, gegenüber der Wirthſchaft in der bürgerlichen Geſellſchaft, Verhältniß von Gewohnheitsrecht und Geſetz, Möglichkeit des Auseinandergehens des veralteten, formalen Rechts und der moraliſchen und materiellen Rechtsbedürfniſſe einer fortgeſchrittenen Zeit, daher gewaltſame Colliſion der alten Lebensformen mit dem neuen Lebensinhalt — all' dieſe und zahlreiche ähnliche Fragen, welche für Statsmänner ſehr praktiſch ſind, finden ihre letzte Beurtheilung nur in der principiellen Auffaſſung der Begriffe: Perſönlichkeit, Freiheit, Recht, Stat. Aber auch im Gebiet des Strafrechts und des Privatrechts wird vorab der Geſetzgeber, dann aber auch der Richter, der Statsanwalt, der Vertheidiger, der Sachwalter über die Begriffe Verbrechen, Schuld, Zurechnung, Strafe, dann Eigenthum, Vertrag, Erbrecht, Verjährung, Untersuchungen anzustellen haben, welche das positive Recht nur zum Gegenstand, nicht zum Ausgangspunkt haben können: auch hier wird der Jurist häufig genug Principien suchen müssen: Principien suchen heißt aber philosophiren.

Anderseits sieht sich der Philosoph genöthigt, sein allgemeines speculatives Princip auch an dem Rechtsstoff zu erproben: er findet den Stat als das großartigste Gebilde des Menschengeistes in der Geschichte bei allen entwickelten Völkern vor: er trifft die Idee des Rechts in den mannichfachsten Abstufungen von dem Grade feinster Ausbildung bis herab zu sehr einfachen, noch halb unbewußten Ansätzen in allen Menschengenossenschaften als einen wesentlich menschlichen Begriff an: er muß daher diese wichtige Erscheinung in seinem System berücksichtigen: er muß zusehen, ob sein allgemeines Princip auch bei diesem geistigen Stoff ausreiche; und eine Philosophie, welche aus extremem erdenflüchtigen Spiritualismus Stat und Recht als nothwendige Uebel faßt, wie z. B. die älteste christliche Weltanschauung, oder aus extremem Materialismus den Stat auslösen will in die „arbeitende Gesellschaft," wie der jüngste französische Socialismus, beweisen eben hierin die einseitige Unzulänglichkeit ihres Princips. Es ist hiernach die Rechtsphilosophie die systematische Wissenschaft von den Principien des Rechts: sie hat nach ihrer philosophischen Seite die nothwendige Entstehung der Idee des Rechts im Menschengeist und das Verhältniß derselben zu den übrigen Kräften und Bildungen im Menschenleben zu erörtern, sie hat dem Recht seine Stellung in dem geistigen Kosmos nachzuweisen. Nach ihrer juristischen Seite hat sie die aus philosophischer Reflexion und historischer Forschung gewonnenen obersten Grundsätze von dem Wesen des Rechts und des Stats anzuwenden und zu bewahrheiten an dem Material aller Rechtsgebiete. Darin liegt die Probe ihrer Rechnung: je mehr wir im Stande sind, unser rechtsphilosophisches Princip in allen wichtigen Fragen des Völkerrechts, Statsrechts, Strafrechts, Proceßrechts, Civilrechts in ungezwungener und ergiebiger Weise durchzuführen, je mehr die nach demselben gefällten Entscheidungen juristischen Tact und Sinn zeigen, so daß sie dem historischen Rechtsleben zwar nicht gedankenlos und kritiklos nachbeten, aber auch nicht demselben in seinen Erfordernissen widersprechen, sondern es mitgehend, aber voranschreitend führen, desto sicherer dürfen wir eine Annährung unserer Auffassung an das Richtige annehmen.

2. Grundzüge der Entwicklungsgeschichte.

Selbstverständlich entsteht eine Rechtsphilosophie überall erst spät nach dem Recht; frühe werden die Menschengenossenschaften noch halb unbewußt zu den ersten Ansätzen von Rechtsbildung, zu den Vorstufen der Statsbildung geführt durch den doppelten Trieb äußerer und innerer Nöthigung der Realisirung der Rechtsidee; aber Recht und Stat müssen schon geraume Zeit bestanden haben, ehe eine bewußte Erforschung ihren Principien nöthig oder auch nur möglich wird. Und hiebei ist es ein allgemeines Gesetz des menschlichen Geistes und seiner Entwicklung, daß in den frühesten Anfängen jeder Volksgeschichte, in der Stufe der Unmittelbarkeit, alle Kräfte und Thätigkeiten des Geisteslebens noch ungeschieden und für unsere Betrachtung unscheidbar in einander gehüllt liegen: so namentlich Religion, Ethos, Sitte und Recht. Der Nationalcharakter äußert sich unbewußt, unwillkürlich, und nicht scheidend in ihnen allen zugleich: in der unmittelbaren Form poetischer Anschauung zuerst spricht jedes Volk seine religiösen, ethischen, juristischen Principien aus: und so sind die Vorstufen und ersten Anfänge der Rechtsphilosophie wie der der Religionsphilosophie und der Ethik und mit diesen zugleich in den uralten Sagen, Liedern, Orakeln, Prophezeiungen und religiös-ethischen Offenbarungen der Völker zu suchen: in den ältesten Traditionen der Inder, Perser, Chinesen, Aegypter, Assyrer, Phöniker und Juden sind religiöse, ethische, juristische Ansichten und Vorschriften ohne Unterscheidung und auch inhaltlich in einander übergehend ausgesprochen. Moses schreibt den Inhalt des Glaubens wie der sittlichen Normen und der Rechtsverfassung den Juden vor; Religion, Ethos und Recht fallen zusammen: Abfall vom Glauben, Versäumniß der Culthandlungen ist zugleich sittliche Verfehlung und wird als Verbrechen vom Stat gestraft.

Und es ist in den ältesten Perioden der großen Culturvölker, der Hellenen, der Römer, der Germanen, nicht anders; in den ältesten Götter- und Heldenmythen der Hellenen, ja noch in den Lehren der orphischen Weihepriester, auch der Pythagoräer, finden sich religiöse, sittliche und juristischpolitische Principien ungeschieden: das älteste Recht der Römer hat einen wesentlich sacralen Charakter und die frühesten Sagen der Germanen und die Sprüche der Edda tragen Mythologie, Ethos und Recht in Einem Athem vor. In der Periode der Vorcultur ist dies überall gleich; aber gerade darin unterscheiden sich entwicklungsfähige Völker und Lehren von den in steter gebundener Unmittelbarkeit verharrenden, daß sie allmählich ausscheiden, was wesentlich verschieden ist, daß sie Religion, Kunst, Sittlichkeit und Recht als von einander getrennte, wenn auch gewiß nicht feindselige oder gleichgültige Kräfte und Gebiete des ihnen allen gemeinsam zu Grunde liegenden Menschengeistes zu fassen vermögen, jedem seine selbstständige Berechtigung als Selbstzweck einräumen. Nicht ohne Grund legen wir auf diese Möglichkeit und Nothwendigkeit, auseinander zu halten, was verwandt, aber nicht identisch ist, das größte Gewicht. In der Entwicklung des noch in der Knospe in einander Gewickelten liegt der Fortschritt, liegt die Entfaltung zur Blüthe: in der künstlich versuchten Wiederverwicklung des Ausgeschiednen, ein Rückschritt, ein Welken.

Von einer Rechtsphilosophie im eigentlichen Sinn kann natürlich erst da die Rede sein, wo wenigstens anfangsweise die Principien des Rechts als solche, von Religion und Ethos gelöst, gesucht werden. Es kann deßhalb in dieser Skizze des Entwicklungsgangs alles dasjenige als Vorstufe bezeichnet und übergangen werden, was in der ältesten Geschichte der oben erwähnten Völker als Religions-Offenbarung, Sage, Sitte und Poesie erscheint, wenn schon für Erforschung des Nationalcharakters und der Grundzüge einfach menschlicher Auffassungen auch des Rechts jene Traditionen die wichtigsten Quellen bilden.

Bei den Hellenen zuerst findet sich eine wahre Philosophie des Rechts: denn sie haben das Recht von Ethos und Religion zu lösen wenigstens angefangen, wenn sie diese Aufgabe auch noch keineswegs vollendeten. Sie bilden auch hierin wie in so vielen andern Dingen den Uebergang, das Verbindungsglied zwischen dem Orient und dem Abendland; das Hellenenthum gleicht einer aus dem Fels gehauenen Bildsäule; seine Rückseite, seine Vergangenheit hängt noch eng zusammen mit dem starren Objectivismus, mit der substantiellen Gebundenheit des Subjects an die Uebermacht von Stat, Sitte, Religion, in der das Individuelle rechtlos untergeht; nur seine uns zugekehrte jüngere Seite schreitet aus jener alten Starrheit allmählich heraus, dem Recht der äußern Person, wie der Römer, dem Recht der innern Individualität, wie der Germane, versuchsweise Anerkennung gewährend.

Dieser Mittelstellung der Hellenen muß man bei Beurtheilung ihres Statswesens und ihrer Statslehre wol gedenk bleiben; verglichen mit den theokratischen und patriarchalischen Despotien bilden sie einen starken Fortschritt: aber gegenüber dem römischen civis, geschweige im Vergleich mit dem Bürger des modernen Stats, steht der Hellene noch in größter Gebundenheit. Denn der hellenische Stat ist absolut: und alle Trefflichkeit, alle ἀρετή ist nur trefflich, sofern sie es für den Stat ist, πολιτικὴ ἀρετή; der Stat mischt sich nicht so fast in Alles, als daß vielmehr Alles im Stat aufgeht: die Religion ist Statsreligion, und wer neue Gottheiten lehrt, muß den Schierlingsbecher trinken; die Familie ist nur Mittel zum Zweck des States; der Stat verhindert Handel und Verkehr mit dem Ausland, er unterbindet die freie Bewegung der Wirthschaft, er kennt neben sich keine Gesellschaft, ja die consequente Durchführung dieser Statsidee schreibt der Musik ihre Melodieen, und die Stimmung ihrer Instrumente, der Poesie ihre erlaubten Formen vor, sie wagt es, den Hellenen ihren Homer, ihren Sophokles, ihren Pheidias zu verbieten, ja sie drückt nicht nur, sie zerstört sogar die Familie, indem sie die Gemeinschaft der Frauen und Kinder und Auswählung der Ehepare durch die Behörden fordert.

So ist der Bürger des griechischen Stats seinem Stat gegenüber völlig unfrei: die Grenzen, welche das Gebiet des innern freien Geistes- Seelen- und Gemüthslebens und den Spielraum der freien Persönlichkeit im privatrechtlichen Verkehr von der Zwangsgewalt des States scheiden sollen, sind nicht gezogen und ungehindert greift derselbe über in jeden Bereich des Lebens. Diese ganze Auffassung war nur möglich bei dem kleinen Umfang der hellenischen Statsgebiete. Der Stat ist eben die Stadt (πόλις): wie in den kleinen Reichsstädten unseres Mittelalters nimmt die ganze Regierung leicht einen polizeilichen, sich in Alles mischenden, kleinlichen Charakter an: sogar Aristoteles, welcher doch ausdrücklich vor der Kleinstaterei warnt, hat dabei einen so kurzen Maßstab, daß er noch genaue persönliche Bekanntschaft aller Bürger mit-

einander voraussetzt und fordert. Aber auch in solchen
Stadt-Staten war jenes absolute Aufgehen des Einzelnen
im Stat nur durchführbar, so lange der althellenische Geist
bestand, so lange das Subject ohne alle Reflexion sich der
Substanz des Nationalgeistes, wie er sich in Religion, Sitte
und Stat hergebrachtermaßen äußerte und darstellte, unter-
warf mit dem Gefühl, daß es nicht anders sein könne.

Dieser althellenische Geist fing aber sehr früh an zu
weichen: mit der Erweiterung des Gesichtskreises, der Bereicherung der Cultur schon nach dem ersten Perserkrieg ging
die Auflösung der alten Unmittelbarkeit Hand in Hand.
Es war dies eine natürliche und nothwendige und nach vielen
Seiten hin heilsame Bewegung: der Uebergang in die
Reflexion war hier, wie überall und immer, die Vorbedingung
höherer Geistesentfaltung: und hätten die Athenäer den Standpunct der „Marathoniten" nie überschritten, — das Höchste,
was sie in Wissenschaft, Kunst und Stat geleistet haben, wäre
ungeleistet geblieben. Aber nicht zu leugnen ist, daß die
negativen, auflösenden, zersetzenden Wirkungen, welche alle
Reflexion begleiten und nur durch höchste und harmonische
Anspannung aller menschlichen Kräfte in höherem Frieden zu
überwinden sind, bei den Hellenen sehr früh, sehr scharf und
sehr einseitig sich geltend machten, und nicht zu verkennen ist,
daß der hellenische Nationalcharakter die Emancipation von der
alten strengen Gebundenheit in Glaube und Sitte nicht ohne
schnelle Entsittlichung ertrug, was freilich mit der überaus
raschen Bewegung der ganzen griechischen Geschichte von
Knospe zu Blüthe und Verfall zusammenhängt.

Die Periode der Sophisten[1]) ist recht eigentlich jene Zeit,
in welcher die erwachte Reflexion sich fragend, forschend,
zweifelnd, zerstörend an alles Hergebrachte in Religion und
Sittlichkeit, in Recht und Statswesen heranwagt; sie hat für
die Hellenen so ziemlich die Bedeutung, welche die Aufklärung des vorigen Jahrhunderts für Frankreich und Deutschland trug: in manchen Dingen schädlich, in mehreren nützlich,
in allen nothwendig. Damals beruhigte sich das hellenische
Denken nicht mehr bei allem Hergebrachten mit dem Glauben,
daß es nicht anders sein könne: man wagte, auch bei Ge-

---

[1]) Quellen und Literatur der ganzen antiken Rechtsphilosophie sind
in dem unten erwähnten Werk von Hildebrand mit großer Vollständigkeit zusammengestellt. Vrgl. auch die sehr reichen Nachträge in Ueberwegs
Grundriß der Gesch. d. Ph. I. D. vorchristl. Zeit. Berlin 1863 und den
späteren Ausgaben dieses Werkes.

setz und Recht, wie bei Religion und Ethos, zu fragen, darüber zu streiten, ob Recht und Unrecht ewig durch die Natur gegeben, oder veränderliche, durch Willkür der Menschen gesetzte Bestimmungen seien: man stritt ob sie φύσει oder θέσει seien, — eine Controverse, welche in wechselnden Formen von da ab die ganze hellenisch-römische Philosophie durchzieht. Das Aufwerfen dieser Frage ist recht eigentlich der Anfang aller Rechtsphilosophie[1]): man forscht, ob das Recht überhaupt innere, nothwendige Principien habe, und welche? Es ist nun aber charakteristisch, daß die Hellenen gleich bei diesem ersten Problem Ethos und Recht unterscheidungslos zusammenwerfen: das Rechte, das Gute, das Gesetz (τὸ ἀγαθόν, ὁ νόμος) von dem gefragt wird, ob es θέσει oder φύσει bestehe, ist nicht nur das Rechtsgesetz, sondern auch das Sittengesetz. Während nun die Conservativen die ewige Unanlaftbarkeit des Sitten- und des Rechtsgesetzes als einer Ordnung der Götter oder der Natur behaupteten, wiesen die Sophisten, mit der Gewandtheit und Bildung der Neuzeit ausgerüstet, nach, wie das Sitten- und Rechtsgesetz keineswegs immer gleich, sondern in verschiedenen Völkern und Zeiten sehr widersprechend sei, anders bei den Barbaren, anders bei den Hellenen, anders in Sparta, anders in Athen, anders zur Zeit Homers als dermalen: und sie zeigten, wie nach dem wechselnden Bedürfniß und Nutzen die Menschen verschiedene Satzungen erfunden.

Anstatt nun einzusehen, daß die Idee des Rechts bei allen Völkern vorkomme, daß es in der Natur des Menschen begründet sei, Rechtsbildungen zu schaffen, und daß nur die Formen, in welchen diese Idee erscheint, je nach dem Nationalcharakter und den natürlichen und zeitlichen Voraussetzungen verschieden, ja widersprechend sein können, verwerfen die Sophisten, weil sie die Formen schwanken und wechseln sehen, die ganze Idee des Rechts und des Guten: nach Willkür und Nutzen, wie jedes Volk und jede Zeit, dürfe auch jeder Einzelne sich vorschreiben, was er für Recht und Unrecht halte, und darnach handeln. Damit war die Subjectivität, welche so lange, ohne ein Recht auch nur der

---

[1]) Der Geschichte der Ethik mehr als der Rechtsphilosophie gehören an früheren Erscheinungen, wie die gnomisch-politische Spruchweisheit der sogenannten sieben Weisen, die pädagogisch-politischen Lehren der Pythagoräer und die geringen Spuren moralisch-politischer Theorieen bei den jonischen Naturphilosophen, Herakleitos und den Eleaten.

Frage, dem Objectiven, der sittlichen Substanz in Recht und Sitte war unterworfen gehalten worden, plötzlich über jede Schranke hinaus, und wenn anfangs die Besseren unter den Sophisten (Prodikos, Protagoras) sich selbst wieder Schranken erbauten, so zog doch später die Mehrzahl (wie Gorgias und Hippias) in Theorie und Praxis alle Consequenzen jener anarchischen Lehre. Mit Recht hat man bemerkt, daß auch Sokrates, sofern er das Recht des freien, forschenden Subjects gegenüber allem Herkömmlichen vertrat, ganz auf dem Boden der Sophisten stand: nur daß er im Gegensatz zu diesen die Freiheit des Subjects dem Zweck des Guten unterordnete und die Reflexion nicht zur Zerstörung, sondern zur Erkenntniß und freiwilligen Befolgung des Sittengesetzes angewendet wissen wollte. Es ist das Verdienst Hegel's, die relative Berechtigung, der sophistischen Aufklärung einerseits und anderseits den Zusammenhang des Sokrates mit ihrer Richtung nachgewiesen zu haben; die Opposition eines Aristophanes gegen diese ganze Alles begrübelnde Philosophenzunft hatte ihren guten sittlichen Grund: die Conservativen fühlten, daß in Sokrates wie in seinen Gegnern der Hauch einer neuen, dem alten Glauben tödtlichen Zeit wehe; nur darf man nicht so weit gehen, die Verurtheilung des Sokrates rechtfertigen zu wollen; sie war ein großer Anachronismus und traf gerade denjenigen unter den Zerstörern, der auch wieder aufbaute. Bezeichnend für den conservativen Liberalismus und die Gesetzestreue seines Lehrers sind die Worte und Gesinnungen, welche ihm Platon in der „Apologie" beilegt.

Bei Beurtheilung der Statsphilosophie der beiden großen Schüler des Sokrates, Platon und Aristoteles, muß vor Allem der Einfluß der damaligen politischen und der allgemeinen Culturverhältnisse Griechenlands wol in Anschlag gebracht werden. Jener Zersetzungsprozeß, jene Auflösung des alten Ethos durch die skeptische zügellose Reflexion nahm einen erschreckend raschen Fortgang; der alte Glaube, die alte Ehrfurcht vor göttlichen, sittlichen, politischen Gesetzen war allgemein geschwunden, und bei den Allerwenigsten hatte die Philosophie an die Stelle der zerstörten unmittelbaren Anschauungen den Frieden einer höheren Erkenntniß und Sittlichkeit zu setzen vermocht. In politischer Hinsicht äußerte sich diese Entartung in der zügellosesten Ochlokratie, wie in Athen, oder in der neuen bösartigen jungen Tyrannis, wie auf Sicilien und andern Inseln. Schon seit langer Zeit hatten sich die ernst denkenden Männer in allen hellenischen Städten mit Abscheu von der verwilderten Demokratie abgewandt und im Anschluß an das strenge dorische Stats- und Sittensystem mit seinen aristokratischen Idealen Halt und Hülfe gesucht. Freilich nicht das wirkliche Sparta jener Zeit, aber das Ideal dorischen Statswesens, welches die Absorbtion der Person im Stat am weitesten getrieben hatte, mit seiner Absperrung gegen das Ausland und dessen Verführung, mit seinen gemeinsamen Bürgermalen, mit seiner völligen Aufopferung von Familie, Gesellschaft, Reichthum, Bildung, Kunst und Wissenschaft, mit seiner pythagoräischen Statspädagogik, das war es, was Statsmänner wie Niklas und Kimon praktisch, Denker wie Platon und Aristoteles theoretisch hochhielten. Diese Anlehnung an das dorische Statsideal, das ja zum Theil auch in dem Stat Lycurgs realisirt war, muß man vor Augen haben, um zu begreifen, wie ein Platon zu den sonst unbegreiflichen Extremen seiner Statsphilosophie gelangen konnte: und zweitens muß man die dem ganzen hellenischen Nationalcharakter und wesentlich auch der hellenischen Speculation eigenthümliche Neigung zum abstracten, schematischen Construiren, zum kühnen, ja genialen, aber leichtfertigen Systematisiren in Anschlag bringen, das Streben nach Gedankenconsequenz um jeden Preis. Daraus erklärt sich, daß Platon vor Allem den Gedanken, der seiner Psychologie, seiner Zergliederung des Einzelmenschen zu Grunde liegt, auch zum Princip seiner Lehre vom Stat und vom Recht erhebt, wie seine ganze Ethik darauf beruht. Bekannt ist das Gleichniß, in welchem er seine Psychologie uns malt: wie der Wagenlenker ein Zweigespann, soll die Vernunft (der νοῦς) die beiden Hälften der Menschensele, die männliche, muthige und die weibliche, begehrliche in Unterordnung unter sich und in Harmonie mit einander halten. Und ganz wie bei dem Einzelmenschen verhält es sich mit der Gesammtheit der Menschen, wie sie im Stat erscheint: diese ist nur der Mensch im Großen, ein beseltes organisches Wesen mit einem Leib und einer Sele.

Anstatt nun aber die Consequenzen dieser fruchtbaren Idee für die Gliederung der statlichen Gewalten und Functionen zu ziehen, verwerthet sie Platon nur zur Anwendung seiner Psychologie auf den Stat: nämlich die drei Theile des menschlichen Geistes, die weibliche, die männliche Seele und die Vernunft erscheinen im Stat als drei Stände, der Stand der Gewerbtreibenden, der Krieger und der Weisen; in der Unterordnung und Harmonie dieser drei Stände beruht die Gesundheit des Stats; die beste Regierungsform, die Aristokratie, besteht in der Herrschaft der Weisen über den leidenden Gehorsam der Gewerbtreibenden und den thätigen der Krieger. Jeder Einzelne muß völlig einem dieser Stände angehören und ganz darin aufgehen: alles Privatinteresse wird dadurch im Keim erstickt, daß der Stat Güter, Weiber und Kinder unter die Bürger vertheilt. Der Stat controlirt die Erziehung bis ins Kleinste, aber er erzieht auch die Erwachsenen noch; er bestimmt die Tonarten der Lyra, er verbietet die Gesänge des Homers als zu leidenschaftlich, er verbietet alle nachahmenden Künste: Malerei, Plastik, Drama. Und während von den Kriegern die Begabtesten nach langjähriger Bildung zu den Weisen aufsteigen, bleibt die Kaste der Gewerkleute, nur den Bedürfnissen der höhern Stände dienend, als steinerner Grundbau des States rechtlos in die Erde vergraben: — die Sklaven, die für den antiken Stat unentbehrlich sind und alle körperlich mangelhaften Kinder werden in diese Klasse degradirt. — In einen spätern Werk, den zwölf Büchern über Gesetze, modificirt der Philosoph, die Undurchführbarkeit jenes Idealstates einsehend, die extremsten Sätze von der Weiber- und Gütergemeinschaft und stellt eine zwischen Oligarchie und Demokratie vermittelnde Verfassung auf, in welcher statt der idealen Herrscher, der Weisen, die Gesetze selbst regieren sollen, welche er deßhalb sehr detaillirt ausführt, mit manchen für die hellenische Rechtsauffassung charakteristischen Eigenthümlichkeiten, namentlich mit starker Vernachlässigung des Privat- und starkem Uebergewicht des Strafrechts.[*])

Einen sehr bedeutenden Fortschritt in der Methode wie im Inhalt der Lehre finden wir bei Aristoteles, welcher, wie streng er den Grundgedanken seiner Gesammtphilosophie und die Einheit des Systems auch in diesem Gebiete festhält, doch seiner Statslehre eine großartige geschichtlich-juristische Grundlage gegeben hatte, da er Sammlungen über nicht weniger als 158 verschiedene Staten in ihrer Rechtsentwicklung

---

[*]) Ausgaben und Literatur, bei Hildebrand I. S. 98. 121. 175. Vrgl. E. Zeller, der platonische Stat in s. Bedeut. f. d Folgezeit in von Sybels historischer Zeitschrift 1859. S. 108. f.

angelegt und in einem leider nicht erhaltenen Werke kritisch verarbeitet hatte. Was aber den Inhalt seiner Lehre anlangt, so erscheint als sein größtes Verdienst die für alle Zeiten festzuhaltende Auffassung des Menschen als eines seiner Natur nach nothwendig auf den Stat angelegten Wesens, eines ζῶον πολιτικόν; es ist nicht nur eine äußere Nöthigung der Hilfsbedürftigkeit, wie bei Platon und den meisten griechischen, römischen und christlichen Philosophen, sondern eine innere Nothwendigkeit, welche den Menschen zum State führt; Aristoteles zuerst hat neben der allerdings auch bestehenden realen die ideale Basis des Stats nachgewiesen, ohne sie theokratisch und transcendent zu entstellen.¹)

Der Verfall des gesammten übrigen Geisteslebens in Griechenland, vorab des States, welcher schon vor der Zeit von Platon und Aristoteles eingetreten war, spiegelt sich auch alsbald in der Philosophie und in der Abkehr von dem politischen Leben, in welchem der Grieche früher aufgegangen war. Die sensualistisch-materielle Richtung der kyrenäischen Schule setzt sich in der epikuräischen fort und zieht sich vom Stat zurück;²) er ist ohnehin nur eine durch Vertrag zum Zweck der Sicherheit errichtete Anstalt, wobei man — es war die Zeit des Untergangs der alten republicanischen Formen — am bequemsten einem Einzigen die Sorge und Last der Herrschaft überläßt. Auch die neu entstehende stoische Schule,³) welche sich vielfach der früheren kynischen anschließt, betrachtet den Stat nicht mehr von dem dem gesunden Leben der Antike eigenthümlichen Standpunct des Nationalstats: der das Subject stark hervorhebende Pantheismus dieser Lehre führt zu der Annahme einer großen, alle Individuen als solche umschließenden Gemeinschaft im Kosmos. Die Menschen sollen dem Gesetz der Natur entsprechend leben (naturae convenienter vivere): ein Satz, an welchen später das sogenannte Naturrecht anknüpfte, also mit physisch-ethischen, nicht mit juristischem Ausgangspuncte; es treibt nun aber die Natur die Menschen, ja alle der Weltseele theilhaften Wesen, also auch die Götter, zur Gemeinschaft, und wer sich in Bezug auf diese Gemeinschaft richtig verhält, der ist gerecht; die Gerechtigkeit der Menschen unter

---

¹) Statt eigner Darstellung verweise ich auf Prantl, „Aristoteles" im Statswörterbuch v. Bluntschli.
²) Lit. b. Ueberweg S. 136 f.
³) Lit. b. Ueberweg S. 123. f.

einander ist die sittlich-politisch-juristische, die der Menschen gegen die Götter die Frömmigkeit.

Wie im Weltall die Weltsele, so ist im Stat die Sele des Stats Alles bewegend, zusammenhaltend, beherrschend; diese Sele des Stats aber ist das Gesetz.

Bekanntlich wurde die Stoa später die Lieblingslehre in dem zur Weltherrschaft emporgestiegenen Rom; und wie das römische Weltreich zuletzt alle Nationalitäten, auch die eigene, in einen Universalstat auflöste, so war auch die Statslehre, der stoischen Philosophie kosmopolitisch, nicht mehr national-politisch.

„Eine Einheit ist die Welt, und alle Menschen sind Bürger derselben; wir Alle sind Mitbürger des Kosmos, jenes großen Stats des Zeus, welche in der Gemeinschaft Aller, Götter und Menschen wie Söhne Eines Hauses, wie Brüder, einander lieben und eher Unrecht leiden sollen, als Unrecht thun."[*]) Man sieht, wie leicht diese Sätze, in der Stoa die Consequenzen eines auf die Ethik angewandten Pantheismus, mit wenigen Modificationen sich den christlichen Ideen assimiliren ließen, und da nun — eine wichtige Thatsache, auf welche zuerst Karl Prantl aufmerksam gemacht hat — die Stoa, den ganzen Bildungstrieb, das Schulwesen, die Technik der Erziehung der Kaiserzeit von Augustus bis auf Honorius mit ihren Formen und Anschauungen beherrschte, so haben diese stoischen Auffassungen, mit christlichen Elementen versetzt, bis tief ins Mittelalter nachgewirkt. Die civitas Dei bei Augustinus, der ja ebenfalls durch die stoische Bildung gegangen war, hat so manchen Zug von der stoischen πόλις Διός.

---

[*]) Die Hauptstellen dieser für den ganzen Bildungsgang des Mittelalters und die Uebermittelung antiken Stoffs in scholastische Formen sehr wichtigen Lehren sind Plut. de Stoicor. repugn.
Muson. bei Stob Serm. 40. 9
Seneca de otio cap. 31. duas respublicas — alteram magnam et vere publicam, qua Dii atque homines continentur — alteram cui nos adscripsit conditio nascendi. Cicero de fin. III. 30. (Chrysippus dicit.) quoniam ea natura esset hominis, ut cum genere humano quasi jus civile intercederet, qui id conservaret, eum justum, qui migraret, injustum fore — 19 — mundum censent regi numine Deorum eumque esse quasi communem urbem et civitatem hominum et Deorum et unumquemque nostrum partem esse hujus mundi, ex quo illud consequi, ut communem utilitatem nostrae anteponamus Marc. Aurel IV. 4.

Auch darin zeigt die Stoa eine starke Entfernung von der Gefühlsweise des antiken Lebens in seiner Blüthezeit, daß sie dem „Weisen", d. h. eben dem stoischen Idealwesen abräth, sich um den Stat zu kümmern; schwerlich wird der Weise einen Stat finden, in dem er mit Befriedigung wirken kann, wie denn überhaupt das politische Leben allzusehr von der theoretischen Muße abziehe.

Eine früher lebhaft erörtertete Controverse, ob und inwiefern die Stoa auf das römische Recht Einfluß gehabt, ist eine bei dem heutigen Grad der Kenntniß und bei der Tiefe der historischen Auffassung jener Philosophie und dieses Rechtes gar nicht mehr aufzuwerfende Frage. Es war die Schule der französischen Juristen (Cujacius), welche, in dem sehr löblichen Bestreben, auch das übrige Geistesleben der Römer heranzuziehen zur Erklärung ihres Rechtes, das Verhältniß desselben zur Stoa zuerst untersuchten und sonderbarer Weise einen starken materiellen Einfluß dieser Lehre auf den Inhalt dieses Rechts annahmen. Wir wissen aber jetzt, daß dieses Recht ganz aus dem eigensten Volksleben und durch das eigenste Talent der Römer erwachsen und fortgebildet ist, daß es gerade in der Abkehr von aller doctrinären Schulweisheit, in der durch und durch praktischen Lebensweisheit seinen Hauptvorzug hat und daß es einem römischen Juristen nie einfallen konnte, irgend welcher Philosophie irgend welchen Einfluß auf den Inhalt seiner eigentlichen Rechtsgedanken zu vergönnen. Allerdings ist viel Stoisches im Corpus juris: aber lediglich in den allgemeinen Definitionen, in dem gelehrten Apparat, in ethischen Sentenzen; es beruft sich wohl auch einmal ein Jurist auf eine stoische Autorität, des gelehrten Anstandes wegen: aber diese philosophischen Sentenzen sind für Leben und Entwicklung der Rechtsinstitute selbst völlig einflußlos gewesen. Es wurde von den Römern, wie die ganze hellenische Bildung, so auch die Philosophie und damit die Rechts- und Statstheorie ohne Weiteres d. h. ohne innere Aneignung und ohne lebendige Uebertragung und Weiterbildung, vielmehr ganz äußerlich nach Italien hereingeschleppt, etwa wie man die erbeuteten Tempelstatuen auf dem Capitol aufstellte, und oft mit sehr wenig Verständniß, wohl oder übel, wie es eben paßte oder nicht paßte, mit dem Altheimischen in Verbindung gebracht. Am allerwenigsten nun paßten die stoischen Definitionen zu dem römischen Rechtsmaterial, und man kann kühnlich sagen, was im Corpus juris juristisch, ist nicht stoisch, und was stoisch, nicht juristisch.⁶)

So ist denn von eigentlicher Rechtsphilosophie bei den Römern keine Rede; ihre sogenannten Philosophen, besonders Cicero, haben die Philosophie von den Hellenen wie eine fremde Sprache gelernt, ohne sie weiter zu verändern, und ohne damit in dem römischen Rechtsmaterial zu arbeiten. Die ganze Begabung der Römer lag weit ab von speculativen Theoremen. Aber freilich, eine — wenn man so sagen dürfte — unbewußte Philosophie des Rechts waltet in der Geistesarbeit der römischen Juristen, wie sie nie wieder erreicht worden. Das eminente Talent des römischen Nationalgeistes für das Recht äußert sich nicht nur in der scharfsinnigen Aufstellung und feinen Abgrenzung der Rechtsbegriffe und den virtuosen Schlußfolgerungen aus denselben, „dem Rechnen mit Rechtsbegriffen", — großartiger noch offenbart sich der Instinct für das tiefste Wesen des Rechts in der ganzen Fortbildung desselben durch das prätorische Edict und die Jurisprudentes: die allmählige, leise Umbildung der alten und veralteten Rechtsnormen nach dem Bedürfniß des fortschreitenden Lebens, die conservative und doch zugleich fördernde Behandlung des Bestehenden, die Scheu vor hastiger, oftmaliger Gesetzesänderung und das Bestreben, mit möglichster Schonung der alten Formen dem neuen Inhalt des Lebens gerecht zu werden — diese Züge sind es, welche die Römer zu dem eigentlichen Juristenvolk in der Weltgeschichte gemacht haben. Und wenn die viele hundert Jahre fortgesetzte Geistesarbeit der römischen Juristen allmählig die starren specifisch römischen Härten ihres Rechts abgeschliffen und daßelbe, im Zusammenhang mit der allmählig erwachsenen Universalcultur ihres Weltreichs, zu einem jus gentium im höchsten Sinn gemacht haben, d. h. zu einem Recht, welches in vielen Dingen

---

⁶) z. B. die Definitionen von Recht, Gerechtigkeit und Rechtswissenschaft bei Ulpian fr. 1. 11. Dig. de justitia et jure I, 1. jus naturale est quod natura omnia animalia docuit — hinc descendit maris atque feminae conjunctio — hinc liberorum procreatio, hinc educatio — aus stoischem Pantheismus, fr. 10. pr. D. l. c. justitia est constans et perpetua voluntas jus suum cuique tribuendi; was an die Definitionen des Aristoteles, des Cicero und der Stoa gemahnt, ferner § 2 cod jurisprudentia est divinarum atque humanarum rerum scientia, unpassend genau wörtlich von Cicero's Definition der Philosophie (sapientia Cic. de officiis I. 43. 163) auf die Rechtswissenschaft übertragen! —

Rechtswahrheiten offenbart hat, die alle Völker und Zeiten brauchen können, weil sie in der That nichts Anderes sind, als die ausgesprochene Logik von allgemein menschlichen Verhältnissen — namentlich im Obligationenrecht und in der allgemeinen Civil-Rechtslehre —, so dürfen wir doch nicht vergessen, daß es gerade hiezu jenes specifisch-juristischen Talents bedurfte, welches eben nationalrömisch war; nur die Römer konnten ihr römisches Recht zu einem Universalrecht heranbilden. Es hat die Welt erobert und ist wie die ganze antike Cultur und als ein Stück derselben mit Fug und Recht auch in unsere mittelalterliche und moderne Bildung übergegangen; aber freilich auch dieser Theil nur sofern mit Fug wie das Ganze, d. h. sofern es unserm Leben zu assimiliren ist; wir kommen unten darauf zurück.

Zu der hellenischen Philosophie und dem römischen Recht treten nun die christlichen Vorstellungen als weitere für die Geschichte der ethischen, politischen und juristischen Auffassungen einflußreiche Elemente hinzu. Der Einfluß derselben auf die Rechtsphilosophie war zunächst entschieden ungünstig; er steigerte das Grundgebrechen derselben aufs Aeußerste d. h. die Verquickung von Recht und Ethos, das Uebergewicht des Innerlich-Sittlichen gegenüber dem Aeußerlich- und Eigentlich-Juristischen. Wir haben im Eingang hervorgehoben, wie im Princip zwischen Ethos und Recht selbstverständlich kein Gegensatz bestehen kann — sind sie doch beide Erscheinungsformen einer einzigen Kraft — wie aber allerdings trotz ihres engen Zusammenhangs ein sehr bestimmter Unterschied besteht, dessen Verwischung für beide Gebiete höchst unglücklich wirkt. Wird das Gebiet der innern Freiheit, das Ethos, vom Recht occupirt, werden die religiösen und sittlichen Vorschriften äußerlich in juristischer Weise gefaßt, so geht die religiöse und sittliche Wahrheit zu Grunde, Formenheiligkeit, Scheinsittlichkeit, unfrei und unwahr, tritt an ihre Stelle; dies zeigt die Geschichte in allen Fällen, wo der Stat oder eine andere äußere Gewalt mit Zwangsmaßregeln Glaube, Religiösität, Sittlichkeit commandiren will; commandiren und erzwingen lassen sich in diesen Gebieten des freien innern Seelenlebens nur Formen, Formeln und Schein. Wenn aber umgekehrt das Recht ethifirt wird, wenn Religion und Moral den Stat und das Rechtswesen beherrschen oder gar ersetzen wollen, dann entstehen jene mißgeborenen Systeme, die dem Mann seine höchste und gesundeste Thätigkeit, die im Statsleben, lähmen und verleiden wollen, welche kranke Schwärmerei und Heuchelei an die Stelle frischer Thätigkeit und offener Kraft setzen; unmännliche, unwahre, ungesunde Bildungen erscheinen überall, wo man Stat und Recht durch Religion und Moral ersetzen will. Das einzig Normale und Gesunde ist auch hier das Unterscheiden des Verschiedenen.

Die Geschichte der Rechtsphilosophie zeigt nun aber, daß man erst spät Recht und Ethos auseinander zu halten lernte. Bei den Hellenen finden wir den schärfsten Widerspruch zwischen ihrer Theorie und Praxis: beide confundiren Ethos und Recht; aber während in ihrem praktischen Leben der Stat das Ethos absorbirte, auch die sittlich-religiösen Normen vorschrieb und ein freies Individualleben neben sich kaum duldete, war umgekehrt die Rechts- und Statslehre ganz ethisch. Man hat mit Recht bemerkt,[1]) daß der hellenische Sprachschatz nicht einmal ein Wort für Recht, jus, hat, sondern ethisch-religiöse Vorstellungen mit den Worten θέμις, δικαιοσύνη, νέμεσις ꝛc. verbindet, und wir haben gesehen, wie von den Pythagoräern bis auf Aristoteles das Pädagogische im Stat, das Sittliche im Rechtsbegriff überwiegt. Bei den Römern war das Rechtsleben frei und reich entwickelt, aber es fehlt an jeder Rechtsphilosophie; ihre Juristen scheuen sogar im positiven Recht die allgemeinen Definitionen.

Und nun traten die christlichen Vorstellungen von vornherein in starker Abneigung gegen den Stat, der ja heidnisch und verderbt war, in die Welt: ihr Reich war nicht von dieser Welt. Der Christ hat seine wahre Heimat nicht auf dieser, durch den Sündenfall verdorbenen Erde, sondern im Jenseit; er soll vor Allem seine unsterbliche Seele durch Frömmigkeit, Glauben und Sittlichkeit retten, und sich nur soviel unumgänglich nothwendig um den Stat kümmern. Bekanntlich erwarteten die Christen der ersten Jahrhunderte ohnehin den baldigen Untergang der Welt und sie vermieden möglichst die Berührung mit dem heidnischen und sündhaften Statsleben. Die religiöse Moral trat, alles Andere verdrängend, in den Vordergrund, der Stat ist Nebensache, ja er ist nichts als ein nothwendiges Uebel.

---

[1]) Prantl „Aristoteles", Statswörterbuch von Bluntschli.

Wäre nicht durch den Sündenfall die menschliche Natur verdorben, so gäbe es keinen Mord und Todtschlag, keinen Streit um Mein und Dein, also bedürfte man auch nicht des States und Rechts. Durch den Teufel ist die Sünde, mit oder doch wegen der Sünde sind Stat und Recht in die Welt gekommen — im Paradiese gab es weder König noch Richter — und mit der sündhaften Welt, mit dem Teufel (simul cum diabolo) werden Stat und Recht wieder verschwinden: im Himmel bedarf man ihrer nicht, und die lex temporalis hat nur so viel Gerechtes und Gesetzmäßiges, als sie aus der lex aeterna entlehnt.

So lehrt der heilige Augustinus,[10]) und seine Lehre ist nur consequent; von der alten Weisheit des Stagiriten, daß der Mensch von seiner (idealen) Natur her zum Stat geführt werde, daß dieser, wie Religion und Moral, nicht ein nothwendiges Uebel, sondern ein nothwendiges Gut sei, war man zur gegenseitigen Auffassung gelangt. Und diese weltflüchtige, den Stat und das Recht vernachläßigende Auffassung beherrscht die ganze specifisch christliche Philosophie. Die Scholastik confundirt Recht und Ethos in dem Sinne, daß der Gerechte (der δίκαιος der Bibel) eben der durch die Erlösung von der Sünde Befreite ist; unzählige Male wiederholt sie, wie der Mensch, so lange seine Natur nicht vom Teufel verdorben war, Recht und Stat nicht kannte und brauchte, und wie auch dermalen alles Recht auf die religiöse Moral, auf die zehn Gebote, zurückzuführen sei; die Principien der Moral sind auch die des Rechts, und nur darin gehen die verschiedenen Philosophen und ihre Schulen auseinander, daß die Einen die Erkenntniß dieser Principien mehr der göttlichen Offenbarung, die Andern mehr der natürlichen Vernunft des Menschen zuweisen; auch fehlt es nicht an Versuchen, die lex divina (das Sitten und Religionsgesetz der mosaisch-christlichen Offenbarung) von der lex naturalis (der auch den Heiden innewohnenden Stimme moralisch-juristischer Ordnungen, so besonders der tolerante und liberale Abälard[11]) zu unterscheiden, wobei uns im Einzelnen merkwürdige Schattirungen begegnen. Gemeinsam aber ist dieser ganzen Geistesrichtung, die in Thomas von Aquin (1225—74) ihren Abschluß findet, die Hintansetzung

---

[10]) 354—430: de civitate Dei. Vgl. Huber, Philos. d. Kirchenväter. München 1859.

[11]) 1079—1142; theologia christ.-ethica.

von Stat und Recht und die Verfärbung derselben durch die religiöse Moral.

Die Opposition gegen diese Auffassung, welche bei den geschichtlichen Zuständen des Mittelalters natürlich zur vollen Herrschaft der Kirche, als der Trägerin der religiösen Moral, über den Stat führen mußte, der einfach zu dem Büttel jener Seelenbeherrscherin erniedrigt wurde — wie denn der Kaiser seine ideale Berechtigung nur als Vogt der Kirche hat und die Ausstoßung aus der kirchlichen Gemeinschaft die Reichsacht nach sich zieht — bereitet sich allmählich in der Zeit vor, da der Stat, mit Hülfe der nicht mehr ausschließlich in der Geistlichkeit lebenden, sondern nachgerade auch von Laien gepflegten Wissenschaft und allgemeineren Bildung, namentlich im Anschluß an die erwachende antike Cultur und römische Rechtskunde, nach und nach mit besserem Erfolg seine Emancipation von der Kirche anstrebte. Die Kämpfe der Salier und Staufen gegen das Papstthum endeten zwar äußerlich mit dem Erliegen der weltlichen Macht: aber sie hatten doch in zahlreichen Köpfen den Zweifel an der Berechtigung der Kirchenherrschaft erweckt: und es ist merkwürdig, in den Streitschriften jener Zeit von den Ghibellinen Aristoteles und die Pandekten zu Hilfe gerufen zu finden wider die päpstlichen Decretalen. Nicht von den Philosophen und nicht aus theoretischen Gründen, sondern von den Staatsmännern und Parteischriftstellern und aus dem praktischen Bedürfniß der Zeitkämpfe heraus erwuchs allmählig die Kraft des Widerspruchs gegen die religiös-moralische Absorption von Stat und Recht; man opponirte zuerst um der praktischen Consequenzen jener Principien willen, und Dante und Occam, die tapfern politischen Parteigänger der Kaiser Heinrich von Luxemburg und Ludwig von Bayern, sind es, welche aus praktisch-politischen Gründen die Ueberordnung des Papstes über das weltliche Schwert und die ganze Anschauungsweise, auf welche man diese zurückgeführt, zuerst mit Erfolg angriffen, aber natürlich in voller und eifrig hervorgehobener Uebereinstimmung mit dem Dogma. Und wenn zweihundert Jahre später Nicolo Macchiavelli (1469—1527) mit vollem Bewußtsein und rücksichtsloser Schärfe die Moral politischen Zwecken unterordnet, wenn er in seinem glühenden Verlangen, Italien von den vielen kleinen Dynasten und ihren Fehden befreit zu sehen, eine absolutistische Dictatur fordert, welche mit

allen Mitteln, auch mit unsittlichen, mit Gewalt und Arglist,
das Politisch-Gebotene durchführt, so erklärt sich dies einmal
aus seinen geschichtlichen Voraussetzungen, aus der Zeit der
Borgia und Mediceer, und aus der den Romanen und vorab
den Italienern eigenen Gabe, rücksichtslos, ohne zweifelnde
Bedenken, dem Zug einmal bewegter Leidenschaft zum Ziel
zu folgen.[12]) Dann aber ist es auch ein — freilich gleichfalls extremer — Rückschlag gegen die Unterjochung von
Stat und Recht gegen die Kirchenmoral. Hier wird die
Emancipation des Statswesens bis zur Ignorirung der
ethischen Normen und der Aufopferung der Sittlichkeit um
der politischen Zwecke willen gesteigert. Die Veranlassungen
aber hiezu sind wieder praktisch-politisch: die Wunden des
zerrissenen Italiens und das politische Bedürfniß ihrer
Heilung. Macchiavelli gehört bereits jenem Zeitalter der
Reformation an, welches die schon seit Ende des dreizehnten Jahrhunderts beginnende und das vierzehnte und
fünfzehnte durchzuckende Bewegung unter den heftigsten Erschütterungen zum Ziele führt und die scholastische Auffassung
von Recht und Stat und deren Verhältniß zu Moral und
Kirche principiell und für immer überwindet.

Und auch jenes Mal sind es nicht etwa die Schulphilosophen gewesen, welche von der Theorie her zu diesen
Fortschritten gelangt wären; sondern die gewaltigen Kämpfe
des sechszehnten und siebzehnten Jahrhunderts, welche in
Deutschland, England, der Schweiz und Frankreich zu den
größten Veränderungen in Kirchen- und Statsverfassung
führten, also abermals die praktisch-politischen Bewegungen
der Geschichte, erregten in unzähligen Herzen und Köpfen
das Bedürfniß, bei einer ganzen Reihe von Fragen über
das Verhältniß von Stat und Kirche, Recht und Religion,
dann über die Freiheit des inneren und die Rechte des
äußeren Lebens, der Staatsbürger gegenüber der Regierung,
sich nicht bei den traditionellen Beantwortungen zu begnügen,
sondern selbst forschend, selbst untersuchend zu neuen Ergebnissen durchzudringen; es sind eben die großen Zeitfragen,
deren verschiedene Auffassungen auf allen Schlachtfeldern
Europas damals ausgefochten wurden, welche in Deutschland und den Niederlanden, in England und Frankreich, ja

---

[12]) Vgl. den trefflichen Essay von Macaulay in Edinburgh
Review v. 1839 mit Gervinus in dessen histor. Schriften.

auch in Italien und Spanien so viele Geister ergriffen, daß eine ganz außerordentliche stats- und rechtsphilosophische Literatur in umfangreichen, langathmigen Systemen wie in kleinen Flugblättern und Streitschriften die anderthalb hundert Jahre, von dem ersten Auftreten der Reformatoren bis zu den letzten Nachwirkungen des dreißigjährigen Krieges, erfüllt. Die Hauptrichtungen und wichtigsten Parteigruppen dieser Literatur müssen hier wenigstens angedeutet werden.

Bei den Reformatoren selbst, zunächst bei Luther und Melanchthon, findet sich von eigentlicher Rechtsphilosophie sehr wenig; sie stehen auch in der Ethik ganz auf dem Boden der herkömmlichen Anschauungen über die lex divina, naturalis und positiva. Nur die Frage nach Recht und Pflicht des Fürsten gegenüber der wahren Glaubenslehre drängt sich ihnen aus praktischen Gründen sehr lebhaft auf: und hier legt Melanchthon dem Herrscher die Verpflichtung auf, von Amtswegen für die Reinheit der Lehre zu wachen und gegen Irrthümer einzuschreiten, eine Auffassung, welche zwar bei der Unentbehrlichkeit der Fürstenhilfe für die junge Lehre sehr erklärlich, aber auch eine sehr zweischneidige Waffe war, weßhalb Melanchthon, inconsequent genug, der protestantischen Bevölkerung ein Recht des Widerstandes gegen einen katholisirenden Fürsten einzuräumen nicht ansteht! —

Einzelne Freunde und Schüler der Reformatoren aber gehen bereits in der Theorie und in den praktischen Folgerungen aus derselben sehr kühn in dem Geist der neuen Zeit vor; so Hubert Languet (1518—81), der im Interesse der Gewissensfreiheit ganz unverhohlen die Volkssouveränetät proclamirt,[13]) wie dies gleichzeitig auch von Hotomanus[14]) in Frankreich, von Georg Buchanan[15]) in Schottland geschieht; während Hemming,[16]) Melanchthons Schüler, viel entschiedener als dieser mit der mittelalterlichen Lehre bricht, der im Gebiet des Rechts der menschlichen Vernunft, trotz der Verdunklung durch den Sündenfall, genügende Erkenntnißkraft beilegt, ohne die Vorschriften der Offenbarung auszukommen, sogar das Recht, die letztere zu

---

[13]) Junius Brutus, vindiciae contra tyrannos, sive de legitim potestate principis in populum et populi in principem. 1869 (neue Ausgabe von Treitschke, 1846.)

[14]) 1532—1590; Francogallia. Monarchomache.

[15]) 1506—1588; dialogus de jure regni apud Scotos.

[16]) 1513—1600; de lege nat. apodictica meth.

prüfen, ob sie mit der Natur und der Vernunft übereinstimme, eine Prüfung, welche freilich mit einem beipflichtenden Ergebniß schließt. Neben solchen Fortschritten finden sich auch unter den Anhängern der Reformation noch zahlreiche Männer des Stillstands, die auf dem Gebiete der Statsphilosophie den alten Standpunct fast unverändert festhalten, wie Oldendorp[17]; ferner bewirkte die damalige neue hohe Blüthe der griechisch-römischen Philologie bei den Pflegern und Freunden dieser Wissenschaft einer Hinneigung auch zu den Statsideen der Antike; in Plato und Aristoteles, wie in den Verfassungen von Athen, Sparta und Rom glaubte man die für alle Zeiten und Völker mustergiltigen Statsprincipien zu besitzen, und die Franzosen Hotomanus, Bodinus[18], Charron (1541—1603), Gassendi (1592—1655), die Engländer Morus[19], Sidney (s. oben S. 94) der Italiener Piccolomini (1604) und zahlreiche Andere, weniger bekannte Namen, erneuern, mit wenigen christlichen Modificationen, die Lehren der alten hellenischen und römischen Philosophie, worin doch nicht blos die harmlose Liebhaberei von unpraktischen Gelehrten sich aussprach — Morus und Sidney sind für ihre Ueberzeugung gestorben —, sondern wenigstens insofern auch der Geist der neuen Zeit, als diese Auffassungen von der Wichtigkeit und Vollgewalt des Stats dem mittelalterlich-kirchlichen Standpunkt sehr entgegengesetzt waren. Dieser alte Standpunct wurde nun gleichzeitig mit neuen Waffen aufs Grimmigste vertheidigt von der jesuitischen Schule, deren Hauptaufgabe ja die Mission gegen die Ketzer bildete: Domincius de Soto[20], Fernando Vasquez[21], Bellarmin, Molina[22], Suarez, Mariana sind die hervorragendsten Namen einer Richtung, welche oft mit großem Aufwand von Gelehrsamkeit und Geist, besonders auch mit geschickter Benutzung der zeitbeliebten Lehren von dem Socialitätsprincip und der Volkssouveränetät, also gerade mit den Waffen der Gegner, die alte unhaltbare Sache zu halten unternimmt und dabei —

---

[17] 1480—1564; jur. nat. gent. et civ. eisagoge.
[18] 1529—1596; six livres de la republique.
[19] 1480—1535; de optimo rei publicae statu deque nova insula Utopia.
[20] 1494—1560; libri decem de justitia et jure.
[21] 1560; controversiae
[22] 1535—1600; de justit. et jure.

namentlich die beiden Letztgenannten — kein Mittel, das zu
dem heiligen Zwecke dient, verschmäht, ja den Mord eines
ketzerischen Fürsten geradezu als Pflicht aufstellt, so daß die
Kirche diese Ultra's zuletzt selbst officiell verleugnen mußte,
nachdem schon lange nicht blos die Statsbehörden ihre
Bücher durch Henkershand verbrannt, sondern auch tief-
religiöse Gemüther wie Pascal[23]) sich mit aller Kraft des
Ernstes und des Witzes gegen solchen Mißbrauch der Religion erhoben hatten.

Daneben steht nun die Reihe der zum Theil sehr be-
deutsamen englischen Statsphilosophen, welche allerdings
meistens von den besonderen ihr Inselreich bewegenden
Fragen ausgehen, aber gleichwohl schon deßhalb von allgemeiner Wichtigkeit sind, weil die Kämpfe, welche Stat und
Kirche erschütterten, eben selbst mit der allgemeinen religiös-
politischen Bewegung des sechszehnten und siebzehnten Jahrhunderts im engsten Zusammenhang standen. Auch unter
diesen Männern befanden sich harmlose philologische Schwär-
mer, welche die wieder auflebende Antike, welche die Stats-
lehren von Platon und Aristoteles ohne Weiteres als auch
für ihre Zeit geltende Muster betrachten. Dies gilt nicht
nur von Morus, auch der sonst äußerst realistische Bako
von Verulam, der in echt englisch-praktischem Sinne den
Nutzen als Princip des States faßt, lehnt sich wenigstens
darin an Platon, daß er den Stat auf die Ethik, diese
aber auf die Psychologie gründet. In dem großen Kampf
um die Rechte der Krone und des Volkes findet der
Absolutismus einen geistvollen Kämpen in Hobbes (s. oben
S. 37), welcher consequent jeder Regierung, also auch
der republicanischen absolute, Unantastbarkeit beilegt und
deßhalb dem König, dessen Sache er mit so großer
Kraft verficht, verdächtigt wird, während Andere, wie
Salmasius[24]) und Filmer[25]) die Unbeschränktheit des
Monarchen aus der Bibel beweisen; letzterer in seinem berüchtigten Patriarchen (1665) behauptet die Identität der
königlichen mit der väterlichen Gewalt, und zeigt, daß Gott die
absolute Monarchie schon mit Adam im Paradiese eingesetzt.
Gegen Salmasius wendet sich Milton[26]) mit siegreicher

---

[23]) 1623—1662; lettres à un provincial.
[24]) 1588—1653; defensio pro rege Carolo. I.
[25]) 1680; patriarcha.
[26]) Defensio pro populo anglico.

Begeisterung für Wahrheit, Sittlichkeit und Freiheit, und Filmers Patriarchenlehre wird von Locke (s. oben S. 68) mit einem uns heutzutage sehr überflüssig erscheinenden Aufwand von Gelehrsamkeit und mehr noch von seinem scharf eindringenden Verstand niedergeworfen. Zugleich wird das Socialitätsprincip, wie es von den deutschen, englischen und holländischen Statsphilosophen damals als Grundlage des Rechtsverbandes aufgestellt war (Hugo Grotius, Spinoza, Hobbes) von Richard Cumberland[27]) in sehr beachtenswerther Weise psychologisch begründet — der Dual von Selbstsucht und Geselligkeitstrieb soll in einer höheren Auffassung der Ersteren verschwinden — und an seinen Namen schließt sich die Schule der sogenannten englischen Moralisten (Shaftesbury[28]), Wollaston[29]), Clarke[30]). Hutcheson[31]), Home[32]), Ferguson[33]) und der große National-Oekonom Adam Smith, welche für die Geschichte der Ethik wichtiger, aber auch für die Entwicklung der Rechts- und Statsprincipien von Einfluß waren.

Im Zusammenhang mit dieser Richtung, obwohl vielfach auch im Gegensatz zu derselben, steht David Hume[34]); sein nüchterner Skepticismus verwirft die herkömmlichen „Fabeln" von Naturstand und Statsvertrag; der allgemeine Nutzen ist Princip von Stat, Recht und Gerechtigkeit, und es erweist sich Friede und Treue zuletzt auch als vortheilhafter denn Gewalt und List. Dem herrschenden Optimismus der Moralisten trat Mandeville mit seiner berüchtigten Bienenfabel[35]), einer Erneuerung des Pessimismus von Hobbes, in poetischer Form mit Schroffheit und frappanter Keckheit entgegen und mit einem extremen Utilitarismus, welcher bei den englischen Statsphilosophen, schon mit Bako anhebend, als ein besonderer Charakterzug häufig wiederkehrt: er tritt seither in immer wechselnden Formen stets aufs Neue in England auf und hat seine bedeutendste

---

[27]) 1632—1718; de legibus nat. disquis. philos.
[28]) 1671—1713; characteristisc inquiry concerning virtue and merit.
[29]) 1659—1724; religion of nature.
[30]) 1675—1729; phil. inquiry concern. human liberty.
[31]) 1694—1747; system of moral phil.
[32]) 1696—1782; essays on the principles of morality.
[33]) 1724—1816; essay on civil society.
[34]) 1711—1766; inquiry concerning the principle of morals. 1752.
[35]) Fable of the bees. 1714.

Ausführung noch in unserm Jahrhundert durch Bentham erhalten.

Der Hauptzweig des geistigen Zeitstromes aber rauschte damals in Deutschland und den Niederlanden. Hier geht von Hugo Grotius die Lehre des Naturrechts aus, wenigstens sofern er mit größerer Bewußtheit und Entschiedenheit als alle seine Vorgänger[36]) die verschiedenartigen positiven Rechte auf die Grundlage eines immer gleichen allgemeinen natürlichen Rechts zurückführt. Charakteristisch für die mehrfach hervorgehobenen praktischen Ausgangspuncte dieser ganzen Bewegung ist, daß auch Grotius zunächst von einer einzelnen Frage ausgeht: ob es überhaupt gerecht sei, Krieg zu führen. Dies zu prüfen, legten ihm die furchtbaren Kämpfe, deren Zeuge sein Leben war (1583—1648), allerdings nahe genug. Er bejaht die Frage für den Fall gerechter Vertheidigung oder Genugthuung, und kommt nur gelegentlich auf die Untersuchung des Rechtsprincips selbst. Dabei ist nun für Grotius und alle nach ihm folgenden Lehrer des Naturrechts bezeichnend, daß sie allmählig immer bestimmter das Recht von der religiösen Moral unterscheiden, wenn sie auch Gott oder dessen geoffenbarten Willen als gemeinsame Grundlage beider fassen; — so meint Grotius, unerachtet dieser Auffassung, nachdem einmal das Recht (durch Gott) in der Welt ist, würde es bleiben, auch wenn er nicht wäre, und Gott selbst kann nicht mehr ändern was Recht ist. Weiter sucht dann Grotius von den einzelnen Instituten des öffentlichen (nur nebenbei des Privat-) Rechts darzuthun, daß sie zwar nicht nothwendig in solcher Bestimmtheit aus der allgemeinen Vernunft folgen, aber doch ihr nicht widersprechen — ein Unternehmen, welches zu fruchtbarer Analyse des Rechtsstoffes geführt hätte, wenn nicht das ganze Naturrecht von einer falschen Auffassung der Menschheit und der Geschichte ausginge. Das Naturrecht nimmt eine Menschheit an, außerhalb, gleichsam oberhalb der Totalität der einzelnen Nationen, und will das allgemein menschliche Recht dieser in der Luft schwebenden abstracten Menschheit dadurch finden, daß das in den einzelnen Volksrechten Gemeinsame herausgeschält wird. Bei andern Männern dieser Schule aber fällt noch gar das jus naturale mit der religiösen Moral zusammen.

---

[36]) Vgl. Kaltenborn, die Vorgänger des Hugo Grotius.

Eine zweite Fiction dieser Lehre ist die Annahme eines jenem Naturrecht entsprechenden Naturstandes (status naturalis), d. h. eines Zustandes der Menschen vor der Bildung von Gesellschaft und Stat, welcher Naturzustand bei den theologisirenden Philosophen manchmal der paradiesische Stand vor dem Sündenfall (status integritatis), bei Andern aber ein Zustand voll Elend und hülflosen Mangels nach dem Sündenfall ist. Die bloße äußerliche Noth, höchstens ein äußerlicher, von der Noth erweckter Geselligkeitstrieb führt dann die Menschen dahin, auf ihre ursprüngliche absolute Freiheit zu verzichten — denn in jenem Zustand gibt es noch nicht Recht und Unrecht, wobei freilich die Frage, ob, da es doch schon Sünde gab, Mord und Todtschlag nicht der lex naturalis so gut wie der lex divina widerstritt, in Verlegenheit setzen mußte, — im Wege des Vertrages zusammenzutreten, Normen für Sicherheit der Person und des Eigenthums aufzustellen, deren Verletzung dann von der gleichfalls durch Vertrag eingesetzten Obrigkeit geahndet wird.

Im Einzelnen freilich, in der Begründung und in den Consequenzen jener allgemeinen Principien der Naturrechtslehre, wie sie von der Mitte des 16. bis zu Anfang unsres Jahrhunderts die herrschende Statsphilosophie war — und einzelne anachronistische Nachzügler derselben finden sich noch heute — bestehen sehr bedeutende Abweichungen, und es ist bekannt, wie die Gelehrten dieses Systems, nicht nur mit den theologisirenden Gegnern, sondern auch untereinander auf dem gemeinsamen Boden des Naturrechts die heftigsten Fehden geführt haben. Aus jenen allgemeinen Prämissen ließen sich für das Detail die entgegengesetzten Folgerungen ziehen: wenn ein Hobbes aus dem Statsvertrag, der die Souveränetät ohne Bedingung auf den Monarchen überträgt, den extremsten Absolutismus folgert, so gelangt Rousseau von seinem contrat social zur permanenten Revolution, indem das souveräne Volk jedes Amt nur wiederruflich übertragen hat und daher auch den König in jedem Augenblick absetzen mag —: haben wir doch auch die Hegel'schen Principien mit gleicher Heftigkeit zur Begründung zügellosester Anarchie und des starrsten Servilismus und Quietismus verwerthet gesehen. — Zwischen jenen beiden Extremen bewegen sich nun die manchfachsten Modificationen: sehr merkwürdig ist, wie Spinoza auch darin seine überlegene Genialität bewährt, daß er, obwohl natürlich nicht frei von den Einflüssen und Irrthümern der Zeitbildung, doch in einigen Hauptpuncten denselben entschieden entgegentritt: er bekämpft die Hypothese, daß die Menschen im Statsvertrag auf die Freiheit verzichten: vielmehr erreichen sie erst im Stat die Freiheit, vor dem Stat besteht nur Willkür und erst im Stat wird dem menschenunwürdigen Zustand unvernünftiger Schrankenlosigkeit ein Ende gemacht und das vernunftgemäße Leben erreicht.

Mit Spinoza stimmt in der Bestreitung der theologisirenden Statsprincipien überein Samuel Pufendorf den seine bedeutende juristische Capacität in sehr vielen Dingen zu directem Widerspruch gegen die traditionelle Erfüllung des Rechtsgebiets mit moralisch-religiösen Vorstellungen und zu zahlreichen Fehden mit deren Vertheidigern führte. Obwohl es auch bei ihm an einer scharfen principiellen Sonderung von Recht und Moral fehlt — die Rechtserkenntniß fließt ihm nicht nur aus Vernunft und Gesetz, sondern auch aus der Offenbarung, dann werden aber doch wieder blos die moralischen Vorschriften aus dieser abgeleitet — hat doch sein gesunder juristischer Sinn im Einzelnen meistens richtig getrennt und richtig verbunden. Mit Spinoza betont er, wie der „Naturstand" des Menschen vor dem „Gesellschaftsvertrag" der elendeste ist, wie der Mensch nicht erst durch einen Vertrag, sondern durch das Grundgesetz seiner Natur zur Gesellung getrieben wird. Diejenigen Gebote nun, welche zur bloßen Erhaltung der Gemeinschaft unentbehrlich, sind ohne Weiteres erzwingbar und sie gewähren ein jus perfectum; jene dagegen, welche nur das Zusammenleben angenehm machen, sind nicht erzwingbar und begründen jura imperfecta. Hier ist nun wohl auch eine Confundirung von juristischen und moralischen Pflichten, aber ist es dabei doch in der äußeren Erzwingbarkeit ein Kriterium aufgestellt, das zwar den Unterschied nicht im Princip ausspricht, aber doch in einer aus dem Princip folgenden Consequenz. Weiter unterscheidet nun Pufendorf die Pflichten des Menschen gegen sich und gegen Andere, und unter diesen die absoluten (neminem laede, suum cuique tribue, honeste vive) und die hypothetischen, welche erst nach Begründung besonderer Vereinbarungen (adventitiae obligationes) entstehen: solche sind Eigenthums- und Familienrecht und auch der Stat, zu welchem aus Furcht vor dem Krieg Aller gegen Alle und durch Vertrag geschritten wird. Huldigt er hierin dem Irrthum seiner Zeit, so tritt er derselben doch sehr entschieden entgegen in seiner Auffassung der Kirche, welche als ein corpus mysticum keine unmittelbare, namentlich keine Herrschergewalt im Stat haben kann; sie mag Lehrer ihres Glaubens bestellen, aber sie steht wie jede Privatgesellschaft und ohne alle zwingende Gewalt in allen äußeren Dingen unter dem Stat.

Gegen solche Neuerungen treten nun sehr heftige Verfechter der alten Lehren auf³⁷), und noch zu Ende des 17. und zu Anfang des 18. Jahrhunderts, findet sich bei Seckendorf³⁸) und Alberti³⁹), bei den beiden Cocccejí⁴⁰) und ihren Schülern die unmittelbare Begründung auch des Rechts wie der Moral auf den in den zehn Geboten geoffenbarten Willen Gottes.

Ein wahrer Bannerträger des Fortschritts auch auf diesem Gebiete war nun aber Christian Thomasius (1655—1728), der geniale Bekämpfer der Hexenprozesse, der Erste, welcher Naturrecht in deutscher Sprache vortrug. In seinem ersten Auftreten noch sich ganz an Grotius und Pufendorf anlehnend⁴¹), wurde er, ähnlich wie Luther, durch die Polemik seiner zahlreichen und heftigen Gegner zu einem noch viel mehr fortgeschrittenen Standpunct gedrängt⁴²). Er geht aus von der scharfen Scheidung zwischen der religiösen Morallehre und dem Naturrecht; jene fließt aus der göttlichen Offenbarung, dieses aus der menschlichen Vernunft, und wie ehrerbietig jener der Vorrang auf ihrem Gebiet, ja die höhere Weihe jener ganzen Sphäre zuerkannt wird, so entschieden wird doch die Unabhängigkeit des Rechtsgebiets gewahrt. Mit Recht wird hervorgehoben, wie schon vor der Entstehung des Stats das Zusammenleben der Menschen in Familie und Gemeinde nicht ein blos thierisches, sondern auch schon vernünftig sei, wie also in dem Uebergang in den Stat nicht ein principieller Gegen-

---

³⁷) S. die reiche polemische Literatur, die sich an P. knüpft, bei Hinrichs II. S. 252. ff.
³⁸) 1626—1692; notitia juris civilis et naturalis. Christenstat.
³⁹) 1635—1697; compendium juris naturae. orthod. theologiae conformatum, 1778.
⁴⁰) Heinrich 1644—1719, dessen Sohn Samuel 1679—1753.
⁴¹) Institutiones jurisprudentiae divinae, 1886.
⁴²) Fundamenta juris naturae et gentium. 170 .

satz zu dem Naturstand liege. Wie Pufendorf unterscheidet er dann erzwingbare (juristische) und nicht erzwingbare (moralische) Pflichten, welch letztere den angeborenen Rechten entsprechen; die Rechtspflichten setzen immer die Möglichkeit der Realisirung durch Zwang voraus.

Nicht so wichtig für den Fortschritt der Entwicklung wie Thomasius, der positiv und negativ gewaltig anregte*), wohl aber durch die allgemeine Verbreitung seiner Ideen, welche, von Wolff (1679—1754) auf das Breiteste ausgeführt**), die Literatur und die ganze Gedankenwelt der deutschen Aufklärung beherrschten, wurde Leibniz (1646—1716). Ihm ist die Gerechtigkeit jene Tugend, welche den normalen Bestand des menschlichen Zusammenlebens erhält; die prästabilirte Harmonie, die das Universum zusammenhält, stellt sich in der Gemeinschaft der Menschen als Recht dar, welches Ehe, Elternschaft, Gesindeverhältniß, Gemeinde und Stat umschließt. Obwohl nun, wie in seine gesammte Philosophie, so auch in dies Gebiet, das Bemühen, die (pantheistische) prästabilirte Harmonie mit einem freien persönlichen Gott zu vereinen, manchen Widerspruch bringt, so besitzt er doch in jenem Vernunftgesetz, welches sogar Gottes Willen beherrschen muß, ein auch für die Rechtsphilosophie sehr fruchtbares Princip, aus welchem er folgert, daß Gott nicht seiner Willkür, sondern seiner Weisheit, d. h. seinem Wesen nach Princip des Rechts sei; in diesem Sinne heißt Gott gehorchen und der Vernunft gehorchen dasselbe, und die Ueberzeugung von der bindenden Macht des Gesetzes (der opinio necessitatis) tritt nicht erst später durch den Statsvertrag ein, sondern ist mit dem Rechtsbegriff schon gegeben.

Es sind nun aber nicht diese sehr tiefen Auffassungen, sondern im Gegentheil die theistisch-rationalistischen Vorstellungen moralisch-pädagogischer Art, die Beziehung aller Handlungen auf die Vollkommenheit Gottes und Aehnliches, welche in der breiten Ausführung des Wolff'schen Dogmatismus die deutsche Aufklärung bis auf Kant beherrschten; Wahrheit und Gerechtigkeit sollen das Gute und Rechte, das

---

*) S. die Geschichte seiner Fehden mit Praschius, Placcius ꝛc. bei Hinrichs III. S. 198.
** Vernünftige Gedanken über das gesellschaftliche Leben der Menschen, 1721, jus naturae, 1740—1749; ein Auszug in den institutiones jur. nat. gent. 1750.

in der Natur der Dinge liegt, zum Zweck der Vollkommenheit bethätigen; das Gute zu wollen, ist unsere naturalis obligatio; um ihr nachzukommen, müssen wir die Sachen und die Mitwirkung der Nebenmenschen benutzen. Recht und Gesetz, das natürliche wie das positive (göttliche oder menschliche) bezwecken die Vollkommenheit; diese ist Pflicht aller Menschen: darum haben auch alle Menschen als solche die gleichen allgemeinen Rechte, Sicherheit, Gleichheit und Freiheit. Die ursprüngliche Souveränität hat das Volk auf den Fürsten übertragen.

Auch dieses harmlose System des deutschen Rationalismus gemahnt in manchen Sätzen an die gefährlichen Theorien, welche gleichzeitig die französische Aufklärung erfüllten und deren versuchte Durchführung in der französischen Revolution die Welt erschüttern sollte.

In Frankreich hatten die durch und durch verdorbenen sittlichen, politischen, national-ökonomischen Zustände, deren gährende Fäulniß in der genannten Revolution endete und ihren natürlichen Ausbruch fand, schon gegen Ende des sechszehnten Jahrhunderts in einem Montaigne*) absoluten Skepticismus gegen die Macht des Sittengesetzes erzeugt: nur der blinde Gehorsam aus Furcht vor Zwang und Strafe halte die Gesellschaft zusammen.

Jetzt, in der Mitte des achtzehnten, setzte sich die herrschende Bildung in volle und bewußte Opposition gegen jene herrschenden Zustände in Stat, Kirche und Gesellschaft, aus welchen sie freilich selbst hervorgegangen war. Zum Theil im Anschluß an die englischen Moralisten, zum Theil als Anhänger der materialistischen Richtung der neu erblühenden Naturwissenschaften, bezeichnet der Rationalismus der Encyklopädisten die Selbstsucht (l'intérêt) als das Princip aller Handlungen, auch der edeln: denn auch diese beruhen auf einer aufgeklärten Selbstliebe, welche lehrt, daß weder wir selbst noch die Andern Uebles thun oder leiden sollen; die praktischen Ergebnisse dieser Einsicht zu schützen, treten die Menschen zu Stat und Gesellschaft zusammen (d'Alembert, Diderot), welche aus den nobles passions der Menschen, Ehrgeiz, Herrschsucht, Stolz erwachsen; so Voltaire —: sehr inconsequent, da bei jenem Ausgangspunct der Stat offenbar nur aus der jämmer-

---

*) 1533—98; essais, 1558.

lichen Passion der Furcht entstehen kann. Verdienstlicher als seine Theorie ist Voltaire's praktisches Streben nach Reform der damaligen blinden und grausamen Strafrechtspflege (Justizmord an Jean Calas 1762), welche er in Verbindung mit den philanthropischen Club il café in Mailand, namentlich mit Beccaria, anstrebte, der in seinem Buch dei delitti e delle pene gegen die Todesstrafe und die Folter eiferte, freilich vom Standpunct der Vertragstheorie und mit Argumenten, welche dem Stat das Recht der Strafe ganz entziehen würden. In dem Kreise des Baron Holbach und den von demselben ausgebenden Schriften [46]) trat das materialistische Element jener Aufklärung zu Tage. Recht und Moral sind „Erfindungen" zur dauernden Sicherung und Förderung des Interesse, des Glücks der Einzelnen, welche ihren Vortheil in der Vereinigung finden. Der eigentliche Sturmvogel der Revolution aber ist Rousseau[47]), dessen ganze Auffassungsweise, der absolute Bruch mit der Geschichte, das Nivelliren alles Bestehenden, das Abstrahiren von aller Erfahrung und das kühne Systembauen auf neu geschaffenem Boden alsbald aus der Theorie in die Praxis der Franzosen übergehen sollte, wie andrerseits seine Theorie nur aus den geschichtlichen Voraussetzungen seiner Zeit und seines Volkes zu erklären ist. Der Urzustand des Menschen — ob es je einen solchen gegeben, zu untersuchen, erklärt er ausdrücklich für unmöglich — besteht in der Gleichheit Aller in der Unkultur; hier gibt es weder Recht noch Unrecht noch Eigenthum; die erste Aneignung von (Grund-) Besitz erzeugt die Ungleichheit, damit Neid, Herrschsucht ɾc. Um den Ausbrüchen dieser Leidenschaft zu begegnen, wird der Gesellschaftsvertrag errichtet; diesen schließt jeder Einzelne mit jedem Einzelnen: es müßte daher — man sieht, wie ungebührlich das Subject hervortritt und der objective Gemeingeist fehlt — eigentlich bei jeder Statshandlung jeder Einzelne um seine Meinung gefragt werden, und nur im Augenblick der Parlamentswahl sind die Engländer wirklich frei! Die Souveränität wird daher der Obrigkeit nur bedingt und widerruflich über-

---

[46]) Système de la nature, 1770; l'homme machine; ähnlich Helvetius de l'homme, 1772.
[47]) Discours sur l'origine de l'inégalité parmi des hommes, 1754; du contract social, 1761; Emile ou de l'éducation, 1762; Brockerhof, J. J. Rousseau, Leben und Werke 1. Bd. Leipzig. 1863.

tragen, und wenn dieselbe despotisch, d. h. willkürlich handelt, so hebt sie selbst den Statsvertrag auf und stellt den Naturstand wieder her, d. h. sie, nicht das Volk macht dann die Revolution; die Despotie ist die Revolution und die Erhebung der Bürger nur deren Folge.

Die politischen Consequenzen dieser Lehren erscheinen dann in den Statsmännern der Revolution wie Sieyes⁴³), der jedes Vorrecht als gegen das Naturrecht der Gleichheit verstoßend verwirft und dem König in der Gesetzgebung nur dieselbe Stellung wie jedem Bürger einräumt, und dem wie Mirabeau der dritte Stand, der so lange gar nichts gewesen, Alles ist. Das äußerste Extrem dieser Revolutionsphilosophie spricht aus Thomas Payne⁴⁴), der auch bei den Jacobinern noch nicht genug Energie findet, alle und jede Regierung ein Uebel und Monarchie und Papstthum Erfindungen des Teufels nennt. Sein Werk über die Menschenrechte war gerichtet gegen den großen englischen Statsmann Edmund Burke, welcher mit der Fülle überlegener politischer Weisheit die abstracten Theorien Rousseaus und der Revolution bekämpfte. War die Wirksamkeit dieser ganzen Richtung zunächst eine zerstörende, so verbindet sich bei einem sonst völlig ihr angehörigen Manne, bei Montesquieu⁴⁵), mit der Negation eine sehr wichtige, aufbauende Thätigkeit, nicht in dem Inhalt seiner ziemlich unbedeutenden Statsphilosophie, sondern einmal in deren Methode und dann in einem Hauptergebniß dieser Methode. Während nämlich Rousseau der Geschichte mit bewußter Absicht den Rücken wendet, hat Montesquieu sein Philosophiren über Stat und Verfassung auf die geschichtliche Erfahrung mit zu begründen gesucht, und dies ist in der Methode, wie oberflächlich und ungenügend auch in den meisten Fällen diese historischen Studien sind, wie mangelhaft also die Ausführung des Princips, ein großer Fortschritt. Und die reiche Frucht dieser immer und allein fruchtbringenden Methode ist, daß Montesquieu, während die Schule Rousseau's lediglich zu abstracten Systemen ohne politische Lebensfähigkeit gelangt, durch seine historischen Untersuchungen auf die englische Verfassung geleitet, sich

---

⁴³) 1748—1836; essay sur le privilege, 1788; qu'est ce que le troisième état, 1789.
⁴⁴) 1737—1809; rights of man, 1791.
⁴⁵) 1699—1755, lettres persannes, 1721; esprit des lois. 1748.

das bleibende Verdienst erwarb, aus jenem Inselreich die Grundzüge der constitutionellen Monarchie, freilich mit manchem Mißverständniß, auf den Continent übertragen und hier bekannt, beliebt und heimisch gemacht zu haben.

Und gleichzeitig regt sich auch in Deutschland eine verwandte Richtung auf's Historische. Schon Justus Henning Böhmer[31]) hatte energisch gegen die traditionellen Lehren des Naturrechts vom Statsvertrag wie der Theologie von der unmittelbar göttlichen Einsetzung der Obrigkeit polemisirt; das sei ganz wider alle Geschichte, vielmehr zeige historia juris klärlich, wie Statengründung und Rechtsordnung eine allmählig erwachsene menschliche Einrichtung sei, welche Gott nur eben zugelassen hat wie andere Dinge.

Ganz in diesem Sinne wirkte nun die Erweiterung des Gesichtskreises, welche sich um die Mitte des achtzehnten Jahrhunderts in allen exacten Wissenschaften in ganz Deutschland zeigte und wesentlich zusammenhing mit dem Flor und der Richtung der jungen Universität Göttingen (gestiftet 1734). Dazu kam der unwillkürliche Einfluß der neuen und eifrigen Bearbeitung eines lang vernachläßigten Rechtsstoffes neben dem bisher allein von dem Naturrecht beachteten römischen Recht: des deutschen Rechts. Die Thätigkeit der älteren Germanisten, welche deutsche Reichs- und Verfassungsgeschichte und „Antiquitäten" und Amönitäten des deutschen Rechts bearbeiteten, Namen wie Pfeffinger † 1730, Struve † 1738, Pütter † 1807, Senkenberg † 1768, Strube † 1785, Heineccius † 1741, Schilter † 1805, Gruppen † 1767, Estor † 1773, Dreyer † 1802, Justus Möser † 1794, Biener † 1828 — erinnern an die lebhafte Rührigkeit, welche damals auf jenem Gebiete herrschte und das Auftreten der neueren historischen Schule vorbereitete. Von directem Einfluß auf die Rechtsphilosophie war diese Richtung damals freilich nicht: diese schleppte das alte Naturrecht nach Wolff'scher Redaction in zahllosen sich gegenseitig abschreibenden Kompendien fort; und als der gewaltige Stoß erfolgte, welcher diesen Dogmatismus aus den rostigen Angeln warf, ging er, der Kriticismus Kant's, nicht von der positiven Rechts- oder Geschichtswissenschaft aus, sondern von der Schulphilosophie. Die Folge davon war, daß sich auch die Wirkung auf die

---

[31]) 1674—1749; introductio in jus publicum, 1710.

Schulphilosophie beschränkte, und es stellte sich das merkwürdige Schauspiel dar, daß ganz gleichzeitig neben und ganz unabhängig von einander die deutsche Rechtsphilosophie und die deutsche Rechtswissenschaft jede für sich einen neuen und starken Aufschwung nahmen: aber jene im Sinne apriorischer von der Geschichte abgewendeten Construction, diese im Sinne vertiefter Geschichtsforschung.

Während die abstracte Philosophie durch die bloße Construction, wie in allen andern Gebieten, so auch in der Rechtslehre in's Absurde geführt wurde, während die großen Systeme des subjectiven Idealismus, welche auf Kant's Kriticismus folgten, in Fichte, Hegel und Schelling bei manchem genialen Aperçu im Einzelnen sich doch zuletzt als geniale Verirrungen im Ganzen erwiesen, und namentlich für die Principienforschung im Recht sehr unfruchtbar blieben, gelangte die neue historische Schule, welche zunächst nichts weniger als eine Philosophie des Rechts suchte, gelangten die Hugo, Savigny, Puchta, Niebuhr, W. v. Humboldt, Eichhorn und Grimm lediglich durch die tiefere Erforschung des Wesens von Geschichte, Sprache, Sage und Rechtsgeschichte gleichsam unwillkürlich zu so tiefer und bedeutsamer Erkenntniß auch der Principien, der Natur, der Entwicklung, des Lebens des Rechts, daß, nach dem Fall der großen apriorischen Systeme, die Ergebnisse der historischen Schule, wenn auch noch nicht in die Form eigentlicher Rechtsphilosophie gekleidet, gleichsam ipso jure an die Stelle jener verunglückten Theorien traten: und in der That, die Resultate dieser geschichtlichen Schule, insbesondere aber die Methode, sind die unumgänglichen Ausgangspuncte aller künftigen Rechtsphilosophie, deren nächste Aufgabe noch lange nur darin bestehen wird, die von dieser juristischen Schule gewonnenen Ergebnisse in Form und Sprache der Philosophie zu übertragen und sich anzueignen.

Im Zusammenhang mit unserer ganzen Auffassung erklärt es sich, wenn wir bei Kant daran erinnern, daß er auf die Erreichung des Absoluten durch die „theoretische Vernunft", das Erkennen, verzichtet, dagegen im Gebiet der praktischen Vernunft Gott als ein Postulat aufstellt, wodurch bei ihm und seiner ganzen Nachfolge die Religion nun ebenso aus der Ethik wie im Mittelalter die Ethik aus der Religion abgeleitet wird. Den Unterschied der Rechts- und

Moralpflichten findet er (in der Art und zum Theil in der Redeweise seiner Vorgänger von Thomasius bis Wolff) in der äußeren Erzwingbarkeit des Rechts; dieses ist der Inbegriff der Normen, unter deren Voraussetzung die Freiheit aller Einzelnen nach gemeinsamem Gesetz bestehen kann. So schwach nun aber auch im Einzelnen die Anwendungen seiner Grundsätze auf das Detail des Rechtsstoffes, so tief ist seine Begründung des Rechtszwangs auf die Vernunft des Rechts, zu deren Anerkennung jeder, der selbst Vernunft hat, innerlich und deshalb auch äußerlich genöthigt werden kann.

Die breite Menge der unselbstständigen Schüler Kant's, welche lange Zeit das Gebiet des Naturrechts erfüllten, braucht hier nicht aufgezählt zu werden; die Namen Bouterwek, Buhle, Fries, Heydenreich, Hufeland, Krug, Schmalz, Tieftrunk genügen, diese Literatur anzudeuten. Wohl zu beachten aber ist, daß ein juristisches Talent wie Feuerbach, anfangs ebenfalls in der die ganze damalige Bildung beherrschenden Anschauung Kant's befangen, doch sehr bald das Recht von der Identificirung mit dem Sittengesetz zu lösen trachtet, neben dem sittlichen ein besonderes juristisches Vermögen des Menschen statuirt und den Begriff der Freiheit, der in der Kantischen Rechtslehre eine so wichtige Rolle spielt, so entschieden aus dem Recht in die Moral verweist, daß er sogar — gewiß mit Unrecht — sein ganzes System des Strafrechts auf eine verfeinerte Abschreckung (psychologische Zwangstheorie) basirt und die Verbrechen vorab nach dem Maß der Gefährlichkeit bestraft.

Bei Fichte dagegen führt das Uebergewicht der praktischen Vernunft zu einer Ethisirung wie der ganzen Philosophie, so namentlich auch der Rechtslehre. Nicht nur Religion und Moral fallen hier zusammen, — in dem späteren Stadium seiner Philosophie wird das Recht lediglich Mittel zum Zweck der Moral: in dem Rechts- oder Nothstate waltet nur die niedere Freiheit des Rechts, in dem Vernunftstat die höhere Freiheit der Kultur; dieser Stat der Vernunft, welcher als moralische Anstalt die Tugend der Gerechtigkeit zu realisiren hat, ist der geschlossene Handelsstat, in welchem aber wie in dem platonischen Idealstat alle Freiheit des individuellen Lebens untergeht; der Verkehr mit dem Ausland, Ansammlung von Reichthum, freie Berufswahl ꝛc. sind verboten. In dem Hegel'schen System finden sich neben ganz ungeheuerlichen Vergewaltigungen der Rechtsbegriffe zum Zweck der Einfügung in die Dreigliederung der dialektischen Bewegung doch auch im Einzelnen höchst geniale Blicke, so z. B. im Strafrecht. Wie dieses System mit seinem zweischneidigen Satz: „Alles was ist, ist vernünftig" zur Stütze des frivolsten Anerkennens jeder Thatsache, also der extremsten Revolutionslehre, wie zum starren Festhalten der verrottetsten Statsformen mißbraucht wurde, ist bekannt. Hier ist nur nochmals zu betonen, daß auch diese geniale Philosophie dem Irrthum in der Methode erlag, dem apriorischen Construiren alles Wirklichen aus den „reinen" Begriffen mit scheinbarer Verachtung aller Erfahrung und Erfahrungswissenschaft. Ganz in derselben Zeit, in welcher die Hegel'sche Rechts-, Religions- und Geschichtsphilosophie und die Naturphilosophie Schelling's das Scheitern der kühnen apriorischen Constructionen unverhüllbar aufdeckten, hatten die oben erwähnten Gründer der historischen Schule im Gebiet des Rechts, der Sage, der Religion, der Sprache, der gesammten Geisteswissenschaft, auf dem Wege fleißiger, aber freilich auch gedankenreicher Detailforschung Ergebnisse gewonnen, welche bleibende Errungenschaften nicht nur der historischen und positiven, sondern auch der philosophischen Behandlung dieser Disciplinen geworden sind.

Ehe zur Darstellung dieser Grundsätze der historischen Schule und einem Versuch, sie der Philosophie anzueignen, übergegangen wird, müssen noch einige von der Bewegung der großen idealistischen Systeme und der geschichtlichen Richtung in gleichem Maße abstehende und doch manchfach von beiden berührte Gruppen wenigstens angedeutet werden, welche mehr mit der politischen und socialen Geistesströmung in Zusammenhang stehen. Der Geist der Restauration und Reaction in Stat und Kirche, der nach der Ueberwältigung der französischen Revolution in Napoleon den ganzen Continent beherrschte, erzeugte auf unserem Gebiet eine Reihe von Erscheinungen, welche man zusammenfassend als die **Romantik der Rechtsphilosophie** bezeichnen könnte: sie berührten sich zum Theil sehr nahe mit der romantischen Richtung in Kunst und Bildung und entlehnten auch von der conservativen Seite der idealistischen Systeme und von der historischen Schule manche Waffe.

Karl Ludwig von Haller[32]) restaurirt in unerschrockenster Consequenz den ganzen mittelalterlichen Statsbegriff, d. h. er negirt den Begriff des Statsrechts als eines vom Privatrecht verschiedenen Rechtskreises. Der Stat ist nicht Anders als eine große Grundherrschaft. Der König ist der Eigenthümer dieser Herrschaft, die Statsbürger seine Knechte oder Hintersassen, die Steuern Zinsgefälle, der Krieg Privatfehde des Gutsherrn. In diesem Patrimonialstat gibt es natürlich keine statsbürgerlichen Rechte; wird der Druck des Herrn allzugroß, so wird zwar die Selbsthilfe des Unterthanen eintreten, aber es ist besser gethan, die Hilfe Gottes abzuwarten. Nach der kirchlichen Seite neigte diese Statsromantik bei Friedrich Schlegel und Adam Müller[33]), welch letzterer, zum Theil in Schelling'scher Schulsprache, den Stat als unabhängig von dem Willen seiner Bürger, als eine unmittelbare Offenbarung Gottes darstellt, und zwar waltet die lebendige Idee des Stats nur in der Monarchie — in der Person des Monarchen wird sie leibhaftig —, in der Republik waltet nur der todte Begriff, der Götze des Gesetzes; daher ruht auch der Stat auf dem religiösen Glauben als seinem letzten Anker. In Steffens[34]) und Baader[35]) berührt sich diese Richtung noch näher mit dem Ideenmysticismus Schelling's; die Stände, Gelehrte, Adel, Bürger, Bauern entsprechen nach Steffens den metaphysischen Potenzen des Erkennens und Seins; nach Baader erhebt uns die Hilfe Gottes über die Mächte Glaube und Gehorsam zur Erkenntniß des Weltreichs. Die Geschichte der menschlichen Vereinigung führt vom Naturzustand der Liebe zur Herrschaft des Gesetzes ꝛc.

Ihren vorläufigen Abschluß findet diese Richtung in der Rechtsphilosophie von Julius Stahl[36]), die zwar mit größeren Ansprüchen, mehr geschulter Dialektik und feinerer Beweisführung auftritt und durch Anlehnen an die historische Schule ihr Ziel etwas mehr verdeckt, aber doch wie die Haller'sche Restauration nichts Anderes ist als eine Umkehr

---

[32]) Ueber das Naturgesetz, daß die Mächtigeren herrschen, Restauration der Statswissenschaften.
[33]) 1797—1829; Elemente der Statskunst; von der Nothwendigkeit einer theologischen Grundlage der gesammten Statswissenschaft. Briefwechsel mit Gentz.
[34]) 1773—1845; Anthropologie; Karrikaturen des Heiligsten. Unsere Zeit und wie sie geworden.
[35]) 1765—1845; Grundzüge der Soc. Philosophie.
[36]) Heidelberg 1830.

in's Mittelalter, ein Rückfall in die theologisirende Statslehre vor Pufendorf und Thomasius. Seine Statslehre hebt an wie die orthodoxe Theologie: unsere Natur, durch den Sündenfall zerrüttet, bedarf der Erlösung. Diese ist durch Christus für das innere Leben des Einzelnen vollbracht; Religion und Moral, die sich völlig decken — es ist nur ein Zufall, wenn letztere ohne die erste vorkommt —, das Gebiet der Kirche, sind daher geheiligt. Nicht geheiligt durch die Erlösung und daher nach wie vor von Sünde zerrüttet ist das äußere Gemeinleben: Recht und Stat. Diese sanctioniren vielfach das Unsittliche; es steht nun aber, da man Gott mehr gehorchen muß als den Menschen, nicht etwa bloß die Moral über dem Recht, sondern, weil alle Moral religiös und alle Religion kirchlich ist, auch die Kirche, die Trägerin der Religionsmoral, über dem Träger des Rechts, dem Stat.

Im extremen Gegensatze zu dieser deutschen Statsromantik steht nun der Socialismus, welcher, zwar schon viel früher in Frankreich heimisch, doch gerade in der Restaurationsperiode am üppigsten aufwucherte. Schon vor den Encyclopädisten hatte Morelli[58]) das Sondereigen als die Ursache aller Uebel bezeichnet. Die Erde soll, wie sie ungetheilt den Menschen gegeben wurde, ungetheilt bleiben; die Arbeit soll nach Kraft und Fähigkeit, der Ertrag nach dem Bedürfniß der Einzelnen vertheilt, der Ueberschuß (ich besorge, er wird schmal sein!) verkauft und der Erlös gleich vertheilt werden.

Um aber diesen Zustand zu erhalten, bedarf es natürlich einer Gesetzgebung, welche, wie bei Lykurg, Platon und Fichte, alle Freiheit vernichtet. Ein Recht auf Arbeit erkannte dann die ganze, das damalige Frankreich beherrschende Richtung der Physiokraten, Mirabeau d. V., Quesnay, Gournay, und sogar der maßvolle Turgot an. Während und nach der Revolution traten nun diese Ideen in viel wilderer Kraft und maßloser Ausdehnung auf bei Babeuf, Darthé, Marechal, Buonarotti, Saint Simon[59]), Bayard[60]),

---

[58]) Der Verfasser der Basiliade, 1754, und des Code de la nature, 1753.
[59]) 1760—1825; œuvres par Olinde Rodrigue, Paris 1841; reorganisation de la societé europenne, 1841; l'industrie, 1817; sytème industriel I.—III. 1821—2; nouveau christianisme, 1825.
[60]) Doctrine de Saint Simon, 1828—30.

Fourier⁴¹), Cabet⁴²), Proudhon⁴³), Considerant⁴⁴), Pierre Leroux⁴⁵), Louis Blanc⁴⁶), und zahlreichen Andern, während sie bei Le Maistre und Lamennais sich mit der kirchlich-religiösen Statsromantik berühren. Ersterer sucht in dem Papstthum das höchste völkerrechtliche Tribunal: Letzterer schwärmt in edler, aber sehr unstatsmännischer Begeisterung für Herstellung der Zustände der ursprünglichen Christengemeinden. Die Principien des Socialismus verstoßen nicht minder gegen die wesentlichsten nationalökonomischen und sittlichen Grundwahrheiten als gegen die Geschichte; es leuchtet ein, daß sich der Socialismus, der vor Allem das Wohl der „arbeitenden Classen" will, sehr mit Unrecht auf das dorische Statsideal eines Pythagoras, Lykurg oder Platon beruft; denn in jenen idealen und geschichtlichen Staten der Antike sind die „arbeitenden Classen" ohne alle statsbürgerlichen Rechte zu ewiger Sklaverei verdammt, auf daß die sehr aristokratische Bürgerschaft mit Muße Philosophie und Politik treiben kann⁴⁷). Nicht originell französisch sind die übrigen kurz zu erwähnenden Hauptrichtungen in Frankreich: während die Altliberalen und Altconstitutionellen wie Constant sich wie einst Montesquieu an das englische Statswesen lehnen, suchen Andere die Methode und Ergebnisse der deutschen Philosophie, zunächst der großen idealistischen Systeme in Frankreich einzubürgern (Cousin), zum Theil in Bekämpfung des Materialismus⁴⁸), welcher, im Zusammenhang mit dem eifrigen Betrieb der Naturwissenschaften, in der modernen französischen Bildung überwiegt.

⁴¹) geb. 1772; théorie des quatre mouvements, 1808; traité de l'association domestique agricole, 1822, 2. Aufl. 1841; das Journal le phalanstére, 1832—3.
⁴²) Voyage en Icarie, 1840; credo d'un communiste, 1841.
⁴³) Qu' est ce que la propriété? 1840; lettre sur la propriété, avertissement aux propriétaires, 1841; de la création de l'ordre dans l'humanité, 2843; système des contradictions économiques, 1846.
⁴⁴) Destinée sociale, 1834—36.
⁴⁵) De l'humanité, 1840.
⁴⁶) Die Journale Bon Sens, revue du progrés, organisation du travail, 1841.
⁴⁷) Vgl. L. Stein, der Socialismus und Communismus des heutigen Frankreichs. Leipzig 1848, mit reichen Literaturangaben; die socialistischen und communistischen Bewegungen seit der dritten französischen Revolution, Leipzig und Wien 1848.
⁴⁸) Lerminier, philosophie du droit, Paris 1836.

Ueber die mannichfachen Strebungen in der deutschen Rechtsphilosophie nach Hegel, welche noch im vollen Fluß der Entwicklung und zum Theil in lebhaftem Kampf unter einander begriffen sind, läßt sich ein geschichtliches Urtheil dermalen noch nicht fällen: doch wird die Methode und eine Reihe von Fundamentalsätzen der historischen Schule fortan von keiner deutschen Rechtsphilosophie, welche auf der Höhe der gegenwärtigen Wissenschaft stehen will, verleugnet werden können.

3. Grundzüge des Systems.

Das Hauptergebniß der eben betrachteten Entwicklung, wie es sich in der neuen historischen Schule der Rechtswissenschaft und Philosophie darstellt, bezieht sich zunächst auf die Methode, dann aber auch auf einige Grundzüge des Inhalts der Rechtsphilosophie. Man hat, wie in allen Gebieten des Philosophirens, so auch in dem unsern eingesehen, daß jene angebliche „reine Speculation", welche sich anstellte, als „construire" sie die Erscheinungen rein a priori, ohne der geschichtlichen Erfahrung zu bedürfen, für den Menschen nicht existire. Die Aufgabe der Rechtsphilosophie ist nicht, die Erscheinungen des Rechts gleichsam prophetisch zu construiren: sondern mittelst des synthetischen und analytischen Denkens zugleich — beide Formen sind gar nicht zu trennen — die Principien des durch die geschichtliche Erfahrung zuvor sorgfältig erforschten Rechtsstoffes zu suchen. Genaue Rechtskenntniß, namentlich Kenntniß der Geschichte der verschiedenen Volksrechte, vergleichende Rechtsgeschichte, wird fortan alle Rechtsphilosophie zwar gewiß nicht, wie die einseitigen Anhänger des Positivismus und der historischen Schule meinen, ersetzen, wohl aber begründen. Der Rechtsphilosoph muß sein anderweitig gewonnenes speculatives Princip auch an diesem Stück der menschlichen Geistesgeschichte erproben, er muß zusehen, wie er dies eigenthümliche Gebiet in dem Rahmen seines Systems unterbringe.

Wir finden also die Realisirungen der Rechtsidee in ihren mannichfaltigen Erscheinungsformen in der Geschichte erfahrungsmäßig vor. Nächste Aufgabe der Rechtsphilosophie ist, das Princip dieser Erscheinung zu suchen, zu fragen: was ist der eigentliche Grundgedanke derselben, der sie von andern verwandten Geistesgebilden unterscheidet, und wie hängt sie mit diesen zusammen? ferner, da wir überall, wo Menschen in Gemeinschaft leben, wenigstens Ansätze zur Rechtsgestaltung finden, da also das Recht wie Sprache, Religion, Ethos, Kunst ꝛc. ein wesentlich nothwendiges Attribut der Menschennatur zu sein scheint, worin liegt diese Nothwendigkeit des Rechtsbegriffs für den Menschen? Weitere Aufgabe würde dann sein, mit dem — durch philosophisches und geschichtliches Forschen zugleich gefundenen — Princip des Rechts die verschiedenen Gebiete des Rechts bis in ihr Detail zu durchdringen.

Gehen wir aus von einer ungefähren Beschreibung des Rechts, welche noch keine Definition sein soll, so wird man wol, ohne Widerspruch zu erfahren, das Recht vorläufig als einen Inbegriff von allgemeinen Ordnungen, von allgemeinen Bestimmungen bezeichnen dürfen, unter welchen einzelne Fälle mit einer gewissen Nothwendigkeit sich subsumiren.

Dies gemahnt uns nun sogleich an die Grundeigenschaft alles menschlichen Denkens an sich. All unser Denken, wie es sich in den logischen Formen von Urtheil, Begriff und Schluß, in der Form von Obersatz, Untersatz und Conclusion bewegt, ist in der That nichts Anderes als ein Subsumiren von Einzelnen unter ein höheres Allgemeines. Das simpelste, gedankenleerste Urtheil: „heut ist es kalt, ist es warm" subsumirt den Eindruck einer einzelnen momentanen Sinnenempfindung unter ein Allgemeines: „heute", „kalt" sind Allgemeinheiten für eine Reihe von Einzelvorstellungen derselben Art. Die menschliche Sprache, an welche das Denken unlösbar geknüpft ist, welche die wesentliche Form unseres Denkens ist, hat ihr Wesen in nichts Andrem, als in der Aufstellung von Einheiten für mannichfaltige Erscheinungen der gleichen Art. Alles Sprechen und Denken ist also ein Suchen von Allgemeinheiten, von Einheiten für das Viele. Der Schluß, der Syllogismus, ist noch deutlicher als das Urtheil ein Subsumiren eines Einzelnen unter ein Allgemeines.

Und all unser Forschen im Gebiet des Geistes und der Natur ist nichts Andres als ein Suchen von Einheit, Allgemeinheit, Nothwendigkeit für die scheinbare Vielheit, Vereinzelung, Zufälligkeit der Erscheinungen. Im Gebiet der Natur begnügen wir uns nicht mit dem Anblick der zahllosen Einzelerscheinungen, welche fallende Körper darbieten; wir suchen für diese vielen Fälle nach ihrer Einheit,

Allgemeinheit, Nothwendigkeit, d. h. wir suchen nach ihrem „Gesetz" und sprechen von einem „Gesetz" der Schwere. Im Gebiet des Geistes begnügen wir uns nicht mit den Eindrücken gewisser Naturerscheinungen oder menschlicher Werke auf unsere Phantasie: wir suchen zu ergründen, warum alle diese gleichartigen Erscheinungen der gleichartige Eindruck, den wir „Schönheit" nennen, auf uns machen, d. h. wir suchen nach dem Gesetz der Schönheit. Alles menschliche Forschen ist also ein Suchen nach Gesetzen, d. h. einer einheitlichen Allgemeinheit, welcher mit Nothwendigkeit sich Einzelerscheinungen subsumiren; dann, sobald wir ein Gesetz in diesem Sinn gefunden haben, befriedigt sich unser Denken; dann sogleich, aber auch nicht eher. Denn unser „Denkgesetz" selbst (d. h. das allgemeine, einheitliche, nothwendige Wesen aller unserer Gedanken) ist eben das Suchen von Gesetzen, von nothwendigem Allgemeinen. So suchen die Naturwissenschaften „Naturgesetze", die Geisteswissenschaften „Geistesgesetze". Denn wir haben die Fülle der Erscheinungen nach dem Maßstab ihrer sinnlichen unmittelbaren Wahrnehmbarkeit in die zwei großen Halbkugeln, Natur und Geist, geschieden. Aber der menschliche Geist will nicht nur für jede dieser Hälften wieder Ein Gesetz, er trachtet nicht nur nach Einem Naturgesetz, das in allen Naturgesetzen, nach Einem Geistesgesetz, das in allen Geistesgesetzen erscheint, er verlangt nach einer Einheit auch noch über und in dieser Zweiheit, und wie er alles Gedenkbare zusammenfaßt, die Naturwelt und die Geisteswelt, in den Begriff des Universums, so erschwingt er sich zu dem Begriff und der Forderung eines **absoluten Gesetzes**, eines Weltgesetzes, der Einheit und Nothwendigkeit im Universum.

Wenn wir nun das Recht ebenfalls als eine allgemeine Ordnung erkannt, welcher sich Einzelnes mit Nothwendigkeit subsumirt, so werden wir schon jetzt den inneren Zusammenhang des Rechtsbegriffs mit dem ganzen Geistesleben des Menschen und seine innere, ideale Nothwendigkeit für den Menschen verstehen. Und dies nachzuweisen und hervorzuheben, ist eine wichtige Aufgabe der Rechtsphilosophie. Wir haben gesehen, wie von Platon an, durch die Zeit der Scholastik und der Naturrechtslehrer bis herab auf die modernen Socialisten Recht und Stat fast immer nur als die Frucht äußerer Nöthigung aufgefaßt wurden, als eine gegenseitige Assecuranz von Leben und Eigen gegen Mörder nnd Räuber. Es wird nicht geleugnet, daß diese äußere Nöthigung besteht: aber sie besteht nicht allein. Nicht nur aus äußeren Gründen werden die Menschen zum Recht und Stat geführt, sondern auch eine ideale Nothwendigkeit drängt sie dazu, ihr Zusammenleben in all seinen mannigfachen Beziehungen und Erscheinungen nach einer einheitlichen, allgemeinen, von der Vernunft nothwendig geforderten Regel, d. h. nach einem Gesetz zu ordnen; denn alles menschliche Denken sucht für alle seine Gegenstände nothwendig nach Gesetzen.

Aber eben deßhalb, weil das Suchen nach allgemeinen, vernunftgemäßen Ordnungen jede Thätigkeit des Menschengeistes ausmacht, kann hierin noch nicht das für das Rechtsgebiet eigenthümliche Kriterium liegen. Wir haben bisher nur gesehen, daß das Recht organisch und wesentlich mit dem Gesammtwesen des Menschengeistes, einem Suchen von allgemeinen Gesetzen, zusammenhängt; jetzt haben wir dasjenige Moment, welches dem Rechtsgesetz eigenthümlich zukommt, aufzusuchen.

Es lehrt nun aber die natürliche und geistige Beschaffenheit des Menschen, daß er auf Gemeinschaft angewiesen ist, auf Zusammenleben mit seines Gleichen. Der Naturtrieb zwingt die Geschlechter der Menschen zusammen, nicht nur momentan, wie andere Geschöpfe: die Hilfsbedürftigkeit des Menschen in seiner Kindheit nöthigt zu dauerndem Zusammensein: die menschliche Familie ist schon an sich specifisch verschieden von der thierischen, wie die menschliche Sprache, welche ebenfalls dauernde Gemeinschaft voraussetzt, von den Naturlauten der Thierwelt. Es kann nun aber ferner der Mensch nicht existiren, geschweige denn die in ihm liegenden Potenzen völlig entwickeln, ohne in viel größerem Maße als die Thiere, Gegenstände der Natur, Sachen, Güter zu benutzen; er bedarf nicht nur der Nahrung und Wohnung — Kleidung, Waffen, Geräth aller Art sind ihm schon zur Existenz unentbehrlich. Da er nun aber in Gemeinschaft der Ehe, Familie, Sippe, Horde, Gemeinde lebt und leben muß, so sind, bei der gleichen Bedürftigkeit Aller, Conflicte über die äußeren Verhältnisse der Einzelnen zu den Sachen und unter einander unvermeidlich, und es ist kein Zweifel, daß das äußere Bedürfniß, solche Conflicte zu vermeiden oder rasch zu beenden, die reale äußerliche Nöthigung war, welche den Menschen zu Recht und Stat geführt hat: aber es ist grundfalsch, wenn man diese Ordnungen aus jener äußerlichen Nöthigung ableitet. Die Menschengenossenschaft fordert eine Friedensordnung: aber nicht jede ist ihr genügend, welche nur überhaupt Ordnung schafft, sie fordert eine vernünftige Friedensordnung. Darin liegt die ideale, innere Wurzel des Rechts. Der Mensch will das Gesetz nicht als äußere Nöthigung, als bloße willkürliche Zwangsordnung: er hat die Fähigkeit und das Bedürfniß, auch in diesem Gebiet, wie in allen andern, diejenige allgemeine und einheitliche Ordnung über der Vielheit der Erscheinungen zu suchen und zu finden, welche ihm vernunftnothwendig scheint; es ist jedes Volksrecht der Versuch einer Menschengenossenschaft, eine vernünftige Friedensordnung zu finden; sie sprechen den Inbegriff jener Grundsätze aus, welche, nach ihrer Auffassung, den Erwerb, Umtausch und Verlust von Gütern oder Ansprüchen, die Bestrafung unbefugter Verletzung derselben, und den Beweis hierüber, welche überhaupt ein Zusammenleben in gemeinsamen Interessen bedingen. Und wird diese Friedensordnung gebrochen, so hat der Verletzte die Empfindung, daß nicht nur sein Vortheil, sondern daß die allgemeine Vernunft, unter deren Schutz sein Recht besteht, gebrochen wurde, und weil seine Rechtsgenossen in der Verletzung jedes Rechtes eines Einzelnen die Verletzung jener Friedensordnung erblicken, welche, nach ihrer Aller gemeinsamen Ueberzeugung, allein vernünftiger Weise ein Zusammenleben ermöglicht, deßhalb empfinden sie Alle, wie der Verletzte selbst, die Nothwendigkeit von Wiederherstellung und, je nach Umständen, Genugthuung. Auf Grund dieser Betrachtung ergibt sich uns an Stelle der obigen vorläufigen Umschreibung folgende Definition: **das Recht ist die vernünftige Friedensordnung einer Menschengenossenschaft über ihre äußeren Verhältnisse zu einander und zu den Sachen.**

Jedes Merkmal in dieser Definition trägt eine ganze Reihe von wichtigen Folgesätzen in sich, oder, da sie zugleich das Ergebniß historischer Erfahrung wie logischer Deduktion ist, können wir auch sagen: es ist eine Fülle von Sätzen in ihr zusammengedrängt. Aufgabe der folgenden Skizze kann nur sein, einige der wichtigsten Consequenzen, welche zugleich als Entscheidungen der bedeutendsten Streitfragen auf unserm Gebiet erscheinen, kurz anzudeuten. Das Recht ist die vernünftige Ordnung einer Menschengenossenschaft; es ist damit als Werk der menschlichen Vernunft bezeichnet und jede Ableitung desselben von übernatürlicher Offenbarung abgeschnitten. Mag man wie die andern höchsten Ideen der Menschheit, die des Guten, Wahren und Schönen, die Moral, die Wissenschaft und die Kunst, so auch die Idee des Rechts auf eine über dem Menschen stehende Geistesmacht zurückführen: — die Verwirklichung dieser Idee in den einzelnen geschichtlichen Rechten geschieht durch die menschliche Vernunft allein, und eine einzelne Verfassungsform oder privatrechtliche Institution ist niemals Product übernatürlicher Offenbarung. Als Ordnung einer Menschengenossenschaft, nicht der Menschengenossenschaft, erscheint uns das Recht, d. h. es gibt kein Naturrecht, es gibt kein abstractes, für alle Völker und alle Zeiten gleichmäßig gültiges Musterrecht. Freilich die Idee des Rechts ist der ganzen Menschheit, allen Völkern gemein. Aber wie es keine abstracte, allgemeine menschliche Kunst gibt, so auch kein abstractes, absolutes Recht. Die allgemeine menschliche Idee des Schönen erscheint nicht in einer absoluten Kunst, sondern in der Totalität und Reihenfolge der orientalischen, hellenischen, germanischen u. s. w. Kunstformen. Und die allgemeine menschliche Idee des Rechts erscheint in der Totalität und Reihenfolge der einzelnen Volksrechte, wie ja auch die Menschheit nicht als ein todtes Abstractum über den Nationen, sondern eben in der Totalität der Nationen erscheint. Die Verschiedenheit der Nationalcharaktere erscheint in der Verschiedenheit der Rechte, wie in der der Künste, Sprachen, Religionen; das nichts Anderes ist ja der sogenannte „Zweck" der Weltgeschichte — wenn man diesen uneigentlichen Ausdruck nicht aufgeben will, — daß die ganze Potenz, die in der Menschheit steckt, sich in den Nationalcharakteren realisire, und das unendliche Leben der Geschichte liegt gerade in den immer wechselnden Färbungen und Erscheinungen, welche die einfachen Grundformen des menschlichen Wesens wie in der Physis, so im Geistesgebiet (in Religion, Kunst, Sitte und Recht) durch die Verschiedenheit der Nationalcharaktere erfahren. Bleiben wir bei dem Gebiet des Rechts. Es kann keine für alle Völker und alle Zeiten mustergültige Statsverfassung und sonstige Rechtsordnung geben. Ein anderes Recht braucht ein Berg-, ein anderes ein Küstenvolk, ein Nomadenvolk, ein Volk von Ackerbauern; ein anderes dasselbe Volk auf einer fortgeschrittneren Culturstufe als in der Periode seiner Vorcultur: der Hellene, der Römer, der Germane, der Kelte, der Slave, jeder drückt seinen Nationalcharakter, wie in seiner Sprache, so in seinem Recht aus: das Recht erwächst mit jedem Volk aus seinen natürlichen, historischen und nationalcharaktermäßigen Voraussetzungen: es soll dem Nationalcharakter und dem jeweiligen Culturstand entsprechen; es erwächst zuerst unbewußt, unwillkürlich, nothwendig, als Gewohnheit, und ursprünglich hat sich ein Volk sein Recht so wenig gemacht wie seine Sprache.

Man hat dieser Auffassung der historischen Schule vorgeworfen, sie führe zu völligem Quietismus. Denn wenn jedem Volk sein Recht mit Nothwendigkeit aus seinem Gesammtcharakter erwachse, dann könne der Einzelne nichts thun, als es eben erwachsen lassen, und von Fortschritt, von Lernen und Streben sei dann keine Rede.

Dieser Einwurf trifft nicht zu; denn soweit er trifft, ist er kein Einwurf, und soweit er ein Einwurf wäre, trifft er nicht. Allerdings in unmittelbaren Culturzuständen verhält es sich auch so im Ganzen, daß das Recht mehr unbewußt, als mit bewußter Absicht geändert wird. Schreitet aber mit der Bildung und der Complicirtheit des Lebens auch die Reflexion in einem Volke fort, so ergreift sie natürlich auch den Rechtsstoff und sucht mit Bewußtsein, wie in allen anderen Lebenskreisen, so auch hier zu ändern und zu bessern; und da das Recht stets ein Spiegel des Volkszustandes ist, so wäre es ebenso unnatürlich, wenn ein in der Reflexion fortgeschrittenes Volk sein Recht ohne Reflexion bestellte, wie wenn in den germanischen Urwäldern die Dinggenossen ihre Urtheile und Weisthümer mittelst Rechtsphilosophie gefunden hätten.

Damit erledigt sich der Einwurf, daß nach dieser Auffassung alles Lernen der Völker von einander, aller Fortschritt unmöglich sei. Allerdings, das wird niemals eintreten, was man mit mehr Schwärmerei denn Kenntniß der Geschichte und des menschlichen Wesens als Endziel der angeblich immer in einer Linie fortschreitenden Weltgeschichte bezeichnet hat, daß nämlich am Ende der Tage ein allgemeines Menschheitsrecht an die Stelle der nationalen Rechte treten werde. Dies wird nie eintreten, so wenig als es jemals eine abstracte Menschheit ohne nationale Unterschiede, oder eine allgemeine Menschheitssprache geben wird, kann und soll. Jener trostlose Zustand absoluter Einerleiheit wird schon durch die von keiner Cultur ganz zu verwischenden Naturunterschiede in Race, Klima, Boden ꝛc. ausgeschlossen. Aber gar nicht ausgeschlossen ist durch unsere Auffassung, daß, sofern die Bildung, die Interessen, die Gesammtanschauuugen der Völker, in demselben Maß auch ihre Rechtsanschauungen ähnlicher werden; auch dann wird die Aehnlichkeit der Rechte nur der Spiegel der veränderten Zustände sein. Und in solchen Rechtsgebieten, welche ihrer Natur nach mehr der Gemeinschaft als dem Sonderleben der Völker angehören, wird solche Rechtsgleichheit in nicht allzu weiter Ferne zu erreichen sein: schon jetzt besteht ein europäisches Völkerrecht, und es ist gar nicht unbenkbar, daß sich in dem Handels- und Wechselrecht, im Autorrecht, wie im Post- und Eisenbahnenrecht ꝛc. alle civilisirten Völker bis auf ein Minimum in ihren Anschauungen vereinigen; im Familienrecht, im Recht der Liegenschaften wird dies nicht eintreten, abgesehen davon, daß auch ganze Rechtsgebiete bei manchen Völkern nothwendig vorkommen und bei anderen nothwendig fehlen werden (Gebirgsvölker und Küstenvölker ꝛc.). Und so können die Völker auch im Recht, wie in der Kunst und Sitte, von einander lernen. Sofern gewisse Rechtsverhältnisse (z. B. im Obligationenrecht) bei allem menschlichen Zusammenleben vorkommen und nach einer immanenten Logik dieser Verhältnisse beurtheilt werden müssen, kann ein minder entwickeltes culturjüngeres Volk recht wohl die Wahrheit adoptiren, welche ein culturälteres vor ihm gefunden, sofern nicht auch in diesen Dingen die nationalen Anschauungen zu weit auseinander gehen. Das wichtigste Beispiel dieser Erscheinung ist die Reception des römischen Rechts in Deutschland. Da wir die ganze griechisch-römische Cultur recipirt haben, war es sehr natürlich, daß auch das römische Recht, dieser wichtigste Bestandtheil der römischen Cultur, aufgenommen wurde, und insofern war die Aufnahme heilsam und lehrreich. Unnatürlich aber war, daß dieses Stück antiker Cultur in ganz anderem Sinne als das übrige recipirt werden sollte, nämlich absolut, d. h. nicht sofern es für uns assimilirbar, in unsere Anschauungen übertragen war, sondern ganz, wie und weil es im Corpus juris geschrieben stand. Jener unnatürliche Vorgang war nur möglich unter dem Schutz der Auffassung des römischen Reiches deutscher Nation als einer Fortsetzung des römischen Imperatorenreichs. Das Aufdrängen erfolgte unter heftigstem Widerstreben des Volkslebens, und wir dürfen gewiß sein, daß aller nicht assimilirte Stoff des römischen Rechts wieder ausgestoßen werden wird.

Wie unsere Definition das Naturrecht und ein illusorisches allgemeines Menschenrecht der Zukunft ausschließt, so bestimmt sie auch das viel bestrittene Verhältniß des Rechts zum Stat. Selbstverständlich ist diejenige Menschengenossenschaft, deren Frieden das Recht nach ihrer Auffassung vernunftnothwendig ordnet, regelmäßig eben der Stat. Der eigentliche normale Rahmen, in welchem das ausgebildete Rechtsleben sich regelmäßig bewegt, ist der Kreis des Stats, zunächst und regelmäßig weder ein engerer noch ein weiterer. Indessen wenn auch nur im Stat das vollkommene Rechtsleben sich ausbildet, so finden sich Ansätze, erste Bildungen des Rechtstriebs in Sachen-, Familien-, Vertrags- und Strafrecht doch auch schon vor dem Stat, in der Sippe, der Horde, der Gemeinde, aus welchen der Stat allmählig geschichtlich erwächst, und bei manchen Stämmen, welche es zu einem eigentlichen Stat so gut wie gar nicht bringen, treffen wir doch ein ziemlich entwickeltes Familien-, Sachen- und Erbrecht; bilden sie doch ebenfalls eine Genossenschaft. Eine Genossenschaft können nun aber auch die Völker mehrerer Staten zu bestimmten Einzelzwecken, dauernd oder vorübergehend, eingehen, und Handelsverträge, Bündnisse, völkerrechtliche Verträge aller Art begründen dann eine Friedensordnung unter mehreren Reichen. Jedoch zeigt sich schon darin, wie sehr der normale Kreis der Rechtsgenossenschaft der Einzelstat ist, daß in den Genossenschaften, die kleiner oder größer als jener Rahmen, so leicht das erste Erforderniß des Rechtslebens fehlt: ein Richter und eine Zwangsgewalt für das Urtheil. Das patriarchalische Haupt der vorstatlichen Horde wird allzu häufig seinen Machtspruch an die Stelle des Rechtsspruchs setzen, und der Mangel eines Forums, einer allezeit verläßigen Exekutive, bildet die schwache Seite des Rechts, sobald es seinen Kreis über mehrere Staten ausdehnt; das Völkerrecht hat bisher vergeblich nach einem Tribunal gesucht, welches in jedem Falle einer Rechtsver-

ṅung zuverläſſig die Erfüllung der Verträge erzwingt und
ſich nicht durch einen Antheil an der Beute beſtechen läßt;
es verläuft hier das Völkerrecht in das Gebiet der Politik,
und alle Träume eines durch das Gericht aller Großmächte
geſicherten ewigen Friedens werden, ſo lange die wider-
ſtreitenden Intereſſen und Leidenſchaften der Völker beſtehen,
Träume bleiben¹).

Da das Recht nur das äußere Verhältniß der Menſchen
zu einander, nicht das innere Verhalten zu Gott oder zu
anderen Menſchen ordnet, ſo ergibt ſich, daß es den Inhalt
von Religion und Moral nicht zu berühren hat, daß aber
auch dieſe in keiner Weiſe überzugreifen haben in das Gebiet von Recht und Stat. Recht und Stat ſind Selbſt-
zwecke ſo gut wie Religion und Moral: ſie ſind ſelbſtſtän-
dige Realiſirungen von Ideen, welche der menſchlichen
Vernunft ſo weſentlich ſind wie Religion und Moral.
Deßhalb, weil ſie alle nur verſchiedene Erſcheinungen und
Richtungen einer einzigen Kraft ſind, beſteht unter ihnen
im Princip nicht Widerſtreit, ſondern volle Harmonie. Nur
in der Erſcheinung können Conflicte entſtehen, wenn etwa
der Stat den Inhalt des nothwendig freien Glaubens
oder die Kirche eine beſtimmte Glaubensform als Vorbedingung statsbürgerlicher Rechte vorſchreiben will. Auf
allen dieſen Gebieten des freien Innenlebens in Religion, Wiſſenſchaft, Kunſt, hat der Stat nur ein Recht zu
gebieten und zu verbieten, ſofern dieſe inneren Gewalten
in äußeren Erſcheinungen ſtörend in die Friedensordnung
eingreifen, wenn z. B. eine Secte den Kriegsdienſt verweigern
oder zur Vernichtung der Andersgläubigen aufrufen will.
Sowie dieſe unſichtbaren Kräfte äußere, ſichtbare Erſcheinungen treiben, treten ſie in das Gebiet des Rechts ein
und geben ihm Veranlaſſung, in ihrem eigenen Intereſſe,
Formen, Friedensordnungen zu bilden; z. B. das Aller-
geiſtigſte, der Gedanke des Künſtlers und Schriftſtellers,
bedarf, ſowie er den Kreis äußerer Intereſſen betritt, einer

---

¹) Anm b. Red. des Statswörterbuchs. „Dieſer das Völkerrecht
verneinenden (!) Anſicht können wir nicht beiſtimmen." So hatte der gute
Bluntſchli beigefügt. Was würde er geſagt haben, hätte er die modernſten
„Conſtructionen" kennen gelernt, welche allen Statsverträgen die obligato-
riſche Rechtswirkung abſprechen, „weil ſich der ſouveraine Stat nicht binden
kann:" nur franzöſiſches und deutſches Statsrecht ſoll ein Vertrag
zwiſchen Frankreich und Deutſchland ſein nach der Publication in Frankreich und Deutſchland, vorher aber keine Rechtsverpflichtung erzeugen.

Rechtsordnung, des Urheberrechts; und wenn der religiöse Gedanke zu einer auch äußerlich so wichtigen, mit äußerlichen Gütern so reich ausgestatteten Bildung treibt, wie die Kirche, so können und müssen sich an dieses Aeußerliche Rechtsformen ansetzen, und es entsteht ein Kirchenrecht und Kirchenstatsrecht, während das ganze „Religionsrecht" sich in den Satz zusammenfassen läßt, daß der Stat sich gegen die Religion zwar keineswegs gleichgültig verhält, aber volle Religionsfreiheit in dem Sinne zu gewähren hat, daß er einerseits das Leben jeder Religion, welche nicht sitten- und statsgefährlich wirkt, unberührt läßt, andererseits keinem religiösen Bekenntniß Einfluß auf die statsbürgerlichen Rechte beimißt.

Ebenso stehen Moral und Recht nicht feindlich, nicht gleichgültig, aber unabhängig neben einander. Wenn solche Pflichten, bei deren Erfüllung Alles auf freie innere Gesinnung ankommt, z. B. Dankbarkeit, vom Recht in sein Bereich gezogen werden, wie dies im Recht der Athener der Fall war, so ist dies ein unbefugter Uebergriff, der weder moralisch noch juristisch gute Früchte bringen wird. Wenn umgekehrt das kanonische und das mittelalterliche Strafrecht rein moralische Vergehen oder gewiße Glaubensansichten mit äußeren und sogar mit statlichen Strafen belegt, so gilt hiervon buchstäblich dasselbe. Freilich gibt es zahlreiche Berührungspuncte beider Gebiete, in welchen die Gesinnung auch für die juristische Behandlung von Einfluß ist; z. B. dolus und culpa, nicht nur im Straf-, auch im Privatrecht.

Ob nun aber auch im Princip zwischen Moral und Recht kein Gegensatz besteht, so kann doch in der Erscheinung, wie die Geschichte lehrt, ein solcher leicht genug vorkommen. Wenn nämlich durch krankhafte Zustände im Volksleben Formen und Ordnungen, welche für eine frühere Zeit paßten und eben die Formen eines früheren Lebensinhaltes waren, aber für die Bedürfnisse einer fortgeschrittenen Zeit, für den neuen Lebensinhalt des Volkes nicht mehr passen, noch festgehalten werden, weil etwa ein Theil des Volkes, ein Stand sein selbstisches Interesse dabei findet, so liegt ein Conflict vor von formalem, aber abgestorbenem Recht und lebendig sittlichen Mächten, welche aber noch nicht Recht geworden sind. Allbekannte Beispiele sind die Kämpfe der Patricier und Plebejer in Rom, der Geschlechter und Zünfte in den mittelalterlichen Städten, die französische Revolution ꝛc. In den meisten Fällen werden sich hier die Verfechter des formellen Rechts auch sittlich für vollberechtigt halten: es werden nicht nur die selbstischen Interessen, auch die Ueberzeugungen, bona fide, sich entgegenstehen, und dann wird die Hartnäckigkeit der Einen, der Ungestüm der Anderen aufs Höchste steigen und die Spannung so unerträglich werden, daß eine gewaltsame Veränderung erfolgt. Man hat in solchem Fall von einem „jus revolutionis" gesprochen im juristischen Sinn. Dies ist unstatthaft: eine juristische Befugniß zu gewaltsamem Bruch des formalen Rechts kann kein Stat aussprechen, ohne sich selbst aufzuheben. Man muß hier Recht und Moral scharf auseinander halten. Kein Kenner von Recht und Geschichte wird einem Volk das sittliche Recht der Nothwehr gegen unerträglich gewordenen Druck von veraltetem formalem Recht absprechen: das Recht soll eine vernünftige Friedensordnung sein; ist es eine unvernünftige Ordnung, ist der Druck unerträglich und eine Abhilfe auf dem Wege des Rechts unmöglich geworden, so ist es der Gipfel der Thorheit, zu verlangen, daß das Volk untergehe und das formale Recht erhalten werden soll; vielmehr hat in solchem Fall das Volk sittlich die Befugniß auch gewaltsamer Selbsthilfe, und die Verfechter des veralteten Rechts handeln unsittlich oder doch unvernünftig. Aber freilich ein Bruch des formalen Rechts ist und bleibt eine Revolution, wenn wir sie moralisch auch noch so sehr gerechtfertigt erachten; ein Bruch des Rechts aber ist unter allen Umständen eine Katastrophe, welche den Bestand des Stats bedroht, ja momentan aufhebt; denn vor dem gefährlichen Satz, daß ein nur formales Recht auch juristisch kein Recht mehr sei, muß man mit aller Entschiedenheit warnen: dieser Satz widerstreitet dem Wesen alles Rechts und macht den Bestand des Stats von der Laune jedes Mißvergnügten abhängig. Es ist auch die sittliche Rechtfertigung der Revolution noch eine gefährliche Theorie, aber sie ist die unverschweigbare Lehre der Philosophie und der Weltgeschichte; Voraussetzung dabei ist, daß in der That objectiv ein Fall der unerläßlichen Selbsthilfe gegeben, daß in der That der Druck des formalen Rechts unerträglich und friedliche Abhülfe unmöglich geworden sei. Wird diese Frage leichtfertig bejaht, so trägt die sittlich-politische Verantwortung nicht die richtige Theorie, sondern die unrichtige Praxis.

Wir müssen uns hier versagen, das rechtsphilosophische Princip im Detail der einzelnen Rechtsgesetze zu bewähren. Die Ableitung des Eigenthums aus der geistigen Persönlichkeit wie aus der natürlichen Basis derselben, die Deduction der Ehe und des Familienrechts aus dem sittlichen Bedürfniß nicht minder als aus dem natürlichen, die Ableitung des Erbrechts, nicht nur aus nationalökonomischen Erwägungen, sondern auch aus den idealen Gründen der Continuität der Geschichtsentwicklung in der Folge der Generationen, die Rechtfertigung des Testaments und der Familienerbfolge neben einander aus der Geistesfreiheit und Naturgebundenheit des Menschen, die Zurückführung des Vertragerechts wie auf die Hilfsbedürftigkeit des Einzelnen, so auf die allen Einzelnen gemeinsame Rechtsvernunft und andere Detailausführungen würden überall die ideale neben der realen Wurzel der Rechtsbildungen aufzuzeigen haben, während im Proceßrecht die Gesetze des menschlichen Erkennens in der Lehre von Behauptung, Widerspruch, Einrede und Beweis in ihrer Uebertragung auf das Gebiet der Rechtsvernunft nachzuweisen wären und im Strafrecht der letzte Grund des jus puniendi des States nicht blos in der realen Nothwendigkeit der äußeren Selbsterhaltung durch Abschreckung, sondern ebenso in der idealen Nothwendigkeit der äußeren Selbsterhaltung durch Genugthuung zu finden sein würde.

Wir berühren nur noch eine der wichtigsten Fragen über Wesen und Aufgabe des States. Kaum ist die Controverse über Rechts- oder Polizeistat in ihrer früheren Fassung als erledigt zu betrachten, so taucht sie in der neuen Form, welche ihr der französische Socialismus und das moderne Princip der Association verliehen, wieder auf, und zwar kleidet sich diesmal der Irrthum in eine viel scheinbarere Argumentationsweise.

Es hing mit der ganzen Kant'schen Auffassung von Ethos, Recht und Stat zusammen, daß letztere von ihr lediglich als eine große Rechtsanstalt gefaßt wurde: er bestellt die Gerichte und vollzieht nöthigenfalls mit Gewalt ihre Urtheile. Dieser bloße „Rechtsstat" wurde dann durch die politischen Bewegungen in Deutschland, welche noch unter der Herrschaft der kritischen Philosophie anhoben, in doppeltem Sinne zu einem Parteiwort umgeprägt. „Rechtsstat" nannte man nämlich einmal den modernen Stat, wie er im Zusammenhang mit der englischen und mehr noch mit der französischen Revolution dem mittelalterlichen Feudal- und Patrimonialstat entgegentrat. Der moderne Stat mit seinem Begriff von Statsbürgerthum, Gliederung der Gewalten, Volksvertretung, politischen Grundrechten auf Freiheit und Sicherheit der Person, des Eigenthums, des Bekenntnisses, der Presse, Unabhängigkeit der Gerichte: — dieser moderne Stat hieß der Rechtsstat, im Gegensatz zu der Negation oder Verkümmerung all dieser Attribute im Statswesen des Mittelalters. Zweitens aber verlangt der Radicalismus im Gegensatz zu dem Polizeistat einen bloßen Rechtsstat in dem Sinne, daß die ungebührliche Bevormundung und Vielregiererei, die der bureaukratische Stat in alle Verhältnisse des Lebens mengte, gar nicht zur Aufgabe des Stats gehöre, welcher vielmehr, wobei man sich auf Kant berief, lediglich eine Gerichtsanstalt sei; man hatte die Hand des States in dem Leben der Gesellschaft, der Wirthschaft, des Handels nnd Verkehrs, der Cultur so häufig nur in störenden, hemmenden, statt in fördernden Eingriffen empfunden, daß man ihr das Recht zu allen Eingriffen überhaupt völlig absprechen wollte.

Es bedarf keiner Auseinandersetzung, daß die Rechtsphilosophie den modernen Stat nur als „Rechtsstat" in jenem ersten Sinne im Gegensatz zu dem Feudalstat fassen kann, welchen sie ruhig der Statsromantik überläßt.

In dem zweiten Sinn aber kann die Rechtsphilosophie den „bloßen Rechtsstat" nicht sanctioniren: sie muß dem Stat, neben der Rechtspflege in Civil- nnd Strafproceß, noch andere Aufgaben zuweisen. Der Mißbrauch der Administration darf nicht zur Verwerfung aller Administrationen führen. Die Aufgabe des Stats ist, die Rechtsidee zu realisiren; das Recht ist aber die Friedensordnung über allen äußeren Verhältnisse der Menschen zu einander und zu den Sachen. Diese Friedensordnung bewegt sich nun doch keineswegs bloß im Gebiet von Privat- und Strafrecht. Wo immer Menschen in äußere Verhältnisse zu einander und zu den Sachen treten, bedarf es einer vernünftigen Ordnung, welche keineswegs bloß Erhaltung des dermaligen Bestandes, sondern steten Fortschritt, stete Förderung bezwecken muß; eine Ordnung, welche nur erhalten und schützen, nicht auch fördern wollte, wäre keine vernünftige Ordnung.

In allen oben erwähnten Kreisen: Handel, Verkehr, Kunst, Religion, Wissenschaft, Cultur, Wirthschaft ꝛc. entsteht, sowie äußere Verhältnisse der Menschen zu einander und zu den Sachen sich bilden, das Bedürfniß nach schützenden und fördernden Ordnungen: diese sind juristischer Natur, und obwol keineswegs der Stat alles Recht zu machen hat, das sich in seinem Rahmen bewegt, obwol er vielmehr allen Lebenskreisen überlassen soll, sich selbst auch die Rechtsformen für ihren Inhalt nach eigenem Bedürfniß und eigenem Ermessen zu schaffen, im Wege der freien genossenschaftlichen Verbindung, so hat doch der Stat, eben weil er die allgemeine Friedensordnung realisiren soll gegenüber allen Lebenskreisen, bei voller Anerkennung ihrer berechtigten Selbstständigkeit, drei wichtige Aufgaben: die Aufgabe der Controle im höchsten Interesse der Allgemeinheit, die Anfgabe ergänzender Hülfe, und die Aufgabe richterlicher Entscheidung im Fall des Conflicts der einzelnen Lebenskreise unter einander. Der Stat soll controliren: d. h. er soll darüber wachen (jus cavendi), daß nicht ein Lebensgebiet die Freiheit, die man ihm an sich zu gewähren hat, in selbstischem Interesse zum Schaden Anderer, auch berechtigter Gebiete mißbraucht. Der Stat hat z. B. dem wirthschaftlichen Leben volle Freiheit zu belassen; wenn aber eine Generation, unbekümmert um die folgenden, um des großen momentanen Gewinns willen, alle Wälder im Lande niederschlagen wollte, so müßte der Stat im Interesse der Allgemeinheit und der dauernden Volkswohlfahrt mit seinem Veto einschreiten. Der Stat soll ergänzen d. h. er soll, wo ein Lebenskreis nicht rasch oder geschickt genug dazu gelangt, mit autonomer Thätigkeit die rechte Form für seine Bedürfnisse zu finden, mit seiner Kraft und Intelligenz einspringen. Dies ist z. B. die Rechtfertigung aller Culturgesetze: allmählig würde, nach vielen Schäden, Stockungen und Mißgriffen, das Volksleben wol auch von selbst zur Herstellung der erforderlichen Culturmittel und zur gewohnheitsrechtlichen Normirung ihres Gebrauches gelangen; um aber den Zeitverlust und die Schäden der unreifen Experimentirungen zu vermeiden, geht der Stat mit einem Wasser-, Eisenbahn-, Straßenbaugesetz ꝛc. voran. Freilich soll er nur da eingreifen, wo seine ergänzende Hilfe wirklich nothwendig ist, und in jedem Fall soll er sich der Mitwirkung des betreffenden Lebenskreises bedienen.

Endlich muß der Stat richten, wenn ein Lebensgebiet mit dem andern in Conflict geräth; z. B. die Wirthschaft mit der Moral (Wuchergesetze), oder die Kunst mit der Moral, oder die Wissenschaft mit der Religion. Nur der Stat kann hier entscheiden: denn nur der Stat, der die Rechtsidee realisiren soll, steht frei über jedem Sonderinteresse und vertritt das Interesse des Ganzen. Und deßhalb muß unvermeidlich, so gefährlich es ist, Richter in eigener Sache zu werden, auch bei einem Conflict des States selbst mit einem einzelnen Lebensgebiet, z. B. mit der Kirche, ebenfalls der Stat entscheiden; denn dem Stat, dem Träger der Rechtsidee, der die Friedensordnung des Ganzen zu wahren hat, gebührt zuletzt doch in allen Fällen das Richterwort.

Gegen diese ganze Auffassung des States als des obersten richtenden und verwaltenden, controlirenden und ergänzenden Centralorgans der allgemeinen Ordnung wendet sich nun das Socialismus. Er will dem Stat im Innern nur die Jurisdiction in Civil- und Strafrecht lassen und alle Administration der autonomen Association der einzelnen Lebenskreise zuweisen. Wir erwähnen die Frage hauptsächlich deßhalb, weil auch eines der bedeutendsten Systeme der Rechtsphilosophie, das Werk von Ahrens, in Anlehnung an die französische Schule diesen Irrthum wenigstens insofern theilt, daß es für die Zukunft das Aufgehen des Stats in der gesellschaftlichen Association in Aussicht stellt; nur zur Zeit, weil die anderen Lebensgebiete noch nicht hinreichend entwickelt seien, komme dem Stat noch jene Ueberordnung zu. Es soll sich also hier der Stat als Mittel zum Zweck der Gesellschaft verhalten wie nach der ethisirenden Auffassung als Mittel zum Zweck der Moral; nach beiden soll der Stat allmählig darauf hinarbeiten, sich selbst entbehrlich zu machen und die Association der Gesellschaft (oder die Moral) an seine Stelle treten zu lassen.

Dem gegenüber müssen wir schließlich nochmals kräftig hervorheben, daß das Recht eine für den Menschengeist wesentliche Idee ist, so wenig durch eine andere zu ersetzen wie etwa die Religion durch die Kunst, daß diese Idee nothwendig einer äußeren Erscheinung und tragenden Macht bedarf, welche eben der Stat ist. Die allgemeine vernünftige

Friedensordnung, welche schützend und fördernd die äußere Form für das innere Leben des Volkes bildet, erscheint im Stat. Der Stat, als die Gesammtform der Volksgenossenschaft zur nationalen Realisirung der Rechtsidee, zur Erhaltung und Förderung der äußeren Ordnungen in allen Lebenskreisen, ist in seiner übergeordneten, controlirenden, ergänzenden, richtenden Stellung vernunftnothwendig und kann darin durch keinen anderen Lebenskreis ersetzt werden.

Literatur. Schon bei den Begründern und ersten Lehrern des Naturrechts finden sich Zusammenstellungen der älteren Ansichten und der gleichzeitigen Streitfragen, also Material zur Geschichte der Rechtsphilosophie; so in den Prolegomena des Hugo Grotius, in dem Specimen controversiarum von Pufendorf, und gegen Ende des siebzehnten Jahrhunderts begegnen uns ausführliche Werke über Geschichte des Naturrechts, historiae juris naturae, so von Buddeus 1695, Ludovici 1701, 1014, Thomasius 1719. — Ferner sind aus dem überreichen Material hier etwa zu nennen: Schmauß, neues System des Rechts der Natur, Göttingen 1754. Ompteda, Literatur des natürlichen und positiven Völkerrechts 1785. Henrici, Ideen zur wissenschaftlichen Begründung der Rechtslehre, Hannover 1810. Welcker, die letzten Gründe von Recht, Stat und Strafe, Gießen 1813. Friedrich von Raumer, geschichtliche Entwicklung der Begriffe von Recht, Stat und Politik. Leipzig 1826. 1832. Stahl, Rechtsphilosophie. Heidelberg 1829. 1847. Warnkönig, Rechtsphilosophie. Freiburg 1839. 1854. Schmitthenner, zwölf Bücher vom Stat. Gießen 1839. Roßbach, die Perioden der Rechtsphilosophie. Regensburg 1842; die Grundeinrichtungen in der Geschichte der Statswissenschaft. Erlangen 1848. Lenz, Entwurf einer Geschichte der Rechtsphilosophie. Danzig 1846. Ahrens, Philosophie des Rechts und Stats. 4. Auflage. Wien 1850. 1852. Hinrichs, Politische Vorlesungen. 1842. Geschichte der Rechts- und Statsprincipien seit dem Zeitalter der Reformation. Leipzig 1849—1852. Bluntschli, Allgemeines Statsrecht, geschichtlich begründet. 3. Auflage München 1863. Dahlmann, die Politik, auf den Grund und das Maß der gegebenen Verhältnisse zurückgeführt. 2. Auflage Leipzig 1847. Schilling, Lehrbuch des Naturrechts oder die philosophische Rechtswissenschaft. Leipzig

1858. Hildebrand, Geschichte und System der Rechts- und Statsphilosophie ein Band. Das classische Alterthum. Leipzig 1860 (mit musterhaft reicher Literaturangabe). Röder, Grundzüge des Naturrechts. 2. Auflage Leipzig 1860. Trendelenburg, Naturrecht auf dem Grunde der Ethik. Leipzig 1860. Lassalle, das System der erworbenen Rechte. Eine Versöhnung des positiven Rechts und der Rechtsphilosophie. Zwei Theile Leipzig 1860. Thilo, die theologisirende Rechts- und Statslehre. Leipzig 1861. R. v. Jhering, der Zweck im Recht, Leipzig 1877. Dahn, die Vernunft im Recht, Berlin 1879. Lasson, System der Rechtsphilosophie, Berlin 1881.

Rechtsschulen.

Alles Recht ist ursprünglich Gewohnheitsrecht und Volksrecht; es ist kristallisirte Sitte, der Inbegriff der Anschauungen der Volksgenossenschaft über die vernünftige Friedensordnung ihrer äußeren Verhältnisse zu einander und zu den Sachen. In diesem Stadium ist noch die Gesammtheit des ganzen Volkes Trägerin des Rechtslebens: die gesammte Volksversammlung „findet" in ihrer Rechtsüberzeugung das Urtheil des einzelnen Falles und spricht im Weisthum ihr Bewußtsein von dem bestehenden Gewohnheitsrecht aus: der einfache Verstand genügt, für einfache Lebensverhältnisse den Rechtsausdruck zu finden.

Wird aber nun mit der zunehmenden Cultur das Leben in allen seinen Verhältnissen reicher und verwickelter, so müssen es auch die ihnen entsprechenden Rechtsformen werden; es bedarf nun der Uebung, der besonderen Beschäftigung mit denselben, und es bildet sich (oft, nicht stets) ein Juristenstand, welcher fortan ganz vorzugsweise auch an der Weiterbildung des Rechts mitarbeitet, wie Auffassung und Auslegung desselben Sache seiner eigenthümlichen Technik wird. Dies ist an sich kein krankhafter, sondern ein natürlicher Zustand, wenn auch die Gefahr einer Entfremdung des Standes vom Volksleben und dessen Rechtsbedürfniß nahe genug liegt.

Ist so in dem Stand der Juristen von Fach im Zusammenhang mit den allgemeinen Culturfortschritten des Volkes eine Rechtswissenschaft erwachsen, so ist die Möglichkeit einer verschiedenartigen Auffassung und Behandlung des Rechtsstoffes nach den beiden Hauptrichtungen des menschlichen Denkens, dem analytischen und synthetischen, die freilich nie absolut zu scheiden und geschieden sind, schon mit gegeben. In den einzelnen Individuen und in ganzen Zeitabschnitten überwiegt bald die Richtung des Denkens auf das Erfahrungsmäßige, Einzelne, Manchfaltige, bald die auf das Principielle, Allgemeine, Einheitliche, und der Gegensatz überwiegend empirischer und überwiegend philosophischer Betrachtung wird sich, so lange er nicht zu einseitigem Gegensatz ausartet, mit voller Berechtigung auf diesem Gebiet wie in allen andern Wissenschaften einfinden. Außer diesem, in der Natur des menschlichen Denkens liegenden Unterschied ergeben sich nun aber auch solche, welche aus der eigenthümlichen Natur des Rechts selbst folgen. Das Recht erwächst, wie andere Glieder des Volkslebens, geschichtlich aus der Vergangenheit, soll in der Gegenwart gelten und sich für die Zukunft weiter bilden. Demzufolge werden auch wieder Einzelne und ganze Zeitrichtungen nach individuellem Bedürfniß ihre Aufmerksamkeit überwiegend bald dem geschichtlichen Wachsen des Rechts, bald seinem praktischen Leben in der Gegenwart, bald seiner Weiterbildung für die Zukunft zuwenden, und auch dieser Unterschied einer überwiegend historischen, überwiegend dogmatischen und überwiegend politisch-legislativen Richtung ist nicht an sich, sondern nur im Fall einseitiger Ausschließlichkeit ein Uebelstand. Außer diesen in dem Wesen aller Wissenschaft und alles Rechts schon vorgezeichneten verschiedenen Auffassungen kann nun natürlich der Reichthum des geschichtlichen Lebens noch eine Fülle von andern „Rechtsschulen" hervorbringen und hat sie hervorgebracht, von welchen die bedeutendsten hier kurz zu skizziren sind; als leitender Gedanke ist dabei das oben Ausgesprochene festzuhalten, daß diese verschiedenen Behandlungsweisen, so lange sie sich nicht in extreme Einseitigkeit verrennen, für Leben und Entwickelung des Rechts nicht schädlich, sondern sehr förderlich sind, wie dies in unserer jüngsten Vergangenheit die Reibung derjenigen Schulen, welche hier vorzugsweise zu besprechen sind, der historischen, dogmatischen, philosophischen, dann der germanistischen und romanistischen, in so fruchtbaren Ergebnissen bewiesen hat.

Schon in der Geschichte der römischen Jurisprudenz begegnet uns ein merkwürdiger Gegensatz von Rechtsschulen. Die bedeutendsten Juristen zur Zeit der Errichtung der römischen Monarchie, Antistius Labeo und Marcus Atejus Capito waren politische Gegner und Gegner in der Behandlung ihrer Wissenschaft: Labeo war und blieb ein Feind der neuen, durch Octavian eingeführten Ordnung der Dinge, während sich Capito derselben anschloß. Wenn aber in der juristischen Methode (nach dem Bericht des Pomponius) Capito an der Autorität der von den Vorgängern überkommenen Lehren und Auffassungen strenger festhielt, neigte Labeo einer freieren Behandlung zu und vertrat vielfach gegenüber den hergebrachten Meinungen der Autoritäten die neuen Lehren einer veränderten Zeit. Ihre politischen und theoretischen Gegensätze scheinen sich also gekreuzt zu haben: der conservative Republicaner Labeo vertrat in der Wissenschaft den verändernden Fortschritt, und Capito, der Anhänger der politischen Neuerung, die stabilen Autoritäten. Indessen sind wir über den principiellen Unterschied der beiden Richtungen nicht ausreichend unterrichtet; wir wissen nur, daß der Gegensatz der beiden Gründer auf die Nachfolger überging und bis gegen Ende des zweiten Jahrhunderts in zwei Schulen fortbestand, welche nach den bedeutendsten Schülern des Labeo, Prokulus, und des Capito, Massurius Sabinus (oder Cajus Cassius Longinus) Prokulianer und Sabinianer (oder Cassianer) genannt wurden. Der Gegensatz der beiden Gruppen bezog sich mehr auf die Gesammtmethode, das ganze Princip der Behandlung des Rechts, als daß er sich in den einzelnen Controversen jedes Mal ausgeprägt hätte, und verlor sich allmählig von selbst dadurch, daß die hervorragenderen Juristen sich keiner Schule mehr anschlossen. Der letzte Jurist welcher als Sabinianer auftritt ist Gajus (unter Marc Aurel), nach ihm verschwindet jede Spur des alten Gegensatzes der Schulen.[1]

---

[1] Die bedeutensten Prokulianer sind: Marcus Cocceius Nerva, Pegasus, Plautius, Juventius Celsus und Publius Celsus; von den Sabinianern sind zu nennen Cölus Sabinus, Javolenus Priscus, Salvius Julianus, Sextus Pomponius, Sextus Cäcilius Africanus, Volusius Metianus, Terentius Clemens und Claudius Saturninus.

Als zu Anfang des zwölften Jahrhunderts das römische Recht, (dessen Kenntniß und Betrieb in Italien freilich niemals völlig erloschen war) von den Glossatoren der Schule von Bologna wieder zu neuem Leben erweckt wurde, war es ausschließlich die Exegese, das Erläutern (Glossiren) des Textes des Corpus juris, was die Thätigkeit dieser Männer[2] in Wort und Schrift bildete. Ihr Verdienst beruht in dem Fleiß und Scharfsinn, mit welchem sie das gesammte Gesetzeswerk Justinians eben aus seiner Totalität zu erklären suchten; jede einzelne Stelle sollte nicht aus sich allein, sondern aus der Gesammtheit aller denselben Gegenstand behandelnden Parallelstellen erläutert werden. Nur war freilich dieser einseitig dogmatischen Schule das Corpus juris eine Welt für sich; der Gedanke, das römische Recht als ein Stück der römischen Volksgeschichte zu fassen, sein geschichtliches Werden zu beobachten und das Erwachsene aus diesem seinem Wachsthum zu erklären, dieser Gedanke stand ihr fern. Als eine Entartung der Schule der Bolognaten stellt sich dar die Geistesrichtung der Commentatoren. Schon zu Ende des dreizehnten Jahrhunderts wich auch aus der dogmatischen Auffassung der Glossatoren der scharfsinnige Geist, der sie in ihrer Blütezeit ausgezeichnet, und der Mangel an historischem Sinn potenzirte sich dahin, daß nun auch nicht mehr das Corpus juris selbst, sondern die Exegesenliteratur desselben, die Glosse, ja die Glosse der Glosse, Hauptgegenstand der Forschung wurden, und dieses Bemerken zu den Bemerkungen Anderer, dieses „Commentiren der Commentare", das immer weiter von den Quellen ableitete, nahm im vierzehnten und fünfzehnten Jahrhundert immermehr zu. Breit und geschmacklos wurden die herkömmlichen Eintheilungen, Formeln und Nomenclaturen der Schulsprache vorgetragen: diese, nicht das Recht und sein Inhalt, wurden die Hauptsache.[3]

---

[2] Die wichtigsten Namen dieser Schule sind: Irnerius, der Gründer, c. 1100, Bulgarus, Marthus, Jacobus, Hugo c. 1150, Placenthus c. 1175. Azo c. 1210, Hugolinus c. 1225. Vgl. Savigny, Gesch. d. röm. Rechts im M. A. IV. V. Hugo, Lehrb. der Gesch. d. röm. Rechts seit Justinian. Berlin 1830. Haubold, instit. jur. rom. literar. Lips. 1809.

[3] Vgl. Savigny a. a O. V. u. VI. Die bedeutendsten Commentatoren sind: Odofredus. c. 1250. Albericus von Rosciate c. 1250. Bartolus c. 1350

Da war es im sechszehnten Jahrhundert die Schule französischer Juristen, welche aus diesem vertrockneten Dogmatismus hinüberleitete zu einer geschichtlichen Erfassung des Rechts. Das Wiedererwachen der Antike, die hohe Blüte der classischen Philologie, die vertiefte und erweiterte Kenntniß der römischen Gesammtgeschichte mußte einen Cujacius (1522—1590) dahin führen, auch das Rechtsgebiet als ein Segment des ganzen römischen Lebenskreises zu fassen und auf sein geschichtliches Wachsen und Werden das Hauptgewicht zu legen. Diese französische Schule[1]) setzte sich dann in den Bestrebungen der holländisch=niederländischen fort,[2]) während gleichzeitig in Deutschland die Richtung der sogenannten Praktiker sich vom Historismus wieder abkehrte und sich einer für die Geschichte des deutschen Rechtslebens im höchsten Grade wichtigen dogmatisch-forensischen Thätigkeit hingab. Es galt nämlich, das römische Recht, welches, unerachtet des Widerstrebens der deutschen Schöffen, in Folge seiner blendenden Ueberlegenheit an wissenschaftlicher Ausbildung, an scharfer Systematik und reicherer Begriffsentfaltung, dann aber auch der Uebermacht der römisch geschulten Doctores juris in den Gerichten der Fürsten und des Kaisers, und unter dem Schutz der Auffassung des deutschen Reichs als einer Fortsetzung des römischen Imperiums, seit Mitte des dreizehnten Jahrhunderts in Deutschland eingedrungen war und nun, im sechszehnten, ganz so wie es im Corpus juris geschrieben stand, auf das völlig verschiedene Leben angewendet werden sollte, auch wirklich für Deutschland anwendbar zu machen. Da hat nun die Schule der Praktiker das nicht hoch genug anzuschlagende Verdienst, diese Aufgabe in der Weise gelöst zu haben, daß sie eine große Fülle einheimischen, deutschen Rechts in den schützenden Formen römischer Namen erhielten und eine große Fülle fremden Rechts im Sinne des deutschen Lebens und seiner Bedürfnisse modificirte. Freilich geschah dies zum großen Theil unbewußt: sie hatten sehr wenig historischen Sinn für das Nationaleigenthümliche im römischen Recht und mißverstanden dasselbe sehr häufig in der Art,

---

[1]) Außer Cujacius sind hervorzuheben: Duarenus c. 1530. Hugo Donellus, Contius, Brissonius c. 1550. Dionysius Gothofredus c. 1600. und Jakobus Gothofredus c. 1625.

[2]) Vinnius c. 1650. Voet c. 1775. Norb c. 1725.

daß sie in den römischen Normen die Institute des deutschen Rechts, welche sie im Leben umgaben, erblickten. So haben sie absichtlich und unabsichtlich im Gebiet des Familienrechts (eheliches Güterrecht, Vormundschaft) des Sachen- (dominium directum und utile, Familien-Fideicommiß, Reallasten, Grundleihe) und Forderungsrechts (Leibzucht) und sogar im Erbrecht theils viele römische Institute deutsch modificirt, theils deutsche Institute unter römischem Namen geborgen und erhalten.[*)]

Daneben ging nun die Schule der Naturrechtslehrer, welche oben S. 100 in ihren Grundzügen bereits gezeichnet wurde. Sie konnte in ihrem rationalistischen Dogmatismus, der zu aller Geschichte in vollem Widerspruch stand, nur den starren und bequemen Dogmatismus befestigen, der damals auch die Rechtswissenschaft beherrschte. Das römische Recht, wie man es damals verstand oder mißverstand, galt als am meisten mit den Principien des Naturrechts übereinstimmend — natürlich, denn die Naturrechtslehrer hatten ja eben aus dem römischen Recht, welches sie allein kannten oder doch dem „barbarischen" deutschen Recht schon um seiner bequemen Zugeschliffenheit willen vorzogen — als raison écrite ihr Naturrecht abgeleitet und diese geschriebene Vernunft, wie sie fix und fertig aus dem Geist des Kaisers Justinian wie Pallas Athene aus dem Haupt des Zeus hervorgesprungen war, hatte keine Geschichte hinter sich und keine Möglichkeit der Veränderung vor sich.

Diesem Dogmatismus trat nun, wie im sechszehnten Jahrhundert die ältere französische, eine neue deutsche historische Schule entgegen, als deren Gründer Hugo (1764—1844) als deren Vollender Savigny (1779—1861) erscheint.

Wenn diese Männer zunächst auf dem Gebiet des römischen Rechts wieder den Historismus gegen den Dogmatismus vertraten und das justinianische Recht lediglich als den Abschluß einer langen Entwicklungsgeschichte und aus derselben erklärt wissen wollten, so kam diese Erscheinung

---

*) Vgl. Bruns im Jahrb. d. gem. Rechts I. S. 90 ff, hierher gehören die Namen Mynsinger c. 1575, Carpzov c. 1650, Moevius c. 1650; Struve, Schilter, Stryk c. 1675, Böhmer, Cocceji, Heineccius, Leyser c. 1725, Struve c. 1750, Höpfner c. 1775, Glück 1755—1831.

keineswegs vereinzelt in ihrer Zeit, sondern hing aufs engste zusammen mit dem Umschwung, welcher zu Ende des vorigen und in den ersten Jahrzehnten unseres Jahrhunderts alle Gebiete des Geistes bewegte. Diese Bewegung machte Front nicht nur gegen den Dogmatismus im Betrieb des römischen Rechts in der römisch historischen Schule, sie rief auch die germanistische historische Schule im Gegensatz zu der ungerechtfertigten, absoluten Herrschaft des römischen Rechts in Deutschland hervor und sie führte zu einer Reibung dieser ganzen geschichtlich empirischen Richtung mit der gleichzeitigen philosophischen Construction des Rechtsstoffes.

Savigny sprach zuerst den Grundsatz der neuen historischen Schule aus, daß das Recht nicht durch den Gesetzgeber ohne Weiteres wie eine Rechnung gemacht werde, sondern daß es als ein Stück des Volkslebens und mit diesem in der Entwicklung des Nationalcharakters wachse: am schärfsten bei Gelegenheit der von Thibaut[7]) angeregten Frage über Bedürfniß und Fähigkeit der Zeit, nach dem Fall der Franzosenherrschaft in Deutschland ein gemeinsames Recht herzustellen, welche Savigny verneinend beantwortete.[8]) Gegenüber der dogmatischen (ungeeigneter Maßen auch philosophisch genannten) Richtung hat die neuere historische Schule die Nothwendigkeit der geschichtlichen Erforschung des Rechts und die Auffassung desselben als eines lebendigen Gliedes in der gesammten Volksgeschichte siegreich nicht nur in der Theorie behauptet, sondern auch praktisch in den Werken Savigny's und seiner Schüler[9]) den Erfolg der Methode glänzend bewährt. Gewiß soll aber die geschichtliche Methode die Rechtswissenschaft nie dazu verleiten, von dem Dogma des gegenwärtigen praktischen Rechts sich abzuwenden; die Cultur des gegenwärtigen Rechts bleibt immer die eigentliche Aufgabe der Rechtswissenschaft und nie darf ihr, wie der Geschichte, die Erforschung des Vergangenen Hauptsache sein; die historische Schule soll nicht unpraktisch werden, so wenig die praktischdogmatische Wissenschaft unhistorisch sein darf. In dieser Formel haben sich die beiden Parteien geeinigt.

---

[7]) Ueber d. Nothwendigkeit eines allgem. bürgl. Gesetzbuchs f. Deutschland. 1814.

[8]) Ueber den Beruf unserer Zeit für Rechtsw. u. Gesetzgeb. 1814.

[9]) Puchta, Göschen, Schweppe, Mühlenbruch, Unterholzer, Keller, Bruns, Windscheid.

Der zweite Conflict, jener der jungen germanistischen Schule mit der absolut-romanistischen, darf ebenfalls im Wesentlichen als beigelegt erachtet werden. Diese germanistische Schule erwuchs aus einer Mehrheit von Wurzeln. Einmal hatte man schon seit der Mitte des vorigen Jahrhunderts dem deutschen Recht und seiner Vergangenheit neue Aufmerksamkeit zugewendet. Die Geschichte des deutschen Reichs und Statsrechts war immer in einem gewissen Flor gestanden, wenn es auch an Kritik und Methode wesentlich gebrach. Aber auch im Privatrecht hatte die Thätigkeit der Praktiker auf einzelne Stücke des deutschen Rechts immer wieder hingewiesen, und Monographien über einzelne Institute desselben kommen im siebzehnten und achtzehnten Jahrhundert neben den zahlreicheren römischen Dissertationen immer hin und wieder vor.

Freilich betrachtete man diese Dinge lange Zeit lediglich als Curiosa und behandelte „Antiquitäten und Amoenitäten" des deutschen Rechts als eine Art von Allotria, als ein buntes Raritätenkabinet, ohne innern lebendigen Zusammenhang. Eine tiefere Auffassung, namentlich ein Hervorheben des Zusammenhangs dieser Rechtsinstitute mit dem ganzen wirthschaftlichen und Culturleben der Deutschen, findet sich zuerst im Gebiet der Reichs- und Statsgeschichte bei Pütter, Möser u. A. Als man nun aber zu Anfang dieses Jahrhunderts in Deutschland, im Gegensatz zu der abstracten unhistorischen Art der französischen Revolution und ihrer Vollendung in dem Rationalismus des napoleonischen Stats, sich wieder mit Vorliebe der Geschichte, und zwar im Gegensatz zu der französischen Fremdherrschaft, der deutschen Vergangenheit zuwandte, als die Begeisterung der Freiheitskriege, die Romantik in Literatur und Kunst Sinn und Liebe für das Mittelalter und seine Bildungen wieder erweckt hatten, und als endlich gleichzeitig durch die neue römische Schule, durch Hugo und Savigny und Niebuhr die historische Auffassung des Rechts wieder zur Geltung kam, da erwuchs die neue Wissenschaft von Sprache, Sitte, Sage, Mythologie, Kunst und Recht des deutschen Volksthums, es erwuchs die germanistische Wissenschaft, welche alle Zweige der nationalen Geschichte umfaßt und von welcher die juristische Seite eben nur Eine Seite ist. Die Gebrüder Jakob und Wilhelm Grimm und Karl Friedrich Eichhorn wurden die Gründer dieser neuen Schule und fanden bald eine große Zahl eifriger Anhänger.¹⁰)

Allmählig löste sich die deutsche Rechtsforschung von der Anfangs unentbehrlichen, aber später doch nothwendig zu klärenden allzu bunten Vermischung mit den nicht-juristischen Disciplinen der Geschichte, Sprache, den Alterthümern, ohne doch ihren lebendigen Zusammenhang mit diesen allen zu vergessen: und Europa sah das merkwürdige Schauspiel, wie die deutsche Wissenschaft in wenigen Jahrzehnten ein ganzes Rechtssystem nicht nur aus der Verschüttung hervorarbeitete, sondern demselben auch alsbald in der Gesetzgebung und dem ganzen Rechtsleben der Gegenwart den gebührenden Platz wieder eroberte. Diese Eroberung geschah. Anfangs natürlich im Kampf mit den starren Anhängern der absoluten Geltung des römischen Rechts, d. h. vornehmlich mit den römischen Dogmatisten: denn die historische Schule konnte nicht, ihrem eigenen Princip entgegen, die Berechtigung des deutschen Volkes zu einem deutschen Recht bestreiten: Savigny selbst hat in der Vorrede zu seinem Hauptwerk, dem System des heutigen römischen Rechts, entschieden jeden Anspruch des römischen Rechts auf absolute Herrschaft zurückgewiesen und die Ausscheidung der in der That abgestorbenen Elemente desselben aus unserm Leben verlangt. Der Streit bewegte sich vorzugsweise über die Legalautorität des corpus iuris als solchen und die Art und Weise der Reception des fremden Rechts durch die Doctores juris.¹¹)

Heutzutage darf, wie erwähnt, auch dieser Conflict im Wesentlichen als gelöst erachtet werden. Romanisten und Germanisten fühlen sich fortan als deutsche Juristen, mit der Aufgabe, deutsches Recht zu lehren, anzuwenden, weiter zu bilden; dem römischen Recht bleibt dabei seine Fortdauer gesichert, sofern es deutsches Recht geworden ist, abgesehen davon, daß es, wegen seiner eminenten begrifflichen Ausbildung, für immer, auch in seinen specifisch römischen Bestandtheilen, die beste Propädeutik für alles Rechtsstudium bleiben wird. Alle Forscher des römischen und deutschen Rechts, welche nicht hinter der Geschichte der Wissenschaft zurückgeblieben, sind jetzt darüber einig, daß die Aufnahme

---

¹⁰) Wir erinnern hier nur an die Verstorbenen: Albrecht, Zeuß, Gaupp, Wilda, Haffe, Jakob Grimm.
¹¹) Kierulff, Theorie b. gem. Civilrechts, 1. Bd. 1839, und Beseler Volksrecht und Juristenrecht.

des römischen Rechts in Deutschland im Zusammenhang mit der Aufnahme der ganzen antiken Cultur zu fassen ist, daß sie, wie diese, durch ihre formale Vollendung wohlthätig und heilsam und belehrend wirkte, daß aber andrerseits die absolute unterscheidungslose Aufnahme des fremden Rechts, wie eines für Deutschland erlassenen Gesetzes, ein schwerer Irrthum der damaligen Juristen war.[12]) Eine solche Autorität kommt dem Corpus juris nicht zu; niemals ist es als Ganzes von der deutschen Reichsgesetzgebung in Deutschland eingeführt;[13]) oder als Ganzes durch Gewohnheitsrecht recipirt worden,[14]) wenn auch in den Köpfen der damaligen Doctores juris, unter der Hypothese von der Fortsetzung des römischen Reichs im deutschen, die Totalreception geschah, so geschah sie doch nicht in dem Rechtsleben des Volkes; nicht blos wurde von den Schöffen damals sehr energisch dagegen protestirt, nicht blos wurden sehr viele Theile des Corpus juris gar nicht, auch von den Juristen nicht, als recipirt angesehen, — es ist auch der Gedanke der Totalreception nie zu der allgemeinen opinio necessitatis gelangt, welche bekanntlich zum Zustandekommen jedes Gewohnheitsrechts gehört. Es spricht also nicht die Vermuthung der Anwendbarkeit für jeden Satz des römischen Rechts, bis sich besondere Gründe dawider ergeben. Eine Vermuthung spricht weder für noch wider. Vielmehr hat der Richter in Ermanglung partikularrechtlicher Bestimmung (welche natürlich immer vorgeht, mag sie römisch oder deutsch sein), wenn das fragliche Institut dem römischen Recht völlig fremd (z. B. Erbvertrag), nun nicht etwa, wie früher geschah, dasselbe einfach deßhalb, weil es nicht im Corpus juris steht, als nichtig zu behandeln, sondern muß es nach deutschem Recht beurtheilen, falls es nicht vom Partikularrecht ausdrücklich verboten ist (wie z. B. manchmal die Einkindschaft). Gehört das betreffende Institut ursprünglich beiden Rechten oder selbst dem fremden Recht allein an (z. B.

---

[12]) Bluntschli, die neueren Rechtsschulen der deutschen Juristen. Zürich 1841.

[13]) Wie sonderbarer Weise neuerdings behauptet worden ist. E. Meyer, die Rechtsbildung in Stat und Kirche. 1861. S. 71.

[14]) So Windscheid, Lehrbuch des Pandektenrechts. 1. Bd. 1862, S. 5, welcher sonst als einer der am meisten von dem Geist der historischen Schule ergriffnen Romanisten den Ansprüchen des deutschen Rechts am meisten gerecht wird, aber in dieser principiellen Frage, deren Entscheidung von größter Tragweite, noch an der alten Lehre festhält.

Testamentserbfolge), so darf der Richter nun doch nicht in Ermanglung partikularen Gesetzesrechts ohne Weiteres römisches Recht, wie es im Corpus juris steht, anwenden, sondern, wenn überhaupt römisches Recht, jene Gestalt desselben, welche es bei oder nach der Reception in Deutschland durch Gewohnheitsrecht erhalten hat. Sehr häufig wird aber auch in diesem Fall gar nicht römisches Recht, sondern deutsches partikulares und lokales Gewohnheitsrecht oder gemeines deutsches Privatrecht zur Anwendung kommen.

In dieser Einschränkung wird sich das römische Recht noch fortan behaupten, so massenhaft daneben das Bedürfniß des modernen Lebens neue Rechtsbildungen erzeugen wird. Das römische Recht ist als ein Stück der classischen Cultur in unsere eigene Bildung übergegangen und wirkt in dieser unausscheidbar fort, vielfach, wenn auch nur mittelbar, selbst da, wo ganz neues Recht der Gegenwart erwächst, z. B. im Handelsrecht. Ihm eine weitere Herrschaft, eine Legalautorität, eine absolute Gültigkeit ohne Unterscheidung der assimilirbaren und der todten Elemente zuweisen wollen, widerspricht nicht nur dem Geist der geschichtlichen Schule, sondern auch dem Gang des geschichtlichen Lebens, welches sich durch diesen Widerspruch wahrlich nicht wird aufhalten lassen.

Der letzte Gegensatz, dessen wir zu erwähnen haben, ist nicht eigentlich ein Gegensatz von Rechtsschulen, sondern der der Rechtswissenschaft zur Rechtsphilosophie, welchen man nur sehr uneigentlich einen Conflict der historischen mit der philosophischen Schule nennen kann.

Gleichzeitig und neben einander erreichte die Philosophie über Recht und Stat in den apriorischen Systemen von Kant, Fichte und Hegel[15]) einerseits und die neue historische Schule andrerseits hohen Aufschwung und eifersüchtige Reibung blieb nicht aus. Die historische Schule, in ihrem eifrigen Sammeltrieb, betrachtete wenigstens mit Gleichgültigkeit, manchmal mit Achselzucken die kühnen Constructionen der Philosophie, und diese vergalt reichlich mit Geringschätzung der „gedankenlosen Empiriker". Auch dieser Conflict wurde durch den Fortschritt der Bildung von selbst gelöst: wir wissen heutzutage, daß die historische

---

[15]) Gans, Erbrecht in welthistor. Entwicklung, 1824.

Richtung nicht unphilosophisch, die philosophische nicht unhistorisch sein soll. Das Scheitern der großen apriorischen Systeme hat die Philosophie selbst zum Historismus bekehrt — spricht man doch heutzutage von einer „exacten" Philosophie — und die Speculation wird fortan der Basis empirischer Forschung nie mehr entrathen können, wenn sie mit dem Anspruch, Wissenschaft zu sein, auftreten will. Andrerseits aber dürfen die dogmatische und historische Detailforschung im Recht sich nicht in dem Glauben wiegen, jemals die philosophische Betrachtung des Rechts dem Menschengeist ersetzen zu können; er wird in der Fülle des Einzelnen stets nach Principien verlangen, welche die empirische Forschung allein nicht zu finden vermag. Die analytische und synthetische, die philosophische und empirische Form des Denkens sind dem menschlichen Geist gleich unentbehrlich: sie sollen sich nicht ausschließen, sondern ergänzen und durchbringen, und werden dies in allen Einzelnen und in jeder Zeit thun, deren Geist kräftig und gesund ist; die empirische wie die philosophische Rechtserforschung entsprechen jede einem eigenthümlichen und wesentlichen Zug des menschlichen Geistes, jede dieser Richtungen ist an sich berechtigt und nur ihr einseitiges Extrem irrig. Ob in einem Individuum oder in einer ganzen Periode die eine oder die andere Denkweise überwiege, das wird von dem Charakter und den gesammten geschichtlichen Voraussetzungen abhängen; aber immer ist, wie gesagt, das normale Verhältniß der beiden Richtungen nicht Ausschließung und Widerspruch, sondern Ergänzung und Harmonie.

Literatur: Außer den bereits angeführten Schriften vergleiche noch Thibaut über die sogenannte historische und nicht historische Rechtsschule im Civil-Archiv XXI. S. 406. Ueber Savigny als Gründer der historischen Schule, vgl. Arndt's Rede zur Feier des Andenkens an F. C. v. Savigny gehalten am 31. Oktober 1861. — v. Jhering in den Jahrb. f. Dogmatik V. 7. — Preußische Jahrbücher von Haym. 1862. Heft 2.

Zur Rechtsphilosophie.[1]

I.

Wir knüpfen die nachfolgengen Aeußerungen über eine Reihe wichtiger Fragen der Rechtsphilosophie gern und aus guten Gründen an eine Besprechung des oben genannten Werkes.

Dasselbe ist dermalen in der zwanzigsten Formgebung oder Auflage erschienen: neun vom Verfasser herrührende französische („cours de droit naturel") und deutsche Bearbeitungen, eine deutsche, vier italienische, drei spanische, zwei portugiesische und eine ungarische Uebersetzung. Dieser Erfolg ist nicht unverdient und nicht unerklärlich. Der Verfasser ist bekanntlich ein Anhänger der Philosophie Krause's. Dieses System, eine sehr achtungswerthe That des deutschen Geistes, — wenn wir gleich nicht mit den dankbaren und begeisterten Schülern darin den höchsten bisher erstiegenen Gipfel der Speculation zu erblicken vermögen! — enthält auch für Rechtsphilosophie einzelne fruchtbare Gedanken und ist gerade für dieses Gebiet, außer durch den Verfasser, durch Röder in Heidelberg und Leonhardi in Prag mit Eifer und Erfolg verwerthet worden.

Es begreift sich aber auch die Verbreitung dieser Philosophie und besonders Rechtsphilosophie in außerdeutschen Ländern. Diese Erscheinung wird erklärt nicht nur durch den Zufall, daß der (in diesem Jahr verstorbene) edle Spanier Sanch del Rio in Heidelberg durch Röder für das System gewonnen wurde und dasselbe jenseit der Pyrenäen einbürgerte oder durch den zweiten Zufall, daß

---

[1] Heinrich Ahrens, o. ö. Prof. der Statswissenschaften an der Universität Leipzig, Naturrecht oder Philosophie des Rechts und des States. Auf dem Grunde des ethischen Zusammenhanges von Recht und Cultur.
  1. Band: die Geschichte der Rechtsphilosophie und die allgemeinen Lehren. Sechste, durchaus neu bearbeitete, durch die Statslehre und die Principien des Völkerrechts vermehrte Auflage. Wien, C. Gerold's Sohn. 1870.

Ahrens französisch zu schreiben und eine Zeit lang französisch zu lehren veranlaßt war.

Der tiefere Grund liegt in einer gewissen klaren Gemeinverständlichkeit dieser Lehre gerade auf dem Rechtsgebiet.[2]

Ihr Inhalt ist dadurch dem außerdeutschen Denken viel leichter zugänglich gemacht als manche schwungvoller geniale deutsche Speculation, nachdem ein Haupthinderniß ihrer Verbreitung in der Form — die abstrus puristische Sprache — von den Schülern fast vollständig beseitigt worden.

Ferner hat Ahrens vor vielen Rechtsphilosophen, welche von der philosophischen Seite her auf dieses Grenzgebiet einwandern, den Vorzug einer tüchtigen, ausreichenden Kenntniß und Beherrschung des positiven Rechtsstoffes. Endlich ist seine Darstellung überall klar, lichtvoll, verständig, seine Auffassung besonnen, versöhnlich abwägend:[3] aus diesen Gründen pflegt Referent seinen Hörern seit Jahren gerade dieses Werk als ergänzendes Lehrbuch zu seinen Vorträgen zu empfehlen, weil es ihm trotz zahlreichen und oft wichtigen Differenzen als das Gediegenste und für jenen Zweck Brauchbarste vor den andern Verfügbaren erscheint.

Wenn wir nun solches Lob auch für die jüngste Bearbeitung und viele ihrer Neuerungen freudig aussprechen, wird uns der offene und — wo es sein mußte — schneidige Ausdruck unserer abweichenden Ansichten nicht verübelt werden. Am Schluß dieser Erörterung werden wir die Gründe angeben, welche gerade diesem mit Recht einflußreichen Werk und gerade der heutigen Parteien-Gruppirung gegenüber ein energisches Farbebekennen erheischten.

Schon in früheren gelegentlichen Aeußerungen[4] haben wir unseren Standpunct nnd seine Hauptpostulate festgestellt: speculative Verwerthung der durch die historische Schule gewonnenen Ergebnisse und Anerkennung des Rechts

---

[2]) Mit gering anzuschlagenden Ausnahmen ist sie frei von Extravaganzen und Ueberschwänglichkeiten, wohin wir z. B. den Traum der „Herstellung einer Gemeinschaft aller Völker auf Erden, ja der Theilmenschheit auf Erden mit den Menschen auf anderen Gestirnen" zählen müssen.

[3]) Mit Ausnahme einiger Fragen, in welchen der Verf. durch, allerdings provocirende, politische und philosophische Angriffsbewegungen zu ebenfalls heftigen Gegenschlägen, gerade in der jüngsten Bearbeitung sich hat fortreißen lassen.

[4]) Vgl. oben: „Rechtsphilosophie" und „Rechtsschulen" und: „Zur gegenwärtigen Krisis, über der Rechts- und Statsphilosophie."

als Selbstzwecks, — gleich der Moral, Religion, Kunst — in Verwirklichung einer besonderen Idee der menschlichen Vernunft durch einen besonderen Trieb, daher zumal Selbstständigkeit des Rechtsgebietes gegenüber dem benachbarten des Ethos.

Dankbar bekennen wir uns dabei als Schüler eines hochverdienten Lehrers, Karl von Prantl's in München, dessen Principien und Anregungen, vor nunmehr (1882) dreißig Jahren mit Hingebung aufgenommen und seither unablässig am Rechtsstoff geprüft, entscheidenden Einfluß auf die Gestaltung unserer Anschauungen geübt haben.

Die Mehrzahl der rechtsphilosophischen Systeme scheint uns zu leiden an Verwischung der Grenzen von Recht und Moral, an Ethisirung des Rechts, an Verkümmerung seiner Selbstständigkeit (Autarkie) und die theistischen dazu noch an Trübung der geschichtsphilosophischen Ideen durch anthropomorphe Vorstellungen.

Wir stellen unsere Fundamentalsätze kurz zusammen und wenden uns erst dann wieder zu dem Werk von Ahrens.

Ein zweifaches Bedürfniß, ein doppelter Pfad führt das menschliche Denken zur Rechtsphilosophie: das Bedürfniß des Philosophen, sein Princip auch an dem in der Geschichte vorgefundenen wichtigen Rechts- und Statsgebilde zu erproben, und das Bedürfniß des Juristen nach Ergründung der Principien seiner Wissenschaft, welche diese selbst nicht zu erklären vermag. Das vermag nur die Philosophie. Denn Philosophiren heißt eben: „Principien suchen." (Prantl.)

Seit Kant muß wissenschaftliches Philosophiren ausgehen von Kritik seiner eignen Methode und des menschlichen Denkens selbst. Das Gesetz des menschlichen Denkens muß vor Allem gefunden werden. Dabei darf und muß unser Denken Identität des Gesetzes unserer subjectiven Vernunft mit dem der objectiv in Natur und Geschichte vorgefundenen Vernunft voraussetzen. Diese Voraussetzung ist Voraussetzung — und zugleich unübersteigliche Schranke — alles menschlichen Erkennens.

Gesetz unseres an die Sprache gebundenen Denkens ist: nothwendige Subsumtion des Einzelnen unter das Allgemeine.

Schon die Bildung des Wortes der menschlichen Sprache enthält diese Subsumtion. Unter „Baum", „Blatt" werden die ungezählten Einzelerscheinungen aller Bäume, Blätter subsumirt. Die menschliche Sprache unterscheidet sich von den thierischen Lauten durch die Fähigkeit, ja Nothwendigkeit der gleichmäßigen Fixirung aller ihrer Bildungen, während das Thierleben wenigstens für unser Ohr auf der Vorstufe stehen bleibt, nur einzelne Laute (Lockruf, Warnungsruf 2c.) ganz gleichmäßig zu wiederholen⁸).

In der Steigerung des Worts zum Begriff (durch bewußte Fixirung seiner sämmtlichen Merkmale) potenzirt sich jene Subsumtion vom Unbewußten zum Bewußten, im Urtheil wird sie combinirt⁹), im Schluß potenzirt und combinirt. „Begriffen" haben wir eine Einzelerscheinung, wenn wir sie unter ihre nothwendige Allgemeinheit d. h. unter ihren „Begriff" subsumirt haben: dann ist sie der Isolirtheit, d. h. dem scheinbaren „Zufall", entrückt: sie ist so wie sie ist als nothwendig erkannt. Damit wird uns der Begriff des Begriffs zum Begriff des Gesetzes: derselbe Gedanke, den wir um seiner Allgemeinheit willen — im Bezug zu den Einzelerscheinungen — Begriff nennen, wird uns um seiner Nothwendigkeit willen — im Bezug zu den Wirkungen seiner Merkmale — zum Gesetz. Das Gesetz ist der Begriff als höhere Vernunftnothwendigkeit — der bloße Begriff, gleichsam theoretisch gedacht, ist nur die höhere Vernunfteinheit. Die „Schwere" als Begriff faßt alle denkbaren schweren Körper zusammen zu einer höheren Vernunfteinheit, die „Schwere" als Gesetz erklärt sie als Einzelerscheinungen einer höheren Vernunftnothwendigkeit. Weil nun unser Denken selbst nichts ist als Subsumtion des Einzelnen unter sein höheres Allgemeines, — (Sprechen

---

⁸) Bezüglich des Ursprungs der Sprache führen wir nur ein Wort Bopp's an: „er wolle das Geheimniß des Benennungsgrundes der Urbegriffe unangetastet lassen, nicht untersuchen, warum die Wurzel i gehen und nicht stehen oder warum die Lautgruppirung sta stehen und nicht gehen bedeute." Gewiß mit Recht verweist Schleicher die Frage in die Anthropologie. Wie bei den Interjectionen noch — (gleichwie im Lock- oder Zornruf des Thieres) der reine Naturlaut auftönt, der aber innerhalb der einzelnen ethnographischen Gruppe doch auch schon gleichmäßig wiederkehrt — d. h. alsdann zum „Worte" wird, — so hat in andern Fällen die gleiche physiologische Anlage der einzelnen Race und deren Vererbung die gleichmäßige, unwillkürliche nicht blos onomatopoetische Wirkung geübt. Die Sprache ist natürlich so wenig durch „Vertrag" entstanden wie — das Recht

⁹) Auch in dem Aermsten: „mich friert, heute ist es kalt" liegt eine solche Combinirung von Subsumtionen.

heißt Worte-Bilden, Denken heißt Begriffe-Bilden, daher gibt es — bekanntlich! — gedankenloses Sprechen, aber nicht sprachloses Denken) — so beruhigt es sich zunächst sofort, aber auch nur dann, wenn es für eine neue Einzelerscheinung das Wort und den Begriff gefunden hat. Das naive Denken d. h. Vorstellen des Kindes, der Völker in der Vorcultur beruhigt sich zunächst oft schon beim Wort. Es wird ein neuer Zellencomplex entdeckt. „Es ist ein Thier, heißt es, keine Pflanze" — dem Kind ist das ein Wort, dem Gebildeten ein Begriff, der Wissenschaft, die den Satz ausspricht, wird der Begriff zum Gesetz.

Denn wissenschaftliches Denken ist potenzirtes d. h. methodisches, systematisches Denken: es sucht Begriffe als Gesetze.

Naturwissenschaft sucht Naturgesetze, Geisteswissenschaft Geistesgesetze, z. B. die Aesthetik die Gesetze des Schönen.

Dabei sind nun — wir führen das hier nicht weiter aus — „Natur" und „Geist" selbst schon Subsumtionen zahlloser Objecte und Eindrücke von gewisser Gleichartigkeit, welche das Denken in seinem horror varii einstweilen als zwei große provisorische Nothbächer aufgeführt hat. Selbstverständlich ist diese Zweiheit dem Denken zuletzt ebenfalls unerträglich, denn sie enthält so gut unsubsumirte Einzelheiten — wenn auch nur zwei — wie zwei Billiarden. Es hebt daher diese zwei Hemisphären auf im Begriff des Universums, der Welt, und fordert so unabweislich die höhere Identität beider als es die höhere Identität von Eiche und Linde im Begriff „Baum", die höhere Einheit von Tragödie und Comödie im Begriff „Drama", von Kauf und Miethe im Begriff „Vertrag" gefordert hatte.

Innerhalb der beiden Hemisphären hat das Denken eine große Zahl von Naturgesetzen und Geistesgesetzen gefunden. Die zahllosen einzelnen Gewitter, die ungezählten einzelnen Fallerscheinungen hat es erledigt im Gesetz der Elektricität, der Schwere. Aber die Vielheit der einzelnen Naturgesetze kann es so wenig befriedigen als ehedem die Vielheit der einzelnen Naturerscheinungen. Es verlangt Subsumtion aller Naturgesetze unter Ein Natur-Gesetz.

Die zahllosen einzelnen Kunstwerke, die ungezählten einzelnen Moral-Erscheinungen hat es erledigt im Gesetz des Schönen, im Gesetz der Moral. Aber die Vielheit der einzelnen Geistes-Gesetze kann es auf die Dauer so wenig befriedigen als ehedem die Vielheit der einzelnen Geistes-Erscheinungen. Es verlangt Subsumtion aller Geistes-Gesetze unter Ein Geistes-Gesetz.

Es verlangt ebenso consequent und unvertröstbar die Identität des Natur- und Geistes-Gesetzes: hat es doch bereits an der Erscheinung diese Identificirung vollzogen, hat es doch die beiden Hemisphären, Naturwelt und Geisteswelt, zusammengeschlossen im Begriff des Universums, der Welt. Es hebt auch an den beiden Gesetzen den unerträglichen Dual auf und subsumirt sie unter den Begriff des Weltgesetzes.

Ehrerbietig steht das Denken eine Weile iu Betrachtung dieser letzten Zweiheit still: es steht vor dem „Allerheiligsten", vor dem letzten Gegensatz: Welt und Weltgesetz. Auch dieser letzte Vorhang muß fallen: auch dieser Gegensatz muß aufgehoben werden, soll das Denken zur Ruhe gelangen. Und er kann aufgehoben werden, ja, er hebt sich selbst auf. Denn diese Kategorie „Gesetz und Erscheinung" verlangt die Identificirung ihrer Differenz: kein Gesetz ohne Erscheinung, keine Erscheinung ohne Gesetz.[7]) Der Vollzug dieser Identificirung ist der letzte Schritt, den die Denknothwendigkeit verlangt, das Höchste, was das philosophische Denken, seinem eigensten Gesetz gehorchend, erreichen kann und erreichen muß. Hier, an dieser Identität, endet und wendet der Weg nach Oben: von dieser höchsten Stufe kann und muß die Philosophie wieder zu der Differenzirung abwärts schreiten. Hierbei ist offenbar, entsprechend dem Gesetz ihres Wesens, Aufgabe der Philosophie das Absolute oder Weltgesetz als in allen einzelnen Natur- und Geistesgesetzen erscheinend nachzuweisen: denn diese Gesetze verhalten sich zu dem absoluten Gesetz selbst wie die Natur zu dem Natur-Gesetz, wie der Geist zu dem Geistesgesetz, wie die Einzelerscheinung zu dem Einzelgesetz.

Aufgabe der Rechtsphilosophie ist hiernach, auch in dem Geistes-Gesetz des Rechts eine Erscheinungsform, eine Anwendungsart des absoluten Gesetzes nachzuweisen und alsdann in allen Einzelerscheinungen des Rechtslebens das oberste Geistes-Gesetz des Rechts: — sie soll das Vernunftnothwendige, das relativ Absolute im Recht darthun.

---

[7]) Andere Kategorien, wie z. B. die der Causalität theilen zwar diese Eigenschaft, sind aber selbst unter Gesetz und Erscheinung subsumirt.

Schon hier ergibt sich, daß dem menschlichen Rechts- und Stats-Leben nicht eine bloß äußerliche Nöthigung, daß ihm auch eine innerliche Vernunft-Nothwendigkeit zu Grunde liegt.

Es frägt sich nur, in welchem Gebiet, nach welcher Richtung die Vernunft gerade als Rechts-Vernunft erscheint: es frägt sich! was ist das specifisch Juristische?

Wir finden nun im Wesen des Menschen begründet und überall, wo Menschen leben, auch auf den niedersten Stufen der Vorcultur, wenigstens in Ansätzen auftretend, eine Reihe von Erscheinungen, welche, wie verschieden sonst, ein gleichmäßiges Gesetz darin haben, daß sie ein Ideales vermöge eines besonderen Triebes äußerlich realisiren.

Diese menschlichen Attribute sind Familie (Familientrieb), Sprache (Sprachtrieb), Kunst (Kunsttrieb), Religion (Religionstrieb), Moral (Moraltrieb), Recht (Rechtstrieb), später, auf höherer Entwicklungsstufe: Stat (Statstrieb) und Wissenschaft (Wissenstrieb).

Wie aber der Begriff „Mensch" nicht in einer abstracten Menschheit, gleichsam oberhalb der einzelnen Völker, sondern nur in den Völker-Individuen erscheint, so erscheinen jene allgemein menschlichen Attribute nie und nirgends in Einer absoluten, für immer und für Alle gültigen und abschließenden Gestalt, sondern in immer wechselnden Bildungsformen; und diese sind jedesmal das Product von zwei Factoren. Der eine, innere, ideale Factor ist der National-Charakter. Der zweite, äußere, reale Factor ist die Gesammtheit der geschichtlichen Voraussetzungen in Raum (Geographie, Landeslage und Eigenart ꝛc.) und Zeit (Einfluß anderer Nationen).

Nur im lebendigen Zusammenhang mit allen andern Attributen einerseits und aus jenen beiden Factoren heraus andrerseits wird jedes einzelne dieser Gebiete richtig, tief, wissenschaftlich erfaßt: z. B. Kunst nicht ohne Religion, Wissenschaft nicht ohne Sprache. (Die deutsche Philosophie ist undenkbar in einer andern Sprache).

Das Recht und der später (zunächst als Schützer des Rechts, erst weiterhin auch als Schützer und Förderer der Cultur) aus Sippe, Horde, Gemeinde erwachsende, Stat haben nun, wie jedes dieser Attribute, zugleich eine reale und eine ideale Wurzel.

Die reale Wurzel des Rechts liegt in dem Bedürfniß des Menschen nach äußerm Stoff und nach Gemeinschaft, das er mit dem Thiere theilt. Er steht in nothwendiger Beziehung zu der Sachenwelt: er bedarf des Bodens, um darauf zu stehen, der Nahrung, Kleidung, Wohnung, Waffen, Geräthe zu seiner Erhaltung und Ausbildung. Der isolirte Mensch käme gleichwohl nicht zum Rechtsbegriff. Er bedarf ferner der Gemeinschaft mit den andern Menschen, schon wegen des Geschlechts- und des Sprachtriebes.*) Aber jene Thierarten, welche in Gemeinschaft leben, kommen gleichwol nicht zum Recht, so wenig wie zur Sprache oder Kunst.

Die reale Wurzel allein, die Hülfsbedürftigkeit u. s. w., reicht also nicht aus, Recht und Stat enstehen zu lassen oder zu erklären. Rechtsphilosophien, die von diesem Irrthum ausgehen, werden durch obigen Hinweis auf die Thierwelt widerlegt. Sie entwürdigen den Stat zu einer Assecuranz-anstalt auf Gegenseitigkeit, welche der Starke nicht braucht und beliebig durchbrechen wird. Hingebung, Begeisterung. Heldentod für eine solche Schwester der Hagel- oder Feuer-Versicherungen wäre unbegreiflich und eine lächerliche Thorheit.

Die ideale Wurzel des Rechts ist das Grundgesetz des menschlichen Denkens selbst: das Vernunftgebot, auch diese Einzelheiten (des äußeren Verhältnisses zu den Sachen und des äußeren Verkehrs mit Andern) unter ihre höhere noth-wendige Allgemeinheit zu subsumiren, die Vernunft-Gesetze für diese Erscheinungen zu finden. Nicht nur das praktische Bedürfniß, irgend eine beliebige Ordnung aufzustellen, welche Mord und Todtschlag ausschließe, das theoretische, logische Bedürfniß besteht, eine solche Ordnung aufzu-stellen, welche diese Einzelverhältnisse richtig unter ihre höhere Einheit subsumirt; nicht nur äußeren, praktischen Frieden soll jene Ordnung der äußeren Verhältnisse der

---

*) So wenig im Lied des Vogels eine Vorstufe der menschlichen Tonkunst, so wenig liegt in dem sogen. „Bienen-Stat", „Ameisen-Stat" eine Vorstufe des menschlichen Rechts; denn es fehlt die „ideale Wurzel" neben der realen; vertheidigt der isolirte Mensch sein Leben oder seine Vorräthe gegen das Raubthier, so mischt sich in diesen Act der Selbst-erhaltung nicht ein was er (heute) bei der Nothwehr gegen den Menschen empfindet; das Eichhorn betreibt mit Wuth den Häher, der seine Nuß- und Eckernvorräthe angegriffen, jene gesellig lebenden Thiere empfinden das reale Bedürfniß der Gemeinschaft so lebendig wie der Mensch — zum Recht gelangen sie nicht; man erneut in jüngster Zeit den Miß-brauch, den das „Naturrecht" zur Zeit der Aufklärungs-Philosophie mit dem „Bienen- und Ameisen-Stat" getrieben hat.

Menschen zu einander und zu den Sachen gewähren, sondern auch innere theoretische Befriedigung d. h. sie muß nicht nur eine factische, sie muß eine vernunftnothwendige sein. Nur dann ist sie auch — auf die Dauer — eine Friedensordnung, wenn sie eine vernunftbefriedigende ist, nur dann gestattet und sichert sie die Coexistenz von Vernunft-Wesen.

Die Erfüllung dieses Vernunftpostulats ist — das Recht.

Das Recht ist die vernunftnothwendige Friedensordnung einer Menschengenossenschaft in ihren äußeren Verhältnissen zu einander und zu den Sachen.

Jedes Merkmal jedes Begriffs dieser Definition ist fruchtreich an Consequenzen. "Ordnung einer Menschengenossenschaft" — d. h. eine nur von Menschen nur für Menschen gesetzte Ordnung. "Von Menschen": damit ist jede Rückführung des Rechts oder einzelner Rechtsinstitutionen auf übermenschliche göttliche Einsetzung abgewiesen: jene menschlichen Attribute werden nur menschlich verwirklicht; so wenig wie Kunst oder Moral oder ein einzelnes Werk der Kunst, ein einzelner Satz der Moral übernatürlichen Ursprungs ist. "Für Menschen" d. h. die Beziehungen des Menschen zum Absoluten werden nur durch anthropomorphe Täuschung unter den Gesichtspunkt des Rechts gerückt.[*)]

"Einer Menschengenossenschaft" — nicht der Menschengenossenschaft: d. h. es gibt kein "Naturrecht", kein abstractes, "ideales" Menschheitsrecht, abgesehen von der Gesammtheit der historischen, nationalen Rechte; nur die Idee des Rechts ist eine gemeinmenschliche, ihre Erscheinung ist stets individuell verschieden nach dem Volkscharakter und den geschichtlichen Voraussetzungen. Das "vernunft-nothwendige" Rechts-ideal jedes Volkes und jeder Zeit ist ein anderes: auch das jus naturale, das die römischen Juristen mittelst der "naturalis ratio" aus dem jus civile zu dem (angeblichen) jus gentium erweitern, war doch wieder — römische Spiegelung der natualis ratio. Selbst in den scheinbar einfachsten, vermeintlich überall gleichmäßig wiederkehrenden Grundbegriffen besteht die größte Verschiedenheit: man kann tief erfaßt weder Wort- noch Rechts-Gebilde übersetzen: "Gott" ist

---

*) Z. B. der "alte Bund" der Israeliten mit Jehovah, die Regelung der Opferpflichten der Hellenen gegenüber den olympischen Göttern durch Vertrag zu Sikyon.

nicht „Deus", „ewa" ist nicht „matrimonium" und „Schuld" ist nicht „obligatio". Die Fiction des „Naturrechts" beruht auf Verkennung des Concreten in der Logik, der Erscheinung in der Metaphysik, des Nationalen in der Philosophie der Geschichte. Unten mehr hierüber.

Man sollte die Confundirung des Rechts, der Ordnung äußerer Verhältnisse der Menschen zu einander und den Sachen, mit der Religion, dem inneren Gefühlsverhältniß des Menschen zum Absoluten, nicht für möglich halten, beleuchteten nicht so viele Scheiterhaufen die geschichtliche Häufigkeit solcher Confundirung. Es erklärt sich diese Confundirung einmal daraus, daß in der Stufe der Vorcultur noch alle die verschiedenen Gebilde unbewußt im substanziellen Nationalgeist in einander gehüllt und verwickelt, getragen werden: Poesie und Religion, Religion und Ethos, Religion und Recht sind unausgeschieden (Gottesurtheil, Todesstrafe als Menschenopfer). Während nun aber der Fortschritt gerade in der Entwicklung, in der Lösung des zur Selbstständigkeit Berufenen, weil Gereiften, von der früheren Verwickelung besteht, erblickt, auch abgesehen von selbstischen Motiven, befangener Sinn in der Lösung des Rechts von der Moral eine Entsittlichung, in der Auseinandersetzung mit der Religion eine Irreligiosität des Rechts! Auch hierüber unten. Verbindung zwischen beiden wird immer bestehen, schon wegen der nahen Nachbarschaft des Mittelgebietes, des Ethos, mit der Religion zur Rechten, mit dem Recht zur Linken. (Eid.) Und wenn der Religionstrieb, wozu er, gleich allen diesen Attributen, den inneren Drang hat, äußerliche Bildungen schafft, äußere Beziehungen der Menschen untereinander und zu den Sachen herstellt, so hat er damit das Gebiet beschritten, wo seine Erscheinungen der Ordnung durch das Recht fähig und bedürftig werden. (Kirchenrecht, Kirchenstatsrecht.)

Der leicht erkennbare und doch seit den Tagen des Pythagoras bis auf unsere Tage so vielfach verwischte Unterschied des Rechts vom Ethos liegt darin, daß dieses die vernunftnothwendige Ordnung ist der inneren Beziehungen der Menschen untereinander, d. h. also nicht zunächst die Handlungen, sondern die „Maximen" (Kant) der Handlungen, die Gesinnung und Motive regelt. Auch hier gilt es richtige Subsumtion jedes Einzelnen und seiner Selbstsucht unter das höhere Allgemeine; Harmonie, richtiges

Maß berechtigter Selbstsucht (Spinoza: Suum esse conservare, Recht der Individualität) und pflichtmäßiger Hingebung. Selbstverständlich würdigt das Ethos nicht nur die Gesinnung — eine Gesinnung des Dankes, der Pietät, die sich nicht in der entsprechenden Handlungsweise äußert, ist sittlich nicht genügend, — und das Recht nicht nur die Handlung — im Strafrecht, aber auch im Privatrecht kömmt auch die moralische Gesinnung bei der Handlung in Betracht. Zunächst aber frägt das Ethos nach der Gesinnung, das Recht nach der Handlung. Wer sich gegen seinen Beschenker äußerlich correct benimmt, lediglich um ihm die Anfechtung der Schenkung unmöglich zu machen, wer die justinianeischen Enterbungsgründe vermeidet, lediglich um der Enterbungsgefahr willen, handelt nicht sittlich: dem Recht genügt er. — Erst folgeweise ergibt sich aus obigem inneren Unterschied der äußerliche, den man so oft als principiellen hingestellt hat: die Unerzwingbarkeit des Ethos, die Erzwingbarkeit der Rechtspflicht. Denn das Ethische in der ethischen Pflicht, die Gesinnung, läßt sich nicht erzwingen, wohl aber das Juristische in der Rechtspflicht, die Handlung.

Aus der formellen und äußerlichen Natur der Rechtsnorm folgt ferner, daß, wie des Ethos, so auch der übrigen innerlichen Lebensgebiete Inhalt in Geist, Phantasie und Gemüth, also Wissenschaft, Kunst und Religion, nicht vom Recht ergriffen und geordnet werden kann. Das Recht hat in diesen Gebieten nur äußerliche Bildungen, welche sich auch aus diesen zunächst innerlichen ergeben können, zu formen und zu schützen (z. B. Urheberrecht) ferner äußerlich (als Cultur-Stat s. unten) diese Entwicklungen zu hegen und zu fördern, schädliche Einflüsse aus dem einen dieser Gebiete auf Andere oder auf den Stat abzuwehren und endlich im Collisionsfall zu richten; und zwar nöthigenfalls selbst als Richter in eigner Sache, d. h. bei einer Collision eines dieser Gebiete z. B. der Kirche mit dem Stat selbst: denn der Stat ist es, der die Rechtsidee zu realisiren hat, und nicht eines der übrigen Attribute: Er ist der Jurist unter ihnen: er allein kann die alle Interessen und Rechte gleichmäßig würdigende Unbefangenheit haben und er wird sie, auch wo er zugleich Partei ist, wenigstens wahrscheinlicher bewähren und bewahren als etwa — die Gegenpartei.

Das Recht ist die Ordnung Einer Menschengenossenschaft: d. h. einer beliebig kleinen. Das Recht ist lange vor dem Stat vorhanden. In der einzelnen Familie ist es bereits möglich, ja unentbehrlich: Völker, welche aus dem Sippe- oder Horden-Verband nicht zum Stat, ja nicht einmal zur seßhaften Gemeinde sich empor entwickelt haben, leben nach Recht und unter Gerichtszwang. Ist auch erst und nur im Stat — noch nicht in der Familie und nicht mehr im Völkerrecht — die volle Entfaltung und sichere Vollstreckung des Rechts gegeben, soll doch der Stat den autonomen Ursprung des Rechts nie vergessen oder verkümmern und auch, nachdem er die Aufgabe erkannt und die Macht erlangt hat, in höchster Instanz die Verwirklichung der Rechtsidee zu überwachen und zu sichern, den kleineren Menschengenossenschaften die Schaffung und Handhabung ihrer Friedensordnungen möglichst frei anheimgeben: nur in seinem Recht — weil in seiner Pflicht —, das Interesse der Gesammtheit zu wahren, liegt die Schranke, die er dieser autonomen Rechtsbildung und Rechtsanwendung setzen darf, weil muß.

Auch der Stat — wie das Recht — hat eine doppelte, eine ideale und eine reale Wurzel. Die reale ist der durch Stammes-Gemeinschaft verstärkte Instinct der Zusammengehörigkeit, der Lebens-Erleichterung und Lebens-Förderung durch Lebensgemeinschaft. Die Wege, auf welchen die Sippen, Horden, Gemeinden zu dem Stats-Gedanken gelangen, sind sehr verschieden: oft machen sie auf Zwischenstufen Halt: Geschlechter-Verbände, Stadt- oder Land-Gemeinden sollen den Stat darstellen oder ersetzen. Die Hellenen sind in Praxis und Theorie (Aristoteles) über den Städte-Stat nicht hinausgelangt: die Gemeinde soll hier das Statliche bereits enthalten. Die Vorstufe des germanischen Stats liegt nach dem Personenverband in der Sippe, (sibja = Friede) nach dem Realverband in der Markgemeinde. Wo es zur Unterscheidung von Sippe und Gemeinde kommt, bildet das Stammthümliche, Nationale in bewußter Abschließung gegen die Stamm-Fremden den Unterschied. Wohl gibt es geschichtlich Staten, in welchen diese nationale Basis in doppelter Abweichung modificirt wird: — die Nation, ja der Stamm schafft mehrere Staaten, Ein Stat umschließt mehrere Nationen —: ganz fehlen kann die nationale Basis doch nie.

Denn in dem starken Idealtrieb des Nationalismus als Patriotismus, der sich im Politismus, in der Hingabe an die organische Volksform, den Stat, vergeistigt, liegt die ideale Wurzel des States. Die richtige Subsumtion des ganz isolirten Einzelmenschen unter die ganz abstracte Menschheit vollzieht sich in der concreten Nationalität. Das Nationalgefühl ist jene schöne sittliche Harmonie des berechtigten Individualismus und der pflichtmäßigen Hingebung an das Allgemeine, welche überall (s. oben S. 147) das Ideale ist. Die nothwendige Subsumtion des Einzelmenschen unter seinen Art-Begriff ist also der volle Zusammenschluß mit seiner Volksthümlichkeit und deren organischer Form, seinem Stat, denn nur in der Gesammtheit der Volks-Individuen erscheint die Menschheit. Der Nationalismus ist also die richtige Form des Kosmopolitismus: denn selbstverständlich erheischt sein Princip Anerkennung der Berechtigung der anderen Nationalitäten — bis auf den Fall der Nothwehr. Daß der Nationalismus in Naturtrieb wurzelt, ist kein Vorwurf, sondern die tiefste Rechtfertigung, die er mit Familie und Sprache theilt. Dieser Idealtrieb nach Darlebung des Nationalcharakters waltet nun, wie in Sprache, Kunst, Ethos[19]), so auch im Recht: das Volk will sein (relatives) Rechtsvernunftideal eben nach seiner nationalen Auffassung (wobei die sämmtlichen geschichtlichen Voraussetzungen mit einwirken) verwirklichen, und dies geschieht, wenn einmal der Stat gegeben ist, eben in höchster Instanz durch den Stat. Der Stat ist also in diesem Sinne allerdings Rechtsstat, d. h. die unwillkürlich erwachsene Gesammtform eines Volksthums verwirklicht später mit Bewußtsein die nationale Rechtsidee durch den Stat. Damit ist aber schon gesagt, daß der Stat, weil Rechtsstat, zugleich Culturstat ist, d. h. die vernünftige Friedensordnung der nationalen Genossenschaft in allen äußeren Beziehungen zu realisiren hat. Unsere Definition vom Recht ermöglicht also, die Culturaufgabe des States (den „Polizeistat" in diesem Sinn) aus seiner Rechtsaufgabe zu folgern. Denn der Inhalt des Volkslebens, dessen organische Gesammtform der Stat sein soll, bleibt nicht stehen, er bewegt und wandelt

---

[19]) Ja auch in Religion und Wissenschaft; alle Religion ist ursprünglich national: auch die sogenannten Universalreligionen nehmen je nach dem Nationalcharakter und den geschichtlichen (klimatischen ꝛc.) Voraussetzungen sehr verschiedene Färbungen an und selbst in der scheinbar ganz abstracten Wissenschaft verleugnen sich in Methode und Darstellung schon der Sprache wegen die nationalen Einflüsse nicht (s. unten).

sich unaufhörlich. Zunächst nun freilich soll und kann jeder Lebenskreis (Wirthschaft, Kunst, Wissenschaft ꝛc.) wie seinen Inhalt so auch die schützende, fördernde Form für denselben autonom schaffen und fortbilden. Der Stat soll also z. B. weder den Handel „machen" noch zunächst auch dessen Formen, das Handelsrecht. Zunächst wird dies besser aus der autonomen Rechtserzeugung des betreffenden Lebenskreises als Gewohnheitsrecht erwachsen. Es kann aber, — und wird bei complicirten Culturverhältnissen häufig — Fälle geben, in welchen der Stat, der nicht correct oder nicht rasch genug oder zu einseitig, zu selbstisch arbeitenden und dadurch andere Gebiete schädigenden Rechtsgestaltung eines solchen Lebenskreises zu Hilfe zu kommen oder auch entgegen zu treten hat. Denn er hat die allgemeine Friedensordnung zu garantiren. Darin aber liegt auch seine Schranke: wo seine Pflicht, da, nicht früher beginnt sein Recht. So glauben wir Stat und „Gesellschaft" richtig abzugrenzen; in Theorie und Praxis hat der Stat so lang und vielfach in die Gesellschaft übergegriffen, daß diese, in Reaction hiegegen, längst anfing, den Stat in der Gesellschaft als bloßen „Nothstat" (Fichte) aufgehen lassen, oder dem Zweck der Gesellschaft dienstbar machen zu wollen (Socialismus, Lassalle).

Der Stat ist nach dem Erörterten die Gesammtform eines Volksthums zu Schutz und Förderung von Recht und Cultur.

Ohne nationale Basis oder doch Färbung ist kein Stat denkbar. Mag die Geschichte neben dem reinen Volksstat häufige Mischformen bilden, — auch in diesen wird entweder Eine Nationalität als vorherrschend den Charakter bestimmen oder es werden innerhalb des größeren Verbandes (Reich, Bund) die Nationalitäten in relativ selbstständigen Kreisen sich auch statlich geltend machen.

So schließt unsere kurze Skizze nicht mit dem Ausblick in die Utopie eines Menschheitsreiches, in welchem die National-Charaktere ausgelöscht wären, sondern mit der Hoffnung auf den durch Recht und Cultur herzustellenden Verband unter den gleichberechtigten National-Individuen. Nicht vernunftwidrige Vernichtung, sondern vernunftnothwendige Subsumtion des Einzelnen unter das Allgemeine war unser Ausgangs- und ist unser Endepunct.[1])

---

[1]) Wir deuten nur noch einige schwierige Probleme der Rechtsphilosophie an, für welche aus unserer Definition leichte Lösung zu gewinnen.

Diese Grundzüge unserer Anschauung sollten der Prüfung des Werkes von Ahrens vorangeschickt werden: — Ergänzungen und Ausführungen der Consequenzen behalten wir späteren Ausführungen vor: — unsere Kritik und Polemik hat dadurch einen Hintergrund gewonnen, von dem sich auch die Einzelfragen mit höherem Interesse abheben dürfte: nämlich mit dem erhöhten Interesse der Bewährung des Princips an dem positiven Material.

Die Vorrede beklagt den schwachen wissenschaftlichen Sinn unserer Studirenden, ihre Gleichgültigkeit gegen „Humaniora" neben den Fach= und Prüfungsgegenständen, den Materialismus, welchen der einseitige Betrieb der Naturwissenschaften, ohne philosophische Vorbildung, verbreite und macht speciell den Regierungen zum Vorwurf, daß sie in

---

1) Auf Grund vergleichender Rechtsgeschichte hat die Rechtsphilosophie in jedem geschichtlichen Rechtsgebilde, auch wenn dasselbe als unsittlich oder zweckwidrig erscheint, wenigstens den Versuch der Verwirklichung einer Vernunftidee anzuerkennen und aufzudecken. Damit ist auch dem geringsten, entlegensten, scheinbar rohesten Rechtsbetail sein relativer Werth gewahrt. — 2) Unsere Auffassung ermöglicht eine Rechtfertigung des provisorischen Schutzes alles Besitzes nicht von subjectivem (Puchta), vom objectiven Standpunct aus. Unter Herrschaft vernünftiger Friedensordnung spricht eine Vermuthung dafür, daß die äußeren Verhältnisse der Menschengenossenschaft, sowie sie sich thatsächlich durch den Besitz darstellen, der vernünftigen Friedensordnung entsprechen, da ja unter ihrer Herrschaft der Berechtigte den seinem Recht nicht entsprechenden Zustand durch Anrufung der Rechtshülfe ändern kann und wird. Daraus folgt das Recht der Selbsthülfe, der Abwehr gegen jeden gewaltsamen Angriff vor dessen etwaiger siegreicher Vollendung; von da ab jedoch Nöthigung, die Rechtshülfe anzurufen, da nunmehr umgekehrt, die obige Vermuthung für den dermaligen Besitzer spricht — 3) Möglichste Autonomie jedes kleinsten Lebenskreises in Rechts=Bildung und Pflege (Selfgobernement, Specialjuries) innerhalb und unbeschadet des je größeren Kreises: denn jede Menschengenossenschaft hat zunächst ihre Friedensordnung selbst herzustellen nach eigener Vernunft=Ueberzeugung; daher im Völkerrecht Vermuthung für unbeschränkte Souverainität, Nicht=Intervention als Regel, Intervention nur ausnahmsweise auf besonderen Rechtstitel oder Nothstand gestützt. — 4) Natürliches Rechtssubject ist jeder Träger der Rechtsvernunft, also jeder Mensch unter allen Umständen, auch der Verbrecher, der Feind. Künstliche Rechtssubjecte können entstehen, sowie sich mit einer Rechtsseele (Wille mehrerer natürlicher Rechtssubjecte, oder firirter Wille, Stiftung) ein entsprechendes Corpus verbindet. Mehr, z. B. Statsgenehmigung, ist nicht erforderlich, sofern sich das neue Rechtssubject selbst im Verkehr als solches darstellt. — 5) Rechtsobjecte können immer nur sein Sachen: oder äußere Beziehungen zu Rechtssubjecten und zwar diese momentane (Handlungen) oder dauernde (Zustände, Verhältnisse).

der Leitung der Rechtsstudien die Rechtsphilosophie vernachlässigen, z. B. nicht als Prüfungs-Gegenstand aufstellen, dagegen auf Rechtsgeschichte zu viel Zeit verwenden und zu viel Gewicht legen lassen.

Jene Klagen sind ja leider nur zu wol begründet. Was aber den letztern Vorwurf betrifft, so bildet in Baiern z. B. „philosophische Rechtslehre" einen der Prüfungsgegenstände, wird aber, in München und Würzburg wenigstens, nach stillschweigendem Uebereinkommen so gut wie nicht examinirt. Das hat seine guten Gründe. Bleibt doch den allermeisten Candidaten auf jener Stufe des Studiums und der Reife schwerlich in diesem Gebiet etwas Andres übrig als — in verba magistri zu schwören und es hat etwas Leidiges, in diesen so unendlich bestrittenen Fragen dogmatistisch Antworten abzuhören. Anders stünde es mit der Geschichte der Rechtsphilosophie: indessen, diesen unabsehbaren geschichtlichen Stoff kann man den ohnehin mit allzuverschiedenem Material überbürdeten Prüflingen nicht auch noch zur Bewältigung ansinnen. Die Wahrheit ist, daß unser juristischer Studiengang und Prüfungsmodus einer gründlichsten Reform bedürfte.[12]) Geht, wie dies nach den seit Jahren gesammelten Erfahrungen fest steht, das Dienstjahr der einjährigen Freiwilligen für das Studium völlig verloren, so ist es eine reine Unmöglichkeit, daß der Candidat in den alsdann übrig bleibenden zwei Jahren sich eine mehr als mechanische, auswendig gelernte, daß er sich eine wissenschaftliche Kenntniß der 12—15 Disciplinen aneigne, von welchen er in zwei Stunden Rechenschaft geben soll. Mehr noch als früher macht sich das Bedürfniß juristischer Seminarien geltend, wie sie für Theologen, Philologen, Historiker längst bestehen und für die Naturforscher und Mediciner durch Curse und dergl. ersetzt werden. Daß die Studirenden auf Collegienbesuch und Studium der römischen und deutschen Rechtsgeschichte — welche, nebenbei gesagt, in Bayern nicht Prüfungsgegenstände sind, — zu viel Zeit und Fleiß verwenden, ist wahrlich noch nicht wahrgenommen worden! Endlich besorgen wir, daß, wenn lediglich die bittere Examensnoth die Candidaten in den rechtsphilosophischen Hörsal treibt, die Frucht solcher Studien nicht werthvoll und der beklagte utilitarische Sinn nicht

---

[12]) S. meine dem Minister Fall eingereichten Vorschläge in Reihe VI.

idealer werden wird. Jener Hang wurzelt in dem ganzen Charakter unserer Zeit und die Rechtsphilosophie, überhaupt die Theorie, allein wird ihn nicht ausreißen. Dazu wird es großer geschichtlicher Erschütterungen bedürfen.

Der verehrte Verfasser ist überhaupt, wenn kein laudator temporis acti, doch ein sehr heftiger vituperator temporis praesentis, und zwar ist es neben dem Materialismus und Pantheismus besonders die Machtpolitik des Jahres 1866, deren Praxis und Theorie er oft leidenschaftlich bekämpft. Wir glauben alle drei mit mehr Eifer als Erfolg. Er widmet der Bekämpfung jener „Machtrechtstheorien" ein besonderes Capitel, dicht neben der Bestreitung des Communismus und Socialismus. Oft gedachten wir bei Verfolgung dieses Zuges in dem Werk, wie so ganz verschieden jene Ereignisse auf ein anderes Ingenium gewirkt haben, auf Bluntschli, dessen Rechtsbuch des Völkerrechts ebenso entschieden die Spuren der Eindrücke jenes Jahres trägt — nur in entgegengesetzter Richtung. Wir werden unsere zwischen beiden sehr extremen Standpuncten genommene Stellung unten andeuten.

Die allgemeine philosophische Gottes- und Weltanschauung des Verfassers ist ein gemüthswarmer, in seiner Frömmigkeit ehrwürdiger Theismus. Wir müssen nur gegen eine, hiebei freilich schwer vermeidbare, Neigung zu Anthropomorphismen Verwahrung einlegen, die zu mancher optimistischen Selbsttäuschung führt, wie sie allerdings unsere heutige Bildung, ja unsere herrschende Philosophie der Geschichte immer noch hergebrachtermaßen blendet. Eine solche Illusion ist die Annahme stätigen Fortschrittes der gesammten Menschheit in Folge übernatürlicher Leitung durch die Vorsehung zu einem vorbestimmten Ziel. Was wissen wir denn von der „Geschichte der Menschheit", d. h. aller Nationen von ihrem Entstehen bis zu ihrem Untergang oder dermaligen Zustand? Ein Minimum! Eine „Geschichte der Menschheit" in dem von jener Anschauung vorausgesetzten Sinn gibt es gar nicht. Wir haben uns gewöhnt — eben die Beschränktheit unserer Kenntnisse einerseits und der Hochmuth genialer aprioristischer „Constructionen" der Geschichte (Schelling, Hegel) anderseits haben uns dazu verführt, — die sogenannte „Weltgeschichte" nur in linearer Succession zu denken, d. h. in der Aufeinanderfolge: Orient (unter welche Formel alle so höchst verschiedenen Nationalitäten und Culturen Asiens und Nordafrika's sich pressen lassen müssen), Hellenen, Römer, Germanen: an diese vier Nationen — zwischen Römer und Germanen wird dann etwa das Christenthum eingeschoben — werden als an „Repräsentanten" gewisse Ideen vertheilt und in der Abwicklung dieses Einen Fadens wird dann die ganze Geschichte der Menschheit erblickt, lediglich, weil wir diesem Zusammenhang angehören und noch am besten von diesem winzigen Bruchstück Menschen- und Völkergeschichte unterrichtet sind. Uebersehen wird dabei das Nebeneinander der zahllosen anderen Völker und Stämme, die denn doch auch Menschen waren und sind — „so zu sagen." Am Consequentesten hat diesen Scrupel Hegel abgefertigt, der immer nur je ein Volk in je einer Periode als Träger der absoluten Idee und alle anderen als „rechtlos" diesem gegenüber darstellt —: „rechtlos" daher auch gegenüber solcher „Construction" (d. h. hier, wie so oft, „Vergewaltigung") durch den Philosophen. Darf eine Philosophie der Geschichte alle diese so viel zahlreicheren Völker ignoriren? Ferner aber, auch wo geschichtlich nachweisbar Einflüsse eines Volkes auf das andere vorkommen, sind benn diese Einflüsse immer wohlthätig? Hat die Moral der Germanen durch die Berührung mit den Römern, trotz dem Christenthum, gewonnen? Man lese Salvian und Gregor von Tours. Haben die spanischen Conquistadoren Moral, Glück und Cultur verbreitet unter den Eingeborenen Amerikas? — Wie kann man gegenüber den unleugbaren Rückschritten, welche Völker und Zeiten im Vergleich mit andern Völkern und den Vorzeiten desselben Volkes manchmal machen, von einem stätigen Fortschritt der Menschheit sprechen? Hat nicht das deutsche Volk, in fast allen Lebensbeziehungen, durch den dreißigjährigen Krieg enorme Rückschritte gemacht für mehr als ein Jahrhundert? Haben wir dermalen eine deutsche Poesie wie anno 1200 oder anno 1800? Steht unsere Rechtswissenschaft in der Durchbringung von Theorie und Praxis auf der Stufe der classischen römischen Juristen? Hat die „Menschheit" die Plastik eines Pheidias, die Malerei eines Rafael, die Glaubensinnigkeit eines Augustin oder Luther beibehalten können? Sind diese „Fortschritte" nicht wieder verloren gegangen? Der Verfasser erklärt mit Recht S. 17. die Harmonie aller menschlichen Anlagen als das Ziel menschlicher Entwicklung; glaubt er aber nicht selbst, daß ein Alkibiades oder Platon oder Perikles dieser Harmonie näher stand, als wir mit unseren, durch die unvermeidliche Arbeitstheilung bedingten, colossal einseitigen Ausbildungen, mit unserer Vernachlässigung des Schönen in der gesammten Lebensführung, mit unserer nicht auf der Harmonie, sondern auf dem Zwiespalt des weltflüchtigen Geistes und der erbsündigen Natur aufgebauten Moral?

Und wäre dem so, stünde die dermalige Bevölkerung Europa's in allen Beziehungen auf einer nie früher erstiegenen Stufe, ist das ein Fortschritt der ganzen „Menschheit?" Was sind die 250 Millionen Europäer gegen die 930 Millionen, welche dermalen die Erde bewohnen? Wir werden uns wohl oder übel nachgerade entschließen müssen, uns in der Philosophie die Exactheit der Naturwissenschaften auch in der Ausdrucksweise anzueignen.

Nach einer Einleitung, welche den Begriff der Rechtsphilosophie, ihre Stellung im ganzen der Rechtswissenschaft und ihre theoretische und praktische Bedeutung erörtert und viel Vortreffliches enthält, gibt der zweite Abschnitt eine Geschichte der Rechtsphilosophie von den orientalischen Vorstufen bis auf unsere Tage, welche, namentlich den Studirenden, als eine lichtvolle, gedrängte und in den meisten wichtigen Fragen richtige Darstellung aufs Wärmste empfohlen werden kann. Als besonders gelungen heben wir hervor die Abschnitte: griechisches Recht und griechische Statsidee S. 29—34, hellenische Rechtsphilosophie, die Rechtsphilosophie in Rom — (wofür übrigens das Werk von Hildenbrand, Geschichte und System der Rechtsphilosophie, I. Band „das classische Alterthum" vorzügliche Grundlagen vorgebaut hat); weiter die Entwicklung von der Reformation bis zur französischen Revolution;[13]) zumal Hugo Grotius, Hobbes, Pufendorf, Leibniz (dieser große Genius ist doch in seiner Bedeutung für die Rechtsphilosophie um der Wahlverwandtschaft mit Krause willen etwas überschätzt); dann besonders die

---

[13]) Wobei das Werk von Hinrichs „Geschichte der Rechts- und Statsprincipien seit der Reformation bis auf die Gegenwart" Leipzig 1814. III. Bde. nicht hätte unerwähnt gelassen werden sollen; ebenso vermissen wir bei der „theologisirenden Rechts- und Statslehre" die Angabe der gleichnamigen Schrift von Thilo, Leipzig 1861, wie überhaupt reichere Literaturanführungen bei einer neuen Auflage wünschenswerth wären. Es sind manchmal wesentliche Vorarbeiten nicht genannt.

Parallele zwischen Montesquieu und Rousseau; von den deutschen Philosophen ist die Darstellung Kant's (mit einer Ausnahme, die unten zu erörtern) und Fichte's hervorzuheben — ziemlich kurz ist der für die Geistesgeschichte im Allgemeinen, dann für die statsphilosophischen Anschauungen weiterer Kreise so einflußreich gewordene Hegel abgehandelt, — sowie die Entstehungsgeschichte und Kritik der theologisirenden Schule (Le-Maistre, Stahl). Sehr verdienstlich ist die übersichtliche Erörterung über die communistischen und socialistischen Systeme. Den Abschluß bilden die erwähnten „Machtrechtstheorien."

Nach voller Anerkennung des höchst Werthvollen, was hier, namentlich für den Anfänger zur sichern Orientirung, geboten wird, — wir wüßten an praktischer Brauchbarkeit für diese dem Buche nur etwa den vorzüglichen Grundriß von Ueberweg's Geschichte der Philosophie zur Seite zu stellen — wenden wir uns zu jenen Partieen der geschichtlichen Darstellung, bezüglich deren wir zum Theil sehr abweichende Auffassungen vertreten.

Gleich gegen den philosophischen Rahmen, in welchen das große historische Bild gespannt werden soll, müssen wir Verwahrung einlegen. Die Aufstellung S. 19—23 der drei „Weltalter", wonach (instinctiver) Monotheismus, Polytheismus und Christenthum als herrschende Religionsformen sich sollen abgelöst haben, erscheint uns wie ein Spätling aus der Zeit Schelling-Hegel'scher Geschichtsconstructionen. Für solche Zusammenfassungen ist noch lange nicht genug vorgearbeitet zu Beherrschung des Materials. Daß auf den frühesten Stufen der Vorcultur die erste Regung des Religionstriebes den Monotheismus, — wenn auch nur einen „dunkeln" — producire, müssen wir aus allgemeinen Erwägungen und aus ganz bestimmtem, positivem Wissen gleich entschieden bestreiten. Diese Hypothesen Schellings sind, so weit wir sehen, von den positiven Forschern nicht angenommen und bestätigt, sondern verworfen worden. Die Erfahrung bekräftigt, was a priori anzunehmen, daß auch der Religionstrieb nicht mit der Abstraction beginnt, sondern mit der concreten Vielheit. Wo irgend wir Völker auf der Stufe der Vorcultur antreffen, — nach den Berichten der Antike, des Mittelalters und der modernen Reisenden — finden wir ihre Religion als Fetischismus, Dualismus, Polytheismus — aber nie als Monotheismus. Ferner ist die ganze „lineare Succession" wieder geschichtlich nicht richtig gedacht: gleichzeitig neben dem hellenischen und römischen Polytheismus steht ja der hebräische Glaube, den der Verfasser doch gewiß als Monotheismus angesehen wissen will:[14]) gleichzeitig neben dem christlichen, jüdischen muhamedanischen „Monotheismus" steht ja noch Jahrhunderte lang der Polytheismus der Germanen, Kelten, Slaven und der heute noch ungezählten Heiden. Wie kann man endlich von einer dermaligen Herrschaft des Christenthums über die Erde sprechen, nachdem die übrigen Religionen, ja der Buddhismus allein, mehr Bekenner zählen, als das Christenthum?

Bezüglich des Gegensatzes zwischen Judenthum und Hellenenthum, der im Christenthum die innigste Vereinigung finden soll, S. 25 müssen wir doch an den schroffen durch Petrus und Paulus vertretenen Gegensatz von Juden-Christen und Heiden-Christen erinnern. Wenn der Stoicismus in seinem Kosmopolitismus ein „Vorläufer des Christenthums" genannt wird S. 45, ist zu bemerken, einmal, daß dieser Kosmopolitismus der Stoa Folge ihres Pantheismus, eines den christlichen Ideen nicht verwandten Princips war, sodann, daß die Uebereinstimmung sich ohne Annahme mystischer Vorläuferschaft höchst einfach daraus erklärt, daß die stoische Schule damals den ganzen Schulbetrieb der Bildung beherrschte und daß eben auch, wie neuplatonische ꝛc. so stoische Elemente in jener Periode der allmähligen Kristallisirung und Systematisirung der christlichen Vorstellungen wesentliche Beiträge lieferten: so ist z. B. die gerade für die christliche Rechtsphilosophie einflußreichste Schrift, Augustins civitas Dei, sehr stark stoisch gefärbt. Wirkt doch dieses stoisch-christlich-augustinische „Gottesreich" unbewußt noch in Krause und Ahrens nach, wenn dieser (nach einer Eintheilung der christlichen Aera in drei Perioden, auf die einzugehen wir uns enthalten) wiederholt S. 23, 51, 55 ein Zeitalter prophezeit, „in welchem ein das Diesseits nicht minder als das Jenseits umfassendes Reich Gottes,

---

[14]) Obwol bekanntlich die neuere Kritik starke polytheistische Spuren darin nachweist, und man einen absoluten Monotheismus, der auch Untergötter und Gottesboten, als Geister, Halb- oder Viertelgötter ꝛc. ausschließen müßte, meines Wissens noch nicht gefunden hat, auch wegen des vom Produciren des Religionstriebes unzertrennlichen Factors der Phantasie schwerlich finden wird.

ein Erdenleben, im Jenseits nur als Vervollkommnung fortzusetzen, als eine Gestaltung zu einem Gott und Menschheit (soll heißen: Gottes und der Menschheit) würdigen Reich begriffen und geschaffen werden soll."

Andere Ausführungen über die erste Verbreitung der christlichen Vorstellungen, wie S. 48—50 „nach dem tiefsten Abfall von Gott, wie besonders im römischen Volk ausgeprägt, tritt durch eine unmittelbare That Gottes selbst, durch einen Einschlag von Oben eine aus rein menschlichen Kräften unbegreifliche höchste Erhebung ein" — sollte doch füglich die Rechtsphilosophie, die Geschichte, die Philosophie der Geschichte, überhaupt die Wissenschaft den Religionsbüchern überlassen, wo sie in ihrem Recht und an ihrem Platze sind — abgesehen davon, daß jener „tiefste Abfall von Gott" d h. der Cäsarenwahnsinn und der Sittenverfall in Rom keineswegs nach dem Auftreten jener höchsten Erhebung abnimmt, sondern sich noch immer steigert. Hat es dann weiter „eine tiefe Bedeutung, daß die Geburt Christi in die kürzesten Tage unserer winterlichen Zeit gesetzt wird, — die Menschheit war vom starrenden Winterfrost der Selbstsucht ergriffen, da sprach Gott neue Lebensworte und es ward neues Licht und neues Leben" — so müssen wir denn doch bescheiden, aber bestimmt constatiren, daß gerade umgekehrt die Verlegung und Begehung des Weihnachtsfestes mit heidnischen, römischen sowie keltischen und germanischen Festen zur Zeit der Winter-Sonnenwende in Zusammenhang steht, wie das jüdisch-christliche Passah heute von der germanischen Frühlingsgöttin Ostara den Namen trägt.

Daß „deshalb auch" (wegen Aufnahme dieses neuen Lebensprincips) kein christliches Volk mehr untergegangen sei, ist nicht richtig: zahlreiche Germanenvölker sind nach Annahme des Christenthums untergegangen. Wir nennen, weniger bekannte Namen übergehend, nur die Vandalen und die Ostgothen. Daß in der ersten Epoche des Christenthums bis Constantin „die Einheit seiner Grundelemente" bestanden haben, S. 53, wird durch die zahlreichen Spaltungen von den Tagen der Apostel an bis zu den vielen Secten und Ketzereien des III. und IV. Jahrhunderts widerlegt. Bei der richtigen Betonung der feindlichen oder doch verächtlichen Abwendung der ursprünglichen echten christlichen Lehren von dem „vergötzten" State, wäre hervorzuheben gewesen, daß Stat und Recht, weil in dem Gefolge des

Sündenfalles stehend, als nothwendige Uebel erscheinen, welche „gleichzeitig mit dem Teufel" untergehen, (Augustinus), daß (nach Ambrosius) das Privateigenthum ebenfalls erst durch den Sündenfall und durch Anmaßung (usurpatione) entstanden, daß die Verfolgung eines civilrechtlichen Anspruchs durch Klage als Sünde verboten und daß diese ganze abschätzige Würdigung des States auch bei der sichern Erwartung des Untergangs der Welt in der lebenden Generation und der Aufrichtung des Reiches Gottes durch den in den Wolken wiederkehrenden Christus völlig gerechtfertigt war. Wir werden später auf diese Anschauungen über das Verhältniß von Recht, Moral und Religion zurückgreifen.

Ausführlich müssen wir aber eine vielverbreitete und auch vom Verfssaer lebhaft betonte Vorstellung oder — Rede-Formel widerlegen, den Satz Seite 58: „die Rechts= und Stats-Auffassung der Germanen habe die nächste Verwandtschaft mit der Lehre des Christenthums von dem Princip der Persönlichkeit," woher denn auch die Germanen den unterworfenen Völkern — nach dem Princip der „persönlichen Rechte" zu leben gestattet hätten. Hier waltet Verwechslung von zwei grundverschiedenen Begriffen. Das christliche Princip des hohen Werthes der „Persönlichkeit" beruht darin, daß nach der Phantasie-Sprache des Religionstriebes jeder Mensch nach dem Ebenbilde Gottes geschaffen, jeder Mensch durch den Sündenfall der Erlösung bedürftig, durch Christi Opfertod derselben fähig und jede unsterbliche Menschensele als solche an sich gleichen Werthes sei: diese segenreichste Lehre des Christenthums im Sinne wahrer Humanität fordert dann Aufhebung der Sclaverei, Anerkennung des gleich hohen Werthes der Menschensele auch im Kind, im Weib, im Fremden, im Feind, im Verbrecher. — gleiche Würdigung aller Menschen als solcher.

Von dieser gleichen Würdigung der Menschenselen weiß das echte, heidnischgermanische Recht nicht das Mindeste: im Gegentheil. Es kennt die Knechtschaft so gut wie das vom Verfasser ob seiner Selbstsucht oft hart getadelte römische Recht und zwar mit der gleichen Consequenz des Gedankens, daß der Knecht nur Sache ist, wie das Hausthier: daher absolutes Tödtungsrecht des Herrn; die herrschenden abschwächenden Darstellungen beruhen auf optimistischen

Selbsttäuschungen."[18]) Ferner: Recht der Aussetzung und Tödtung des neugebornen Kindes, Menschenopfer als Todesstrafe, aber auch von Kriegsgefangenen, Sitte der Selbsttödtung und Spuren der Beseitigung der Alters-Schwachen, Rechtlosigkeit des Fremden, des Schiffbrüchigen, des Kriegsgefangenen, des Frieblosen, die wie das wilde Thier straflos erschlagen werden dürfen, sehr starke Betonung des objectiven Elements im Strafrecht, (z. B. bei Tödtung, Composition nach Alter, Geschlecht, Stand, Nationalität sehr verschieden abgestuft,) daneben Blutrache mit Verfolgung der an der That unschuldigen Verwandten. Wo ist da, bei dieser schroffen Verleugnung des gleichen Werthes jedes Menschenlebens, jeder Menschenseele, Verwandtschaft mit der christlichen Lehre? Und das sogenannte Princip der persönlichen — richtiger „nationalen", „stammthümlichen Rechte" — ist ursprünglich nicht anerkannt: der Fremde steht nicht unter dem Schutz und Frieden des Volksrechts, nur etwa das religiös-moralische Gastrecht schützt ihn, bis ein Volksgenosse als sein Schützer auftritt. Erst ziemlich spät — in den Stammrechten, nachdem Staten mit gemischter, namentlich auch römischer Bevölkerung, sehr häufig und die Verkehrsbeziehungen lebhafter geworden sind, — bringt jenes Princip unabweislich durch. Was im germanischen Recht als Betonung und Anerkennung der „Persönlichkeit" uns allerdings kräftig entgegen tritt, ist jener milden christlichen „Caritas" nicht ähnlich, sondern entgegen gesetzt: es ist der stolze, trotzige Sinn des freien waffenfähigen Mannes, — der Knecht kann diesen Sinn nicht haben — der eifersüchtig an seiner Selbstherrlichkeit fest hält, auch dem Stat, der Gemeinde, der Sippe sich nur hart so weit beugt als hergebracht und daher nicht schimpflich ist, der eine Beleidigung nicht verzeiht, wie der Christ, oder einklagt, wie der Römer, sondern mit Fehde und Blutrache verfolgt, der nur dann die Buße statt der Fehde wählt, wenn es ohne Verdacht der Furcht vor dem Gegner geschehen kann, der noch im letzten Augenblick die drohende Execution dadurch abwendet, daß er das Schwert vor die Schwelle legt und auf Kampf provocirt, jener Trotz, der in einem Hagen von Tronje in dämonischer Großartigkeit aus dem rauchenden Schutt von König Etzels Sälen ragt — das ist die ger-

---

[18]) Vgl. unseren Aufsatz: „Leibeigenschaft" Reihe VI.

manische „Persönlichkeit" und wahrlich, nicht eben christlich sieht sie aus. —

Nicht richtig ist ferner, daß im Gegensatz zu dem hellenischen Rechtsbegriff („Ordnung") und dem römischen („Macht") der germanische der des Schutzes („mundium") gewesen sei: „munt" heißt nicht Schutz, sondern Gewalt, manus, die Muntschaft ist mit nichten blos eine im Interesse des Mündlings zu erfüllende Schutzpflicht, sondern ganz eben so ein sehr weit gehendes Recht des Muntwalts: endlich ist der Rechtsverband des Friedens, der Volks- oder Königsfriede, der den Freien deckt, nicht auf das privaten Verhältnissen angehörige und nachgebildete Munbium zurück zu führen. Später S. 275 combinirt der Verfasser obige drei Rechtsbegriffe mit dem indischen des „Bandes": diese vier Elemente, aus der vergleichenden Rechtsgeschichte zusammen getragen, könnten (wenn richtig) doch nur dann unseren dermaligen Rechtsbegriff bilden, wenn unsere dermalige Nationalität und Cultur aus jenen vier Völkern gleichmäßig gemischt wäre.

Man wende nicht ein, solche „Constructionen", auch wenn mehr geistreich als richtig, schaden nicht, auch falls sie nicht nützen: sie schaden allerdings. Einmal dem Verfasser, der auf solche Combinationen weitere Sätze baut: wie er denn auf obiges angebliche Princip des germanischen Rechts wiederholt z. B. S. 277 zwei Institute stützen will, welche beide auf Mißverständnissen beruhen und endlich aufgegeben werden müssen: das getheilte, Ober- und Unter-Eigenthum und das Gesammteigenthum nebst Genossenschaft. Solche Constructionen schaden aber noch viel mehr da, wo wir das nach anderen Seiten so tüchtige Buch gern sehen, in den Händen der Studirenden: sie verderben ihnen die strenge Zucht der Methode, sie führen sich als feststehende Axiome bei ihnen ein, beeinflussen die eigene Auffassung im Detailstudium und — was das Gefährlichste — verleiten, sich bei schön formulirten „Resultaten" zu beruhigen, ehe noch die Detailforschungen abgeschlossen und wirkliche Resultate gewonnen sind. Referent weiß aus eigener Erfahrung, welch' lange Zeit und welch' harte Arbeit erforderlich sind, bis man den Zauberbann des glänzendsten und genialsten Magiers solcher Formeln, bis man den Bann der Hegel'schen Constructionen abgeschüttelt hat. Die historische Schule, welche für die ganze deutsche Bildung diese Befreiung erkämpft hat, darf und muß Wache halten gegen Erneurung solcher, wenn auch minder kühner und großartiger Versuche.

Charakteristisch für den Verfasser ist eine gewisse Abgunst gegen das Römerthum.

Wenn er S. 32 von diesem Volke sagt, es habe gegen Stat und Recht die „höheren" Güter, Religion, Wissenschaft und Kunst zurückgestellt, so müssen wir erstens gegen eine solche Classificirung den Menschen gleich wesentlicher und gleich hochstehender Attribute feierlich protestiren: wir schlagen den Stat nicht niederer an als die Kirche, und das Recht nicht geringer als die Religion, die Kunst oder die Wissenschaft: — solche Classificirung beleuchtet grell die Grundauffassung des Verfassers vom Recht in seinem Verhältniß zu jenen „höheren Gütern". Zweitens aber glauben wir, die Entscheidung Kundigeren überlassend, daß man dem römischen Volk eine tief ernste Religiosität nicht absprechen und dasselbe hierin den Vergleich mit den Hellenen nicht scheuen darf. Daß nicht der Polytheismus die Wurzel all' der Uebel war, welche in dem Verfall des Römerthums aufsteigen, zeigt ein Blick auf andere Völker polytheistischer Religionen, bei welchen die gleiche Ursache nicht die gleiche Wirkung, vor Allem die „Vermögenssucht" hervorgebracht hat. Wenn es übrigens die Hellenen nicht zu einem so reich entwickelten begriffsklaren Privatrecht gebracht haben, wie die Römer, so fehlte ihnen hiezu wahrlich nicht die „Vermögenssucht", sondern etwas ganz Anderes: das juristische Talent. Wiederholt bezeichnet der Verfasser das Römerthum in seiner Entartung als die widrigste Erscheinung menschlicher Entsittlichung — uns macht es auch darin noch einen großartigeren Eindruck als der verächtliche Zustand, in welchen die griechische Welt schon bald nach Perikles, die christliche schon unter Constantin geräth.

Bei Darstellung des (etwas überschätzten) Cicero vermissen wir die Kennzeichnung der angeführten Stellen als stoischer Elemente. Viel schmerzlicher aber vermissen wir eine Charakterisirung des römischen Rechts: es war die dem römischen Recht immanente Rechtsphilosophie aufzudecken. Denn wahrlich, so unglücklich und zum Theil ungeschickt die Versuche der römischen Juristen in Schulphilosophie ausfallen, — eine geniale Philosophie steckt in ihrer Methode juristischer Construction, in den Begriffen „lex naturalis," „naturalis ratio," „jus gentium," „aequitas"; und ein Werk wie Rudolf von Jherings „Geist des römischen Rechts" darf keine Geschichte der Rechtsphilosophie, seinen Ergebnissen und mehr noch seinen Principien, seiner Methode nach, unbeachtet und unverwerthet lassen. Denn Aufgabe der Geschichte der Rechtsphilosophie ist, die Erscheinungen und Spiegelungen der Rechtsidee zu verfolgen, nicht blos in den Systemen der Philosophen, sondern mit noch mehr Interesse und Ausbeute in den historischen nationalen Rechtsbildungen: die vergleichende Rechtsgeschichte ist als Eine, wenn auch nicht als die Einzige, Grundlage aller Rechtsphilosophie, zu betonen und nicht so kühl abzuweisen wie S. 223, besser S. 174. In Ermanglung ausreichender oder doch von Einer Arbeitskraft zu übersehender Vorarbeiten bezüglich anderer Völker mag man sich einstweilen noch auf Hellenen, Römer, Germanen beschränken — aber eine ausführliche Würdigung der Rechte wenigstens dieser drei großen Culturvölker scheint uns in keiner Geschichte der Rechtsphilosophie fehlen zu dürfen, wobei eine Zergliederung des Rechtsstoffs, nicht phrasenhafte Constructionen wie z. B. die über das germanische Recht (oben S. 166) gemeint sind; die Verweisung auf den Artikel des Verfassers „römische Statsidee" im Statswörterbuch S. 34 kann doch jene Anforderung nicht im Entferntesten befriedigen.

Wenn S. 34 der Sieg der christlichen Ideen „so ärmlich sie äußerlich erscheinen mochten" über das römische Imperium und die Germanen geschildert wird, so muß gegenüber den hierin immer noch herrschenden irrigen Vorstellungen darauf hingewiesen werden, daß, abgesehen von einzelnen verschwindenden Bekehrungen, nach Wegschneidung der Vegetation von Legenden und Erfindungen, die Thatsache übrig bleibt, daß die Germanen das Christenthum erst, nachdem es Statsreligion des Imperiums geworden und als ein Stück der gesammten römischen Cultur, unter zwingenden äußeren d. h. politischen Gründen, angenommen haben. Es handelt sich dabei wesentlich nur um die Völker der gothischen Gruppe und um die Franken. Die Gothen nun nehmen nachweisbar in Masse das Christenthum erst gegen Ende des IV. Jahrhunderts an als Bedingung der Aufnahme in das römische Reich, welcher Entschluß als einzige Rettung vor den Hunnen erschien: ja, sie geben sich, die Römer täuschend, zu diesem Zweck für Christen aus.

(Eunapius ed bonn. p 82). Vor dieser Nöthigung hatten sie die von Kaiser Valens importirte Lehre, als dieselbe Freiheit und Landfrieden bedrohte, zuletzt mit Gewalt abwehren müssen. Chlodovech aber nimmt das Christenthum erst zu Ende des V. Jahrhunderts an und zwar in der katholischen Form als überlegene Waffe gegenüber den arianischen Nachbaren im Südwesten und den heidnischen im Nordosten. „Aeußerlich ärmlich" war das Christenthum damals wahrlich nicht mehr. Es ist eine undankbare, sogar Aergerniß gebende Aufgabe, traditionelle, lieb gewordene Irrthümer aufzudecken: aber die Wissenschaft sucht die Wahrheit und nur die Wahrheit.

In der Darstellung des XV. und XVI. Jahrhunderts dürfte das Bestreben „den Himmel auf Erden zu verwirklichen," wie der Verfasser nicht ohne leises Kopfschütteln sagt, S. 72 bestimmter mit dem Wiederaufleben der Antike, der classischen Studien, der „Renaissance" in Verbindung zu bringen sein. Die lebhafte Bewegung, welche seit der Reformation das „Naturrecht" ergreift, geht weniger von der Schulphilosophie aus S. 73, als von den praktischen politischen Bedürfnissen und Partei-Kämpfen der Zeit: das Verhältniß von Stat und Kirche, von Statsgewalt und Gewissensfreiheit, die gegenseitigen Rechte von Souverain und Statsbürger, die Umwandlung des feudalen und patrimonialen States in die Anfänge des aufgeklärten Despotismus, diese praktischen Partei-Fragen werden in Flug- und Streit-Schriften lebhaft besprochen und dadurch werden dann auch in der gewichtigeren Literatur die großen Grundfragen über das Wesen von Recht und Stat, von Religion und Moral und ihrem Verhältniß nothwendig neu geprüft. Dabei scheint uns die relative Berechtigung und die absolute Bedeutung Machiavellis zu gering, der Werth der platonischen Schwärmereien eines Thomas Morus zu hoch angeschlagen; letzterer liegt fast nur in der aus Plato aufgewärmten Gütergemeinschafts-Lehre, auf welche spätere Communisten sich berufen. Machiavelli dagegen ist nicht nur aus dem italienischen Nationalcharakter und aus dem politischen Elend seines Vaterlandes heraus zu erklären und, mehr als vom Verfasser geschieht, zu rechtfertigen — er ist zugleich der prophetische Verkünder des sich endlich wieder aufraffenden Stats-Bewußtseins; ein antiker Politismus, genährt an dem Studium der alten Römer, stählt seinen Geist, er verlegt den Schwerpunct männlichen Lebens wieder aus der Kirche in den Stat, aus dem Jenseit in das Diesseit und proclamirt das Losungswort des States der nächsten drei Jahrhunderte, die „Stats-Raison". Bei der treffenden Vergleichung mit dem Jesuitismus S. 84—86 vermissen wir doch die Unterscheidung, daß der Machiavellismus, nach Absicht und Erfolg, dem Fortschritt zu dem modernen Stat, der Jesuitismus nach Absicht und Erfolg dem Rückschritt in Stat und Kirche des Mittelalters diente. S. 90 begegnet wieder eine an die dialectischen Maulwurfs-Wege des Hegel'schen Weltgeistes erinnernde Construction: es soll die Folge von Grotius, Thomasius, Leibnitz, Wolff als Folge innerlich-nothwendiger Entwicklungs-Phrasen dargethan werden: es trete nämlich in der Geschichte immer einseitig erst das eine, dann das andere Moment eines neuen Princips auf, bis endlich die volle Zusammenfassung derselben erreicht werde. Daß manchmal ein solcher Proceß sich nachweisen lasse, bestreiten wir nicht; oft aber wird die Entwicklung auch unterbrochen, gehemmt und die erwartete Erreichung des Princips — bleibt aus: der „gesetzmäßige Fortschritt" ist eine schon oben S. 161 beleuchtete Illusion. — Bei Hobbes vermissen wir die Anerkennung seines Verdienstes als eines starken Widder-Kopfes gegenüber der scholastischen Zusammenmauerung von Kirche und Stat"[16]). Daß sich bei Spinoza, „consequent dem Pantheismus" das Recht in Macht auflöst, S. 100, müssen wir bestimmt bestreiten. Bei Thomasius wünschen wir S. 105, 108 stärkere Betonung seines Verdienstes, das Recht aus der Stellung einer hörigen Magd der Moral befreit zu haben; statt dessen wird der Irrthum von Leibnitz belobt, daß das Recht, (welches Selbstzweck, Befriedigung eines eigenartigen Vernunftpostulats ist, wie z. B. die Mathematik) das „Wohl" bezwecke was auf die Krause'sche „Güterlehre" leitet; wie denn auch bei Wolff wieder die Zweckbeziehung des Rechts auf die Moral gerühmt wird.

Zu der vorzüglichen Darstellung von Montesquieu und Rousseau nur Eine Bemerkung: man darf nicht, wie S. 131, der Vertragstheorie das Zugeständniß machen, der Vertrag sei eine der Entstehungsformen des States. Vielmehr erwächst der Stat überall, ohne Vertrag, wie die Sprache und Sitte, geschichtlich, unbewußt und unwillkürlich aus Sippe,

---

[16]) Vgl. oben S. 37.

Horde, Gemeinde. Ist dieser (nicht durch Vertrag entstandene) Typus des States den Menschen einmal bekannt geworden, dann können sie freilich Einen späteren Stat nach jenem Typus auch im Wege des Vertrages begründen, eine bestimmte geschichtliche Verfassungsform durch Vertrag (oder Majoritätsbeschluß, was nicht Vertrag ist) einführen. Wenn die norwegischen Einwanderer auf Island, die englischen in Amerika, im Wege des Vertrages auch das öffentliche Recht ordnen, so haben sie doch durchaus nicht den Stat durch Vertrag geschaffen, sondern lediglich Kenntniß und Grundlagen eines States aus der alten Heimat mitgebracht: wenn monarchisch-constitutionelle Verfassungen nach dem englischen Vorbild auf dem Continent in vielen Staten eingeführt worden, so sind einzelne Abgeleitete, nicht aber die constitutionelle-monarchische Verfassung, die vielmehr geschichtlich erwachsen ist, auf solchem, dem Wege der Octroyirung, entstanden. — Auch die gediegene Darstellung von Kant und Fichte gibt uns nur zu wenigen Einwendungen Anlaß. Kants Verdienst um Auseinandersetzung von Recht und Moral hätte anerkannt werden sollen, dagegen wird er als Beförderer der „formalistischen Richtung" S. 293 getadelt. — Das S. 143 den gebildeten Völkern zuerkannte „Recht", ungebildete gegen deren Willen zum Verkehr zu zwingen, ist zwar de facto aus Gründen der Herrsch- und Habsucht oder des Bekehrungs-Fanatismus, immer geübt worden und wird immer geübt werden: aber als ein völkerrechtliches Recht können wir diese — Praxis nimmermehr anerkennen, obwohl die herrschende Theorie (Hefter, Bluntschli) es annimmt. Alles Völkerrecht ruht auf Vertrag oder Herkommen, welche immer nur unter den Betheiligten wirken können. Wie nun das angebliche „Recht" aus einem jener beiden Titel soll abgeleitet werden, ist nicht zu ersehen: denn mit Redensarten wie „Cultur-Mission", oder „Selen-Rettung", oder „civilisatorische Aufgabe" wird man doch kein juristisches Recht begründen wollen. Was würden wir als Privatpersonen mit dem Zudringlichen anfangen, der uns seinen Umgang aufzwingen und dies aus der Pflichtaufgabe, uns zu bilden und zu bessern, rechtfertigen wollte? Wir würden ihm die Thüre weisen mit Worten und Werken und, wären wir zu letzterem zu schwach, seine Besuche als Gewalt ertragen, aber nie als Recht anerkennen. Soll ein Volk weniger das Recht haben, seine Eigenart, seinen Glauben, seine Freiheit zu wahren?

Zwingt man aus Gründen des Handels, der Politik, der Forschung solche Stämme, uns ihre Häfen zu erschließen, so habe man auch die Offenheit, das Interesse als das Motiv und die Macht als den „Rechtstitel" anzugeben. Und gereicht auch manchmal — das Gegentheil ist ungleich häufiger — dieser Zwangsimport der Civilisation einzelnen solcher Völker zum Vortheil —: bekanntlich hat Niemand das Recht, Anderen Wohlthaten aufzuzwingen. Die Analogie von Unmündigen oder „Erziehungsbedürftigen" wird man z. B. auf Chinesen und Japanen nicht im Ernst anwenden wollen.

Wenn dem bloßen Rechts-State Kants gegenüber die Verbindung der Rechts- mit der Cultur-Pflege als Aufgabe des States bezeichnet wird, sind wir damit völlig einverstanden [17]), nicht aber damit, daß lediglich die „Güterlehre" Krause's diese Auffassung ermöglicht oder vollends, daß erst Krause den Stat als ein nothwendiges Gut, als im Wesen des Menschen begründet erkannt habe, S. 152, — das hat doch bekanntlich schon ziemlich lange vor Krause, Aristoteles gelehrt.

Die Verstimmung gegen den Pantheismus trübt einigermaßen die sonst wohlgelungene Darstellung von Schelling und Hegel (wie oben von Spinoza): daß Pantheismus und Materialismus leicht in einander übergehen, wird durch

---

[17]) S. oben S. 156. — Ueberhaupt, so sehr wir die pietätvolle Verherrlichung des Meisters durch den Schüler zu würdigen und in Ehren zu halten wissen — den außerhalb der Schule Stehenden muß es doch als Ueberschätzung erscheinen, wenn jener den allerhöchsten Geistern, den Großmeistern der Philosophie, gleichgestellt wird: z. B. S. 264: „Platon, (die Stoiker) Kant und insbesondere Krause! Heißt es von diesen Systemen, daß sie den Sinn für das Göttliche geweckt und den reinen Willen für das Gute belebt haben und deshalb ein Segen für die menschliche Bildung geblieben sind, so wird man doch Aristoteles, Spinoza, Hegel, Fichte nicht verschweigen dürfen, wo man von Krause's bleibendem Einfluß auf die menschliche Geistesgeschichte und Veredlung spricht. S. 316. „Gott ist nicht bloß eine allgemeine, ihm selbst unbewußte Weltseele, sondern, wie auch die Philosophie nachweisen kann (Krause) eine über der Welt ... (fehlt das Verbum) urbewußte Persönlichkeit, welche als Vorsehung die ewigen Gesetze aller Ordnungen aufrecht hält." Dieser Satz ist unentreißbares Gut religiöser Ueberzeugung. Daß ihn aber die Philosophie nicht nachweisen kann wenigstens bis jetzt nicht nachgewiesen hat, auch Krause nicht, zeigt ein Blick in die Geschichte dieser Wissenschaft. Hätte Krause jenen Beweis erbracht, kein Genius der Menschheit stünde ihm gleich und keine andere als seine Philosophie herrschte noch auf Erden.

zahlreiche nicht-materialistische pantheistische Systeme, vollends aber, daß der Pantheismus zum Communismus führen müsse, durch die vielen pantheistischen Systeme widerlegt, welche den Communismus ausschließen und bekämpfen. Diese Beschuldigung erinnert fast an die Denuntiation mit der man vor nicht gar ferner Zeit den Pantheismus in Baiern verfolgte: er müsse zum Ungehorsam gegen den König führen, weil sich jeder Pantheist als ein Gott auf Erden fühle. (Du lieber Gott!) — Die wegwerfende Abfertigung Schopenhauer's hätte wenigstens dessen eminentes Darstellungstalent anerkennen müssen und die herbe Beurtheilung der Herbart'schen Schule berührt nicht angenehm: die Nachwelt wird Herbart nicht tiefer stellen, als Krause und so wenig wir mit dem Princip b. h. dem Principmangel jener Schule einverstanden sind, — ihre Verdienste um „exacte Philosophie" sind doch nicht wegzuleugnen. Wir können speciell Geyer nicht Unrecht geben, wenn er gegen die Schule Krause's bemerkt, sie fasse das Recht nur als Mittel zum Zweck des Ethos; denn nach Ahrens eigener Darstellung S. 222 soll das Recht nur die Bedingungen für die Erstrebung aller Lebens- und Güterzwecke normiren; daß dies in Realisirung eines selbstständigen Vernunftbedürfnisses geschieht, wird nicht erkannt.

Am Wenigsten hat uns in dem geschichtlichen Abschnitt die Würdigung der historischen Schule befriedigen können, deren Bedeutung der Verfasser, unerachtet mancher feinen Bemerkung im Einzelnen, auch nicht entfernt erfaßt zu haben scheint: daß ihre Ergebnisse die unantastbaren Grundlagen bilden aller künftigen ernsthaften Rechtsphilosophie, die nicht a priori Rechtsirrthümer construiren, sondern aus fleißiger Detailforschung Rechtswahrheiten mühsam hervorarbeiten will scheint ihm leider nicht zur Ueberzeugung geworden zu sein. Und doch ist diese Ueberzeugung eine wissenschaftliche Nothwendigkeit. Daß jene Ergebnisse nicht das Ende, sondern nur der Anfang, — aber auch der unerläßliche Anfang — weiterer Forschung und der speculativen Verwerthung noch harrend sind, weiß die historische Schule recht wohl, die sich nur einer Tugend berühmt: der Bescheidenheit der Erkenntniß der Relativität ihres — aber freilich alles menschlichen Wissens. Wir müssen hier versuchen, ob wir einen scharfen Angriff auf die theuersten Heiligthümer unserer wissenschaftlichen Ueberzeugung nicht herzhaft abweisen können.

Der Verfasser hat fast nur Worte für die früheren — Unfertigkeiten dieser Schule. Richtig ist: sie betonte anfangs den Nationalcharakter als Quelle des Rechts zu stark und würdigte die „historischen Voraussetzungen" zu wenig —: diese Lücke ist längst ausgefüllt. Richtig ist: in dem Streit mit Thibaut über die Codification ging Savigny im Eifer einen Schritt zu weit —: diese Einzelfrage ist längst erledigt. Richtig ist: eine Zeit lang wurde auch noch innerhalb der Schule, wie von der gesammten Philosophie und Jurisprudenz vor und außer ihr, das römische Recht als ein absolutes Recht angesehen —: wodurch allein ist dieser Irrthum überwunden worden? Durch die historische Schule und zwar durch die Arbeiten zunächst auf dem Boden des römischen Rechts, der römischen Rechtsgeschichte selbst. Diese haben dann frühe die germanische historische Schule angeregt und lange schon steht kein Lehrer des römischen Rechts mehr auf jenen durch die historische Schule, nicht etwa durch das „Naturrecht", innerhalb der Rechtswissenschaft besiegten Anschauungen.

Richtig ist: Savigny selbst war nicht darauf angelegt, die Ergebnisse seiner Entdeckungen philosophisch zu verarbeiten —: wir meinen, wir haben ihm genug zu danken für das, was er leisten konnte und geleistet hat. Aufgabe der Schule ist es nun, hier ergänzend, fortführend zu arbeiten. Wenn die Schule „noch keine allgemeineren Gesichtspuncte gewonnen hat, die Rechtsentwicklung der vornehmsten Culturvölker wenigstens in den Grundzügen auch in vergleichender Jurisprudenz zu erfassen", so ist doch wahrlich für Geschichte des öffentlichen und privaten Rechtes der Hellenen, Römer, Germanen, Romanen, Slaven durch die historische Schule, oder deren Anregung in den letzten 40—50 Jahren soviel geschehen als nie zuvor in gleicher Frist.

Wenn die Wissenschaft der römischen und der deutschen Rechtsgeschichte nach Methode und Ergebnissen auf einer von dem staunenden Auslande beneideten, aber nicht erreichten Höhe steht —: wer hat sie dazu erhoben? Die historische Schule. Daß dieselbe noch nicht „allgemeine Gesichtspuncte" im Sinne geschichtsphilosophischer Constructionen verkündet hat —: dafür sollte man der nüchternen, zügelstrengen Methode dieser Schule Dank wissen. Diese Schule weiß eben am besten, daß zu solchen Aufstellungen das Material noch lange, lange nicht genug durchforscht und beherrscht ist und wenn sie, anstatt sich an populär glänzenden aber vorschnell und bodenlos aufgestellten „Gesichtspuncten" zu vergnügen, der anspruchsloseren und mühevollen und viele Jahrzehnte nicht lohnenden Detail-Forschung sich unterzieht, sollte sie für solche Grundbauten Anerkennung ernten und nicht Vorwurf. Erst den Boden und dann das Dach. Die Forschung wird sich also, gerade auch um der Rechtsphilosophen willen, noch lange „mit abgestandenen (!) Verhältnissen des römischen und deutschen Rechts" beschäftigen müssen. Manche Philosopheme sind von Geburt an „abgestanden".

Fast beleidigend klingt das Wort, S. 175, die Schule muthe dem Volksgeist zu, durch bleibende Reception eines fremden Rechts die eigene Geist- und Charakterlosigkeit zu bezeugen! „Geist und Charakterlosigkeit" haben die Niebuhr und Savigny, die Eichhorn und Grimm — diese Gebrüder nennt der Verfasser gar nie — ihrem deutschen Volke nicht zugemuthet. Wenn aber nach Allem, was die Schule, keineswegs blos für das Recht, sondern ganz ebenso für Sprache, Sage, Sitte, Götterglaube, Litteratur und Kunst, für die ganze politische und Culturgeschichte der Römer und Germanen, — anderer Völker zu geschweigen — für Ergründung des echten römischen und germanischen Volksgeistes in allen diesen Gebieten geleistet hat, wenn nach Alle dem das „abgestandene Naturrecht" jenen Männern zu zurufen sich überhebt:

„Was ihr das Volksbewußtsein heißt,
Das ist im Grund der Herren eigener Geist"

(S. 175) so darf die Schule, Meister, Gesellen und wir Lehrlinge, das Urtheil über solchen Undank getrost der Nachwelt überlassen: sie wird entscheiden — nein, die Geschichte hat schon entschieden, daß die Savigny und Grimm nicht das Bild ihrer subjectiven Phantasieen, sondern den wahren Geist des römischen und deutschen Volkes im Spiegel der Geschichte erschaut haben. Ein Bogen aus Jakob Grimm's Deutschen Rechtsalterthümern, aus der deutschen Grammatik oder der deutschen Mythologie hat die wahre Kenntniß des deutschen Volksgeistes mehr gefördert, als alle Constructionen des „Naturrechts" und anderer aprioristischer Philosopheme je gethan haben, und fürchten wir, je thun werden. (Auch anno 1882 noch nicht widerlegt.)

Das Princip des Rechts soll (S. 177) nicht aus der stets fließenden (Rechts-) Geschichte geschöpft werden können. Also aus der Philosophie. Als ob diese nicht auch „stets fließe", d. h. in der Folge ihrer Systeme alte Irrthümer aufdecke und neue begehe. [18])

Noch einige Worte zur Abwehr. Denn wir stehen in „echter Noth" gegen einen Angriff auf die historische Schule, der diese behandelt, als läge sie schon, der Trutz- und Schutzwaffen beraubt, zu Boden und haben nur noch den Todesstreich des sieghaften Naturrechtes hinzunehmen. Und so ist es doch nicht ganz! —

Das „Juristenrecht" kann unser Standpunct einfach damit rechtfertigen, daß doch auch die Juristen hoffentlich ein Theil des Volkes und, bei reicherer Cultur und complicirteren Rechtszuständen, vermöge der Arbeitstheilung, unvermeidlich sind, d. h. da, wo ein nationales Rechtstalent im Volke wohnt, wie bei Römern und, was weniger anerkannt, bei Germanen, bei denen auch schon frühe besondere Depositare des reicher anwachsenden Rechtsstoffes auftreten — anders die Hellenen, welche Sophisten und Rhetoren die

---

[18]) Aehnlich S. 223: „Nicht aus der Geschichte oder aus den positiven Gesetzen sei das Princip des Rechts abzuleiten, sondern aus dem Wesen des Menschen" — allerdings: eine Zergliederung des den Menschen zum Recht führenden Vernunft-Bedürfnisses ist unerläßlich: doch wollen wir uns immer bewußt bleiben, daß die Auffassung dieser menschlichen Motive stets von der jeweiligen philosophischen Gesammt-Anschauung bedingt ist. Und ferner: wie sich die moderne Sprachphilosophie nicht genügt, mit der philosophischen Erforschung der menschlichen Sprachwerkzeuge als Grundlage der Sprachbildung, sondern in vergleichender Sprachgeschichte nun auf diesen Grundlagen die Verwirklichungen des Sprachtriebes verfolgt, so muß die Rechtsphilosophie auf Grundlage der erforschten Organe des Rechtstriebes in vergleichender Rechtsgeschichte die Verwirklichungen desselben verfolgen. Weder das Eine allein genügt, noch das Andere. S 225 „das Recht ist kein Erfahrungsbegriff!" hier fehlt die Erkenntniß der Untrennbarkeit analytischen und synthetischen Denkens Was S. 216 das ungebührliche Uebergewicht des römischen Rechts im Studien-Betrieb anlangt, so müßte erstens das römische Recht als juristische Disciplina mentis, als eine Art Rechtsmathematik auch dann noch gelehrt werden, wenn kein einziger Satz desselben mehr praktische Geltung hätte, wie wir auf dem Gymnasium Latein und Griechisch nicht lernen, um es praktisch anzuwenden, auch nicht allein um des Inhalts der Literatur, sondern vor Allem um der Gedankenzucht willen. Zweitens aber ist bekannt, daß gerade die historische Schule eine Beschränkung des überwiegenden Betriebs des römischen Rechts herbeigeführt und der deutschen Rechtsgeschichte, dann dem deutschen Privatrecht, dem öffentlichen Recht neben den Pandekten Raum und Zeit erobert hat.

Menge, aber keinen Juristenstand zeigen. In dem Obigen aber liegt auch die Schranke der Berechtigung des „Juristenrechts": dasselbe gilt nur als ein Stück Gewohnheitsrecht, und wenn die Juristen, wie in Deutschland drei Jahrhunderte lang, nicht mehr als Theil des Volkes, sondern als bureaukratische Tyrannen des Volkes diesem ein fast nicht gekanntes und nicht gewolltes Recht aufzuzwingen versuchen, so ist das eine krankhafte Rechtsbildung. Aber die „Organe" der Rechtsbildung sind doch die Juristen nicht, wie etwa die Füße die „Organe der Bewegung", S. 297: das Organ der Rechtsbildung ist — das ganze Volk in Gesetzgebung und Gewohnheitsrecht.

Endlich noch eine Bemerkung über den Zusammenhang der historischen Schule mit Romantik und politischem Quietismus.

Die erste Beziehung war historisch erwachsen und ist längst überwunden. Der politische Quietismus aber ist dem Geist der historischen Schule nicht entsprechend, sondern widersprechend. Wenn sie den jeweiligen Rechtszustand als Product des Nationalcharakters und der geschichtlichen Voraussetzungen faßt, sagt sie damit nicht das berüchtigte Wort, daß jedes Volk die Verfassung habe, die es verdiene, also jeden Augenblick Alles in schönster Ordnung und was da sei, vernünftig sei, ein Ausspruch Hegel's, der an sich ebenso revolutionär wie conservativ gedeutet werden kann und ursprünglich gar nicht politisch gemeint war. Die historische Schule nimmt nicht, wie z. B. der Verfasser den stätigen Fortschritt und den unausbleiblichen Sieg des Rechtes an: sie weiß, es kann über ein tapferes, der Freiheit würdiges Volk durch die Uebermacht der historischen Voraussetzungen Untergang, Unterdrückung, Festhaltung unerträglich gewordener Rechtsnormen verhängt werden. Aber folgt aus ihren Principien die passive Resignation? Das Gegentheil. Jeder soll prüfen, ob die bestehende Friedensordnung, die (auch dermalen noch) vernunftnothwendige sei. Nur im Bejahungsfalle gehorcht er frei und freudig. Im Gegentheil hat er Recht und Pflicht, auf friedensordnungsmäßigem Wege die Herstellung der vernunftgemäßen Friedensordnung anzustreben und im Fall der Unerreichbarkeit — sich diesem Statsverband zu entziehen.

Wir schließen unsere Vertheidigung. Daß die historische Auffassung der tieferen philosophischen Forschung entbehren könne, behauptet die historische Schule nicht. Zwar nimmt unter ihren „bedeutenden Schattenseiten" und „großen Mängeln" der „Mangel an philosophischer Bildung die oberste Stelle ein." S. 271. 172. (Ich danke!) Soviel Logik aber kann sie doch gerade noch beschaffen, dem Angreifer zu entgegnen, sie wolle die Rechtsphilosophie durch die Rechtsgeschichte nicht ersetzen, sondern nur begründen damit sie nicht, wie das Naturrecht, als Fata Morgana in der Luft stehe: denn sie hat so manche Veranlassung, umgekehrt die Philosophen warnend zu erinnern, „daß die philosophische Auffassung der tieferen historischen Forschung nicht entbehren kann". —

Der Verfasser bekämpft dann noch den Materialismus, den Pantheismus und die „Machtrechts-Theorieen" der neueren Zeit.

Wir verspüren keinen Beruf, um deßwillen als Ritter des uns sehr ferne liegenden Materialismus aufzutreten, weil der Verfasser denselben wiederholt in nothwendige Waffenbrüderschaft mit dem Pantheismus bringen will. Doch glauben wir allerdings nicht, daß z. B. Darwin seine Art-Entstehungslehre durch den Vergleich mit „dem sich selbst aus dem Sumpf ziehenden Münchhausen"[19]) für widerlegt erachtet wird, vgl. S. 214, 240, 246, 232—235; der Unterschied zwischen Ursache, und Bedingung S. 234 ist wol auch manchem Naturforscher geläufig, der einwenden wird, wenn auch das Gehirn nicht Ursache, nur Bedingung des menschlichen Denkens sei, so kenne eben die Wissenschaft nach Zerstörung dieser Bedingung bisher leider noch kein Surrogat desselben.

Herzlich, fast überraschend schwach ist die Bestreitung des Pantheismus: S. 235; sie trifft nur ältere Formen desselben (z. B. das „Ein- und Aus-Athmen der „Gottheit"!) „In seinen metaphysischen Grundlagen soll er hier nicht bekämpft werden" — warum nicht? In den metaphysischen Begründungen scheint uns das Werk auch sonst zu viel oder zu wenig zu thun. Entweder mußte es in allen diesen Fragen einfach auf die Werke der Krausischen Schule verweisen oder, wenn

---

[19]) Wer das „Naturrecht" mit den Meistern der historischen Schule vergleicht, kann freilich auch Krause oder sich selbst über Darwin stellen: beides ist Größenwahn. Wer Jakob Grimm bestreitet, den deutschen Geist erkannt zu haben, kann auch Darwin mit dem Schwindelvirtuosen der Lüge vergleichen. Wie verhalten sich an Verdienst um wirkliches menschliches Erkennen Krause und Darwin?

es diese Grundsteine beizog, dieselben auch vor unsern Augen aufschichten, nicht wie z. B. S. 306 gleich 15 Kategorien auf einmal aus dem Revolver schießen. — Der Pantheismus behauptet nicht, wie etwa die Lehre von den Besessenen, daß „ein anderes Wesen in uns denkt, fühlt und will," kann also auch das Phänomen der „Selbstsucht recht wohl erklären. Der Pantheismus soll die „Grundlagen der rechtlichen und statlichen Ordnung und des Eigenthums antasten" — das ist eine Anklage, deren Wiederholung wir auf der Bildungsstufe des Verfassers nicht erwartet hätten; diese Waffe der Denunciation ist doch neidlos der kirchlichen und reactionspolizeilichen Verfolgung der Denkfreiheit zu überlassen. Der Pantheismus soll „die Selbsthilfe durch die Statshilfe ersetzen wollen" — ist der Pantheismus identisch mit Lassalle, weil Lassalle Pantheist war?*) Es fehlt an der Würdigung der Kategorie von Gesetz und Erscheinung, an der Erkenntniß der Identität der subjectiven menschlichen Vernunft mit der objectiven in den Natur- und Geistes-Gesetzen S. 241, 242. Einmal taucht der Gedanke auf, daß die Aesthetik, Ethik, Rechtsphilosophie die „Gesetze" des Schönen, Guten, der äußern Ordnung des Menschenlebens zu suchen habe, aber verfolgt wird diese Spur nicht: der Begriff des „Gesetzes" oben S. 325 wird nicht entwickelt, die Einheit dieser Gesetze in der Vernunft wird gesucht, trotz des Citats aus Leibnitz S. 307: „les sciences progressent en se simplifiant." S. 247, wo jene Identität nachgewiesen und verwerthet werden mußte, ersetzten Bilder und Gleichnisse und das so häufig bemühte, „sonnenhafte Auge" (Goethe's) Nachweis und Verwerthung.

Die „neuen Machtrechts-Theorien", als deren Fach-Professor offenbar Graf (1870) Bismarck gemeint ist, sollen auf Uebertragung des Materialismus in das Stats- und Völkerrecht beruhen. Dieser Statsmann ist ausgesprochener Maßen Christ, von der persönlichen Unsterblichkeit voll überzeugt und keineswegs Materialist. Und diese Machtrechtstheorien sind — nicht neu: ungezählte Regenten und Statsmänner aller Völker und Zeiten, aller möglichen religiösen und philosophischen

---

*) Ist alle Statshilfe als solche verwerflich? Ist die längst bestehende Erhaltung der Gemeinde-Armen nicht Stats- (oder Gemeinde-) Hilfe? Will Fürst Bismarck nicht Statshilfe in ziemlich ausgedehntem Maß? Und er ist doch, nach oft wiederholter Erklärung, überzeugter Christ und nichts weniger als Pantheist. (1852.)

Anschauungen, Christen und Heiden, Idealisten, Spiritualisten so gut wie Materialisten haben, in Theorie und Praxis, jene Principien befolgt. Uebrigens geräth der Verfasser in Verlegenheit, wie er seine Annahme einer die Weltgeschichte nach Gerechtigkeit leitenden Vorsehung mit den Erfolgen dieser Theorien, zunächst mit den scharf von ihm verurtheilten Ereignissen des Jahres 1866, vereinbaren soll. Er hilft sich erstens durch die auch der Rüstkammer der Orthodoxie alt-vertraute Auskunft der „Zulassung": solche Frevel läßt Gott nur mißbilligend zu! (S. 313). — Wie beurtheilt man aber in Moral und Recht den, der ein Verbrechen hindern kann, hindern soll und — „zuläßt?" Zweitens mit dem Trost, daß solche Erfolge doch nur „vorübergehende Dauer" haben. Allerdings, alle Bildungen der Geschichte sind nicht von ewiger Dauer, also auch nicht solche Erfolge: wenn aber z. B. das römische Weltreich, welches im großartigsten Stil die Machtrechtstheorie mit Blut und Eisen verwirklicht hat, sechs- bis siebenhundert Jahre in höchster Herrlichkeit florirt und endlich, wie alles Menschliche, untergeht, soll darin eine entsprechende Sühne erblickt werden für die unzähligen Nationalitäten und Rechte, die es während seines Aufbaus und Bestandes vernichtet hat?

Ungleich vorsichtiger ist es bei jenen Anschauungen, die ausgleichende Gerechtigkeit in das Jenseit zu verlegen.

Die Wahrheit ist: die Annahme von dem jedesmaligen oder doch endlichen Sieg des Rechts ist eine Schwester der andern Illusion von dem stätigen Fortschritt der gesammten Menschheit. In dem großartigen Kampf der Nationen um das Dasein, das wir Weltgeschichte nennen, entscheidet den Sieg nicht Recht oder Unrecht, sondern, modificirt durch die Gesammtheit der historischen Voraussetzungen und Neben-Einflüsse, die überlegene Lebenskraft.

Unter den Factoren dieser Kraft nehmen die idealen Momente eine hervorragende, nicht aber immer die entscheidende Rolle ein. So kann das begeisterte Bewußtsein, für Recht, Freiheit, Vaterland gegen ungerechte Unterdrückung zu kämpfen unter Umständen die ideale Kraft dermaßen steigern, daß sie die fehlenden realen Factoren bis zu gewissem Grad ersetzt und gegen die nur physische Uebermacht den Sieg erringt (Marathon und Salamis): oft kann jene Begeisterung den Untergang nicht abwenden, nur noch mit Ehre weihen und verklären. (Die Ostgothen König Teja's.) Der

Grundgedanke jener Machtrechts-Theorien ist, daß ein Volk oder Stat, vor die Wahl gestellt zwischen Rechtsbruch und Untergang, aus Pflicht der Selbsterhaltung den Rechtsbruch wählen muß. Und dieser Gedanke ist — richtig.

So finden wir denn auch in der Geschichtsphilosophie dieser Schule eine moralisirende Tendenz, deren Vorherrschen in der Rechtsphilosophie wir beklagen. Wenn dem Verfasser S. 221 vgl. 224 als Resultat der ganzen Entwicklung der Rechtsphilosophie das Bedürfniß nach einer ethischen Rechtsphilosophie sich ergibt, das in Krause seine Befriedigung gefunden habe, so müssen wir nach der fast ausnahmslosen Confundirung von Recht und Moral in den bisherigen Systemen vielmehr das Verlangen aussprechen nach einer juristischen Rechtsphilosophie.

II.

Wir wenden uns nun von dem historischen zu dem dogmatischen Abschnitt des Werkes.

Aus dem bisher allein vorliegenden „Allgemeinen Theil" heben wir als wohlgelungen hervor, den Nachweis S. 227 vgl. 230, 304, 368, daß das Recht nicht vom Willen willkürlich „gemacht", sondern unwillkürlich von der Vernunft als Gesetz der menschlichen Verhältnisse verwirklicht wird, was der Verfasser in anderer Wendung dahin ausdrückt, nicht der Wille, das Wesen Gottes sei Basis des Rechts; (so aber schon Leibniz) ferner die geistvolle Erörterung über Verstand und Vernunft S. 240—241, die Gleichstellung der verschiedenen Lebenskreise S. 253, 268[a]), die Kritik des älteren „Naturrechts", die Betonung des Organischen im Recht und Stat S. 274, 279; das Verhältniß des Rechts zur Volkswirthschaft S. 299, auch Einzelnes über das zur Moral S. 313, über den Willen S. 304, über Gesetz-Findung statt: -Gebung S. 323, über Gewohnheitsrecht und sein Verhältniß zum Gesetz S. 328, 329; über Rechtssubjecte S. 335 (die „Sole-Corporation" des englischen Rechts mit Fug hervorgehoben) S. 346 über Rechtshandlungen und Verträge, über angebliche Collission von Rechten, über Besitz S. 369, über Ausscheidung von öffentlichem und Privat-Recht S. 372; über Betonung der Culturpflege S. 388, 389.

[a]) Doch wäre S. 282 zu betonen, daß im Streitfall der Stat, auch wenn selbst Partei zu richten habe, oben S. 333.

Mit der Bearbeitung des Rechts-Stoffes im Detail sind wir im Ganzen einverstanden und haben, vom Standpunct des positiven Rechts aus, nur folgende wenige Einwendungen zu machen.

Die völlige Verbannung der „Fictionen" S. 305 aus der Rechtswissenschaft wird nicht thunlich sein: als praesumtiones juris et de jure mit Ausschluß des Gegenbeweises sind sie in manchen Fällen aus praktischen Gründen unentbehrlich und auch rechtsphilosophisch aus dem Begriff der „Friedensordnung" zu rechtfertigen: z. B. die res judicata. Ein Wortstreit ist es, ob man juristische Personen als Fictionen bezeichnen soll: was z. B. Bluntschli dagegen sagt: hat den guten Sinn, daß Stat, Gemeinde, Familien ꝛc. nicht unmotivirte Gedankengespinnste, sondern sehr reale Mächte sind; im engern technischen Sinn gebraucht ist aber die Anwendung des Ausdrucks „Fiction" auf dieselben ungefährlich. Noch weniger aber als Fictionen sind analoge Bestimmungen von der Wissenschaft zu entbehren; mögen auch die quasi-ususfructus, quasi-Contracte und quasi-Delicte der römischen Terminologie nicht besonders geschmackvoll sein, — die Sache wird nicht eben besser, wenn man in andern Fällen von depositum irregulare, locatio conductio irregularis spricht und sprechen muß! in der juris quasi possessio aber liegt ein richtig gedachter, nur noch zu schüchterner Versuch, den Begriff des Besitzes vom Eigenthum an Sachen auf alle Rechte auszudehnen, deren wiederholte oder dauernde, äußerlich erkennbare Ausübung möglich und alsdann nicht nur eine Analogie, sondern eine wahre Erscheinung des Besitz-Begriffes ist. — Gegen die wiederholte lobende Anerkennung von getheiltem Eigenthum, Gesammteigenthum und Genossenschaft als Institutionen des deutschen Rechts mußten wir uns schon erklären. Das erste beruht auf einem Mißverständniß der Glossatoren und Steigerung von erblichen Nutzungsrechten an fremden Sachen zu Eigenthum in unjuristischer Ueberschätzung des praktischen, wirthschaftlichen Erfolges dieser Institution, welcher den Nutzungsberechtigten allerdings wie einen Eigenthümer erscheinen läßt. Gesammteigenthum und Genossenschaft sind nur zwei Seiten, die sachenrechtliche und personenrechtliche Seite, Eines Gedankens, der sich zunächst auf die gesammte Hand im Lehnrecht, die Allmännde, und die eheliche Gütergemeinschaft stützt. Denn die andern Institutionen: Deichverband, Gewerkschaft, Pfännerschaft, offene und Actiengesellschaft, Zünfte, Familienstiftung hat man erst spät beigezogen. Es muß hier genügen, die gesammte Hand bald als Miteigenthum, bald als Eigenthum einer Corporation, bald als Sondereigen, durch Erb- und Heimfalls- und Einspruchs-, — auch Nießbrauchs-Rechte beschränkt und belastet, die Allmännde als Alleineigenthum der Gemeinde, durch Nutzungsrechte beschwert, und die eheliche Gütergemeinschaft als Miteigenthum, Verwaltungs und Nießbrauchs-Recht des Mannes an der Quote der Frau zu erklären. Will man nun solche juristische Personen, deren Glieder Rechte an deren Vermögen haben und welche im deutschen Recht aus geschichtlichen Gründen thatsächlich häufig vorkommen, Genossenschaften nennen, so ist dagegen so lange nichts zu erinnern, als man darin nicht einen neuen, nach römischem Recht unconstruirbaren Rechtsbegriff gefunden zu haben glaubt. Jede Dorf- und Stadtgemeinde Italiens hätte auch nach römischem Recht sich als solche „Genossenschaft" construiren können. Den Ausdruck „Gesammt-Eigenthum" aber muß man als lediglich begriffsverwirrend ganz aufgeben. So müssen wir urtheilen, nicht, weil wir zu den Rechtsgelehrten zählen, „welche die römischen Rechtsprincipien als Normalprincipien betrachten." Nicht der „römische Geist der Macht- und Herrschsucht" leitet uns dabei, wir folgen zwei ganz andern Geistern: dem Geist der Logik, welcher nicht denken kann, „daß, wo ich stehe, auch ein Anderer stehe" und dem Geist der deutschen Rechtsgeschichte, welcher uns z. B. die Allmännde deutlich aus dem Hergang bei der germanischen Ansiedlung und Landtheilung als Alleineigenthum des occupirenden Gemeinde-Staates zeigt.

Daß die Gesetze die Rückforderung gezahlter Spielschulden nicht gestatten, hat sicher nicht darin seinen Grund. „weil sie sich mit solchen unsittlichen Handlungen überhaupt nicht befassen(!!!)"[22]) S. 314. Sie befassen sich ja allerdings damit, indem sie z. B. die Klagbarkeit, aber auch die Rückforderung ausschießen. Und dann ist doch wahrlich nicht die Bezahlung, sondern die Contrahirung der Schuld die unsittliche Handlung! Darin liegt der Grund, daß in der

---

[22]) Das erinnert fast an die Antwort Dogberry's auf die Frage der Wache in Shakespeare's „Much ado about nothing" III, 3: If we know him to be a thief, shall we not lay hands on him? — Dogbery: Truely, by your office you may, but J think, they that touch pitch will be defiled.

Rückforderung der geleisteten Zahlung, in welcher die Anerkennung und Tilgung der Schuld lag, die hergestellte Friedensordnung aufs Neue und nicht aus sittlichen Motiven umgestoßen würde. — In echtem Nothstand begangene Verletzungen fremder Rechte sollen nach S. 315 immer „unrecht" (d. h. nach der Meinung des Verfassers hier unsittlich und „ungerecht"), auch wenn straflos, bleiben: die Straflosigkeit werde nur durch die Aufregung, welche die freie Selbstbestimmung schwäche, gerechtfertigt: ferner S. 332 soll das sittliche und rechtliche Bewußtsein jeden verurtheilen, der den Andern, um sich zu retten, von dem schon so lange (seit Karneades) benützten „Brett im Schiffbruch" stößt und das Recht soll nur „wegen der Schwierigkeit des Urtheils über den Seelenzustand nicht strafen." Das ist eine grobe Unrichtigkeit, zu welcher das Ethisiren verleitet hat; wir verurtheilen nicht, moralisch nicht und rechtlich nicht, die Perforation der Leibesfrucht, obwol mit voller Ruhe beschlossen; und glaubt der Verfasser wirklich, das Gericht dürfe denjenigen strafen, welcher gesteht, in voller Kühlheit und ohne Aufregung den Gefährten im Schiffbruch sich geopfert zu haben? —. S. 326 und 327 hätten wir über Gewohnheitsrecht und Autonomie (diese ist nicht eine dritte Quelle des objectiven Rechts neben Gesetz und Gewohnheit) mehr Detail gewünscht, ebenso S. 331 über Billigkeit (aequitas; tieferes hierüber schon bei Hildenbrand I. S. 621). Irrig ist, daß nicht schon das heidnische, erst das christliche Recht die Abtreibung der Leibesfrucht gestraft habe S. 333; daß Handlungen nur dann Gegenstand des Rechts sein können, wenn sie einen Vermögenswerth haben (soll heißen: wenn das Interesse daran vermögensrechtlich geschätzt werden kann), hat doch auch die „positive Rechtswissenschaft" nur für das Gebiet des Privatrechts behauptet S. 338; S. 341 vermissen wir die Construction des öffentlichen und des Straf-Rechts; die Trennung des öffentlichen und privaten Rechts S. 382 erfolgt nicht „durch die Anerkennung der selbstständigen privaten Rechtssphäre": vielmehr ist diese ja die früher vorhandene, die in den später gewordenen Stat noch übergreift und der Stat hat dann oft erst mühsam genug seine Lösung von privatrechtlichen Begriffen anzustreben; daß der Erbvertrag die „schlechteste Form" des Erbrechts sei S. 155 können wir doch nicht so ohne Weiteres gelten lassen! Ganz irrig aber ist S. 334, daß jede juristische Person eine Mehrzahl von natürlichen Personen voraussetze, aus welchen (Corporation) oder für welche (Stiftung) sie bestehe; wird für letzteres eine Spital-Stiftung als Beispiel angeführt, so ist doch zu bemerken, daß die Stiftung schon besteht, ehe Kranke in die Anstalt aufgenommen und noch besteht, wenn sie keinen Kranken mehr enthält, daß ferner Meß-Stiftungen, z. B. für die armen Selen im Fegfeuer, ohne Zweifel zu Recht bestehen; „Personification des Zweckes" genügt allerdings (siehe oben S. 337) und die juristische Person des Fiscus ist weder die Corporation aller Statsangehörigen, noch ist sie „für die natürlichen Personen der Statsangehörigen" als solche bestimmt; ja, es ist nicht wesentlich, daß Menschen den Vortheil aus einer Stiftung beziehen: die (sagenhafte) Stiftung Herrn Walthers von der Vogelweide war unzweifelhaft rechtsbeständig, auch ehe sich an die Stelle der Wirzburger Vögelein die Wirzburger Domherren setzten[22]).

---

[22]) Kurz andeuten wollen wir noch folgende Bedenken. S. 303 ist es ein Versehen, daß „Eigenthum auch Besitz und Ersitzung enthalte wie das Institut des Vertrages, Darlehen, Kauf": die einzelnen Verträge sind species des genus Vertrag, Besitz und Ersitzung nicht des Eigenthums und kommen auch bei andern Instituten als dem Eigenthum vor; S. 285 „die Sachbedürftigkeit des Menschen ist der Rechtsgrund des Eigenthums:" doch nur der factische Grund: bevor nicht eine Menschengenossenschaft den epochemachenden Schritt gethan, auch nach dem Besitzverlust noch ein volles Herrschafts-Recht an der Sache anzuerkennen, ist, bei aller Sachbedürftigkeit, der Rechtsgrund des Eigenthums noch nicht da. Dieser ist die „opinio necessitatis", die Anerkennung obigen Gedankens in Gewohnheit oder Gesetz: ebenso liegt der „Rechtsgrund der Kinder auf Erziehung" (—! — soll heißen: der Grund des Rechts der Kinder auf Erziehung) nicht „im Bedingtsein der vernünftigen Lebensentwicklung von der Erziehung": darin liegt nur einer der Gründe, aus welchen das Recht jenen Anspruch anerkennt und nur diese Anerkennung erhebt das „Postulat" zum „Recht"; ebensowenig liegt S. 341 „der Rechtsgrund aller Rechts-Institute und Verhältnisse in einem vernünftigen Bedürfniß:" vielmehr liegt in diesem nur die Veranlassung, solchen Postulaten durch Gewohnheit oder Gesetz einen Rechtsgrund zu geben. Es hängt dies mit der Annahme eines vor, außer und über dem positiven Recht bestehenden Naturrechts zusammen, s. unten; muß aber S. 342 zugeben, daß „ein" Rechtsverhältniß fort bestehen kann nach Wegfall seines Rechtsgrundes (das ist unmöglich) z. B. „Lehensverhältnisse" (d. h. das factische Lebensbedürfniß kann von der Form, die es hervorgerufen, überbauert werden), so sollte doch auch eingeräumt werden, daß vor Anerkennung des (angeblichen) „Rechtsgrundes (Bedürfnisses) ein Recht nicht besteht. S. 285 „ergänzt" wird doch das eheliche Verhältniß durch das elterliche, die Familie durch die Gemeinde, die Gemeinde durch den Stat nicht.

Das sind Details. Ausführlich aber müssen wir unsere abweichenden Ansichten noch in einer Reihe von principiellen Fragen darlegen.

Die wichtigste Grundlage für die ganze Gedankenfolge bildet bei Krause und Ahrens die sogenannte „Güterlehre". Es wird nämlich der allgemeine Begriff des Guten, des Gutes, der Güter aufgestellt, wozu sich dann das Sittlich-Gute und das Recht als wohlthätige Ordnung der äußeren Lebensgüter nur als Species, als einzelne Anwendungen oder Arten verhalten sollen. Diese nach den verschiedensten Richtungen[24]) verwerthete Grundanschauung beruht nun, — wir bedauern, das nicht anders nennen zu können — auf einer quaternio terminorum d. h. auf einer gröblichsten Vermengung verschiedener Bedeutungen Eines Ausdrucks, der dann bald in der Einen, bald in der Andern Bedeutung gebraucht wird: die ganze Lehre ruht auf dem Zufall, daß in drei nahverwandten Sprachen, Griechisch, Lateinisch, Deutsch ein Wort, das Wort ἀγαθόν, bonum, gut in mehrfachem Sinne verwendet wird.

1. Sokrates war gut. 2. Honig schmeckt gut. 3. Das Messer schneidet gut. 4. Die Thüre schließt gut. 5. Holz ist ein Gut.

Lassen sich, weil, in ganz verschiedenem Sinn, diese fünf Subjecte mit dem gleichlautenden Adjectiv oder Adverb oder Appositivum verbunden werden könntn, diese fünf Subjecte unter eine gemeinsame Kategorie des Guten in gleichem Sinne rücken? Oder läßt sich wegen des Zufalls, daß in dieser Sprache Tugend, Süße, Schärfe, Knappheit, wirthschaftliche Verwendbarkeit, Zweckmäßigkeit mit demselben Prädicat-Wort ausgesagt werden können[25]), Ein Oberbegriff „Gut" aufstellen unter welchen Tugend und

---

[24]) S. 226, 238; consequent müßte S. 251 auch das höchste Gut, Gott, als ein „Bedürfniß-Befriedigungsmittel" des Religionstriebes fassen, wovon der wahrhaft gottesfürchtige Sinn des Verfassers gewiß weit entfernt ist; S. 259 wird folgerichtig auch die Volkswirthschaftslehre zu einer „ethischen" Wissenschaft vgl. 261, 290, 291; aber auch auf dem Standpunct jener Lehre scheint uns die Scheidung von „Gütern der Persönlichkeit" und „Gütern der Cultur" unzutreffend: denn einerseits beziehen sich alle Güter der Cultur auf die Persönlichkeit, andererseits werden erst durch die Fortschritte der Cultur die Güter der Persönlichkeit in reicherem Maß anerkannt, entwickelt und geschützt; vgl. S 309. 383.

[25]) In laxer populärer Redeweise, denn genau wird man sagen: Honig schmeckt süß, Messer schneidet scharf, nur 1 und 5 ist exact ausgedrückt.

Süße, Schärfe und Wärmekraft als Arten im gleichen Sinn des Oberbegriffs gehören?

Sind Moral und Süße und Schärfe und Wärmekraft, weil sie „wohlthätige Wirkungen" haben können — die letztern drei auch das Gegentheil — auf Einen Oberbegriff zurückzuführen? Dieser wäre das „Erstrebenswerthe" S. 227, aber nicht an sich, sondern wegen der „wohlthätigen Wirkungen": soll also wirklich die wohlthätige Wirkung das Specificum der Moral, soll die Tugend um der wohlthätigen Wirkung willen, das Gute um der „Güter" willen, die es erzeugt, zu üben sein? S. 228 stellt einige Bezeichnungen für „Recht" zusammen: aber weder jus noch Recht, weder lex noch Gesetz, weder droit (directum) noch prawda, weder rigu noch δίκη hat mit ἀγαθόν bonum, gut utile etwas gemein.

Bekanntlich beruht eine Art der Witz-Komik auf scheinbar unbewußter, aber absichtlich begangener quaternio terminorum d. h. Anwendung eines Wortes in zweifachem Sinn in Einem Zusammenhang. Ein alter Witz, mit welchem die Stoa die eudaimonistische Moral- und Rechtsphilosophie der Epikuräer geißelte, beruht nun auf der nämlichen, aber absichtlichen Bedeutungsvertauschung, wie sie Ahrens sehr unabsichtlich begeht, bezüglich der entsprechenden Negative: des Begriffs κακόν.[26]) Sie sagten, Epikur halte nicht das Stehlen für unrecht, (übel) (κακόν) sondern nur das Sich-Erwischen-Lassen[27]), hier wird κακόν zuerst als Unrecht, dann als „Malheur" gedacht unterstellt. Auf der nämlichen — nur nicht erkannten — Doppelsinnigkeit, hier von gut (sittlich) und Gut (Nutzen), beruht nun jene ganze „Güterlehre," mit allen ihren ethisirenden Consequenzen —: in Wahrheit aber war die individuelle ethisirende Tendenz das Frühere bei Krause und er hat jene „Güterlehre" (sich selbst unbewußt) nur aufgestellt, um dann aus diesem Princip die hineingeschobenen moralisiren-

---

[26]) Beiläufig gesagt trifft in der Negative der drei Sprachen zwar noch im Latein, malum, aber schon nicht mehr im Deutschen die entsprechende Doppeldeutung völlig ein: wir haben für das Moralisch-Verwerfliche das Wort Böse und Schlecht, während „Uebel" das Unangenehme und Verderbliche, nicht auch jenes Böse bezeichnet: (in Uebelthat allerdings noch, — du thust übel kann auch „Unklug", „Zweckwidrig" bedeuten).

[27]) Epictet. III. 7, 12 τὸ γὰρ κλέψαι οὐδὲ αὐτὸ ὁ Ἐπίκουρος ἀποφαίνει κακόν, ἀλλὰ τὸ ἐμπεσεῖν.

den Consequenzen ableiten zu können. Daher dann die Subsumtion von Recht und Volkswirthschaft als specielle „Gütergebiete" unter das höhere Gütergebiet der Moral S. 217; daher der Irrthum, daß das Rechtsgesetz „in dem Sittengesetz" wurzle S. 227, statt der Einsicht, daß keines von diesen beiden coordinirten Gesetzen im Andern wurzle, sondern beide in der Vernunft, von der sie nur verschiedene Richtungen, Anwendungsformen darstellen; daher der Vorwurf, S. 228, die positive Rechtswissenschaft beziehe das Recht nur auf die äußeren Verhältnisse der Menschen unter einander, „das gebildete Bewußtsein aber — die „positive Rechtswissenschaft" mag sich für diesen Gegensatz bedanken! — weiß, daß der Mensch auch gegen sich selbst „unrecht" handeln könne." Hier müssen wir doch wirklich fragen, ob der Mensch nach einer solchen Handlung eine Klage aus einer obligatio ex delicto gegen sich selbst anstellen oder Strafprozeß gegen sein eines Ich von dem Andern beantragen lassen soll? Also weil wir in laxer Redeweise von einem Menschen, der z. B. durch Ausschweifungen sich zerstört, sagen, er handle Unrecht gegen seine Familie, ja gegen sich selbst, d. h. weil wir den Vorwurf der sittlichen Schwäche, der niedern sittlichen Stufe, der Thorheit in das leidig vieldeutige Wort „unrecht" kleiden können, in welchem dasselbe Wort, das auch jus bedeutet, negirt wird, hier aber nicht im Sinne von „jus" negirt wird — auf diesen Zufall der populären Sprache wird die Lehre gebaut, daß der Mensch sich selbst gegenüber ein Recht (jus) habe, also nothwendig zu sich selbst in einem Rechtsverhältniß stehe!!! Wir bleiben bescheiden bei der „positiven Rechtswissenschaft" und bei der — Logik, welche zu einem Rechtsverhältniß zwei Rechtssubjecte fordert. Wenn z. B. positive Gesetze den versuchten Selbstmord an dem Thäter oder den vollendeten durch Verweigerung der ehrlichen Bestattung oder durch Confiscation des Nachlasses geahndet haben, so liegt meist gar nicht ein Rechts-, sondern ein moralischer oder religiöser Gedanke zu Grunde: (Abwehr des Zorns der Götter von der Gemeinde) wenn aber ein Rechtsgedanke, so wird nicht das Recht des Selbstmörders gegen sich selbst, sondern das Recht Anderer auf sein Leben (des States, der Gemeinde, der Familie) als verletzt angesehen. Straft der Stat den Rekruten, der sich durch Verstümmlung dienstuntauglich macht, um des verletzten Rechts des Rekruten gegen sich selbst oder um des verletzten Rechts und Interesses des States willen? Oder soll der Stat den Kranken, der den Arzt bittet, ihn durch Gift von seinen Leiden zu befreien, strafen wegen Anstiftung zum Mord oder zur „Hilfeleistung zum Selbstmord"?

In der Aufzählung der wesentlich menschlichen Güter vermissen wir übrigens neben der „Humanität" (d. h. der „göttlich-menschlichen Bildung" — neben Religion, Wissenschaft, Moral und Kunst noch eine besondere Bildung?) Sprache, Familie, Recht und Stat.

Eine Schlußbemerkung mag uns die Brücke schlagen von dieser „Güterlehre" zu der Kritik des Rechtsbegriffs.

Selbstverständlich wirkt das Recht auch wohlthätig, ist nützlich, befördert indirect die Moral. Aber das ist nicht sein specifisches Wesen und nicht der letzte Grund seiner verbindlichen Kraft. Diese liegt lediglich in der Vernunftnothwendigkeit. Es gibt ja Fälle, in welchen das Recht schädlich wirkt z. B. der Zunftzwang, der Zollzwang Gewerk und Handel lähmt. Dann ist dieses Rechtsinstitut nicht mehr ein „Gut", sondern ein „Uebel", es kann ungerecht sein, aber ist es darum weniger Recht? Es bleibt Recht und muß friedlich geändert oder friedlich ertragen und darf nur zur Rettung von Volk und Stat im Nothstand gebrochen werden. Und der Segen, der in der Achtung vor dem Rechte liegt, in der Heilighaltung auch des nicht befriedigenden Rechts, wiegt tausendfach die Nachtheile ungünstiger Wirkung auf. Wo der Grenzstein dieser Pietät gesteckt und welches die Reform-Bestrebungs-Pflicht des Statsbürgers gegenüber einem schädlichen Rechtszustand ist, haben wir schon angedeutet.

Die Definition des Rechts S. 229: „das Recht ist eine Norm, welche den Freiheitsgebrauch in Angemessenheit zu den menschlichen Lebens- und Güterverhältnissen regelt" führt plötzlich den Begriff der Freiheit, der noch gar im vorgehenden nicht erörtert und doch wahrlich in einem System der Rechtsphilosophie sehr „fragwürdig" ist, als bereits feststehend ein. Zweitens ist die Definition zu weit: sie trifft nicht das specifisch Juristische, sie sagt nicht, welche Art der Lebensverhältnisse hier allein in Frage kömmt. Die Zeichenkunst, die den Maler, die Harmonielehre, welche den Musiker componiren lehrt „regelt" auch als „Norm" seinen „Freiheitsgebrauch" (er soll die Gesetze der

Perspective, des Contrapuncts, u. s. w. in seinem „Freiheitsgebrauch" respectiren) in Angemessenheit zu den menschlichen Lebens- und Güterverhältnissen; denn ein „menschliches Lebensverhältniß" ist auch das Anhören einer falsch componirten Fuge in einem Concertsal und die Kunst ist auch ein „Gut", wie die Leinwand und das Clavier im Sinn der „Güterlehre", zu denen Künstler und Publicum in Verhältniß treten, und denen „angemessen" der Künstler seinen „Freiheitsgebrauch" handhaben soll. Obige Definition paßt also in das ästhetische fast so gut wie in das juristische Gebiet. Was dann S. 231 f. über den Freiheitsbegriff nachgebracht wird, erledigt diese tief liegende Frage nicht: z. B. bereut doch auch das Thier, d. h. es erkennt seine Handlungsweise, (die ihm geschadet hat), „als verwerflich", was der Verfasser bestreitet. In der vom Verfasser angenommenen Ausdehnung S. 241 wird sich die Freiheit — sowenig wie die Existenz der oben S. 339 erwähnten beiden andern — Schwestern erweisen lassen; so nämlich, daß „in jeder freien Handlung der Zusammenhang der Handlungen durch eine (alsdann offenbar übernatürlich eingreifende), unmittelbar von Gott stammende Kraft unterbrochen werde." Hienach ist jede freie That ein Mirakel. Wir besorgen, mit dieser Theorie würde der menschlichen Freiheit (und dem Straf-Recht!) in den Augen aller Wunderleugner schwer geschadet. Einmal ist daran zu erinnern, daß zu den historischen Voraussetzungen z. B. jedes Verbrechers doch nicht nur seine Handlungen, sondern ebenso viele von diesen ganz unabhängige Einflüsse zählen, z. B. Geburt, Temperament, Erziehung —: werden nun durch jene unmittelbar von Gott stammende Kraft auch diese Causalzusammenhänge unterbrochen? Unglaublich schwach ist das Argument „daß bisweilen eine gänzliche Aenderung in der Handlungsweise eintreten könne" — dazu gehören eben hinreichende Ursachen: ohne solche tritt die Aenderung nicht ein — (ohne Mirakel) — und mit ihnen ist sie keine Unterbrechung des Causalzusammenhanges. Viel bescheidener klingt die Definition der Freiheit S. 350 „sie sei vorhanden, wenn alle einzelnen besonderen Bestimmungsgründe von der Einen und ganzen Macht des geistigen Selbst oder Ichs und der Selbstbestimmung beherrscht werden ... wenn also das Uebergewicht des Höheren, Allgemeinen über das

Niedere, Besondere³⁶) bestehen bleibt." Hier steigen die Bedenken wie Hagelwolken rasch und dicht geballt empor. Erstens widerspricht diese Definition S. 350 der auf S. 341: denn die dort unmittelbar von Gott stammende Kraft, das Mirakel, ist hier ersetzt durch die Macht des Ichs und seiner Selbstbestimmung. Zweitens ist dieses Ich d. h. die Individualität doch offenbar durch Zeugung von diesen Aeltern und die bisherige Vergangenheit, wenn nicht determinirt, doch stark beeinflußt. Drittens ist die Frage, ob in concreto Selbstbestimmung, „und" die „Eine Macht des Ich" habe Platz greifen können (Rausch, Affect) oft unlösbar, niemals aber kann sich das Ich diesen Einflüßen ganz entziehen. Bleibt aber dann noch übrig, was nach S. 341 „Freiheit" hieß? Endlich aber — und das ist praktisch d. h. für das Strafrecht das Bedenklichste, — muß der Verfasser (S. 330) „die Freiheit geht verloren . . . wenn der Geist Sclave seiner Leidenschaften wird") das Strafrecht eintreten lassen, gerade bei den — unfreien Handlungen! So lang der „Geist" (d. h. der Wille) das Sitten- und Rechts-Gesetz nicht verletzt, so lang handelt er frei und wird nicht gestraft, sobald er sie verletzt, hat er unfrei gehandelt . . . und wird dafür gestraft.(!) Wir können von unserer Strafrechtstheorie aus — Strafe als (Sühne und) Nothwehr der vernünftigen Friedensordnung gegen die Unvernunft des Verbrechens — im Nothfall auch diese Anschauung gelten lassen: denn Nothwehr gibt es auch gegen den Wahnsinnigen und das Raubthier: ob aber der Verfasser hier in Einklang bleibt mit seinen sonstigen Anschauungen, das steht doch sehr dahin. —

Anerkennenswerth sind die Bemühungen S. 269—273, 281, was wir mit „Friedensordnung äußerer Verhältnisse" auszudrücken suchen, unter den Bezeichnungen „Bedingung" „Bedingtheit", „Bedingtniß", „Bedingniß" — einige Reste der Krause'schen Terminologie — zu treffen: d. h. die Formen und Voraussetzungen für äußere Verhältnisse der Menschen zu einander und zu den Sachen. Doch liegt die Gefahr der Verwirrung nahe, da nun einmal das „positive Recht" unter „Bedingung" etwas viel Specielleres versteht.

---

³⁶) Hier erscheint, mehr unserer als des Verf. Anschauung entsprechend, das Allgemeine, Unpersönliche als das Höhere, das Individuelle, Persönliche als das Niederere.

Und heißt es von den „inneren Gütern", daß sie nach der Seite ihrer „Bedingtheit" vom Recht ergriffen werden können, so ist das nicht zutreffend: wenn z. B. das Verhältniß des Urhebers zu dem Geistesproduct in dem Urheber-Recht geschützt wird, so ist dieser Schutz nicht Bedingung für die Existenz des inneren Gutes: die Urheberschaft ist nicht bedingt durch das Urheberrecht; nur wenn dieses Innen-Leben des Geistes in Wissenschaft, Kunst, Religion äußere Verhältnisse zu Sachen oder Menschen, also z. B. das Interesse an Veröffentlichung und Verwerthung des Werkes, hervorruft, können und müssen diese, auch dann nicht das Innen-Leben selbst, vom Recht geordnet werden. Selbstverständlich kann es hienach keine „reinen Rechtsverhältnisse", abgelöst von Thatsächlichem, was den Gegenstand, den Inhalt der Rechtsform bildet, geben, S. 302; das hat auch die „positive Rechtswissenschaft" nie behauptet.

Das „positive Recht" soll „über die Methode und über die Stellung der Rechtsbegriffe zu den allgemeinen Lebensbegriffen noch gar kein deutliches Bewußtsein gewonnen und kaum noch die Frage hienach aufgeworfen haben." S. 303. Heißt „positives Recht" hier soviel als Gesetz und Gewohnheit, so ist zu erwidern, daß diese solche Aufgaben nicht zu lösen, insbesondere Gesetzbücher alle derartige Doctrinen sorgfältig zu vermeiden haben. Ist aber auch die positive Rechtswissenschaft damit gemeint, so ist jener Vorwurf schon gegenüber den römischen Juristen unbegründet und in neuerer Zeit hat doch wahrlich die Behandlung der Rechtsbegriffe, auch des Privatrechts, durch Jhering, Windscheid, Voigt, Bluntschli, Goldschmid und Andere das Verhältniß zu den übrigen „Lebensbegriffen" nicht ignorirt, ganz abgesehen von dem Vorzüglichen was hiefür in dem Gebiet des Stats-Rechts und Straf-Rechts von jeher durch die positive Rechtswissenschaft, je nach dem Geist der Zeiten und Schulen, geleistet worden: man hat diese Fragen oft irrig beantwortet, aber ignoriren hat man sie gar nicht können, seit es eine Wissenschaft des Rechtes gibt. Die S. 303 versuchte Construction von Rechtsinstitut, Rechtsverhältniß, Rechtsfall ist schon von Hildenbrand I. S. 603—605 in vorzüglicher Weise durchgeführt worden.

Die große Errungenschaft der historischen Schule, daß nur die Idee des Rechts eine gemein-menschliche ist, seine

Erscheinungen aber nothwendig immer verschieden sein müssen, hat nicht gebührende Würdigung gefunden. S. 294 nennt das Recht „ewig". Dasselbe ist aber an die Existenz der Menschheit geknüpft und da diese einen Anfang in der Zeit und, wie die Naturwissenschaft in sichere Aussicht stellt, auch ein Ende in der Zeit auf Erden hat — von den „Menschen" auf den andern Gestirnen wollen wir doch lieber schweigen — dürfen wir dies Prädicat nicht auf das Recht anwenden. Es wird ferner ganz im Stil des alten „Naturrechts" das „ewige, ideale Recht des Menschen" von dem zeitlichen, realen in der Geschichte unterschieden. Es gibt aber kein Recht außer den zeitlichen, realen, geschichtlichen Rechten: in ihnen ist die Erscheinung der Rechtsidee beschlossen: Rechts-Wünsche, Postulate sind nicht Recht, bevor sie Gesetz oder Gewohnheitsrecht geworden. Und das „Ideal" ist nicht ein einheitliches, es ist bei jedem Volk in jeder Zeit ein anderes; es ist also auch nicht Ein Ideal die forttreibende Kraft in der Rechtsbildung oder „das Vorbild": die Zeit, welche die Hexen-, Ketzer-, und Juden-Verbrennung einführte, hatte ein anderes „fort-treibendes rechtsbildendes Ideal" als die Zeit, welche jene Delicte und Strafen aufhob.

Erst spät wird die Gliederung von Menschheit und Recht nach Nationen hervorgehoben und wenn S. 302 die Veränderung des Rechts durch Veränderung der „Cultur" (enger als unsere „historischen Voraussetzungen") anerkennt, so fehlt abermals die Anerkennung des Nationalcharakters als zweiten Factors*) in diesem Product.

Recht und Moral sollen S. 261 in keinen wesentlichen Conflict kommen können. Dies ist aber, obwol beide nur verschiedene Erscheinungen der nämlichen menschlichen Vernunft sind, doch möglich und oft genug geschehen. Wird eine althergebrachte Rechtsnorm eigensinnig gegenüber dem fortschreitenden Inhalt des Volkslebens, das eine neue Form verlangt, fest gehalten z. B. von der Selbstsucht einer durch jene Rechtsnorm begünstigten Partei, so kann es sittliche Pflicht werden, eine solche Rechts-Fessel, da Stat und Volk darüber zu Grunde gehen, mit Gewalt zu sprengen.

---

*) Der freilich selbst durch die geschichtlichen Voraussetzungen alterirt wird: anders wurde der Nationalcharakter der nach England ausgewanderten Angeln und Sachsen als jener der auf dem Festland gebliebenen.

Ober wenn der Stat in das Gebiet des freien Innenlebens übergreift und gewissenswidrige Gebote aufstellt, so ist der Conflict von Recht und Moral unvermeidlich. Man sage nicht, ein solches Gebot sei dann nicht „Recht": es ist Recht, wenn auch ungerecht.

Nach der Verfassung des römischen Imperiums war das Gebot des Kaisers oder Proconsuls, dem Genius des Kaisers zu opfern, formelles Recht: die Christen aber, die das weigerten, folgten sittlich correct ihrem Gewissen. Ein Bruch des Rechts bleibt der active oder passive Widerstand aus Moralpflicht auch gegen ungerechtes Recht immer: ein juristisches Recht der Revolution kann es nicht geben und die Statsgewalt macht nur von ihrem Recht Gebrauch, wenn sie auf solchen, wenn auch moralisch gerechtfertigt gewesenen Widerstand nach dessen Unterdrückung die Strafgesetze anwendet —: was Moral und Statsweisheit hier vorschreiben, ist eine andere Frage. Auf diese Probleme wäre doch S. 312 einzugehen gewesen; zumal mit Recht anerkannt wird, daß es auch sittliche Pflicht ist, der Rechtspflicht zu gehorchen, mußte vorbehalten werden, daß es ausnahmsweise auch sittliche Pflicht sein kann, der Rechtspflicht nicht zu gehorchen*) Die Wissenschaft darf an solchen „Nachtseiten" der Menschengeschichte, an solchen Conflicten, welche erbarmungslos ganze Generationen verschlingen, nicht mit der optimistischen Wendung abseits blickend vorüberwandeln, Recht und Moral könnten „nicht in wesentlichen Conflict kommen." Der wohlwollende, milde Sinn des Verfassers (der nur gegen einzelne Richtungen Schärfe hervorkehrt) weicht gerne den sich schmerzlich und scharf einbohrenden Fragen aus: wir suchen sie nicht auf, aber wir vermeiden sie auch nicht, wenn der Pfad der Forschung auf sie führt. —

Der Inhalt des Ethos wird nicht definirt, ein allgemeines Moralprincip nicht aufgestellt: S. 262 vgl. 309 scheint dasselbe lediglich in der Hingabe, der Selbstverläugnung, der Selbstentäußerung erblickt zu werden, woraus

---

*) Vgl. S. 329 über die französische Revolution; ebenso ist — gegen S. 312 — Recht und Moral oft verschmolzen worden: der Stat wollte die Moral vorschreiben oder die theologische Moral wollte das Recht schaffen: Zinsverbot, Glaubenszwang, Rechts-Strafe für nur moralische oder kirchliche Vergehen: z. B. Reichsacht als Folge des Kirchenbanns.

z. B. die mit der Erhaltung der Statsordnung und des Strafrechts schwer vereinbare Pflicht der ersten Christen folgen würde, sich der Anstellung jeder Civil- oder Criminal-Klage zu enthalten. Wir müssen aber, wie im Uebermaß der Selbstsucht, so im Uebermaß der haltlos hingegebenen Schwäche, eine Verletzung des sittlich Normalen, können in der absoluten Selbstentäußerung nicht das Ideal gesunder menschlicher Sittlichkeit erblicken: die „richtige Subsumtion des Einzelnen unter das Allgemeine" erheischt vielmehr Harmonie der berechtigten individualen Selbstbewahrung mit der pflichtmäßigen Hingebung an die übergeordneten Kreise der Familie, Gemeinde, Nation, Menschheit. Der tüchtige Mann, der sich von einem Buben ungestraft verläumden und beleidigen läßt, kann — unter Umständen — in solcher „Selbstentäußerung" sittlich incorrect und gemeinschädlich handeln.

Alles „Gute", alles „Wohl" soll in den Formen des Rechts und der Sittlichkeit verwirklicht werden S. 289: einverstanden: aber das Beste in der Moral, die Gesinnung, entzieht sich den „Formen des Rechts".

Immer wieder rächt sich, daß das Recht nicht als Selbstzweck der Vernunft gefaßt worden. Daher muß ihm ein äußerer Zweck octroyirt werden. S. 289 wird dieser (sonst „Verwirklichung des Guten") bezeichnet als „Vollkommenheit", „Vervollkommnung" und „eine ethische Idee ist das Princip des Rechts;" „so schon Leibnitz und Wolff" — ja, so freilich schon Pythagoras! Nein, der Stat ist nicht wesentlich Erziehungsanstalt, die Jurisprudenz nicht Pädagogik, das Recht nicht Mittel zum Zweck der Ethik, nicht eine ethische Idee ist sein Princip, sondern die besondere — Rechtsidee. Was hat ein Rechtssatz wie „Indossament ist Erneuerung der Tratte" mit der „sittlichen Vervollkommnung" des Trassanten, Indossanten, Indossatars und Acceptanten zu thun?

Wenn sich S. 290 für diese Ethisirung des Rechts auf die römischen Juristen beruft, so halten wir diese Gewährsmänner in höchsten Ehren — nur da nicht, wo sie Definitionen — und leider auch manchmal Phrasen — der hellenischen, namentlich der stoischen Schulphilosophie abgeschrieben und äußerlich an die Rechtsbegriffe geklebt haben: Einmal vollends — und gerade in der hier wichtigsten Stelle — an den falschen Fleck. Celsus nennt das Recht eine ars boni et aequi fr. 1. pr. Dig. I. 1. und meint, die

Juristen wollten, „bonos efficere" — das sind hellenisch-ethische Definitionen: aber nicht vom Recht, jus, sondern von der rein moralisch gefaßten Tugend (ἀρετή) der δικαιοσύνη! Die Definition der justitia bei Ulpian fr. 10. pr. D. I. 1. als constans et perpetua voluntas jus suum cuique tribuendi ist wörtlich die ἐπιστήμη ἀπονεμητική τῆς ἀξίας ἑκάστῳ der Stoiker. Schlimm aber steht es mit der berühmten Definition, welche derselbe große Jurist fr. 10. §. 2 D. I. 1. aufgestellt hat mit der „rerum divinarum atque humanarum scientia". Diese hat er nämlich wörtlich entnommen aus Cicero de officiis I. 43, 153: bei Cicero aber ist das die Definition der — Philosophie „sapientia" als welche sie ungefähr (ob wohl viel zu weit) sich hören läßt: diese Definition überträgt nun aber Ulpian ohne Weiters auf die — Rechtswissenschaft!! Die unvergängliche „Rechtsphilosophie" der römischen Juristen liegt in ihrer juristischen Methode: als Schulphilosophen wollen wir sie aber nicht citiren; in diesen Fragen haben sie, nach dem ganzen Ingenium römischer Volksart, nichts Selbstständiges geschaffen; bei dem ideenlosen Eklektiker Cicero aber und den Stoikern wollen wir doch nach 1900 Jahren weiterer Geschichte der Rechtsphilosophie nicht mehr in die Schule gehen, um Recht und Moral abgrenzen zu lernen.

Was neben dem äußern Zwang den Rechtsverband zusammenhält — mit Grund wird bemerkt, daß dieser „nicht genügen" würde, namentlich, setzen wir hinzu, dem Recht die ideale Weihe zu geben — ist nicht, wie S. 291 meint, „das Gefühl, daß das Gute, das Sittliche geschehen müsse." Das ist die opinio necessitatis im Gebiet der Moral, das Gewissen. Die opinio necessitatis im Recht ist die Ueberzeugung, daß das Vernunftnothwendige der Rechtslogik geschehen müsse, d. h. was die spezifische Rechtsvernunft, nicht was die Vernunft als Friedensordnung der inneren, sondern was sie als Friedensordnung der äußeren Menschen-Verhältnisse vorschreibt. Wie der Künstler bei der Production den Gesetzen seiner Kunst, der Mathematiker den Gesetzen seiner Wissenschaft gehorcht, ohne dabei an das Moral-Gesetz zu denken, wie wir uns des Kunstwerks erfreuen, der Schlüsse-Kette des Mathematikers gezwungen folgen, nicht, „damit das Gute geschehe", sondern weil die eigenartigen Gesetze der Phantasie und die Logik der Mathematik uns dazu nöthigen, so folgen wir der Rechtsvernunft, ohne dabei zunächst an die Moralvernunft, „das Gewissen", überhaupt zu denken — nur in Collisionsfällen etwa oder wenn die Rechtsfrage zugleich — was keineswegs immer (z. B. der mit der rei vindicatio belangte Besitzer in gutem Glauben) nothwendig eine Moralfrage ist, werden wir unwillkürlich an das Moral-Gesetz dabei gemahnt. Bei dem Rechtssatz „der Wechsel enthält ein Summenversprechen" denken wir wahrlich nicht an das Gewissen und wir ziehen seine Consequenzen nicht „damit das Gute", sondern, damit das Logische geschehe. Ja, die Rechtslogik kann erheischen, was zunächst dem Sittlichen zu widerstreiten scheint: wenn z. B. der Acceptant, der mündlich dem Präsentanten zur Annahme erklärt hatte, nur unter Voraussetzung einstweilen eintreffender Deckung haften zu wollen, im Wechselprozeß unerachtet nicht eingetroffener Deckung „aus dem Accept" zur Zahlung verurtheilt wird: die Rechtslogik verlangt das, das „Gute" scheint Abweisung der Klage zu verlangen.

Haben manche Völker und Zeiten moralische Verhältnisse z. B. die Freundschaft, zu Rechtsinstituten ausgebildet S. 301, so liegt darin eine Grenzüberschreitung, eine Verkennung, daß solche Beziehungen ihren Werth und ihr Wesen nur in der dem Recht unerreichbaren Gesinnung haben. Alsdann ist es nur folgerichtig, wenn sie bestimmte Rechtspflichten daraus ableiten, z. B. Waffenhülfe, Blutrache, Ernährung. Daß auch im Civilrecht moralische Momente berücksichtigt werden, (Undank des Beschenkten, Enterbungsgründe, Ehrenminderung und Verlust, unsittliche Bedingungen, Rückforderung der Bereicherung aus unsittlicher Annahme, überhaupt Unterscheidung von Arglist, Fahrlässigkeit, gutem Glauben, pflichtmäßige Sorgfalt) wurde oben hervorgehoben: aber ein „Moralisiren des Rechts durch den Praetor" S. 313 war das nicht, denn confundirt wird damit Recht und Moral mit nichten.

Ein besonderer Paragraph §. 37 S. 308—316 bespricht nochmals das Verhältniß von Recht und Moral, nun ex professo. Die gemeinsame Grundlage bilden wieder „das Gute" (ethisch) und „die Güter" (ethisch und wirthschaftlich gemeint!) Dawider S. oben S. 188.

Gefühle sollen nur mittelbar in das Gebiet der Moral gehören S. 309. Aber einerseits gibt es unmittelbar unmoralische Gefühle (Neid), anderseits bildet, bei nicht entwickelter bewußter moralischer Gesinnung, das moralische

Gefühl das unentbehrliche Agens in den sittlichen Handlungen unzähliger Menschen. Auch im Civilrecht soll (wie im Strafrecht über dies f. unten) S. 311 der Rechts-Zwang, also der Urtheilsvollzug, „wenigstens nebenbei" auch den Zweck der Besserung haben: diese abermalige Hereinziehung des Pädagogischen und Moralischen in das Recht müssen wir abermals abweisen: wenn gegen den muthwillig chicanösen und ungehorsamen Schuldner der Gläubiger Leibhaft und Pfändung erwirkt, denken Kläger und Richter auch nebenbei nicht daran, den Beklagten dadurch „bessern" zu wollen!

Am Allerschwersten hat sich die Unterschätzung der historischen Schule und ihrer Errungenschaften gerächt in Aufstellung einer Unterscheidung von Recht und Moral, welche der überraschendste Irrthum dieses Buches ist.

Es soll nämlich S. 311 zwar „das Recht sich den Bildungszuständen und dem Volksgenius anschmiegen, die Grundsätze der Moral aber sollen unbedingt, unänderlich, von historischen Zuständen und vom Volkscharakter unabhängig sein"!!

Das ist doch, gelinde ausgedrückt, eine unbegreifliche Selbsttäuschung. Nein: die Idee des Guten ist wie die des Rechts eine gemein menschliche, aber ihre Erscheinungen sind, wie die der Sprache, des Rechts, der Religion, der Kunst, ja gewissermaßen auch der Wissenschaft[*]) durch den National-Charakter und die geschichtlichen Gesammt-Voraussetzungen bedingt, die ethischen Ideale der Völker und Zeiten sind nicht minder verschieden und wandelbar als ihre Schönheits-, Glaubens- und Rechts-Ideale.

Muß man für solche Sätze noch kämpfen, nachdem die historische Schule aus der Geschichte aller Völker die Waffen hiezu in ihrer Rüstkammer gesammelt hat, so sollen unsere Beispiele auch treffen „gleich Keulenschlägen auf den Helm".

Blutrache bis zur Ausrottung des Geschlechts Moralpflicht bei Arabern, Germanen, Corsen — „des höllischen Feuers schuldig" nach christlicher Lehre. Verzehren des Fleisches erschlagener Feinde, ja der eigenen Eltern erlaubt, ja geboten bei vielen Stämmen — uns erfaßt dabei ekelndes Grausen. Die Prostitution der mannbar gewordenen Mädchen

---

[*]) Methode, Auffassung, Einfluß der Sprache f. oben; mehr in den Geistes-, aber, in geringerem Maße, auch in den Natur-Wissenschaften.

als moralisch-religiöser Act bei andern Völkern — gemanische Moral und Rechtsanschauung bedroht die Verführung einer Freigeborenen mit dem Tod. Geschwisterehe bald geboten, bald gestattet — die Ehe unter Halbgeschwistern sogar bei den Hellenen, — bald mit geschärfter Todesstrafe und ewiger Verdammniß geahndet. Aehnlich Polygamie. Der auf der Höhe hellenischer Bildung thronende Idealismus Plato's gebietet die Tödtung krüppelhafter, kranker Kinder, wie die „Barbaren" gescholtenen Völker in der Vorcultur (Kelten, Germanen) sie doch nur gestatten: wir strafen sie als sittlich wie rechtlich abscheulich. Die nicht nur von Barbaren geübte, von den Hellenen verherrlichte Knabenliebe widert uns in tiefster Seele an und führt heute mit Recht in's Gefängniß. Die Sclaverei mit all' ihren unsittlichen Folgerungen aus der Gleichstellung des Menschen mit dem Hausthier wird nicht nur in der Vorcultur, wo sie fast unentbehrlich, wird von der höchsten hellenisch-römischen Cultur fortgesetzt und von Aristoteles mit dem harten Wort „φύσει δοῦλος" gerechtfertigt: mühsam und spät gelingt dem Christenthum die Erlösung.

Ebenso gewährt erst das Christenthum auch der Frau das Recht auf eheliche Treue des Mannes: der Mann kann nach römischem und ältestem germanischen Recht nur eine fremde, nicht seine eigene Ehe brechen. Der Selbstmord gilt dem Römer unter Umständen als Pflicht, dem Christen als Sünde. Der Inder hält Säulenheiligthum, das Mittelalter äußerste Askese für ein sittlich-religiöses Verdienst: unsere Bildung verwirft sie. Und dasselbe Volk, welche Wandlungen vollzieht es im Lauf Einer Generation in seinen sittlichen Anschauungen! Schiller und Goethe noch mußten, in Ermangelung eines deutschen States, den Kosmopolitismus als sittliches Ideal der Humanität und den Patriotismus, Nationalismus als ein barbarisches Vorurtheil bezeichnen — wir wissen heutzutage glücklicherweise, daß auch die Humanität wie „charity" zu Hause anfängt und daß der Deutsche seine Pflicht zunächst nicht der abstracten Menschheit, sondern seinem concreten Volk und darin zugleich der Menschheit zu leisten hat.

„Schmiegen sich nun wirklich die moralischen Grundsätze nicht auch wie das Recht dem Volksgenius und den Bildungszuständen an?"

Eine interessante Untersuchung hätte vergleichende Rechtsgeschichte über die national und zeitlich so verschiedene Abgrenzung von Moral, Civil- und Straf-Recht zu führen, indem z. B. Undank, Lüge, Unzucht bald als nur sittlich verwerflich, bald als mit Civil-, bald als mit Strafverfolgung zu ahnden aufgefaßt wird.

Wir müssen ferner dem Naturrecht S. 332, gegenüber an dem „Irrthum", ja der „platten Ansicht" fest halten, daß es kein anderes Recht gibt als solches das gilt, d. h. also als positives, formelles Gesetzes- oder Gewohnheits-Recht. Wenn S. 332 „das Dreieck seinem Wesen nach besteht, auch bevor es gezeichnet ist", so ist dieses Beispiel toto coelo von dem Fall verschieden, daß ein wirthschaftliches (Gewerbefreiheit) oder sittliches (Aufhebung der Sclaverei) Bedürfniß bereits als Recht bestehen soll bevor es vom positiven Recht in Rechtsform anerkannt und befriedigt ist. Der Begriff des Dreiecks ist von dem einzelnen gezeichneten Dreieck unabhängig und der Begriff der Gewerbefreiheit von deren Anerkennung im Recht. In dem Satz „wäre das positive Recht als solches allein Recht, so würde Alles was Willkür, Gewalt und Rohheit positiv fest gestellt hat, nie als Unrecht bezeichnet werden können" liegt abermals jene bedauerliche Verwechslung des juristischen und des sittlichen Begriffs (von Jus und justum) von „unsittlich" oder „ungerecht" und „rechtwidrig", welche des Verfassers Grundanschauungen trübt. Muß man denn nochmal sagen, daß es auch „ungerechtes Recht" gibt? Die Sclaverei war unsittlich, ungerecht, aber sie war nicht Un-Recht, sondern sie war Recht, so lang sie bestand. Es ist zu beklagen, daß man auch in einem so ehrenwerthen, wohlwollenden Streben wurzelnde Confusion gleichwohl eine — Confusion nennen muß. „Der ganze Fortschritt der Cultur auf dem Rechtsgebiet besteht darin, daß das ideale Recht (wo ist das? dasselbe ist nie und nirgends fix und fertig, sondern es „wird") immer vollständiger seine Verwirklichung im positiven Recht finde": richtig ausgedrückt heißt dieser Gedanke: „der Fortschritt in der Rechtsbildung eines Volkes und einer Zeit besteht darin, daß die Rechtsformen immer mehr (nach den relativen Rechtsidealen dieses Volkes, dieser Zeit) dem Lebensinhalt und dem Bedürfniß dieses Volkes und dieser Zeit angepaßt werden. Alsdann wird das Recht mit den sittlichen, religiösen, wirthschaftlichen, politischen Zuständen,

Ansichten und Bedürfnissen übereinstimmen. Wir nehmen an, der Verfasser hält die dermalige englische Verfassung für eine dem „ideellen Recht" mehr entsprechende als die dermalige türkische. Wäre es nun ein Fortschritt, auch nur auf dem Gebiet des Rechts, die englische Verfassung und Verwaltung heute plötzlich in der Türkei einzuführen? ist nicht für die dermalige Türkei ihre dermalige Verfassung mehr „ideelles Recht" d. h. vernünftig und zweckmäßig, als die „ideellere" englische?

Es gibt für jede Nation und Zeit nur Ein Ideal: das ist: die nächste, von ihren concreten, dermaligen Verhältnissen geforderte Stufe zu ersteigen.

Oder soll abermals, wie anno 1789, das „ideelle Recht" in abstracto als „allgemeine Menschheitsrechte" verkündet werden?"

Fast scheint es so: denn S. 366 behauptet entgegen obiger „platten Ansicht" das Dasein von „Urrechten" „angebornen" „natürlichen" „Menschenrechten" als „schon öfter nachgewiesen". Behauptet wol, — aber nachgewiesen?

Diese Lehre beruht auf Confundirung von Recht und Moral, oder bestehender Gesetzgebung uud „Politik." sie spricht von lex ferenda als von lex lata. Diese Lehre führt in ihrem Eifer für die Moral, ganz ohne Wissen und Wollen, zur Zerstörung von Recht und Rechtspflege. Wohin käme unsere Justiz, wenn diese Rechtsphilosophie unsere Richter beherrschte? wenn z. B. ein vom Socialismus und der Vernunftwidrigkeit des Erbrechts aufrichtig überzeugter Richter die hereditatis petitio oder die actio familiae herciscundae „als gegen das natürliche Menschenrecht verstoßend" abweisen wollte? Nein, Recht ist was gilt, nicht was nach subjectiven Wünschen gelten sollte. Im Fall des Widerspruches des bestehenden Rechts mit unserem subjectiven Rechtsideal, haben wir das Recht (und die Pflicht), auf friedensordnungsmäßigem Wege nach Rechts-Reform, nach Verwirklichung unseres Rechtsideals zu ringen oder, im äußersten Fall, auszuwandern — nicht aber die Befugniß, unser subjectives Rechtsideal für objectives Recht, auch nicht einmal für „Naturrecht", zu erklären. Wahrlich, nicht nur eine Absurdität liegt in dem Satz: „fiat justitia, pereat mundus! sondern auch der Ausdruck idealer Begeisterung für das köstliche Gut der menschlichen Vernunft, das wir Recht nennen. Jene Rechtslehre aber verstößt nicht nur wider das Recht, sie wirkt auch, ohne es zu wollen, unmoralisch: hatte sie doch selbst S. 312 Gehorsam gegen das Gesetz auch als Moralpflicht gefordert. Dieser Gehorsam wird untergraben, wird dem objectiven Recht ein subjectiv ersonnenes Natur-Recht, das dann im Collisionsfall vorgehen muß, entgegengestellt. Nicht eine Collision von positivem Recht und Natur-Recht, nur von geltendem und von werdendem, gewünschtem Recht oder von Moral kann vorkommen. In letzter Instanz aber wird auch der Moral am Besten gedient durch pietätvolles, unentwegtes Festhalten an dem ehrwürdigen Recht: der Sinn für Unverbrüchlichkeit der Rechtsordnung darf nicht erschüttert werden: die strenge Zucht des Rechts-Sinnes, die Bändigung subjectivistischer Willkür hat Sparta, Rom und England sittlich wie politisch groß gemacht. Ein Hauptgrund, der gerade Individualitäten von dem sittlichen Ernst des verehrten Verfassers — ganz ähnlich wie Trendelenburg — zur Ethisirung des Rechtes treibt, — ist die unwillkürliche Besorgniß, das Recht könne durch Negation der Moral als seines Oberbegriffes demoralisirt, unmoralisch werden oder doch erscheinen. Aber durch Negation der Anwendbarkeit einer Kategorie auf ein Einzelnes wird ja nicht das Gegentheil der Kategorie von dem Einzelnen ausgesagt. Sage ich: „die Mathematik ist nicht süß" oder: „das Recht ist nicht eine Species der Moral," so sage ich damit nicht aus, daß die Mathematik sauer oder das Recht unmoralisch sei: ich lehne nur die Kategorie ab.

Eine Folge der pädagogisirenden, ethisirenden Auffassung von Stat und Recht ist die Aufstellung der „Besserungstheorie" für das Strafrecht. Nach dieser dürfte der als unverbesserlich erkannte Verbrecher nicht gestraft werden, — daß es deren gibt, bestreitet das Wohlwollen des Verfassers gegenüber unserer Criminal- und Gefängniß-Statistik vergebens S. 240 —, dürfte ferner der Stat die Todesstrafe auch da, wo sie schlechterdings unentbehrlich, nämlich als außerordentliche Strafe im Krieg und in anderm Nothstand des Stats, nicht anwenden, und müßte unter Aufhebung der Ehren- und Vermögensstrafen, die Freiheitsstrafe, mit pädagogischer Cur des Verbrechers, als einzige Strafart übrig lassen: denn, daß der Verbrecher durch Absprechung der Ehre oder Verfällung in Geldstrafen gebessert werde, wird doch nicht zu beweisen sein. S. 311. 316: „Der

Strafzwang soll als nachgeholte Erziehung die Besserung bewirken". Die Besserung ist nur ein bei der Wahl der Strafarten, bei der Einrichtung der Freiheitsstrafen, also bei Ausübung des statlichen Strafrechts wol zu beachtendes Moment — daher z. B. Verwerfung der demoralisirenden Strafarten, Pranger, Abbitte vor dem Bild, Prügelstrafe — aber das jus puniendi des States kann sie nicht begründen, weil der Stat keine Erziehungsanstalt ist und nicht die Aufgabe hat, z. B. auch alle Ausländer moralisch zu bessern! Das jus puniendi des States hat, wie dieses selbst und wie alles Recht, eine ideale und eine reale Wurzel: die ideale ist die Vernunftnothwendigkeit der sühnenden Aufrechterhaltung der Rechtsidee, die reale ist die Nöthigung zur Selbsterhaltung von Stat und Gesellschaft gegen das Verbrechen: also Sühne und Nothwehr. Deßhalb ist das Strafrecht auch gegen solche Theorien sieghaft zu behaupten, welche die Willensfreiheit ganz leugnen.

Irrig ist die Rechtfertigung der Strafverjährung durch die Besserungstheorie S. 348: denn nur in einzelnen, nicht nachzuahmenden Particularrechten, nicht vom gemeinen Recht ist strafloses Verhalten des Verbrechers seit dem fraglichen Vergehen als Voraussetzung der Verjährung aufgestellt. Eine „Präsumtion der Besserung" gewährt die bloße Thatsache dieses Verhaltens deßhalb nicht, weil ebenso gut Mangel an Gelegenheit oder Furcht vor Strafe (oder gerade Speculation auf die Verjährung!) diesem Verhalten zu Grunde liegen kann.

Eine weitere Folge jener ethifirenden Tendenz ist die Ueberschätzung des subjectiven, die Unterschätzung des objectiven Moments für die Strafbestimmung: die Gemeingefährlichkeit der Handlung, das Maß des angerichteten Schadens, der wirkliche Bruch der Rechtsordnung, der Erfolg tritt S. 352 allzusehr in den Hintergrund, die Betonung der moralischen Verwerflichkeit der Gesinnung (im Geiste etwa des canonischen Strafrechts) ist zu stark. Consequent müßte der Verfasser den vollendeten nächsten Versuch, wenn der Verbrecher Alles gethan hat, was er zur Erreichung des gewollten Erfolges, z. B. des Mordes, thun konnte z. B. das Gewehr abgedrückt, aber nicht getroffen hat, ebenso schwer strafen wie das vollendete Verbrechen des Mordes, denn hier „ist der Mensch nicht vor der That zurückgeschreckt", womit allein die geringere Strafbarkeit des Versuchs motivirt wird. S. 354.

Der Verfasser vermeidet nicht den Anthropomorphismus, Gott in der Weltgeschichte als Strafrichter hinzustellen S. 318: diese wird, nicht nur bildlich, als ein Strafproceß gedacht, welchem die Besserungstheorie zu Grunde liege S. 318. Da aber der Verfasser den Untergang von Völkern als eine Strafart darstellt, l. c., so scheint doch in diesem göttlichen Strafrechts-Codex auch die mit jener Theorie unvereinbare Todesstrafe nicht ausgeschlossen, sondern zur Statuirung von Exempeln nach der Abschreckungstheorie manchmal angewendet oder ein ganzes Volk, was der Verfasser nicht einmal für den Einzelnen gelten läßt, für unverbesserlich erachtet zu werden.

Dies führt uns zu der Betrachtung, mit welcher wir abschließen, nämlich zur Erörterung des Verhältnisses von Recht zu Religion und den religions- und geschichtsphilosophischen Ansichten des Verfassers.

S. 254 vermißt unser Kriticismus (Kant) eine Untersuchung der bei der Religionsbildung thätigen psychischen Kräfte als Voraussetzung der Untersuchung des Products: sie würde z. B. den Glauben als Product der Vorstellungskraft, nicht als ein psychisches Organ erwiesen haben: denn die „Glaubenskraft", „Glaubensfähigkeit" ist lediglich die Kraft, Vorstellungen ohne Beweis, ja gegen Beweis, wegen ihrer Unentbehrlichkeit für das Gemüth als wahr anzunehmen. Das ist also nur eine durch das Gemüthsbedürfniß bestimmte Weise der Vorstellungs-Bildung. Manche feine Bemerkung findet sich S. 255; doch war die unausscheidbare Hereinziehung eines andern Factors, der bei den Bewegungen des Religionstriebes nothwendig mit agirt, nämlich des Organs des Kunsttriebs, der Phantasie, zu erwähnen. Ferner mußte die so häufige Verwerthung der religiösen Vorstellungen doch auch veranlassen, das Verhältniß derselben zu andern Gebieten des Geistes-Lebens, zur Wissenschaft und den Rechts-Ideen, zu bestimmen; also z. B. Recht und Pflicht des States, unsittlichen oder statsgefährlichen Aeußerungen des Religionstriebes, z. B. Prostitution, Verstümmlung, Propaganda für directen oder indirecten Selbstmord, Weigerung des Kriegsdienstes aus religiösen Vorstellungen, entgegen zu treten; oder die Pflicht der Wissenschaft, die Gebilde des Religionstriebs auf seinem

Gebiet als vollberechtigt und als nothwendige Befriedigungen eines wesentlich menschlichen Bedürfnisses, aber auch das Recht der Wissenschaft, in ihrem Gebiet nur die eignen Gesetze anzuerkennen. Welcher Professor der Zoologie wird sich nicht der vom Religions- und Kunst-Trieb gezeugten Gestalt des Pegasus, der Sirenen, der Sphinx erfreuen, welcher Historiker nicht der Tell- oder der Nibelungen-Sage: aber in das System der Zoologie, in die Geschichte der Schweiz oder der Burgunden werden sie jene Mythen auch dann nicht aufnehmen, wenn ihnen das als Pflicht gegen geoffenbarte Wahrheit oder Tradition auferlegt würde.

Wie die ethifirende tritt auch die theologisirende Färbung — wir können dem Verfasser diese Bezeichnung nicht erlassen, obwol er sehr heftig gegen die Herbartianer, die sie auf ihn angewendet, remonstrirt — des Buches in der neuen Bearbeitung lebhafter als in der früheren hervor, was mit der leidenschaftlich erregten Polemik gegen die oben bezeichneten Richtungen zusammenhängt. Gewonnen hat das Werk weder durch jene Färbung noch durch diese Animosität.

Eine Folge des oben berührten Anthopomorphismus ist es, wenn das Recht als Attribut der Gottheit gedacht wird, S. 284; Gott ist aber, aus vielen Gründen, kein Rechtssubject, steht nicht in Rechtsverhältnissen zu den Menschen: das Recht kennen wir nur im Verhältniß der Menschen untereinander!

Der Religionssinn der Menschen ist freilich sehr verschieden geartet: der unsere wird immer peinlich berührt, wenn die Majestät des Unendlichen auf das Niveau der menschlichen Kleinheit dadurch heruntergezerrt wird, daß wir unsere höchst relativen Kategorieen in das Absolute hinein spiegeln. Tragen wir doch nicht eine Gedanken-Modification, welche auf dem Planeten Erde Organismen von sehr beschränkten Anlagen zur Ordnung ihrer Gesellung bedürfen, mit kindischer, ja läppischer Anmaßung als ein „Gesetz", eine „Eigenschaft" in das Höchste hinein, das wir zu denken vermögen. Wir möchten in solchen Fällen mit dem wackern Valentin im Faust rufen: „Laßt unsern Herrgott aus dem Spaß!" —

Der Rechtsbegriff verflüchtigt sich zu unbestimmten Schatten, wenn S. 285 auch für die körperlos nach dem Tod fortlebenden Selen (! fast unglaublich!) das Recht als verbindlich angesehen wird und wenn es heißt: „das Recht ist überhaupt eine göttliche Weltidee, die überall zur Anwendung kommt, wo durch ein vernünftiges Wollen Bedingungen der Entwicklung zu beschaffen sind; die gesammte geistige und sittliche (— warum dann nicht auch die natürliche, die auch Bedingungen der Entwicklung enthält? —) Welt ist als ein Gottes-Stat, ein Vernunftreich zu fassen" — — so kann sich wenigstens der Unterzeichnete unter diesem „Recht", „Reich" und „Stat" etwas Juristisches schon gar nicht mehr, und überhaupt nur das Eine denken: Vernunft im Universum; Eine Erscheinung derselben in der menschlichen Vernunft, Eine Anwendung der menschlichen Vernunft im Recht, aber nicht diese Eine Anwendung der specifisch menschlichen Vernunft als ein Gesetz des Universums, sondern umgekehrt! — S. 295 hat das Recht „seine Quelle im menschlichen Wesen" — wie kann es dann ein Attribut Gottes, ein Gesetz des Universums sein? Nein, vor den Menschen gab es kein Recht wie keine Sprache — wenigstens unsers Wissens. Und nur vom Wissen hat die Wissenschaft den Namen.

S. 248: „die Gottesideen sind die wirksamsten umbildenden Mächte und Ursachen gewesen;" das ist nicht richtig in solcher Isolirung. Die Scheidung und Auseinander-Wanderung der Völker der arischen Race scheint nicht durch verschiedene Gottesideen herbeigeführt, die entscheidende Bewegung der sogenannten Völkerwanderung ist nicht durch „Gottesideen", sondern einfach durch Uebervölkerung veranlasst. Ferner sind die Gebilde des Religionstriebs selbst nur Producte des Nationalcharakters und der gesammten geschichtlichen Voraussetzungen: nur in Judäa konnte das Christenthum auftreten, nur in nördlichen Ländern die Baldur-Mythe ihre bekannte Gestaltung gewinnen; die Erfindung des Menschen, das Feuer willkürlich zu erzeugen, war eine unvergleichbar wirksamere Macht und Ursache der Umbildung als alle Religionen mit einander und die Entdeckung des Columbus war doch kaum minder „umbildend" als die Reform Luthers. Befriedigt hat uns S. 263 die Warnung vor Lohn und Strafe im Jenseit als Motiven des sittlichen Handelns, nachdem doch weiter oben die gesammte Moral auf die Religion basirt worden war. — Sapienti sat! —

Wie §. 37 ex professo nochmal das Verhältniß des Rechts zur Moral, behandelt §. 38 ex professo das zur Religion. Hier stoßen wir denn auf die schon oben bekämpfte Vorstellung: das Recht wird von Gott im Universum als höchste Gerechtigkeit ausgeübt: hier laufen Recht und Gerechtigkeit ungefähr auf „Proportionalität" und „weise Fürsorge" hinaus, wobei jede solche antropomorphe Betrachtung zuletzt zu der besten aller möglichen Welten „des Leibnitz gelangen muß." Denn hält man dem Satz S. 317: „Gottes Gerechtigkeit erstreckt sich auf alles ... Leben, indem sie allen ... Wesen die allgemeinen Bedingungen der Lebensentfaltung in einer entsprechenden umgebenden Mitte gewährt .... oder einem jeden Wesen die Existenz sichert" (jetzt wird also correct auch das physische Leben herbeigezogen, anders als oben S. 285) die schmerzliche Frage entgegen, warum diese Gerechtigkeit Myriaden von in's Dasein gerufenen Wesen an einem einzigen Tag des Lebens der winzigen Erde jene Bedingungen nicht gewährt, d. h. sie, nach momentaner Gewährung, elend verkümmern und verderben läßt? so wird man sich wol auf die „entsprechende umgebende Mitte" hingewiesen sehen: d. h. die Allmacht, Allweisheit, Allgüte und Allgerechtigkeit hat diese Welt geschaffen als die beste, die möglich war — „le meilleur des mondes possibles." Ist es nicht wahrer und würdiger, einfach zu sagen: „das Glück (der Menschen) ist nicht der „Zweck" des Universums?"

S. 317 heißt es weiter: Es hat sich auch (in der Darbietung der Bedingungen zur Aneignung) die göttliche Gerechtigkeit in der Geschichte der Menschheit nie unbezeugt gelassen. Durch Erweckung und Lebensleitung (!) höherer, reformatorischer Geister, zuhöchst in dem religiösen Gebiete, hat sie den Völkern und der Menschheit die wesentlichsten ... Bedingungen der Erhebung, Wiedererhebung und Umbildung dargereicht." Warum wiederholt die Wissenschaft diese Vorstellungen, welche in wechselnden Formen von Christenthum, Judenthum, Islam, Buddhismus ausführlich genug vorgetragen werden, die Wissenschaft, welche dieselben weder so warm noch so schön noch so consequent vortragen, sie weder beweisen noch auch nur gelten lassen kann? Denn Mirakel und Wissenschaft schließen sich nicht ein, sondern aus. Oder will die „Rechtsphilosophie" im Ernst lehren, daß das Leben des Moses, Muhamed, Buddha, Luther unmittelbarer als das anderer Menschen durch die Gottheit geleitet wurde? Dann nehmen wir doch gleich die Engel, die Muhamed in die Wüste oder in den siebenten Himmel oder Luther auf die Wartburg entrücken, in unsere Geschichtsbücher auf.

Wir bekennen auch, daß wir, "ohne den Hinblick auf eine solche d. h. mirakelhafte höhere Gerechtigkeit," allerdings festes Vertrauen in den Fortschritt und endlichen Sieg des Rechts nicht gewinnen konnten, sondern in vollem Ernst vom Menschen verlangen, daß er sich seiner sittlichen und juristischen Ueberzeugung opfere, ohne an den nothwendigen äußeren Sieg von Moral und Recht zu glauben. Und wir halten in aller Bescheidenheit diesen Standpunkt nicht einmal für den minder sittlichen. — S. 318 beruft sich zwar auf die ausgleichende Gerechtigkeit im Jenseits, was wir schon oben räthlicher fanden, meint aber "die großen Collectiv-Persönlichkeiten, die Völker und die höheren Lebensstellungen(!), z. B. die Dynastien entgingen jener Gerechtigkeit doch auch auf Erden nicht!" Hier müssen wir doch wirklich staunend fragen, wo denn die "höhere Lebensstellung" beginnt, welche noch auf Erden gestraft wird? bei'm Bischof oder Erzbischof? bei'm Regierungs-Präsidenten oder bei'm Minister? Zweitens erscheint uns darin das Gegentheil aller menschlich-juristischen Gerechtigkeit — und von deren analoger Anwendung in der Geschichte durch Gott ist allein und fortwährend die Rede, nicht etwa von Naturgesetzen, deren Verletzung sich aus physiologischen Gründen noch in späten Generationen "rächt" —, daß die Spanier, weil sie von Anfang des XVI. bis Ende des XVII. Jahrhunderts die Eingeborenen Amerikas frevelhaft behandelten (und was hatten diese verbrochen?) im Lauf des XVIII. Jahrhunderts, als also ganz andere Generationen lebten, ihre politische Machtstellung einbüßten: ist das eine entsprechende Sühne? Als ein Fortschritt der menschlichen Rechtsbildung wird es mit Grund gerühmt, wenn Gesetze, wie z. B. das Westgothenrecht, die Bestrafung von Vergehen der Eltern an den Kindern verbieten. Daß sich nach Naturgesetzen die Sünden der Väter an den Descendenten "rächen", d. h. diese Unschuldigen verderben, wissen wir leider: aber scheut man sich nicht, "Gott" in Realisirung der (menschlichen) Gerechtigkeits-Idee ein Verfahren anzusinnen, das die menschliche Gerechtigkeit verwirft?

Wiederholt citirt der Verfasser das Beispiel des römischen Weltreichs. Aber nicht, weil Rom Sagunt und Numantia, Karthago und Jerusalem zerstört, und die Germanen (in der vom Verfasser ja gebilligten Weise) "zum Verkehr gezwungen,(!)" nicht deßhalb hat endlich im Jahre 410 n. Chr.

der Westgothe Alarich eine (sehr glimpfliche) Occupation der Stadt vornehmen können, sondern weil eine zunächst volkswirthschaftliche und sociale, dann erst eine financielle, politische Widerstandsunfähigkeit eingetreten war, deren Gründe zu Theil schon vor jenen Städtezerstörungen, zum Theil in nächster Vergangenheit lagen. Und die Landsknecht-Emeute, welche den letzten Kaiser des Abendlands absetzte, hatte kaum eine viel bessere sittliche und juristische (!) Berechtigung als das Imperium romanum. Dies gegen den Satz: „das römische Volk gibt von dieser Gerechtigkeit den schlagendsten Beweis."

Und nun vollends die „höheren Lebensstellungen, z. B. die Dynastien." Ludwig XIV. und XV. sterben in ihren Betten: soll nun einerseits das göttliche Justizpflege sein, daß Ludwig XVI. und (die fremde) Marie Antoinette geköpft und deren Kinder dem Elend ausgesetzt werden? und liegt andrerseits in diesem wenigen Blut Unschuldiger Sühne für die sich durch Geschlechter hinziehenden Frevel einer ganzen Dynastie? Auch Napoleon I. Buße auf St. Helena wird erwähnt. Aber seine Dynastie ist wieder auf den Thron von Frankreich gestiegen: wo liegt da die Gerechtigkeit? Vielleicht darin, daß die Bourbons a. 1815 und 1830, gleichsam auf Probe, zugelassen und a. 1830 und 1848 als unprobehaltig verworfen worden? oder darin, daß auch die Napoleons gelegentlich einmal wieder vom Throne heransteigen können, ja müssen im Wandel der Dinge? (geschrieben 1869.)

Die in der Geschichte wandelnde, dem Recht zum Sieg verhelfende Gerechtigkeit Gottes müßte nun jeden Erfolg als Gottesurtheil erscheinen lassen. Hiegegen wehrt sich S. 320 erstens wieder mit dem theologisch-scholastischen Behelf der „Zulassung": „Thaten, die das Kainszeichen an der Stirne tragen, (Gemeint war hier der Krieg Preußens von 1866 gegen die deutschen „Brüder") können nur Zulassung, nie Wille Gottes sein." Darauf können wir nur wiederholen, was schon oben gesagt worden. Zweitens heißt es — und das ist ebenso richtig als vorsichtig! — „keine Thatsache ist vollendet, es handelt sich um die Knotenpunkte der Entwicklung." Da nun aber jeder menschliche Erfolg wieder aufgehoben wird, jede geschichtliche Macht wieder einmal zerfällt, ist natürlich die „Construction" der Weltgeschichte nach jener Straf-Prozeß-Vorstellung rein willkürlich: wenn man lange genug wartet, kann man jeden Erfolg, auch den gerechtesten, aus späterer Wieder-Zerstörung als ungerechten darthun: auch auf Salamis folgt Chäronea. "Das Unrecht trägt zwar zeitweise oft den Sieg davon, aber, wie in tiefer Wahrheit von Gott gesagt wird: "Deus patiens, quia aeternus," so kann auch der, welcher an ein ewiges Recht glaubt, geduldig die Zeit abwarten, wo es in seiner ganzen Kraft hervortritt und sich doch mächtiger erweist als jener "rocher de bronce" Fels von Erz, auf welchen Friedrich Wilhelm I. von Preußen seine Souveränität stabiliren wollte." Wie gesagt, wartet man lange genug, so kann man aus der Wiederauflösung jeder Macht die Ungerechtigkeit ihres Ursprungs demonstriren. Es beweist aber weder die kurze Dauer eines Erfolges gegen, noch die lange für dessen Gerechtigkeit und Sittlichkeit; das Reich der edlen Gothen in Italien, auf Recht und Milde aufgebaut, erliegt nach 60 Jahren den verwerflichsten Mitteln; umgekehrt beweist es nicht die Moralität und Sittlichkeit der römischen Politik, daß dieselbe 6—700 Jahre hindurch erfolgreich war. Oder ist die systematische Politik der Felonie, welche die deutschen Fürsten 200 Jahre lang mit jeder treulosen List und scheulosen Gewalt in steigenden Erfolgen gegen Kaiser und Reich getrieben, dadurch als sittlich und gerecht erwiesen, daß sie zuletzt mit der Auflösung des Reiches und mit dem Sieg ihrer "Souveränität" gekrönt werden?

Wir fordern Pflichterfüllung unter Verzicht auf Siegeshoffnung. Hart und herb mag unsere Anschauung gescholten werden. Sie opfert die Illusionen, die Ideale zu retten.

Und nun lüften wir, gleich den Kämpen im Heldenlied, nach diesem langen und zuweilen scharfen Waffengang "verschnaufend" Helm und Brünne und bieten dem verehrten Gegner die Hand. Wurde auch ein schneidiger Ausdruck unserer Gedanken im Eifer nicht immer vermieden, so wissen wir uns gerade in diesem Eifer für die wissenschaftliche Ueberzeugung völlig eins mit dem Verfasser, der in diesem Buche wahrlich auch nicht seiner Pfeile Spitzen stumpft, bevor er sie entsendet.

Gerade weil wir kein besseres Lehrbuch der Rechtsphilosophie kennen und es selber in die Hände unserer Hörer legen, mußten wir die Principien scharf bezeichnen, in denen wir die Solidarität nicht übernehmen können.

Endlich aber: unsere Tage sind Tage heißen Kampfes. Angreifend geht sie vor, die alte Feindin der Freiheit in Stat und Wissenschaft, die Jesuitengeführte Hierarchie. (Geschrieben 1869: lange vor dem sogenannten „Culturkampf.") Die Rechtsphilosophie aber hat die Pflicht, hier vorzukämpfen in der ersten Reihe: sie darf nicht schonen, sie muß jede Brücke abbrechen, welche zu theologisirenden Rechts- und Stats-Lehren, auch annährend nur, hinüber führt. Die moralisirende und theologisirende Stats-Lehre hat seit den Tagen Augustins für die Unterordnung des Stats unter die Kirche verhängnißvolle Vorarbeit gethan. Wenn wirklich der Stat nur ein nothwendiges Uebel ist, entstanden durch den Sündenfall und dem Untergang geweiht „zugleich mit dem Teufel," wenn wirklich das Recht die Steine zu klopfen hat auf den Wegen der Moral welche durchaus nur die theologische ist, — dann hat der gewaltige Hildebrand Recht und seine Sätze gelten heut noch wie für seine Zeit: dann hat der Papst das weltliche wie das geistliche Schwert, dann verhält sich der Stat zur Kirche wie der Mond zur Sonne, wie der Leib zur Sele, dann leitet das weltliche Recht nur aus dem Geistlichen seine Gültigkeit, muß daher diesem in jedem Collisionsfall weichen. Dann hat auch heute noch die Kirche Stat und Schule zu beherrschen und durch ihre unfehlbaren Organe die Wissenschaft und die ganze Cultur im Gängelband beliebig zu führen, aufzuhalten, umzuwenden. „Principiis obsta." Das ist versäumt worden von Augustin bis Kant: wir wollen es nicht länger versäumen.

Der Verfasser zählt zu jener Partei nicht. Aber sein Werk, in 20 Bearbeitungen, ist eine herrschende Macht auf diesem Gebiet und in manchem seiner moralisirenden und theologisirenden Sätze kann man, gegen seinen Willen, Waffen, kann aber namentlich, ebenfalls gegen seinen Willen, die unklare denk- und kampfscheue Halbheit Stützen zu finden glauben. Diese Halbheit ist, weil die bequemste, die verbreitetste Ansicht. Der Stat, die Wissenschaft können aber diese gefährliche, pflichtwidrige Neutralität nicht mehr respectiren. Heutzutage heißt es Farbe bekennen: und wer nicht mit uns, der ist wider uns.

Würzburg den 8. Dezember 1869.

Der zweite und Schlußband des Werkes enthält den „besonderen Theil" der Rechtsphilosophie. Wir haben den „allgemeinen Theil" so eben ausführlich besprochen und unsere abweichenden Grundauffassungen in den meisten und wichtigsten Principienfragen (so über das Verhältniß von Recht und Moral, Recht und Religion, theistische oder pantheistische Begründung u. a.) geltend gemacht. Bezüglich dieses besonderen Theiles können wir uns daher kürzer fassen: es kommen eben in diesem die Consequenzen jener präjudiciellen, grundlegenden Gedanken überall zu Tage, wie in der Systematik so in der Bearbeitung des Rechtsstoffes im Detail, und es ist überflüssig, den gegen die Prämissen erhobenen Widerspruch nun gegenüber den Folgesätzen zu wiederholen.

Dabei soll aber gern betont werden, daß, wo den Verfasser nicht die irrigen Principien zu irrigen Ergebnissen führen, die zahlreichen guten Eigenschaften, welche wir an dieser Arbeit und Eigenart schon früher bereitwillig anerkannt haben, gerade in diesem zweiten Theil recht häufig und recht wohlthuend hervortretend: so die echte, von der Phrase ähnlicher Werke frei gehaltene Humanität, das schöne menschliche Wohlwollen — freilich manchmal in ein allzu gutmüthiges optimistisches Vertrauen auf die idealen Factoren in der Menschheit verlaufend — dann eine sehr tüchtige Beherrschung des positiven Rechtsstoffes, wie sie leider von vielen „Philosophen des Rechts" noch immer nicht in hinreichendem Maße für unentbehrlich erachtet wird — und eine klare, verständige Darstellung.

Der Inhalt dieses Bandes gliedert sich in drei Bücher: das erste entwickelt „das allgemeine Güterrecht oder das Persönlichkeits=, Sachgüter= und Obligationsrecht" — eine Terminologie und Systematisirung, welche nur Consequenz der von uns ausführlich erörterten und auf Wort= und Begriffs=Vermischung zurückgeführten Güter=Lehre Krause's ist. Der erste Abschnitt, das „Persönlichkeits=Güterrecht," handelt von dem auf die Güter des Lebens, der Gesundheit, Ehre, Freiheit, Geselligkeit und auf die Nothwehr sich beziehenden Rechte." Es leuchtet sofort ein, daß diese Construction Privatrecht, Strafrecht, Civil= und Straf=Proceß, Polizei=Strafrecht, ja auch Völkerrecht, unter Einer Rubrik abzuhandeln genöthigt würde, da ja z. B. das Recht auf Ehre je nach Umständen, nach der Art der Verletzung, der Persönlichkeit des Verletzers und des Verletzten bald Civil= bald Straf=

proceß, bald den Schutz der Polizei, bald des Völkerrechts nach sich zöge, da bei Verletzungen des Rechts auf Gesundheit oder Freiheit man sich bald in der Sphäre des Privatrechts, bald in der des Strafrechts, bald in der des Statsrechts bewegen könnte. Der zweite Abschnitt, das „Sachgüterrecht (Sachenrecht)", behandelt fast ausschließlich das Eigenthum, den andern Sachenrechten wenig Beachtung schenkend: dabei wird auch das Urheberrecht, (geistige Arbeit als mittelbare Erwerbsart des Eigenthums), obwohl es in richtiger Einsicht vor Allem als ein Recht der Persönlichkeit S. 147 anerkannt wird, doch auch (der „Eigenthumserwerb an dem Product der geistigen Arbeit)" unter den Gesichtspunct des Eigenthumserwerbs gerückt, was offenbar unzutreffend ist: der Maler hat möglicherweise nie Eigenthum an dem auf Bestellung gemalten Portrait gehabt und doch Urheberrecht daran.")

Der dritte Abschnitt bietet „das Recht der Forderungen und Verbindlichkeiten oder das Obligationsrecht." Die zweite Abtheilung des ersten Buches behandelt: „das Recht der besonderen Lebenskreise nach ihren Zwecken und der dadurch gegebenen besonderen Gestaltung des allgemeinen Güterrechts." Es ist schwerlich zu billigen, daß, nach dem Vorgang des Code Napoleon unter dieser Rubrik neben dem „Recht des Individuums" das ganze Familienrecht mit ehelichem Güterrecht (und Erbrecht!) vorgetragen wird; an die Familie schließen sich dann „die übrigen gesellschaftlichen Berufskreise und insbesondere das gesellschaftliche Vertragsrecht" Handelsgesellschaften, Genossenschaften ꝛc, — welche man nicht leicht an dieser Stelle des Systems suchen würde.

Das zweite Buch umfasst: „die Statslehre im Allgemeinen und in ihren beiden Theilen als Statsrecht und als öffentliches oder statshoheitliches Gesellschaftsrecht:" nach der Erörterung der „allgemeinen Lehren" bringt nämlich der besondere Theil der Statslehre die Verfassungslehre (Begriff, Inhalt, Gewähr der Verfassung, Statsformen, Rechtsstat, Cultur- und Humanitätsstat, dann Volksvertretung, Wahlsysteme, Herrschaftsformen des Stats: Monarchie, Aristokratie, Demokratie, repräsentative Monarchie) und Verwal-

---

²²) Vergl. hierüber meine Erörterung in der Zeitschrift für Gesetzgebung und Rechtspflege in Preußen. (1871.) S. 187.

tungslehre (gesetzgebende, regierende, vollzieheube Gewalt, Rechtspflege und Administration).

Der zweite Haupttheil bespricht unter der Zusammenfassung: „das statshoheitliche Gesellschaftsrecht oder das Statshoheitsrecht in Bezug auf die Selbstverwaltung der hauptsächlichsten Lebens- und Berufskreise der Volksgesammtheit" das Verhältniß von Volk und Stat, dann die Hoheitsrechte des States in Bezug auf die Volkslebenskreise der Einzelnen, der Familien, Gemeinden, Kreise und Provinzen, die Hoheitsrechte in Bezug auf die gesellschaftlichen Bildungs- oder Berufskreise, (auf Religion und Kirche, Wissenschaften und schöne Künste, Unterricht und Erziehung, öffentliche Sittlichkeit und ihre Anstalten, Volkswirthschaft, endlich der Stat als Humanitäts-Rechtsstat). Das dritte Buch, Völkerrecht, entwickelt die allgemeinen Grundbegriffe, betont die Nothwendigkeit ergänzender Bestimmungen, erläutert die obersten Grundsätze des internationalen Rechts im Zustand des Friedens und des Unfriedens und fordert in einer Schlußbetrachtung Reformen des Völkerrechts.

Dies die Systematisirung welche vielfach in Folge der (Krause'schen) Principien nicht Zusammengehöriges zu einander zwingt und namentlich das nämliche Thema in zu häufigen Wiederholungen, wenn auch unter wechselnden Gesichtspunkten, behandelt. Die Rechtsphilosophie hat neben andern Aufgaben auch die encyclopädische: sie soll die innere Nothwendigkeit jedes einzelnen Rechtsgebiets und den Zusammenschluß der einzelnen Disciplinen, die Gliederung und die Einheit des Rechtsstoffes ohne Zwang, klar und einfach, auch dem Anfänger im Rechtsstudium zum Verständniß bringen. Daß vorstehende Systematisirung jene Aufgabe löst, bestreiten wir. Sie opfert den natürlichen Zusammenhang der Rechtsgebiete der Construction nach Krause'schen Kategorien.

Zu Philosophie und Gesetzgebung des Strafrechts.[1)]

I.

Noch ehe das junge bairische Strafrecht in der Anwendung seine Probe bestanden, ja noch ehe dasselbe aus dem embryonischen Stadium des Entwurfs in das Leben gesetzlicher Geltung getreten, hat sich eine Reihe von zum Theil höchst beachtenswerthen Stimmen kritisch darüber vernehmen lassen. Der ungenannte Herausgeber vorliegender Zusammenstellung hat sich, wie das Vorwort besagt, die Aufgabe gesetzt, neben den jetzt vielfach erscheinenden Ausgaben des neuen Strafgesetzes mit unterstützenden, die Anwendung erleichternden Anmerkungen (von denen für den Juristen und den für das schwierige Detail sich interessirenden Laien, z. B. für den Geschworenen, der Commentar von Weiß unbedingt am meisten zu empfehlen, ja fast unentbehrlich ist) auch eine Sammlung der bewährtesten Kritiken hergehen zu lassen. Das vorliegende Heft bildet den Grundstein dieses Unternehmens, welches, wenn erst das Gesetz ins Leben getreten und eine Reihe von Erfahrungen über dasselbe durch die Anwendung gewonnen sein wird, durch sein ersprießliches Ziel: zwischen der Praxis und der Wissenschaft zu ermitteln und für die Fortbildung des Rechts Material herbeizuschaffen, eine große Bedeutung gewinnen wird. Wie schwierig ist es besonders für die Träger der praktischen Jurisprudenz, Richter, Anwälte ꝛc., in ihren oft von allen größern Sammlungen weit abgelegenen Amtsorten der Bewegung der Criminalwissenschaft in größern und kleinern Werken, Monographien und Aufsätzen in den Fachzeitschriften zu folgen. Es wäre sehr verdienstlich, wenn der Herausgeber diesem Bedürfniß durch sein Unternehmen abhelfen wollte; aber freilich würde dasselbe, in diesem Sinne

---

[1)] „Mittermaier, Sundelin, Berner und Barth, über die neue bairische Strafgesetzgebung" (Augsburg, Jenisch und Stage). 1860.

aufgefaßt, eine Tragweite gewinnen, von deren Ausdehnung vielleicht weder der Verfasser noch der Verleger dermalen schon eine ganz deutliche Vorstellung sich bilden konnten.

Die hier gegebenen Ansichten von vier jedesfalls sehr sachverständigen Beurtheilern sind ganz wörtlich in Form ihrer frühern Veröffentlichung abgedruckt, obwohl sie nicht das Strafgesetzbuch, sondern noch den bis zu seiner Annahme vielfach veränderten Entwurf zur Grundlage haben. Daher kommt es denn, daß gar manche bemängelte und angefochtene Bestimmungen, wenn man das Strafgesetzbuch mit den Kritiken vergleicht, völlig beseitigt oder doch so wesentlich modificirt sind, daß der geäußerte Tadel nicht mehr auf sie paßt; sie waren im Entwurf von den verschiedenen Factoren der Gesetzgebung gestrichen oder geändert worden, so z. B. die Artikel über das Duell. Der Herausgeber hätte wohlgethan, solche Stellen durch Klammern oder Anmerkungen zu bezeichnen.

Betrachten wir nun die hier zusammengefaßten Urtheile im einzelnen, so ist das vierfache Gutachten im ganzen ein günstiges: das Gesetz wird von allen vier Richtern in seinem Gesammteindruck gelobt und als eine wesentliche Verbesserung anerkannt, unerachtet häufiger und oft lebhaft geäußerter Bedenken. Sogar die schärffte, aber für uns bairische Juristen aus mehr als einem Grunde interessanteste Kritik, die von Barth, „will den im höchsten Grade anzuerkennenden Vorzügen des Entwurfs im Einzelnen in keiner Weise zu nahe treten", greift aber freilich sein Princip sehr heftig an oder spricht ihm vielmehr jedes consequent durchgeführte Princip ab —: wir werden unten sehen, mit welchem Fug.

Mittermaier tadelt — außer einigen Bestimmungen über Einzelhaft und mildernde Umstände, welche bekanntlich durch nachträgliche Verständigung zwischen dem Ministerium und dem Gesetzgebungsausschuß geändert und zwar in allem Wesentlichen, in dem auch hier von allen vier Kritikern geforderten Sinn (vergl. namentlich die treffliche Erörterung von Berner S. 47—51) gebessert wurden — die noch immer zu große Härte des Entwurfs (z. B. in Behandlung des Versuchs und der Theilnahme, dann zu häufige Drohung der Todesstrafe). Ebenso äußert sich Sundelin. Indessen ist zu bemerken, daß auch in der Strafgesetzgebung eines Stats allzu große Sprünge nicht frommen; absolut betrachtet zählt der Entwurf allerdings zu den strengern, aber relativ, d. h. verglichen mit dem Feuerbach'schen System, ist der Fortschritt zur Milde ein sehr bedeutender. Mit Recht aber beklagt Mittermaier den großen Einfluß, welchen, wie die ganze neuere Gesetzgebung in Deutschland, auch unser Entwurf dem französischen, auf dem starrsten Abschreckungsprincip beruhenden Code gegönnt hat, und zwar ohne die zum Theil sehr bedenklichen Erfahrungen der französischen Praxis und die daran angeknüpften Reformen zu berücksichtigen.

Interessant und wichtig ist der Gesichtspunct, von welchem aus Sundelin den bairischen Entwurf prüft; er legt sich die Frage vor, welche Grundzüge desselben werthvolle Beiträge für das künftige gemeinsame Strafgesetz, und welche Principien desselben bei der Ausarbeitung eines solchen zu verwenden sein werden. Er gelangt dabei nach scharfsichtiger Erörterung zu dem Ergebniß, besonders die nachstehenden Eigenschaften und Züge unsres Particularrechts zu jenem Behuf zu empfehlen: die einfache, kurze, gemeinverständliche Sprache, die durchweg dispositive Fassung, die Ausscheidung allgemeiner doctrinärer Sätze, die Lehre von den Strafausschließungsgründen, zumal der Nothwehr, die Behandlung der Begünstigung und im besondern Theil vornehmlich die Capitalverbrechen gegen das Leben, gegen die Sittlichkeit, persönliche Freiheit, Standes- und Familienrechte; dann die Abschnitte: Unterschlagung und Betrug. Endlich wird das lobenswerthe Streben nach einer das wirkliche Leben berücksichtigenden Strafabstufung hervorgehoben. Dagegen sucht der Kritiker Bedenken zu begründen gegen die Neigung zu starr gebietenden Satzungen und gegen das Strafsystem im ganzen, gegen die grundsätzliche Gleichstellung des Versuchs und der Theilnahme mit Vollendung und Urheberschaft und endlich gegen die Construction allgemeiner, unbestimmter und tendenzlöser Verbrechensbegriffe bei politischen und einzelnen andern Verbrechensarten.

Sehr gediegen sind die Bemerkungen, welche Berner über eine Reihe von wichtigen Partien des Entwurfs mittheilt. Gewissermaßen im Gegensatz zu Sundelin polemisirt er gegen mißbräuchliches und einseitiges Festhalten an dem sogenannten „deutschen" Strafrecht, d. h. an dem „gemeinen deutschen Strafrecht", welches in Wahrheit fast mehr fremdes als echt deutsches Recht enthält; die römischen und kanonischen Quellen und die italienische Praxis des 16. und

17. Jahrhunderts, welche von so großem Einfluß auf die Entwicklung des gemeinen deutschen Strafrechts war, sind doch hoffentlich nichts Deutsches. Allerdings hat das Strafrecht der Germanen — wir erinnern absichtlich an das Werk von Wilda — eine Reihe von originellen, tiefen und wohlberechtigten Begriffen und Anschauungen in diesem Gebiet entwickelt: allein es ist wohl zu beachten, daß diese wahrhaft deutschen Principien von den römischen, kanonischen und italienischen Elementen des „gemeinen deutschen" Strafrechts und Processes dermaßen in den Hintergrund gedrängt worden sind, daß ihre Wiederbelebung geradezu im Kampf mit denselben geschehen mußte. Aber auch abgesehen davon darf das Bestreben, das im Vaterland erwachsene Recht festzuhalten, wie Berner mit Recht bemerkt, nicht dahin führen, sich gegen das Bessere blos deßhalb, weil es auf fremdem Boden entstanden ist, zu verschließen, wobei wir schließlich noch daran erinnern, daß gar manches Stück echt germanischen Rechts sich im Ausland reiner und lebendiger als im Recht Deutschlands erhalten hat; so viele Sätze des deutschen (Sachen- und Erbrechts) im französischen, so das germanische Genossengericht im englischen Recht. Von diesem Standpunct aus vertheidigt der Kritiker sehr geschickt die theoretisch so viel angefochtene und praktisch so viel bewährte Dreitheilung der Delicte in Verbrechen, Vergehungen und Uebertretungen nach dem Maß der Strafe, welche der Entwurf aus dem französischen Recht recipirt. Weiter werden insbesondere folgende Fragen mit steter Rücksicht auf unser bairisches Gesetz erörtert: der gesetzliche Sprachgebrauch, die Strafbarkeit der Unterlassungen und des Versuchs, die Lehre vom Zusammentreffen mehrerer Verbrechen und das Bedürfniß einer Reform des Strafensystems, an welche sich der Entwurf nicht gewagt hat. Wenn wir in diesen Fragen fast überall mit Berner übereinstimmen, so können wir dies dagegen entscheiden nicht in seiner Polemik gegen das System der Festungsstrafe, wie dieses aus dem bisherigen bairischen Recht in Artikel 2 des Entwurfs (Art. 19 des Gesetzbuches) übergegangen ist und in welchem eine Verletzung des Grundsatzes der Gleichheit vor dem Gesetz liegen soll. Der Grundsatz der abstracten Gleichheit, nur arithmetisch verstanden, führt zur größten Ungerechtigkeit und Ungleichheit; schon Aristoteles hat dargethan, wie die von der Gerechtigkeit geforderte Gleichheit die proportionelle

ift. Der Kritiker muß einräumen, daß der gebildete und nicht in körperlichen Arbeiten geübte Mann in der Strafanstalt mit andern Arbeiten zu beschäftigen sei als der abgehärtete Handarbeiter, daß nach ähnlichen Unterschieden der Hochverrath alternativ mit Zuchthaus oder Festungsstrafe bedacht werden solle: aber er protestirt dagegen, daß der Richter wegen eines gemeinen Verbrechens den gebildeten oder in höhern Verhältnissen lebenden Schurken auf die Festung schicken dürfe. Das ist inconsequent. Der Grund all jener Unterscheidungen ist, dem empfindlicher angelegten Verbrecher das Plus von Leiden zu ersparen, welches er bei gleicher Behandlung mit dem gröber angelegten zu tragen hätte, welches dem gebildeten Mann durch das Zusammenleben und Zusammenarbeiten mit dem Bodensatz der Gesellschaft auferlegt würde: und dieser Grund muß in dem letzten wie in den beiden ersten Fällen gelten. (Allerdings wird bei einem verständig durchgeführten System der Einzelhaft die ganze Frage zurücktreten.) Es trifft nicht zu, wenn der Kritiker besonders in dem Fall die Gerechtigkeit verletzt sieht, daß von den beiden ganz gleich schuldigen Theilnehmern des nämlichen gemeinen Verbrechens der Ungebildete in's Zuchthaus, der Gebildete auf die Festung geschickt werde. Denn der Art. 19 ist ja dispositiv und stellt es in's Ermessen des Gerichts, auf Festung „nur dann zu erkennen, wenn es dies den besondern Umständen der That oder der derselben zu Grunde liegende Gesinnung angemessen findet und in dem Strafurtheil anordnet:" in dem von Berner statuirten Fall wird aber das Gericht eine solche Anordnung nicht treffen.

Länger müssen wir bei der Barth'schen Kritik verweilen, weil dieselbe die ausführlichste, die schärffte, und die ihrem Gesichtspunct nach für den bairischen Juristen interessanteste ist. Barth vertheidigt das bisherige bairische Strafrecht, das Feuerbach'sche Princip und den Doctrinarismus des Gesetzbuches von 1813 gegen seinen „jungen Nachfolger", den Entwurf. „Nolumus leges Angliae mutari."

Indessen, nein! Diese Darstellung ist nicht ganz richtig; der Kritiker läugnet nicht, daß eine Umgestaltung des dermaligen Strafrechts in vielen Dingen angemessen sei, aber er unterwirft den Versuch dieser Umgestaltung einer sehr strengen Vergleichung mit dem Bestehenden und warnt vor einen unvortheilhaften Tausch. In manchen hellenischen

Staten wurde, wenn ein Politiker eine Aenderung der Gesetzgebung beantragte, von Amtswegen dem alten noch bestehenden Gesetz ein Vertheidiger bestellt, welcher alle Vorzüge desselben gegen die Neuerung zu vertreten hatte; die pietätvolle Aufgabe eines solchen Gesetzanwalts hat Barth übernommen und mit höchst bedeutender Geisteskraft, wenn auch dabei mit einiger Animosität wider den Gegner, zu lösen versucht.

Der Kritiker ist erfüllt von hoher Verehrung für die Größe Feuerbach's und seines Werks. Wir theilen diese Verehrung: wir erkennen mit Bewunderung die großen Vorzüge jener bedeutenden juristischen Geistesthat an, die Bestimmtheit und erschöpfende Vollständigkeit in Aufstellung der leitenden Principien, die Schärfe der Charakteristik der einzelnen Verbrechen, die sorgfältige Abstufung der Strafmaße. Aber wir sind nicht blind für die Fehler des Gesetzbuches, von denen wir hier nicht die übertriebene Strenge in Behandlung gewisser Delicte hervorheben wollen, nicht die allzu ängstliche Beschränkung des richterlichen Ermessens, welche so häufig statt verständiger Erwägung eines Menschen den blinden Zufall zum Richter macht, sondern vor allem den ganz unleidlichen Doctrinarismus desselben, die Neigung, überall abstracte Sätze aufzustellen, und kurz, einem Gesetzbuch den Charakter eines wissenschaftlichen Compendiums, eines „Systems des Criminalrechts" zu geben — eine Neigung, welche in Barth ihren neuesten, ziemlich isolirten Vertheidiger findet. Wenn jene Vorzüge, jener wissenschaftlich-philosophische Charakter unser Strafgesetzbuch schier fünfzig Jahre zum Muster für ganz Deutschland erhoben haben, so werden wir doch nicht verkennen dürfen, daß diese Fehler, zum Theil mit jenen Vorzügen wesentlich zusammenhängend, einen Ersatz der Feuerbach'schen Arbeit in Baiern längst zu einem bringenden Bedürfniß gemacht und daß die Leistungen unsers neuen Gesetzes diesem Bedürfniß in recht praktischer und — im Ganzen — befriedigender Weise entsprochen haben. Der Kritiker, die „Principlosigkeit" des Entwurfs beklagend (S. 87, 117) will im Criminalrecht den „so glücklich betretenen philosophischen Weg" (S. 82) eingehalten wissen und meint, es sei ein schlimmer Tausch, für ein systematisch vollkommenes und zum Muster gewordenes Gesetz ein rein praktisches zu erhalten (S. 89). Wahrlich, stände die Sache so, daß wir zwischen den beiden

Extremen wählen müßten, — wir würden in einem Gesetzbuch das rein Praktische dem rein Unpraktischen, dem systematisch Doctrinären vorziehen. Wissenschaft und Praxis sind darüber einig, daß der Hauptfehler des Feuerbach'schen Werks eben jener „philosophisch" abstracte Charakter gewesen. „Man muß sich freuen", sagt Mittermaier (S. 6), „daß die neuen deutschen Gesetzbücher von der Masse der Bestimmungen gereinigt sind, die eigentlich nur wissenschaftliche Sätze enthielten, wobei der Gesetzgeber nach dem Zeugniß der Erfahrung in Baiern Gefahr lief, einer gewissen Rechtsansicht, die damals eben beliebte Schriftsteller lehrten, den Stempel der Gesetzgebung aufzudrücken, während schon die nächste Zeit lehrte, daß diese Rechtsansicht eine falsche war. Unfehlbar hat die Gesetzgebung dadurch gewonnen, daß sie von rein der Wissenschaft angehörigen allgemeinen Begriffen und Sätzen gereinigt worden." Sundelin lobt (S. 45) die „Ausscheidung aller doctrinellen Lehrsätze" und Berner äußert sich (S. 63) folgendermaßen: „Man hat in dem bairischen Entwurf den Unterschied eines Schulbuchs und eines Gesetzbuchs richtig erfaßt. Man hat eingesehen, daß in der Einfachheit die tiefste Gründlichkeit stecken kann und man wird auch die glückliche Mißbilligung derjenigen erndten, die, von alten Traditionen beherrscht, sich nicht zufrieden geben, wenn sie in einem Gesetzbuch nicht eine tüchtige Portion von Lehrsätzen finden."

Barth verwechselt zwei Dinge: Mangel doctrinärer Explication von Principien und Mangel an Principien; unser Gesetz entbehrt jener abstracten Explicationen — und wir sind um unserer Geschworenen willen herzlich froh darüber —: aber es entbehrt keineswegs der Principien und der Nachweis der „Principlosigkeit" ist dem Kritiker überall mißlungen. Das Princip ist freilich nicht mehr die „psychologische Zwangstheorie" Feuerbach's, sondern das „Gerechtigkeitsprincip", wonach die Strafe der Verschuldung gerecht entsprechen soll. Unbegreiflich ist, wie Barth z. B. in der Behandlung der sogenannten Antragsverbrechen eine solche „Principlosigkeit" finden kann (vlg. dagegen auch Sundelin S. 28). Ueberhaupt, so häufig wir den scharfsinnigen Bemerkungen des Kritikers beistimmen müssen (z. B über die oft flüchtige Redaction des Entwurfs, die Behandlung und die Theilnahme und der darin liegenden Beschränkung der Geschworenen, S. 120, des Versuchs, S. 121, über den

Artikel 162 des Entwurfs, die Nothwendigkeit gleichzeitiger Reform des Prozesses), so müssen wir doch über einige Behauptungen, welche in der Hitze des Gefechts gegen die „Principlosigkeit" auftauchen, mächtig erstaunen. Wir wollen von geringeren Puncten, in denen wir anderer Meinung sind, absehen (vgl. z. B. was er über den Verweis, die „culpose Anstiftung", die Geldstrafen, die Bestrafung der Beihilfe zum Selbstmord sagt), und nur zwei Curiosa hervorheben.

Barth tadelt (S. 100), daß der Art 101 ganz allgemein den Versuch, Baiern einem fremden Stat zu unterwerfen, als Hochverrath mit dem Tode bedroht, und nicht unterscheidet, ob der fremde Stat ein deutscher oder außerdeutscher sei, d. h. wer Baiern Oesterreich oder Preußen einverleiben will, soll vom Gesetz privilegirt werden, im Vergleich mit demjenigen, der es Frankreich oder Rußland unterwerfen will. Wir schmeicheln uns, hier den Kritiker an strenger Fernhaltung der Gefühlspolitik von den Grenzen des Criminalrechts zu übertreffen. Wir sind, wie der Kritiker, der Ueberzeugung, daß eine Umgestaltung der Verhältnisse der Particularstaten zum deutschen Gesammtvaterland im Wege der Bundesreform bringend zu wünschen ist: aber wenn das vaterländische Gefühl so weit „irre geht", den dermalen souveränen Stat Baiern zu jenem Behuf einem andern widerrechtlich zu unterwerfen, so ist es eine starke Zumuthung an diesen bairischen Stat, dieses „irre gehende vaterländische Gefühl" selbst freundlich zu ermuthigen und sich in seinem eigenen Strafcodex indirect zu mediatisiren, indem er mit Barth erklärt: „hier kann von Verrath gar keine Rede sein." Wie? soll nicht vielleicht auch noch je nach der politischen Sympathie und Parteifarbe die Strafe danach unterschieden werden, ob man Baiern in großdeutschem oder kleindeutschem Interesse mediatisiren wolle? Am allerbefremdlichsten aber ist es, wenn der Kritiker diese eigenthümliche Auffassung von der bairischen Souveränetät damit motivirt, daß ja ohnehin schon Deutschland ein Stat, ein Gesammtstat, der deutsche Bund ein Bundesstat sei!

Ei, ei, das ist von einem Juristen verwundersam zu hören! Der deutsche Bund mag im Wege künftiger Reformen zu einem Bundesstat werden: aber dermalen (1860) ist er noch keiner, sondern ein Statenbund. Wie lautet der erste Artikel der Bundesakte? „Der deutsche Bund ist ein Verein der souveränen Fürsten." Diese sind die Mitglieder des Bundes, nicht, wie in Nordamerika und in der Schweiz, die Staten. Die Collegialgewalt der Bundesversammlung steht in directer Beziehung nur zu den Souveränen: die Staten berührt der Bund nur wie jeder andere völkerrechtliche Vertrag. Man kann eine Aenderung dieser Rechtszustände bringend wünschen, aber so lange sie noch bestehen, darf man sie nicht ignoriren. Wenn aber der „Jurist" in die Worte ausbricht: „Armer Baier, welcher nach Art. 101 als Hochverräther getödtet würde, weil seine politische Ansichten über Baierns richtige Stellung zu Deutschland andere sind als die des gegenwärtigen Bestandes und weil er diese Ansichten in die That verwandelt!" so liegt darin eine „Principlosigkeit", schlimmer als die angebliche des Entwurfs. Der „Jurist" verwechselt hier die Aufgabe der Begnadigung mit der Aufgabe des Strafcoder, heiligt das Mittel durch den Zweck, legt dem Motiv des Verbrechens rechtfertigende Wirkung bei und mischt Gefühlspolitik in die Begriffe des Stats- und Strafrechts.

Leider müssen wir uns versagen, mit dem Kritiker noch ein anderes höchst interessantes Thema zu erörtern, das Verhältniß des Stats zur Kirche und Religion. Er glaubt nämlich, daß die Art. 119 und 152 des Entwurfs (Art. 118 und 158—161 des Gesetzes) die Religion hinter Familie, Ehe und Eigenthum ungebührlich zurücksetzen, weil sie die Störung des Religionsfriedens nur als einen Fall der Friedensstörung ahnden, nicht auch einen Angriff auf dieselbe in der Presse ꝛc. als statsgefährliche Aeußerung, als „Untergrabung der Säulen des States" strafen, und er erklärt sich diesen Fehler daraus, daß die Gesetzgeber den Stat als einen „bloßen" Rechtsstat und die Religion nicht als ein Rechtsinstitut (!) wie das Eigenthum (!) angesehen haben. Hie Stahl und Gerlach! Wir möchten uns hier darauf beschränken, beide Fehler als logische Richtigkeiten zu bezeichnen, als ganz treffliche Principien des „principlosen" Entwurfs, und uns eine Kritik des viel mißbrauchten Begriffes „Rechtsstat" und des, wie es scheint, noch immer nach mittelalterlichen Voraussetzungen beurtheilten Verhältnisses zwischen Stat und Kirche für einen andern Ort vorbehalten.

Zur Philosophie des Strafrechts.[1]

II.

Diese kleine Arbeit, eine Inauguraldissertation zur Erlangung des philosophischen Doctorgrades, überrascht durch glückliche Vereinung seltener Vorzüge.

Die philosophische Durchbildung des Verfassers ist eine gründliche und zeugt von guter, strenger Schule (Karl von Prantl in München), dieselbe ist aber nicht, wie so häufig bei „Rechtsphilosophen", erkauft um den Preis unbefangenster Unkenntniß des Stoffes, über welchen philosophirt werden soll, sondern mit sichtbarer Vertrautheit mit dem juristischen Material verbunden: die Darstellung ist klar, gefällig und von frischem Geiste belebt: das Talent, umfangreichen Systemen die charakteristischen, wesentlichen Züge der Statslehre und Straftheorie zu entnehmen und in knapper Genauigkeit zur Anschauung zu bringen, ist ein außergewöhnliches und es ist mit künstlerischer Geschicklichkeit verwerthet.

Ursprünglich wollte die Arbeit eine Art dialektischer Selbstkritik der verschiedenen Auffassungen des Strafprincips darstellen: in der Ausführung ergab sich die Nothwendigkeit, eine historische Grundlage zu schaffen: und so wurde der Antheil noch größer, welcher der Geschichte der Philosophie an der Ausbildung einer Lehre zukommt, über welche auch Juristen und Politiker, Theologen (?) und Pädagogen mit zu reden, ja selbst Aerzte und Naturforscher ihr Urtheil abgegeben haben.

Der historische Theil der Arbeit „zur Geschichte der Straftheorie" gibt zuerst eine Einleitung und Uebersicht der Lehre bei den griechischen und römischen Philosophen, voran die Vorgeschichte und Anfänge der Straftheorie im Alterthum und Uebersicht ihres Entwicklungsganges, behandelt

---

[1] Ludwig Laistner, das Recht in der Strafe. Beitrag zur Geschichte der Philosophie und Versuch einer Dialektik des Strafrechtsproblems. München. 1872. F. Oldenbourg. IV und 198 S.

dann die Lehren der Sophisten, Sokrates und die Sokratiker, Plato, Aristoteles, Stoiker und Epicuräer, die Skepsis, die späteren Peripatetiker und den Neuplatonismus. Aus der Geschichte der neueren Philosophie werden hervorgehoben: Hugo Grotius, Hobbes, Locke, Spinoza, Leibnitz, Coccejt, Rousseau, Beccaria, Kant, Fichte, Herbart, Hegel, Schleiermacher, Schopenhauer, Daub, Wirth, Röder, Kindermann und Heinze. Den Schluß bildet die dogmatische Darstellung der Dialektik des Strafrechtsproblems.

Da die Verwirklichung der Rechtsidee doch vor Allem in den geschichtlichen nationalen Rechten der Völker erscheint und nur daneben sich auch in den Systemen der Rechtsphilosophen spiegelt, so muß eine Darstellung des „Rechts in der Strafe" vor Allem die den strafrechtlichen Normen der großen Culturvölker, auf welche sich diese Untersuchung überhaupt beschränkt, (Hellenen, Römer, Germanen, Romanen) zu Grunde gelegten Anschauungen vom Wesen der Strafe erörtern: daß dies nicht oder doch nur sehr unvollständig (bei den Hellenen) unternommen wird, ist als ein beklagenswerther Fehler in der Methode[1]) und Gesammtanlage der Arbeit zu beklagen; innerhalb der zu eng gesteckten Aufgabe leistet die kleine Schrift Vortreffliches.

Unter den Darstellungen der hellenischen Philosophen heben wir die der Sophisten, Platons und Aristoteles, als lichtvoll und geschickt das Wesentliche treffend: (daß S. 18 $\pi\lambda\epsilon o\nu\epsilon\xi\iota\alpha$ bei Platon mit „Recht des Stärkeren" zu übertragen sei, ist zu verwerfen: es ist das: „Mehr als das Gebührende beanspruchen") statt der dem Plato gewöhnlich zugeschriebenen Besserungstheorie wird die pythagoräische

---

[1]) Es ist nach unserer principiellen Auffassung von der Verwirklichung der Rechtsidee im Wechsel und im Nebeneinander der Nationen also nicht gerechtfertigt, wenn der Verfasser nur bei den Hellenen in Kürze „die Elemente bezeichnet, welche Rechtsgebrauch und Volksbewußtsein dem wissenschaftlichen Denken über unsern Gegenstand zur Anknüpfung und Verarbeitung darboten. Ist einmal der philosophische Faden angesponnen, so kann eine Schrift, welche sich auf die Geschichte der wissenschaftlichen Fassung des Problems beschränkt, im Weiteren ohne Vorwurf die praktische Gestaltung zur Seite liegen lassen." — So dankbar wir dem Verfasser sind für das Gute, das er uns gegeben — eine solche Beschränkung ist einerseits methodisch unstatthaft und andrerseits werden auch bei den Römern und in der späteren Entwicklung die Anschauungen der Wissenschaft von der nationalen Grundauffassung und der Art der Pflege des Strafrechts getragen und beeinflußt.

Wurzel seines Strafprincips (geometrische Proportionalität) nachgewiesen. Die unklare Verquickung von Recht und Ethos, an welcher die gesammte antike Auffassung leidet — übrigens auch die Folgezeit bis Kant — wird auch bei Plato hervorgehoben, und die pessimistische Wendung in den „Gesetzen" gegenüber der „Republik" gut gekennzeichnet. Bei Aristoteles wird, was in der Praxis des hellenischen Rechtslebens sich eben so verhielt, die Nichtunterscheidung von strafrechtlicher und civilrechtlicher Verfolgung, sowie von Schadensersatz und Buße gerügt. Der Verfasser erblickt in dem Verbrechen ein Janus=Bild, welches mit dem einen Antlitz, dem rückgewendeten, den Bruch der bestehenden Friedensordnung darstellt, mit dem nach der Zukunft gekehrten aber „die Anknüpfung eines Rechtsverhältnisses": d. h. durch das Verbrechen berechtigt der Verbrecher die Gesammtheit, neues Recht auf ihn anzuwenden: es ist in dieser Anschauung ein richtiger, sogar ein fruchtbarer Gedanke nicht zu verkennen: jedoch ist damit immerhin nur Ein Moment gegeben und die zu starke Betonung desselben kann dahin führen, in der öffentlichen Strafe nur die privatrechtliche Folge einer obligatio ex delicto zu erblicken: von jener Anschauung aus gelangt der Verfasser zu einer gelinden Beurtheilung der doch monströsen Vorstellung des Stagiriten, daß in dem Verbrechen ein Vertrag liege, durch welchen sich der Thäter als Gegenleistung für den Genuß des Verbrechens der Strafe unterwirft — unter der Suspensivbedingung freilich des Erwischtwerdens! —

Bei den Stoikern wird mit Fug der Kosmopolitismus hervorgehoben, der, aus dem subjectiven Pantheismus dieser Lehre folgend, den christlichen Ideen im römischen Weltreich vorgearbeitet hat —: die wichtige Streitfrage, ob der Unterschied von Recht und Unrecht φύσει oder θέσει bestehe, welche schon lange vor Sokrates aufgetaucht, wäre eingehender zu besprechen gewesen und bei den Epikuräern die Abkehr von dem Statsleben, welche eine schlimme Entartung des antiken Geistes verräth, den ein edler Politismus in seiner Blüthezeit geschmückt zugleich und gestählt hatte.

Daß der ganze, zwischen den Ausgängen der classischen Philosophie und der Zeit der Reformation liegende Zeitraum, also die Charakterisirung des römischen, germanischen, canonischen Strafrechts, der Einfluß der kirchlichen Lehre von Sünde, Buße, Genugthuung (die Verinnerlichung des Straf=

rechts und die moralisirende Tendenz), sowie die gesammte Scholastik übergangen wird, können wir, wie gesagt, nicht gut heißen. Auch die Uebergehung von Feuerbach und Stahl wird durch die S. 53 angeführten Gründe nicht gerechtfertigt.

Sehr wohl gelungen ist die Darstellung und Kritik von Hugo Grotius (nur daß der Verbrecher durch seinen Angriff oder Eingriff dem Verletzten ein „unbegrenzbares" Dispositionsrecht über seine Person gibt, S. 65, dürfte nicht in eine „haltbare" Straftheorie aufgenommen werden: es ist dies eine Concession an die oben schon besprochene Lieblingsvorstellung des Verfassers: sie würde aber zu einer gleichen Bestrafung aller Vergehen, ohne Unterscheidung nach der Schwere, führen), auch die von Hobbes und Locke (die Grundlage ihrer Straftheorie bildet ihr Statsprincip, vergl. oben S. 37 „Hobbes", „Locke", und S. 68: Spinoza kommt im Vergleich mit Leibniz und Samuel v. Coccesi etwas knapp davon; der Nachweis der Widersprüche und Schwächen in Rousseau's und Beccaria's Doctrin ist nicht neu, aber sehr gut und durchsichtig geführt; auch die Darstellung und Kritik der deutschen Philosopheme von Kant, Fichte, Hegel, Herbart, Schleiermacher, Schopenhauer, Daub, J. U. Wirth, Röder, Kirchmann zeichnet sich durch klare Hervorhebung des Wesentlichen in den Systemen und eindringende Erörterung ihrer Lücken, Schranken und Verstöße gegen die Bedürfnisse des Rechtslebens aus: wir müssen uns an dieser Stelle das nähere Eingehen auf den geschichtlichen Theil der Abhandlung versagen und wenden uns zu dem eigenen Versuch des Verfassers, eine Construction des Strafprincips im Anschluß an Heinze's vorzügliche Arbeit „Straftheorien und Strafprincip" (in v. Holtzendorffs Handbuch I.) aufzubauen. Der Verfasser findet in Heinze's Auffassung den Punct berührt, von dem allein eine Lösung des Problems möglich sei: „die Strafe ist das dem Verbrechen immanente Recht": gleichwol unterwirft der Verfasser auch Heinze's Ausführung einer eindringenden, scharfen Kritik: er erkennt als ihre Grundlage die Fichte'sche Ausstoßung und die diese ersetzende Abbüßung, welche ihren geistigen Gehalt aus der Hegel'schen Satisfactionslehre entlehnt: diese geistreiche Combination ziehe jedoch synkretistisch in loser Anfügung Nebenzwecke heran und suche in der civilisatorischen Berufspflicht des Stats eine Stütze in der Form des ethischen Imperativs.

In wirklich geistvoller Darstellung analysirt darauf der Verfasser die verschiedenen einander ablösenden Strafprincipien, welche die Theorie aufgestellt hat: er weist mit scharfsinniger Dialektik die Selbstauflösung derselben durch innere Widersprüche, das Fortgedrängtwerden zu immer neuen Standpuncten nach.

Er hebt an mit dem „Rechtsprincip der Vorbeugung": ob der Sträfling oder die Zuschauer abgeschreckt werden sollen, ob das Strafgesetz selbst oder der Vollzug der Strafe präventirend, warnend, bessernd wirken soll, ob die Art der Wirkung der Theorie den Namen gibt (Abschreckung, psychischer Zwang, politische Besserung) oder das Motiv der Strafe (Vertheidigungs-, Nothwehr-Theorie) — das Alles macht wenig Unterschied: nach allen diesen Systemen enthält das Verbrechen nicht den Rechtsgrund der Strafe, sondern bildet nur den Anlaß, daß, wie bei einem plötzlichen Schuß, die in Sicherheit gewiegte Gesellschaft emporfährt und nach Maßregeln zur Verhütung künftiger Strömungen begehrt. Dabei wandelt freilich die Meinung, die Tendenz vom Verletzten zum Verbrecher und zum Zuschauer, welche alle der Reihe nach das zur Strafe berechtigte Subject abgeben sollen: das eigentliche Rechtsobject bildet aber die unbestimmte Menge der Bedrohten.

Eine andere Reihe von Theorien hat zum Rechtsprincip die „Aufhebung" und zwar soll bald ein durch das Verbrechen enthüllter Zustand aufgehoben werden, bald der durch das Verbrechen geschaffene Zustand: im ersten Fall soll bald der Zuschauer, bald der Verletzte das zur Strafe berechtigte Subject sein, ja, in einzelnen hierher zählenden Theorien wird auch der Verbrecher dem Stat gegenüber mit dem Recht auf Bestrafung (und Besserung) ausgerüstet.

Für das richtige Princip der Strafe erklärt der Verfasser endlich das der Straffälligkeit: das Verbrechen wird nämlich nun, nachdem in dialektischer Entwicklung die bisherigen Auffassungen eine nach der andern sich aufgelöst haben, ohne Rücksicht auf seine praktische oder logische Bedeutung unmittelbar durch seine Verübung als eine Verflechtung des Verbrechers mit dem Verletzten betrachtet, als Eingehung eines Verhältnisses, dessen von jeder Willkür unabhängige Kehrseite die Straffälligkeit ist, als eine Art

Verhaftung, Verstrickung, welche durch die Strafe gelöst werden kann, aber nicht muß: das Suchen nach dem Princip geht jetzt nicht mehr in einem vor oder hinter, überhaupt außerhalb des Verbrechens liegenden Gebiet vor sich, sondern faßt nun dieses selber in's Auge. Rousseau, Beccaria und Fichte berufen sich dabei auf einen Vertrag, worin Jeder versprochen habe, sich strafen zu lassen, im Fall er zum Verbrecher würde: allein da die Existenz eines solchen Vertrages, die wir schon gegenüber einer ähnlichen Auffassung von Aristoteles bestreiten mußten, nicht zu erweisen steht, geht Rousseau selbst an anderen Stellen auf das natürliche Urrecht des Krieges zurück, hierin mit Hobbes und Spinoza zusammentreffend. Anders begründet der Verfasser diese Anschauung: gegenüber Kirchmann, dessen blinde Unterwerfung unter die „Autoritäten" in der That mehr als Verzicht auf jede Straftheorie erscheint: gegenüber Heinze, welcher durch die Fichte'schen Einflüsse von seiner richtigen Erfassung des dem Verbrechen immanenten Begriffs der Strafe zu der Idee der „Ausstoßung" getrieben wird, verlangt der Verfasser umgekehrt statt der Ausstoßung und Lossagung von dem allgemeinen Willen vielmehr die Unterwerfung unter den Willen des Verletzten, der „zunächst der betroffene Einzelne, dann auch der Stat ist": das muß als die Consequenz des Verbrechens gedacht werden. Indem der Verbrecher in eine fremde Willenssphäre eingreift, ist er seiner Absicht nach als Herr darin: der Verletzte aber acceptirt davon nur das Eine, das jener nun in den Bereich seines eigenen Willens hereingehöre und betrachtet ihn als einen seiner Verfügung Unterworfenen. Die Unterwerfung ist etwas objectiv in der That, wenn auch nicht subjectiv im Willen des Thäters Liegendes, das Gefangensein in der fremden Sphäre ist nur die Kehrseite und die nothwendige Folge des Eindringens. Und weil es ein lediglich objectiver Vorgang ist, so kommt erst als ein zweites hinzu, ob der Verletzte von dem ihm zugewachsenen Verfügungsrecht Gebrauch machen will oder nicht: — Jenes das Strafen, dieses das Verzeihen. Die eigentliche Strafe, als unmittelbare Consequenz des Verbrechens, besteht daher nicht in der Execution, sondern in der Gefangenschaft unter dem Willen des Verletzten, von welcher die Strafe nur die Vollstreckung ist.

  So unentrinnbar aber der eben beschriebene Zustand

ist, so wenig entspringt für die Execution eine Nothwendigkeit aus dem formalen Charakter der That, wie dies die absoluten Theorien behaupten: was vorliegt ist nur ein Recht. Ob und wieweit und wie von diesem Recht Gebrauch zu machen sei, das ist nicht mehr eine rechtliche, sondern einestheils eine praktische, anderntheils eine sittliche Frage: der Stat z. B. als Verletzter könnte im Gefühl seiner Uebermacht und seiner sittlichen Aufgabe geneigt sein, dem einzelnen Verbrecher zu verzeihen: daß er dennoch strafen muß, dictirt ihm die Rücksicht auf die allgemeine Sicherheit und zwar nicht so sehr unter dem gewöhnlichen von der Abschreckung ausgehenden Gesichtspunct, als vielmehr in Bezug auf die gerechten Ansprüche der direct Verletzten, welchen er die Rache nur verbieten darf, wenn er ihnen die Strafe dafür bietet. Ist er so allerdings gezwungen, zu strafen, so hat er übrigens alle Freiheit, seine sittliche Kraft in der Art, wie er straft, und in der Auffassung der Strafzwecke zu bethätigen.

Wir können dieser anziehenden Erörterung sofern zustimmen, als sie unmittelbar aus dem Verbrechen die Strafe als die Kehrseite der That ableitet.

Aber ein Mangel scheint uns, daß sie nur aus dem Wesen des Verbrechens, nicht zugleich aus dem Wesen und der Vernunftnothwendigkeit des Rechts (nicht gerade des States: denn es gibt Strafrecht auch schon vor dem Stat) argumentirt: dadurch wird der Standpunct ein zu subjectivistischer, es wird zu viel an die durch das Verbrechen zwischen dem Thäter und dem Verletzten begründete obligatio ex delicto, zu wenig an den unmittelbar, nicht erst in zweiter Reihe, in dem Verbrechen verübten Angriff auf die objective Rechtsordnung gedacht.

Daraus ergeben sich ziemlich bedenkliche Folgerungen.

Einmal entziehen sich manche vom Stat als Verbrechen gestrafte Handlungen vollständig der viel zu engen Definition „vom Eingreifen in eine fremde Willenssphäre" und dem Darin=gefangen=werden: der Verfasser dachte nur an Vergehen gegen Person und Vermögen, wie Körperverletzung, Diebstahl, Raub, Injurie, eben weil er bei seiner Construction der Straffälligkeit eine verletzte Willenssphäre des einzelnen Geschädigten voraussetzt: aber ich frage, wo ist abgesehen von den früher als Verbrechen gestraften — und auch solche Fälle müssen doch construirbar sein — Vergehen der Ketzerei, Zauberei, Blasphemie u. A., wo ist in den heute noch als Verbrechen geahndeten Fällen der Blutschande, des Meineids, des Zweikampfs ein Eingreifen in eine fremde Willenssphäre? (in allen politischen Verbrechen muß der Verfasser dann in offenbar unbefriedigter Weise den Stat wie einen bedrohten Privaten auffassen). Ferner: wenn der Strafberechtigte zunächst der Verletzte ist, und nur dann auch der Stat, so muß folgerichtig die Verzeihung des verletzten Privaten die Verfolgung durch den Stat ausschließen und alle Vergehen würden zu Antragsvergehen: „sowie der Geschädigte auf die Rache verzichtet, hat der Stat keinen Anlaß mehr, ihm dafür die Strafe zu bieten." Auch gibt es ja schon vor dem Stat wie Eigenthum und Familie so auch Strafe. Diese ganze Auffassung betont allzusehr die Einzelnen, die Subjecte, welche die Bevölkerung des Stats ausmachen, als Bedrohte oder Verletzte und Racheheischende gedacht.

Auszugehen ist vielmehr von der Vernunftnothwendigkeit des Rechts, erst auf späteren, höheren Culturstufen auch des Stats: die vernünftige Friedensordnung der äußeren Beziehungen einer Menschengenossenschaft unter ihren Gliedern und zu den Sachen muß aufrecht erhalten werden: mehr noch als die äußere praktische Nöthigung erheischt dies die innere logische Nothwendigkeit der Vernunft: das von dieser Rechtsordnung verbotene Handeln greift also nicht nur in die Willenssphäre des einzelnen Verletzten, sondern zugleich, ja unter Umständen, — wenn kein einzelner Verletzter gegeben ist — allein in den Willensbereich der Gesammtheit (Sippe, Horde, Gemeinde, Stat): nicht um des Verletzten willen, nicht als Surrogat der Rache, sondern wegen des unmittelbar gegen die Rechtsordnung und deren Vernunftwillen vollzogenen Eingriffs erwirbt durch das Verbrechen die Rechts-Genossenschaft das jus puniendi: aufrecht erhalten wird das vernunftgemäß Gewollte wider den unvernünftigen Willen: es ist also die Selbsterhaltung der Vernunft wider die Unvernunft das Wesen der Strafe: ob unter Umständen die Rechtsgenossenschaft auf das durch das Verbrechen erworbene Recht aus anderen Gründen verzichten will, hat lediglich sie selbst zu entscheiden. Die Ausführung dieser kurz angedeuteten Straftheorie könnte aber nur auf Grund einer systematischen Darstellung der Rechtsphilosophie geschehen.

Zur Lehre von den Rechtsquellen, insbesondere vom Gewohnheitsrecht.[1)]

Wir knüpfen an die Besprechung der genannten, vielfach anregenden Schrift die Erörterung einiger Fragen, welche den Rechtsphilosophen, den Rechtshistoriker und den Praktiker fast gleichmäßig beschäftigen müssen. Eine erschöpfende Darstellung der Lehre vom Gewohnheitsrecht vom Standpunct der neuen, auf vergleichender Rechtsgeschichte fortbauenden historischen Schule, welche die Methode und Ergebnisse der deutschen Philosophie seit Hegel und Schelling nicht ignorirt, wie die alte historische Schule, sondern verwerthet, wäre eine dankenswerthe Arbeit, die des berufenen Meisters harrt.

Der Verfasser bemerkt mit Recht, (p. V.) daß die schon vor einem Menschenalter von Savigny als die nächste Aufgabe der wahrhaft historischen Rechtswissenschaft bezeichnete Aufgabe: „Ausscheidung der abgestorbenen und nur scheinbar noch fortlebenden Theile des römischen Rechts" noch immer nicht gelöst sei, und findet den Grund darin, daß der Beweis einer Uebung derogatorischen Gewohnheitsrechtes, welche er neben der Rechtsüberzeugung als Voraussetzung der Entstehung von Gewohnheitsrecht fordert, in den meisten Fällen nicht zu erbringen sei.

Es müssen daher die Bedingungen untersucht werden, unter denen einzelne Bestandtheile der römischen Rechtstheorie für nicht mehr anwendbar erklärt werden dürfen: eine Untersuchung der Lehre von den Rechtsquellen erscheint so als Vorarbeit für die weiter in Aussicht gestellte Erörterung über Geltung des römischen Rechts als Quelle des heutigen Civilrechts —: das ist Zweck und Bedeutung der vorliegenden Schrift.

[1)] Franz Abickes, zur Lehre von den Rechtsquellen, insbesondere über die Vernunft und die Natur der Sache als Rechtsquellen und über das Gewohnheitsrecht. Cassel und Göttingen. Verlag von G. H. Wigand, 1872. S. 87.

Die Lehren des römischen Rechts sind anerkanntermaßen nicht maßgebend in dieser Materie. Die Frage: „welches sind die Quellen des Rechts?" ist so nothwendig eine rechtsphilosophische wie die für dieselbe präjudicielle: „was ist das Wesen des Rechts?" und kein Volk und keine Zeit kann die Tyrannisirung seines Denkens ertragen, welche darin läge, sich auch diese Fragen von einer andern Nation oder Zeit beantworten zu lassen, so daß auch hier nur eine „Reception" des von andern Gedachten vorläge.

Hier ist vielmehr eine der Brücken geschlagen, auf denen sich immer wieder die nothgedrungene Annäherung der positiven Rechtswissenschaft an die philosophische Betrachtung des Rechts vollzieht: hier fühlt man sich auf das Principien-Suchen, d. h. eben auf Philosophiren angewiesen. Die positive Rechtswissenschaft kann jene Fragen aus ihrem Material heraus nicht beantworten.

Nach der ursprünglichen Theorie der historischen Schule soll (nach dem Verfasser) der Volksgeist der letzte Grund des Rechts sein, dessen unmittelbare Grundlagen aber die von diesem „befruchteten" Quellen: die gemeinsame Rechtsüberzeugung, (Gewohnheitsrecht) Gesetz und Wissenschaft.

Auf diesem Boden sei aber eine Theorie der Rechtsquellen nicht aufzubauen, da die gesetzlichen Bestimmungen in ihrer Geltung selbst bestritten seien (z. B. in wiefern ein Gesetz, welches die Bildung von Gewohnheitsrecht überall ausschließe, gelte), das Gewohnheitsrecht nur wenige unzureichende Normen hierüber aufstelle in Ermangelung gemeinsamer Rechtsüberzeugung in diesen Fragen und die Wissenschaft, sofern sie überhaupt als besondere Rechtsquelle erscheine, nur vorhandenen Rechtsstoff weiter zu verarbeiten, nicht solchen schaffen könne. Die philosophischen Deductionen aber, aus welchen man die Lehre von den Rechtsquellen construiren wolle, seien entweder unfähig, objectives Recht zu schaffen oder man müsse zu dem Satz des alten Naturrechts zurückkehren, welchen die historische Schule, wie man bisher angenommen, für immer widerlegt habe: daß nämlich die bloße subjective Vernunft eine Quelle objectiven Rechts sei. S. 4—6.

Der Verfasser bemüht sich nun, diesen scheinbar sehr gefährlichen Satz theils einzuschränken, theils gegen die historische Schule aufrecht zu halten.

Dieser Satz ist aber, richtig verstanden, voll vereinbar mit den Lehren der fortgeschrittenen historischen Schule, welche sich der philosophischen Durchbildung nicht verschließt, vielmehr die durch Hugo, Puchta, Savigny inhaltlich gewonnenen Ergebnisse mit philosophischer Methode, aber freilich immer auf dem Boden der Beobachtung, d. h. der vergleichenden Rechtsgeschichte, verwerthet.

Ich habe schon vor Jahren die Grundlinien einer rechtsphilosophischen Anschauung auf der Basis der fortgebildeten (nicht der ursprünglichen) historischen Schule angedeutet[1]) und bin allerdings fest überzeugt, daß eine Rechtsphilosophie, die den Namen einer Wissenschaft und nicht einer Phrasensammlung verdient, nur durch Combinirung philosophischer Methode mit Rechtsvergleichung geschaffen werden kann: wie alle Sprachphilosophie, Kunst- und Religionsphilosophie desgleichen fortan der historischen Methode, des „verglichenen Experiments" nicht wird entrathen können. Der Unterschied naturwissenschaftlicher und geisteswissenschaftlicher Forschung liegt nur im Object, nicht in der Methode.

Die subjective Vernunft ist allerdings die letzte Erzeugerin alles Rechts: nur gibt es eine rein-subjective Vernunft überall nicht: vielmehr ist jedes Individuum, auch das genialste, bedingt durch den Inbegriff seiner geschichtlichen Voraussetzungen und zumal durch den Nationalcharakter seines Volkes. Hierin liegt der Versöhnungspunct der philosophischen und der historischen Rechtsschule. Einerseits ist der kühne Denker, der das Recht a priori construiren oder ganz originelle Rechtssätze abstract schaffen will — Rechtsphilosophen wie Kant, Fichte, Hegel oder die Verfasser der verschiedenen aus der „reinen Vernunft construirten" Constitutionen der französischen Republik — doch immer abhängig von seiner Nationalität und Zeit: nur in deutscher Sprache und von Deutschen konnten die Philosopheme der genannten drei Männer gedacht werden und die Zeitverhältnisse Deutschlands spiegeln sich in Kant's Kosmopolitismus wie in Fichte's patriotischen Reden und in Hegel's System der Verherrlichung des protestantischen und monarchisch-constitutionellen Preußen — und anderseits wird ja das „objective Recht" durch die subjective Rechtsvernunft der Gesetzgeber, Juristen und der einzelnen Glieder der Rechtsgenossenschaft gebildet und verändert.

---

[1]) S. die Aufsätze: „Rechtsphilosophie", „Rechtsschulen", oben die Abhandlung: „Zur Rechtsphilosophie". S. 46.

Damit widerlegt sich, unserer Auffassung nach, von tiefster rechtsphilosophischer Basis aus der vom Verfasser ebenfalls bekämpfte Einwand, daß die subjective Rechtsüberzeugung wegen der unerläßlichen Positivität alles Rechts nicht Recht schaffen könne, da das freie Individuum nur der objectiv bestehenden Rechtsnorm, nicht der subjectiven Rechtsüberzeugung Anderer unterworfen werden könne: die subjective Rechtsüberzeugnng wird eben objectives Recht: sie macht sich als solches geltend, indem sie sich ausspricht und, nöthigenfalls mit Gewalt, gegen eine bisher bestandene der bermaligen Rechtsüberzeugung der Mehrzahl nicht mehr ent= sprechende Rechtsnorm durchsetzt. Allerdings: die rein innerlich gehegte, gar nicht manifestirte, ich möchte sagen, blos theoretische Rechtsüberzeugung auch der Mehrzahl der Genossen eines Lebenskreises ist an sich noch nicht objectives Recht: aber sie kann es jeden Augenblick werden, wenn sie als Gesetz oder als Gewohnheitsrecht auftritt: ja, sie kann auch, in merkwürdiger Vermischung rechtschaffender und rechtanwendender, b. h. gesetzgeberischer und richterlicher Gewalt im Urtheil sofort als objectives Recht erscheinen; der Verfasser weist mit Fug darauf hin, daß nicht nur die deutschen Schöffen des Mittelalters in Fällen, welche das bisherige Statut oder Gewohnheitsrecht nicht vorgesehen hatte, aus ihrer redlichen Rechtsüberzeugung heraus neue Rechtssätze schöpften und sie auf den vorliegenden Fall anwandten: Rechtserzeuger und Richter, Urtheiler, Rechtsanwender zugleich — auch in der römischen Republik wurden die Strafurtheile von ben Comitien in unvorgesehenen Fällen aus der freien Ueberzeugung herausgefunden, wie ohne Zweifel ein germanisches Ting, vor Einführung der Schöffenverfassung, ebenfalls einen bisher nicht vorgesehenen Fall aus der Ueberzeugung der Tinggenossen zu entscheiden sich für berufen erachtet haben würde. Und zwar von Rechtswegen: benn das sind nicht abnorme, das sind die normalen Voraussetzungen der Rechtsbildung.

Warum gelangen die Menschen überhaupt zum Recht? Weil der Rechtstrieb ein wesentlicher, nothwendiger Factor der menschlichen Vernunft ist, weil das Recht ein nothwendiges Attribut menschlicher Gesellung, menschlichen Wesens in Gesellung ist — und das Naturgesetz zwingt den Menschen zur Gesellung — wie Familie, Sprache, Kunst, Religion und Ethos. Weil der Mensch nicht blos um des lieben

Friedens willen und zur Verhütung von Mord und Raub das praktische Bedürfniß nach einer beliebigen Ordnung der äußeren Verhältnisse der Menschen zu einander und zu den Sachen hat, sondern neben dieser realen Nöthigung zum Recht die ideale innere Nothwendigkeit, das theoretische Vernunftbedürfniß ihn zwingt, nicht eine beliebige, sondern eine vernünftige Friedensordnung der äußeren Verhältnisse zu andern Menschen und zu den Sachen zu gestalten.

So vollzieht sich im Zusammenleben der Menschen unaufhörlich und unwillkürlich die Fortbildung des Rechts, ganz wie die Umbildung der Sprache: taucht ein neues Lebensverhältniß, eine neue Beziehung zu der Sachenwelt auf oder gestalten sich aus Gründen veränderter Cultur-, Wirthschafts-, Verkehrs-Zustände die bisherigen Beziehungen zu gewissen Sachen thatsächlich anders, so wartet die Rechtsproduction in der Volksseele nicht, bis, etwa durch Zusammentritt zur Volksversammlung, im Wege der Gesetzgebung, von Stats wegen, für den neuen Lebensinhalt die neue Rechtsform festgestellt wird, sondern stillschweigend bildet sich in allen Einzelnen, welche überhaupt von dem neuen Problem berührt werden, eine Vernunft-Ueberzeugung über die bestimmte Form für diese neue Lebensgestaltung — diese Ueberzeugung wird aus später zu erörternden Gründen in den meisten Fällen eine mehr oder minder gleiche sein — und ohne Zweifel ist diese mit der opinio necessitatis begleitete Rechtsüberzeugung theoretisches, inneres Recht, welches, sowie es sich im Leben bei der ersten Anwendung bethätigt, praktisches, äußeres Recht bereits geworden ist. In diesem Sinn ist die Unterscheidung des Verfassers S. 9 von zweierlei objectivem Recht, dem bereits „positivirten" und jenem, welches für den neu auftauchenden Fall erst gefunden wird, wohl begründet.

Die Rechtsbildung ist ein Cristallisationsproceß: nicht nur nach der vollendeten Cristallisation, sondern auch schon im Augenblick des Zusammenschießens der Gedanken zu dem neuen Rechtsgebilde ist „Recht" vorhanden; die entgegenstehende Ansicht, welche nur das positivirte Recht kennt, verkennt die Continuität der Rechtsbildung. Aber freilich, wenn die neue theoretische Rechtsüberzeugung nicht dazu gelangt, sich zu bethätigen, entweder in der Form eines das bisherige Recht ändernden Gesetzes, oder in praktischen Anwendungen des neuen Rechtsgedankens, welche das bisherige

Recht durchbrechen, dann liegt eben nur der Versuch einer Rechtsbildung vor: dann ist es dem theoretischen Rechtspostulat nicht gelungen, sich als praktisches Recht zu verwirklichen: z. B. ist ja das Rechtspostulat der Abschaffung der Leibeigenschaft, des Zunftzwangs u. A. lange Zeit eben nur Rechtspostulat geblieben. Der Richter (S. 11) ist daher allerdings ein sehr wichtiges, aber keineswegs das einzige Organ der Neubildung des Rechts: Handelsgebräuche der Kaufleute können lange Zeit bereits neues Recht geschaffen haben, theoretisches und praktisches, bevor eine richterliche Entscheidung der Frage provocirt wird. Alsdann ist es freilich von großer Wichtigkeit, wie sich der Richter zu dem neu erwachsenden Rechte stellt oder nach der geltenden Gesetzgebung, welche z. B. derogatorisches Gewohnheitsrecht ausgeschlossen wissen will, stellen soll.

Die neu sich bildende Rechtsanschauung der Genossen eines Lebenskreises wird nun im Großen und Ganzen wesentlich eine gleiche übereinstimmende sein: schon deßhalb, weil ihnen eben die zu ordnenden Probleme und die in den äußern natürlichen, wirthschaftlichen, kurz historischen Voraussetzungen für die Art dieser Ordnung gegebenen Anhaltspuncte gemeinsam sind. Auf die Bedeutung dieser „geschichtlichen Voraussetzungen" kommen wir zurück — sie sind neben dem innern Factor, dem National= (oder Genossen=) Charakter, der äußere Factor aller Rechtsproduction. Der Verfasser (S. 14) verwerthet diesen Begriff nur, um zu zeigen, daß die „subjective Vernunft" niemals unbeschränkt subjectiv schalten und walten könne.

Mit Recht wird (S. 19) die Vernunft als die letzte, oberste Quelle des Rechts, die treibende Ursache der Rechtsbildung bezeichnet und die „Natur der Sache" unmittelbar als Rechtsquelle hiervon abgeleitet: der Nachweis, in welch nothwendigen Zusammenhang mit den übrigen Gebieten des inneren und äußeren menschlichen Lebens die Sphäre des Rechts steht, wird nicht geführt: wie uns denn der einzige Mangel in der Composition der anziehenden Abhandlung darin zu beruhen scheint, daß, bei an sich nicht unrichtigen Sätzen, die tiefere rechtsphilosophische Begründung fehlt, die doch, wenn solche Fragen einmal angeregt sind, die einzig erschöpfende, das Problem nach allen Richtungen lösende ist.

Das Richtige an der Lehre der alten naturrechtlichen Schule sei gewesen die Erkenntniß, daß die Vernunft die letzte Grundlage des Rechts sei, das Irrige die Annahme, daß diese Vernunft das Recht frei aus sich heraus, in nur begrifflicher Entwicklung und unter Abstraction von den Realitäten des Lebens, zu gestalten vermöge: letzteren Irrthum habe die historische Schule widerlegt, aber leider im Eifer des Streits, um die Gegensätzlichkeit der Ansichten recht scharf hervorzuheben, auch den ersten Fundamentalsatz mit über Bord geworfen. Der Verfasser strebt nun eine Verschmelzung beider Ansichten in einer höheren Einheit an, zu welcher die naturrechtliche Schule gewissermaßen die Form, die historische Rechtstheorie den Inhalt zu geben hat.

Wir begegnen uns hier auf gleichen Wegen; denn auch wir erblicken die Aufgabe der Rechtsphilosophie in einer Fortbildung der historischen Schule: nur daß wir das Speculative, dessen sie allerdings bedarf, nicht aus der verknöcherten Hand des abgestorbenen rationalistischen Naturrechts empfangen, sondern auf der Höhe deutscher Speculation, welche Schelling (d. h. nicht der mystisch gewordene, sondern der Schelling der „Identitäts-Philosophie", die jetzt unter dem neuen Namen „Monismus" die herrschende geworden ist.) und Hegel uns erobert, suchen wollen; die auf nicht speculativem Wege gewonnen Ergebnisse der historischen Schule halten wir fest, trachten aber nach philosophischer Begründung derselben auf einer umfassenden Weltanschauung, nach Ueberschreitung der jener nur empirischen Forschungsmethode gezogenen Schranken und unter Durchführung der Consequenzen, welche die alte historische Schule, vermöge ihrer hoch conservativen (Niebuhr) und kirchlichen (Stahl) Wahlverwandtschaften zu ziehen sich nimmermehr würde entschlossen haben.

Der Verfasser nennt nun S. 21 „Rechtsquelle" nur das, woraus der Recht Suchende und zwar in erster Linie der zum Finden des Rechts berufene Richter eine Norm für die Entscheidung des einzelnen Falls zu gewinnen vermag; in diesem Sinn sind „jene Momente nicht Rechtsquellen, welche auf die Bildung des Rechts von Einfluß sind: Volkscharakter, Sitten, climatische Bedürfnisse, äußere Vorgänge, kurz, alles dasjenige, was man unter dem Bilde des Volksgeistes zu personificiren sich gewöhnt hat." — Hingegen ist zu erinnern, daß von dem „Volksgeist" „Nationalcharakter", (der freilich in seiner allmähligen Gestaltung auch von den äußeren Einflüssen in Zeit und Raum gefärbt und bestimmt wird) die geschichtlichen Voraussetzungen, von denen der Verfasser einige aufführt und sie geradezu mit dem Volksgeist identificirt, doch sehr genau unterschieden werden müssen. — Auch die Gesetzgebung (Puchta) wird nicht als Quelle des Rechts bezeichnet, wohl aber deren Product, das Gesetz. Die Wissenschaft erscheint als Mittel zur Benutzung der wirklichen Rechtsquellen; sie kann das theoretische, innere, werdende Recht darstellen, bevor es praktisch geworden: die „etwas verschrieene" Natur der Sache soll „die Gesammtheit aller derjenigen äußeren Verhältnisse und Umstände zusammenfassen, aus denen heraus die subjective Vernunft die Rechtssätze zu finden hat" S. 22; dadurch wäre die objective Seite, welche auch diese subjectivste Rechtsquelle aufzuweisen vermag, in zweckmäßiger Weise hervorgehoben. So ist die Vernunft die Grundquelle alles Rechts; zur genaueren Formulirung der einzelnen anzuwendenden Sätze dient die Natur der Sache: aus ihr sind die Rechtssätze zu entnehmen, welche bezüglich der activen Rechtsquellen: Gesetz, gemeinsame Rechtsüberzeugung und Gewohnheitsrecht anzuerkennen sind.

Zu der Operation mit dem (nicht mit Unrecht „verschrieenen") Begriff der „Natur der Sache" wurde der Verfasser durch die Erkenntniß der Nothwendigkeit gedrängt, die allzu subjectivistische Rechtsvernunft zu objectiviren; allein es ist eine Selbsttäuschung, dies objective Gegengewicht in der „Natur der Sache", einem Erbstück aus dem Nachlaß der alten naturrechtlichen Schule, zu erblicken. Denn diese scheinbar objective, gleichbleibende „Natur der Sache", die Gesammtheit der äußeren Umstände, aus denen die subjective Vernunft die Rechtssätze finden soll, spiegelt sich ja doch jedesmal verschieden in der Anschauung des betreffenden Volkes in seiner jeweiligen Culturperiode. Es gibt keine objective Natur der Sache: vielmehr ist jedes Rechtsideal ein relatives: auch die Römer glaubten in ihrer „naturalis ratio" ein solches objectives, für alle Völker und Zeiten gleich bleibendes Instrument für juristische Constructionen gefunden zu haben: aber diese naturalis ratio ist lediglich das relative Rechtsideal der Römer und zwar der Römer einer bestimmten Culturperiode. Mit andern Worten: legen wir den Römern der XII. Tafeln, dann denen Hadrians, ferner den Germanen der Volksrechte, dann denen der Rechtsbücher und endlich den modernen, legen wir Hellenen, Hebräern, Kelten, Slaven unter der nämlichen Gesammtheit der äußeren Umstände das gleiche juristische Problem vor — sie werden alle eine verschiedene „Natur der Sache" in sich spiegeln: d. h. sie werden die gleichen objectiven Verhältnisse verschieden auffassen, und vermöge der Verschiedenheit ihrer durch den verschiedenen Nationalcharakter bedingten Rechtsideale, zu verschiedenen Ergebnissen gelangen. Dieselben Römer, welche ehedem die strenge Ehe mit manus und die agnatische Erbfolge als „der Natur der Sache" entsprechend gefunden, gelangten, nach Umwandlung der geschichtlichen Voraussetzungen und folgeweise des Nationalcharakters, zur freien Ehe und der cognatischen Succession.

Ja — es bedarf nicht der Ausführung — Juristen desselben Volkes, derselben Zeit gelangen (nur allzu häufig!) in vorgelegten Rechtsfällen zu entgegengesetzten Entscheidungen, weil sie die angeblich objective „Natur der Sache" widersprechend auffassen.

Die objective Ergänzung und Schranke, welche der Verfasser, in richtiger Empfindung für die Gefahr einer ausschließlich subjectiven Rechtserzeugung, anstrebt, ist in den rechterzeugenden Subjecten selbst schon gegeben: sie liegt in der Gebundenheit des Einzelnen an seine Nation und seine Umgebung in Zeit und Raum, an die geschichtlichen Voraussetzungen; diese, nicht eine stets verschieden gespiegelte „Natur der Sache", enthalten das objective, beschränkende Moment in der Rechtsbildung durch die subjective Vernunft des Einzelnen. Ein Beispiel: eine römische Stadtgemeinde und eine germanische Bauerngemeinde sind jede Eigenthümerin eines Waldes; die „Natur der Sache" erheischt in beiden Fällen die Verwerthung des Ertrages, unter Schonung der Substanz, für die Gemeindeglieder; aber beide Gemeinden lösen das durch die „Natur der Sache" gleichmäßig aufgeworfene Problem verschieden: die römischen Curialen bestellen an dem Wald gegen Entgelt einen ususfructus oder verpachten ihn, indem sie den Geldbetrag in die Gemeindekasse werfen: die germanischen Markgenossen bestellen dingliche, an die Höfe geknüpfte Nutzungsrechte nach der Größe des Grundbesitzes oder des Viehstandes des einzelnen Hofwirths: jene römische, diese germanische Auffassung der „Natur der Sache" ist bedingt von dem betreffenden Volkscharakter und der Summe der geschichtlichen Voraussetzungen, welche beide Factoren in ihrer Verschiedenheit auch schon zuvor den Unterschied herbeigeführt hatten, daß dort eine Stadt, hier ein Dorf gegeben ist. Mit andern Worten: die „Natur der Sache" bezeichnet nur den wirthschaftlichen, politischen u. s. w. Zweck, der erreicht werden soll; aber mit welchen juristischen Mitteln, in welcher Rechtsbildung er erreicht wird, — das hängt nicht von der „Natur der Sache" ab, sondern von der national und geschichtlich bedingten Auffassung und Eigenart der zur Rechtsbildung berufenen Vernunftsubjecte.

Wenn daher der Verfasser S. 24 die Ansicht, daß der „Volksgeist" oder die von ihm erzeugte Rechtsüberzeugung die eigentliche Quelle alles Rechts sei, widerlegt und den Volksgeist durch die „subjective Vernunft", welche gemäß der „Natur der Sache" handelt, ersetzt zu haben glaubt, so irrt er: die subjective Vernunft, sofern sie Recht erzeugt, ist objectiv an die Schranken des „Volksgeistes" und der geschichtlichen Voraussetzungen gebunden; doch hat der Verfasser mit Fug hervorgehoben, daß die Genossenschaft, als deren Glied der Einzelne Recht schafft, nicht gerade immer eine Volksgenossenschaft sein muß. Von dieser wichtigen Modification der Lehre der älteren historischen Schule ist anderwärts ausführlich zu handeln.

Was nun den Grund der verbindlichen Kraft des Gesetzes anlangt, so vermissen wir gerade hier die tiefere rechtsphilosophische Begründung: „alle Gesetze sind allgemein verbindlich,": warum? „nicht weil das einzelne Gesetz und sein Inhalt auf die Rechtsüberzeugung des Volkes zurück zu führen sind, — das ist eine Fiction Puchta's — sondern weil nur dieser Eine Rechtssatz von der allgemeinen Verbindlichkeit aller Gesetze auf der Rechtsüberzeugung des Volkes beruht." Wirft man nun aber die nicht zu unterdrückende Frage auf: Warum? aus welchem Grund wird die Verbindlichkeit der Gesetze allgemein anerkannt? so erhalten wir die wenig befriedigende Antwort: (S. 27.) „weil sie durch den Statswillen verkündet sind"; und fragen wir weiter, warum muß man dem Statswillen gehorchen? so erfahren wir: „weil die Existenz des States selbst anerkannt ist". Hiernach würde jeder nicht mehr an die Gesetze gebunden sein, der erklärte, für seine Person die Existenz des States nicht mehr anerkennen, auf seine Hilfe und seinen Schutz verzichten, dagegen auch an seine Normen nicht gebunden sein zu wollen. Erwidert der Verfasser: „Dies ist unstatthaft, der Stat muß anerkannt werden," so wiederholt sich unsere Frage nach dem Warum? und wir erachten es als eine wesentliche Lücke in der Arbeit des Verfassers, wenn er uns auf diese letzte Frage statt der Antwort den Bescheid ertheilt, daß „eine Einigung über die tiefere philosophische Begründung dieser Sätze (ähnlich die Puchta'sche Begründung des Gewohnheitsrechts) weder wahrscheinlich noch für das Rechtsleben nöthig sei."

Die Entscheidung der Processe wird freilich nicht durch die Lösung dieses Problems berührt; aber, wenn man Fragen behandelt, welche in letzter Instanz nur eine rechtsphilosophische Lösung oder gar keine zulassen, kann man sich der „tieferen philosophischen Begründung" nicht wol entschlagen.

Wir bedürfen nicht erst des Umwegs durch die Begründung des Stats um die Verbindlichkeit der Gesetze zu motiviren. Denn versteht man auch heute unter „Gesetz" im engeren technischen Sinn nur die durch die oberste Statsgewalt ausgesprochene Rechtsnorm, so ist doch ohne Zweifel der ursprüngliche Begriff des Gesetzes ein weiterer und gerade dieser weitere ist der rechtsphilosophisch fruchtbarere: Gesetz ist nur Eine der mehrfachen Erscheinungsformen des Rechts; auch schon vor dem Stat in dem Verband der Sippe, Horde, Gemeinde kann ein Rechtssatz durch die Gesammtheit oder das Haupt der Genossenschaft bewußt und ausdrücklich ausgesprochen z: B. bisher geltendes Gewohnheitsrecht dadurch geändert werden; eine solche Norm ist Gesetz und gilt als verbindlich, obwol vom Stat und seiner Anerkennung noch gar keine Rede ist.

Das Gesetzesrecht wie das Gewohnheitsrecht ruht vielmehr auf der Vernunftnothwendigkeit des Rechts.

Es ist ein unabweisliches Bedürfniß der menschlichen Vernunft, daß in einer Menschengenossenschaft die äußeren Beziehungen der Menschen zu einander und zu den Sachen jener Friedensordnung gemäß gestaltet werden, welche dieser Genossenschaft als die vernünftige, die vernunftnothwendige erscheint. Jene vernünftige Friedensordnung einer Menschengenossenschaft in ihren äußeren Beziehungen zu einander und zu den Sachen ist — ihr Recht. Ob die Satzungen dieser Friedensordnung ursprünglich unbewußt, instinctiv erwachsen — Gewohnheitsrecht — oder ob sie später absichtlich mit Reflexion geschaffen werden im Wege des Vertrages oder der Satzung durch höhere Autorität, ist gleichgültig: die opinio necessitatis, um deren willen diesen Normen gehorcht wird, ist einfach die Vernunftnothwendigkeit des Rechts, die zwingende Gewalt der Logik: wie wir in andern, rein theoretischen Gebieten eine Verschiedenheit der Ansichten durch gemeinsame logische Operation zu beseitigen suchen, z. B. in einem mathematischen Problem, so sucht eine Volks- oder Familien-Genossenschaft das zugleich theoretische und praktische Problem, wie es z. B. mit dem Nachlaß eines Verstorbenen gehalten werden solle, (ob derselbe als herrenloses Gut behandelt und von jedem beliebig occupirt oder an Verwandte — und zwar an welche? — des Verstorbenen vertheilt oder noch bei dessen Lebzeiten auf den Todesfall auch Fremden zugewendet werden könne) so zu lösen, wie es ihrem Charakter und den geschichtlichen Voraussetzungen nach dieser Genossenschaft als das Vernunftnothwendige erscheint; von dem durch das Rechtsideal dieser Genossenschaft gefundenen und geforderten Princip aus — dies wird zunächst, wie Sprache und Sitte, ohne Reflexion producirt — werden dann im Detail die consequenten Sätze entwickelt, z. B. daß, wenn bei Familienerbfolge die Gradnähe der Verwandtschaft allein entscheidet, das sogenannte Repräsentationsrecht der Kinder vorverstorbener Kinder oder Geschwister des Erblassers nicht gelten könne. Das ist eine logisch nothwendige Deduction und wir fordern Anerkennung dieses Satzes wie etwa einer mathematischen Conclusion; wer letztere nicht anerkennen will, nach geführtem Beweise, den überlassen wir achselzuckend seinem Irrthum. Anders freilich im Rechtsgebiet, weil hier die logische Entscheidung nicht nur eine theoretische ist, — zunächst ist sie das, wie jede logische Operation — sondern sehr wichtige praktische Folgen hat: theoretische Forderungen z. B. der Sohnes-Söhne werden theoretisch abgewiesen werden mit Berufung auf das Princip der Gradnähe als das dermalen herrschende; suchen sie ihre Nicht-Anerkennung dieser Consequenz durch Handlungen, z. B. Anmaßen von Erbschaftssachen, zu bethätigen, so werden sie freilich auch thätlich zur Anerkennung gezwungen.

Kömmt es nun im Fortschritt der Cultur zur Bildung des States, dann freilich, aber auch erst dann, wird auch die Selbsterhaltung des Stats und die Aufrechthaltung seines ausgesprochenen Willens, des Statsgesetzes, als eine Vernunftnothwendigkeit empfunden und die Verletzung desselben zunächst um der formellen Gehorsamspflicht willen nicht geduldet; der materielle Grund dieser Verpflichtung aber ist die Vernunftnothwendigkeit des Stats und seines Rechtswillens.

In dem nächsten Abschnitt, der vom Gewohnheitsrecht handelt, wird zunächst (nach dem Vorgang von Unterholzner, Mühlenbruch, Kierulff) an der ursprünglichen Puchta=Savigny'schen Theorie gerügt, daß gerade eine national verbundene Gesammtheit von Menschen als Trägerin oder Erzeugerin von Gewohnheitsrecht vorausgesetzt werde. Jene Beschränkung ist allerdings aufzugeben: vielmehr ist jede Menschen=Genossenschaft als solche, also auch nur Ein Paar, an sich fähig und bei längerem Bestand ihrer Gesellung, sogar innerlich genöthigt, in Bethätigung des Rechtstriebs Recht zu produciren.

Um das darzuthun, bedarf es nicht erst des Hinweises auf das internationale und auf das Kirchenrecht; es genügt die Erinnerung, daß auch in jenen kleineren Verbänden, welche der Bildung eines Volkes vorhergehen, daß auch in der Sippe, Horde, Gemeinde bereits Recht erzeugt wird.

Aber es ist doch wol begreiflich und, richtig verstanden, auch voll berechtigt, daß die ältere historische Schule die Nation als die eigentliche Trägerin des Rechts erfaßte; denn einerseits entbehrt das Recht sowol in seinen Anfängen bei jenen kleinen Kreisen als in seinen Ausläufen in den allzuweiten internationalen und anationalen des Völker= und Kirchen=Rechts der Sicherheit der Anerkennung und Durchführung und andrerseits entziehen sich auch jene scheinbar außerhalb des Nationalen stehenden kleineren und größeren Kreise keineswegs vollständig nationalem und analogem Einfluß. Wir sagen: vor dem Nationalstat, vor der nationalen Stütze, in seinen Anfängen, entbehrt das Recht leicht der Anerkennung und Sicherheit der Vollstreckung: diese Kreise sind zu klein — es fehlt in dem patriarchalischen Rechtsverband an einem Gegengewicht gegenüber dem Haupt des Geschlechts und oft ergeht Willkür für Recht; wird aber das Band des Rechts um mehrere Staten geschlungen, so werden die Kreise leicht zu groß, zu selbstständig und mächtig: im Völkerrecht klafft ja bekanntlich die Lücke der Erzwingbarkeit so weit, das man um deßwillen, freilich mit Unrecht, die Existenz dieses Rechts überhaupt geleugnet hat; auch das Kirchenrecht mit seinen nur geistlichen Zwangsmitteln ist kein Muster normaler Rechtsbildung; das Normale vielmehr ist das im Stat erwachsene, vom Stat geschützte und durchgeführte Recht; der Stat aber, auch wenn er sich nicht mit einem Volkskreis deckt, ist immer national gefärbt in seiner Rechtsbildung: entweder dominirt in solchen Mischstaten eine Nationalität die anderen oder es entfalten sich im Gesammtverband des Stats provinziell und stammthümlich, also doch wieder national, gefärbte Rechtsprodukte.

Andererseits sind auch jene kleineren und größeren Kreise nicht ohne nationale oder dem Nationalen analoge Einwirkungen auf ihre Rechtsbildungen: das Völkerrecht nimmt nothwendig Einflüsse der Nationen auf, welche es verbindet; das antike Völkerrecht, das sich der Amphiktyonen und Fetialen bedient, hat anderen Charakter als das der wilden Stämme Amerika's oder das Kriegsrecht der modernen Völker. Selbst das auf kosmopolitische Universalität angelegte Recht der Kirche, welches, über allen Nationen stehend, alle umfassen will, wie muß es doch so vernehmlich, obzwar widerwillig, Zeugniß ablegen von der unvermeidlichen Gewalt des Nationalen über alle Rechtsbildung! Einmal ist von Geist, Inhalt und Form des römischen Rechts doch wahrlich sehr viel in die Gestaltung des kanonischen Rechts eingedrungen, weil ja die orthodore Kirche Statskirche des römischen Imperiums wurde und weil diese Bischöfe und Priester, welche es bildeten, Römer und römisch geschulte Griechen oder doch Angehörige des Römer-Reiches waren und sich der römisch-griechischen Cultur und Nationalität auch in den Augenblicken nicht zu entziehen vermochten, in welchen sie auf den Concilien der heilige Geist inspirirte. Anderseits ist es aber im letzten Grunde nichts Andres als die Verschiedenheit der Nationalcharaktere, welche die beabsichtigte Einheit der katholischen Kirche, ihrer Dogmen und folgeweise auch ihres Rechts auflösend in die romanisch-katholische, griechisch-russische, protestantisch-germanische auseinander gebildet hat.

Endlich aber: auch in den kleineren dem Stat und Volk vorhergehenden Kreisen der Sippe, Horde, Gemeinde nimmt das Recht die Färbung des besonderen Charakters der Race an, welchem diese Gruppe angehört, die eine Vorstufe nationalen Verbandes darstellt.

Es war also ein verzeihliches Versehen, daß die ältere historische Schule alle Rechtsbildung an den Volksverband knüpfte: galt es doch den innigen Zusammenhang dieses

Theils des Volkslebens mit den übrigen Erscheinungen der Nationalität: Sprache, Sitte, Kunst, Religion hervorzuheben.

Die zweite große Streitfrage in diesem Gebiet betrifft die Bedeutung der Uebung d. h. der wirklichen Anwendung des Rechtsgedankens für die Entstehung des Gewohnheitsrechts: ob die Uebung Wesensvoraussetzung oder nur (das freilich wichtigste) Erkenntnißmittel des gewordenen Rechtssatzes sei.

Gegen letzteren Satz Puchta's (Gewohnheitsrecht I. 1828 II. 1837 II. S. 131) wandte sich zuerst Kierulff, (Theorie des allgemeinen Civilrechts [1839] S. 9.) Savigny (System I. S. 37.) räumte dann ein, daß bei manchen „in's Einzelne gehenden" Bestimmungen die Uebung mehr als Erkenntnißmittel, daß sie mitwirkender Entstehungsgrund sein könne. Der Verfasser stellt S. 33 die Schriftsteller zusammen, welche mit Kierulff in der Uebung ein begrifflich nothwendiges Erforderniß der Entstehung des Gewohnheitsrechts erblicken: sie bilden bei Weitem die Mehrzahl; nur von Gerber, Göschen, Stobbe und Thöl legen der gemeinsamen Rechtsüberzeugung an sich verbindliche Kraft bei; der Verfasser verwirft den Haupteinwand gegen die Puchta'sche Theorie, das Axiom von der Positivität alles Rechts, aber auch deren Hauptstütze, den Satz, daß die gemeinsame Rechtsüberzeugung der Grund alles Rechts sei, gelangt jedoch zuletzt, aus andern Gründen, zu dem gleichen Ergebniß wie die historische Schule d. h. zu der Geltungskraft der gemeinsamen Rechtsüberzeugung als solcher.

Wenn er dabei die gemeinsame Ueberzeugung in vielen Fällen für eine Fiction erklärt, da in Wahrheit die Ansichten der Alten und der Jungen, der Reichen und der Armen, der Landbauer und der Handeltreibenden in vielen Puncten von einander abweichen werden und der Richter also mit seinem subjectiv aus der „Natur der Sache" geschöpften Entscheid doch nur seine Ansicht von dem, was Alle als Rechtsüberzeugung verständigerweise anerkennen „müßten" (d. h. nach seiner Meinung sollten) aus der Mehrzahl der Anschauungen bilden muß, so ist dagegen doch vor Allem zu erinnern, daß ja im einzelnen Fall bekanntlich die Rechtsüberzeugung nur des betreffenden Lebenskreises, nicht die vielleicht abweichende anderer Stände, zu beachten ist: wenn eine Handelsusance der Bankiers Einer Stadt von den übrigen Kaufleuten derselben Stadt oder den Bankiers einer

anbern mißbilligt wird, so ist das für die Verbindlichkeit
derselben ganz gleichgültig. Ferner: der Richter darf nicht
aus „der Natur der Sache" subjectiv entscheiden, wo ein
zweifelloses „Gewohnheitsrecht" entgegengesetzten Inhalts
vorliegt: es gibt, wie der Verfasser S. 63 selbst einräumt,
eine Anzahl wirklicher gemeinsamer Ueberzeugungen, deren
Existenz der Richter „verständiger Weise" (wir sagen: pflicht-
schuldiger Weise) nicht ignoriren darf; ja er muß, was
(S. 45) freilich geleugnet wird, die „seiner Ansicht nach
fehlerhaft gebildete Ansicht der Laienwelt sich allerdings als
Richtschnur aufbringen lassen." Denn er hat nicht jenes
Recht zu sprechen, welches nach seiner subjectiven, aus der
„Natur der Sache" geschöpften Meinung gelten sollte,
sondern jenes, welches objectiv in der Anschauung der Rechtsgenossen gilt: so wenig der Richter ein ihm unzweckmäßig
scheinendes Gesetz, so wenig darf er eine ihm unvernünftig
scheinende Gewohnheit in seinem Urtheil ignoriren.

Nur in Ermangelung eines bereits fest stehenden Gewohnheitsrechts — wenn z. B. noch die ältere und die
neuere Rechtsanschauung mit einander um die Herrschaft
über die Geister ringen — mag der Richter seine Entscheidung aus der „Natur der Sache", d. h. aus seiner
Rechtsüberzeugung von dieser schöpfen. Damit ist auch obige
Streitfrage entschieden: nach unserer Grundauffassung von
Wesen und Werden des Rechts müssen wir allerdings die
gemeinsame Rechtsüberzeugung (welche natürlich individuelle
Auffassung und Nuancirung nicht ausschließt) auch schon
vor ihrer Bethätigung in einzelnen Anwendungen, also bevor
sie durch Uebung äußeres praktisches Gewohnheitsrecht geworden, in dem Sinne für inneres theoretisches Recht erklären als Schöffen, Geschworene, Richter nach dieser Ueberzeugung — in Ermangelung entgegenstehenden Gesetzes- oder
Gewohnheitsrechts — auftauchende Rechtsfälle entscheiden
dürfen und müssen. Für diese Ansicht, deren bedenkliche
Seite wir nicht verkennen, sprechen nicht nur die oben S. 556
erwähnten geschichtlichen Präcedenzfälle, spricht zwingend die
Logik der Rechtsproduction selbst: es heißt die Continuität
des menschlichen Denkens, hier der Production des Rechts,
verkennen, will man das innere theoretische Recht bestreiten:
aus welchem Grunde denn sonst, als weil die „opinio necessitatis", d. h. die Vernunftnothwendigkeit sie zwingt,
handeln die von einem innerlich entfalteten Rechtssatz be-

herrschten Geister der Menschen so, wie sie handeln? weil
sie es für „Recht" halten. Soll nun dies Recht erst dann
Recht sein, wenn sie danach (einmal? zweimal?) gehandelt
haben, in dem Augenblick aber, da sie danach zu handeln
beginnen, noch nicht?

Der Verfasser führt (S. 44) in verständigen Erörterungen die Gründe aus, welche die Identität der Rechtsüberzeugung im Verlauf der Culturfortschritte aufheben: der
zunehmende Subjectivismus, das Eindringen fremder, gelehrter, dem Volke unverständlicher Rechte, die Ausbildung
eines besonderen Juristenstandes: doch ist hervorzuheben,
daß auch bei den Germanen schon zur Zeit der Volksrechte
— und bei Friesen Nordgermanen ganz abgesehen vom fremden
Recht — sich frühzeitig besonders rechtskundige Männer
finden, welche durch Talent, Neigung, Uebung als bevorzugte Depositare nicht nur, auch als hervorragende Beherrscher
und Fortbildner des Rechtsstoffs erscheinen.

Weiter hebt er dann die Bedeutung, die Vorzüge
der gemeinsamen Rechtsüberzeugung auch für vorgeschrittene
Culturperioden hervor: so namentlich für die Stetigkeit der
Rechtspflege.

Bei unserer Auffassung (im Wesentlichen, scheint es,
übereinstimmend der Verfasser S. 50) kann es ein besonderes
„Juristenrecht" als eine Mittelstufe, eine dritte Rechtsquelle
neben Gesetz und Gewohnheit, nicht geben; vielmehr ist
dieses „Juristenrecht" als obrigkeitliches Recht, z. B. Anordnungen über den äußeren Gang der Rechtspflege, unmittelbarer Ausfluß des statlichen Verordnungsrechts, welches als
Aeußerung der Gesetzgebung (im weiteren Sinne) erscheint,
oder es beruht in diesen Beziehungen auf dem Herkommen
(usus fori) oder, falls unter gewissen Voraussetzungen, Präjudizien der obersten Gerichtshöfe wie z. B. denen des Reichsgerichts durch Gesetz verbindende Kraft beigelegt ist, mittelbar
auf der Autorität der Gesetzgebung. Oder endlich es erscheint
die „Praxis" (in diesem engeren Sinne) d. h. die constante
Auslegung zweifelhafter oder Ergänzung lückenhafter Rechtsnormen durch die Gerichte als eine Art des Gewohnheitsrechts.

Hier läßt sich häufig ein theoretisches inneres Recht
nachweisen, wie in den Usancen etwa des Handels: hat sich
an einem bestimmten Platz z. B. die Rechtsüberzeugung gebildet, daß, in Abänderung bisheriger Uebung, die Mäkler-

gebühr für einen vermittelten Kauf fortan nicht mehr vom Verkäufer allein, (d. h. von ihm auf den Kaufpreis geschlagen), sondern von den beiden Parteien gleichheitlich getragen werden solle, so ist dies theoretisches inneres (Gewohnheits-)Recht, so lange bis die erste Anwendung des Satzes praktisch erfolgt; wird z. B. in Folge der Deductionen einer Monographie bei den Gliedern eines Handelsgerichts die Ansicht alleinherrschend, daß im Zweifel bei dem Kauf auf Probe die Bedingung eine aufschiebende, nicht eine auflösende sei, so ist diese Anschauung theoretisches inneres (Juristen-)Recht, bis sie in Urtheilen des Gerichts auftritt; dann ist sie praktisches äußeres Juristenrecht geworden. Stößt man sich an dem allzu subjectivistisch klingenden Ausdrücken: „inneres theoretisches Recht", so substituire man das Wort: „werdendes Recht": dies Wort erinnert einerseits an die nothwendig erst durch die Anwendung zu erreichende Vollendung, andrerseits bezeichnet es die Rechtsüberzeugung als solche doch schon als das, was sie in Wahrheit ist: Recht, nicht ein bloßes Rechtspostulat. Darin spiegelt sich die ununterbrechbare Continuität geistiger Production. Ich erinnere wiederholt, daß dies werdende Recht nur dann als Recht zu betrachten ist, wenn ihm nicht gewordenes Recht noch ausschließend entgegen steht; es muß Raum da sein, für das wachsende und werdende Recht; so lang gegenüber dem geltenden Gesetz oder Gewohnheitsrecht sich nur Opposition einer Minderheit erhebt oder bloße Negation, welche den neuen entgegenstehenden Rechtssatz nicht zu formuliren vermag, oder so lang es an der opinio necessitatis gebricht, kann auch von werdendem Recht keine Rede sein; das sind nur vorbereitende Bewegungen, welche vielleicht zu einem werdenden Recht führen, vielleicht aber auch wieder erlahmen mögen.

In unserer Grundauffassung des Juristenrechts als einer Art des Gewohnheitsrechts liegt nun zugleich auch seine Schranke und das Kriterium für die Entscheidung der Frage, inwiefern, unter welchen Voraussetzungen die Ausbildung eines besonderen Juristenrechts als eine krankhafte Erscheinung im Rechtsleben zu betrachten sei.

Ohne Grund hat man schon in dem Aufkommen eines Juristenstandes die Widerlegung des Princips der historischen Schule zu finden vermeint. Wenn die vergleichende Rechtsgeschichte zeigt, daß sich bei den allermeisten uns bekannten

Völkern, oft sogar schon ziemlich früh, besondere Depositare und Kenner des Rechtsstoffes finden, (in den Zeiten der Vorcultur oft identisch mit den in die Geheimnisse des Götterglaubens mehr als die Menge eingeweihten Priestern oder auch auf aristokratische Geschlechter beschränkt) so ist das so wenig ein Widerspruch gegen das historische Princip, wie etwa die Thatsache, daß auch in der der Kunstpoesie vorhergehenden Periode der Volkspoesie doch nothwendig es immer Einzelne sind, welche, durch hervorragendes Talent dazu berufen, die in dem ganzen Volke lebende poetische Anschauung zum Ausdruck bringen. Bildet sich dann im Fortschritt der Cultur in nothwendiger Arbeitstheilung immer schärfer ein Juristenstand empor, so sind doch diese Juristen auch ein Theil des Volks: und es ist wahrlich nicht abzusehen, weßhalb an der gemeinsamen nationalen Arbeit der Erzeugung und Fortbildung des Rechts zwar Kaufleute und Bauern Theil haben sollen, nicht aber jene Männer, welche Neigung, Talent, Uebung, Kenntniß gerade vor Anderen zu solcher Fortbildung berufen.

Aber freilich, nur sofern die Juristen ein lebendes Glied des Volkskörpers sind, werden sie ihre hohe Aufgabe der Rechtsfortbildung gedeihlich lösen: sie dürfen und sollen diese Bildung leiten und dem Volk auf diesen Bahnen voranschreiten, aber sie sollten nicht eine nicht im Volkscharakter und den Zeitbedürfnissen wurzelnde Rechtsgestaltung erzwingen und der Nation, etwa vermöge der Autorität und Zwangsgewalt des Stats, ein fremdes Recht aufbringen.

Darin, in der Modalität der Reception des römischen Rechts, nicht in der Thatsache der Reception selbst, lag die beklagenswerthe Verirrung des Juristenrechts des 15. bis 18. Jahrhunderts.[1] Die Reception war eine culturgeschichtliche Nothwendigkeit: sie ist ein Stück der „Renaissance" und wie wir in unsere Sprache, Kunst und jede Art von Cultur die griechisch-römischen Ueberlieferungen aufgenommen haben, so denn auch in unser Recht; es wäre thöricht, die Bereicherung im Inhalt, die Schulung in der Form der Rechtscultur zu bestreiten, welche wir auch auf diesem Gebiet dem Antritt der Erbschaft der Antike verdanken. Aber die Reception hätte eine freie Assimilation des für unsere

---

[1] Mit Fug nennt es der Verf. S. 30 eine arge Verdrehung der Sachlage, wenn Puchta umgekehrt von einem „von seinen Juristen secedirenden Volke" spricht.

Bedürfnisse Verwerthbaren sein müssen, nicht eine unterscheidungslose Unterwerfung unter die Autorität der Sammlungen Justinians, als wären diese ein für das deutsche Reich publicirtes Gesetzbuch.

Man wird einwenden: „ist nicht die Möglichkeit dieser Reception des fremden Rechts ein schlagender Beweis gegen die Grundauffassung der historischen Schule?"

Mit nichten: denn es war eben der deutsche Nationalcharakter und die Gesammtheit der geschichtlichen Voraussetzungen, der politischen und der Cultur-Zustände Deutschlands im 15. und 16. Jahrhundert, was die Reception möglich und nothwendig machte. Und bei näherer Prüfung erweist sich ja auch, daß die angebliche formelle Reception in Wahrheit vielfach eine materielle Assimilation war, d. h. daß nicht nur das ungelehrte Volk nach wie vor in seinem außergerichtlichen Rechtsleben in den deutschen Anschauungen, mit wenigen Ausnahmen, fortlebte, daß die Juristen selbst ihre deutschrechtliche Haut nicht abzustreifen vermochten und, ohne Wissen und Wollen, römische Institute wie patria potestas, peculium, dos, donatio propter nuptias u. a. in deutschrechtlichem Sinn auffaßten und darstellten. —

Wenn in dem nächsten Abschnitt (Gewohnheit und Herkommen §. 5, in welchem der Verf. ebenfalls ausführt, daß Uebung nicht Voraussetzung der Entstehung von Gewohnheitsrecht sein kann) mit Berufung auf Windscheid die „Macht der Thatsache, welche sich eine längere Zeit hindurch zu behaupten im Stande gewesen" hervorgehoben und im Anschluß an Stahl betont wird, daß das einmal geübte Recht eben dieser Uebung wegen Geltung habe, so sind doch Zeit und Uebung, diese realen Momente allein, nicht fähig, Recht zu gestalten; ein deutsches Rechtssprichwort drückt dies treffend aus:

„Hundert Jahre Unrecht ist keine Stunde Recht."

Nicht ein blos Thatsächliches, welches im Widerspruch gegen die Rechtsüberzeugung des fraglichen Lebenskreises, z. B. mit Gewalt, eine Zeit lang aufrecht erhalten wird, kann dadurch allein zum Rechte werden — vom Gebiet des öffentlichen Rechts, des internationalen und des Statrechts und den Fragen der Legitimirung revolutionärer Gewalten ist hier vorläufig abgesehen —: wenn z. B. im Mittelalter Raubritter längere Zeit auf der Strom- oder Land-Straße ziehenden Kaufleuten einen Zwangzoll abnehmen, so kann aus diesem vielleicht durch ein Menschenalter fortgesetzten Geschehen allein ein Recht nicht erwachsen.

„Die Rechtsüberzeugung erkennt allgemein jeder bestehenden Ordnung eben wegen dieses Bestehens Rechtsverbindlichkeit zu" S. 52 — ganz einverstanden: nur liegt in dieser Fassung in dem Wort „bestehende Ordnung" bereits das ideale Moment, in dessen Ermangelung eine Rechtsverbindlichkeit nicht zuerkannt wird: „beim Streit über ein Herkommen ... kommt es häufig vor, daß Parteien sowohl als Richter darüber gar nicht zweifelhaft sind, daß das Herkommen herrschen soll, vielmehr nur über den Inhalt dieses Herkommens sich in Ungewißheit befinden: das einmal geübte Recht soll auch ferner gelten und zwar nur deßhalb, weil es bislang so geübt worden, das ist den Interessenten unzweifelhaft. Ihre Rechtsüberzeugungen aber, die Rechtsanschauungen der übrigen Interessenten und die des Gerichts kommen gar nicht in Betracht" ... ganz richtig (vorausgesetzt, daß hier unter Herkommen nicht die Ersetzung des fehlenden Beweises rechtmäßiger Entstehung eines Zustandes durch unvordenkliche Zeit, d. h. die Präsumtion rechtmäßiger Entstehung von subjectiven Besitzrechten, sondern eine Art des objectiven Gewohnheitsrechts verstanden wird); aber was fortan geübt werden soll ist eben: „das Recht": nicht ein beliebiger, sondern der bisher als rechtsnothwendig anerkannte Modus soll fortan geübt werden. Und daß es auf die Rechtsüberzeugung der Betheiligten gar nicht ankömmt, ist nur dann richtig, wenn eben alle Betheiligten das bisherige Herkommen fort geübt wissen wollen; wenn sie die Rechtsüberzeugung hegen, daß der der bisherigen Gewohnheit unterliegende Rechtsgedanke vernunftnothwendigermaßen durch den entgegengesetzten verdrängt werden müsse, dann kömmt die Rechtsüberzeugung der Interessenten denn doch in Betracht. Und auch die Rechtsüberzeugung jener Interessenten ist maßgebend, unter welchen sich zuerst die fragliche Gepflogenheit entwickelt hat: vermag z. B. die Gemeinde, welche von der Pfarrkirche auf Grund des Herkommens für zehntpflichtig erklärt wird, darzuthun, daß die Entrichtung des Zehnten nur jure precario auf der frommen oder milbthätigen Gesinnung der Pfarrkinder, nicht auf einer anerkannten Rechtsnothwendigkeit beruhe, so hat diese „lange Zeit bestehende Ordnung" gleichwol „wegen der Rechtsüberzeugung der Betheiligten" nimmermehr den Charakter eines Gewohnheitsrechts zu gewinnen vermocht. S. 59 wird dann, in andrem Zusammenhang, eingeräumt, auch in den Fällen, wo neben einem bestehenden Herkommen die entsprechende Rechtsüberzeugung nicht nachgewiesen werden kann, weil eben überall keine vorhanden ist, (?) werde man doch annehmen dürfen, „daß das Herkommen bei seiner Entstehung dem Rechtsgefühl und dem Bedürfniß entsprach." Das ist eine nothwendige Ergänzung der S. 52 aufgestellten Sätze. Und die angeblich nicht vorhandene Rechtsüberzeugung der Betheiligten ist gleichwol in zweifachem Sinne vorhanden: sie war als opinio necessitatis thätig bei Bildung des Herkommens und sie ist noch „vorhanden", sofern dies Herkommen für verbindlich erachtet wird.

Da das Juristenrecht, sofern es nicht durch Gesetz in den Präjudicien mit verbindender Kraft ausgestattet ist, so lange es nur inneres theoretisches Recht ist, lediglich auf der wissenschaftlichen Ueberzeugung der Juristen beruht, versteht sich, daß der Richter von dem in der Doctrin herrschenden Satz abweichen muß, „wo er die positive Ueberzeugung der Irrigkeit desselben gewonnen hat" (S. 57); das Gleiche gilt auch von der bereits in einem einzelnen oder in mehreren Urtheilen niedergelegten Ansicht; mit Recht fügt der Verf. bei, überall wo dem Richter die Entscheidung z. B. einer Streitfrage, zweifelhaft erscheint, soll er sich, schon im Interesse der Stetigkeit der Rechtspflege der bisherigen Ansicht anfügen; denn allerdings, „in der überwiegenden Anzahl von Rechtsverhältnissen ist die Art der Regelung von überwiegend geringerer Bedeutung gegen das Factum, daß überhaupt eine feste Art der Regelung existirt (S. 58). So ist es z. B. für das ganze weite Gebiet des Handels viel wichtiger, daß eine einheitliche, allen Betheiligten im Voraus bekannte und daher ihren Speculationen mit Sicherheit zu Grunde zu legende Norm in Entscheidung einer bestrittenen Frage (durch einen obersten Gerichtshof z. B.) bestehe, als daß diese Entscheidung gerade unter den mehreren denkbaren die theoretisch richtigste sei.

Fährt aber der Verf. fort (S. 57): „Endlich auch da, wo das bisher Geübte mit dem Heiligenscheine des Wohlhergebrachten in der allgemeinen Anschauung umgeben worden ist, wird der Richter auch fernerhin die eigene Ansicht dem Herkommen unterordnen müssen und nur da wird er neue

Rechtsgrundsätze aufzustellen wagen, wo er sich überzeugt hat, daß es nicht nur seine subjective Anschauung von der Nützlichkeit einer Aenderung ist, die ihn drängt, sondern die Erkenntniß einer wahren Nothwendigkeit," so ist hiegegen doch mehrerlei einzuwenden. Es kommt vor Allem darauf an, ob das „Herkommen" äußeres Recht ist oder nicht: ist es Gewohnheitsrecht, so hat der Richter seine subjective Anschauung einfach diesem Rechtssatz unterzuordnen, auch wenn ihn „die Erkenntniß einer wahren Nothwendigkeit" zur Aenderung drängen sollte, denn er hat geltendes, ihm unvernünftig scheinendes Gewohnheitsrecht ganz ebenso anzuwenden wie geltendes ihm unvernünftig scheinendes Gesetzesrecht. Ist dagegen jener „Heiligenschein des Wohlhergebrachten" — es ist dringend nothwendig, dieses etwas nebelduftige Phänomen durch bestimmte Unterscheidung aufzulösen — eine nicht mit der opinio necessitatis ausgerüstete Ansicht, welche höchstens eine Gepflogenheit, eine Sitte, aber kein Recht zu erzeugen vermag, — dann darf und wird der Richter seine entgegenstehende Rechtsansicht nicht dadurch beirren lassen und mag jener Heiligenschein noch so viele Laien blenden; auf die „Nützlichkeit" freilich kömmt es dabei nicht an und gegenüber der Unterscheidung zwischen „subjectiver Anschauung" und „Erkenntniß einer wahren Nothwendigkeit" ist doch zu erinnern, daß die Entscheidung des Richters darüber, ob das Eine oder Andere vorliege, ja doch wieder eine „subjective Anschauung" ist.

Wir sind nach dem Obigen S. 399 ganz damit einverstanden, daß die Uebung den Rechtssatz nicht erzeugt (S. 60), sondern den entstandenen eben nur anwendet; doch ist das nicht so auszudrücken, daß die Uebung „einer unsichern und etwas unfaßbaren Quelle eine sichtbare und positiv gestaltend wirkende Quelle substituirt": die positive (richtiger wol: äußerliche) Gestaltung tritt hinzu, aber keineswegs wird nun die Uebung Quelle an der Stätte des Rechtssatzes.

Es drängt sich nun aber die Frage auf, aus welchem Grund, mit welchem Recht unterwerfen wir auch solche Personen dem fraglichen Rechtssatz, welche denselben nicht nur bisher nicht geübt haben, (hierauf beschränkt der Verf. S. 61 seine Erörterung) auch solche, welche dieser Norm widersprechen, welche sie, nachdem sie z. B. im Proceß ihre Anwendung zum ersten Mal als herrschend erfahren, nicht gelten lassen wollen?

Schwerlich wird man die Antwort des Verfassers völlig befriedigend und tief genug geschöpft finden: „weil in den Uebungshandlungen (auf diese kömmt es nicht an, denn ungeübte Ueberzeugung genügt) der Andern die geübte Norm als eine für die Gesammtheit des Kreises, dem auch er angehört, geltende geübt wird (was gibt den Andern das Recht, die Norm für die Gesammtheit, auch für den Widersprechenden, aufzustellen und zu üben?) und weil die so hervorgetretene Norm eben aus den bisher entwickelten Gründen den Bedürfnissen und Anschauungen aller Betheiligten „vermuthlich" (!) am besten entspricht und sonach bei der Regelung der Rechtsverhältnisse aller in gleicher Lage befindlichen Interessenten in erster Linie in Anwendung zu bringen ist."

Das kann offenbar nicht entscheidend sein: denn weßhalb die Ansicht z. B. von 12 Kaufleuten in einem zum ersten Mal praktisch auftauchenden Fall oder warum die bisherige Uebung die Vermuthung für sich haben solle, daß sie jedesmal die „besser entsprechende" d. h. die mehr rationelle, zweckbefriedigende sei als die von 6 andern oder als die neu sich geltend machende, ist nicht abzusehen.

Auch gibt es ja der unzweifelhaften Fälle sehr viele — jeder Rückblick auf die Rechtsgeschichte zeigt das — in welchen die Ansicht, welche wir für die schon damals berechtigte, für die mehr der Vernunft und den Bedürfnissen entsprechende erachten, lediglich in der Minderheit bestanden und noch lange Zeit unterdrückt wurde: Leibeigenschaft, Zunftzwang, Negation des Urheberrechts, des sogenannten Repräsentationsrechts im Gebiete des Erbrechts. Verweilen wir bei dem zuletzt genannten Beispiel: man weiß, wie langsam und mühevoll diesem Princip, zunächst in enger Beschränkung auf Sohnes-Söhne, im Recht des deutschen Mittelalters die Anerkennung errungen, ja buchstäblich erkämpft wurde; denn da sich die Ansichten und Gründe die Wage zu halten schienen, griff man zur Entscheidung sowol des Einzelfalls als des Princips zum Gottesurtheil des Zweikampfs, in welchem glücklicherweise der liebe Gott sich für die rationelle Ansicht entschied.

Man wird nun wohl nicht behaupten, daß erst vom Ausgang jenes Zweikampfs an die Repräsentation „den Bedürfnissen und Anschauungen aller Betheiligten am Besten entsprochen habe", wird vielmehr annehmen müssen, daß bis dahin eine irrationelle Ansicht, trotz des Widerspruchs der Minderzahl, herrschte. Dieser Herrschaft aber unterwarfen sich auch die Dissidenten nothwendig und von Rechtswegen; warum? Aus Vernunftnothwendigkeit. In Kraft und Namen der Vernunft verlangt man von jedem Menschen, der selbst ein Träger der Rechtsvernunft, Anerkennung für und Unterwerfung unter die Folgesätze des Rechts, welche mit zwingender Logik aus den anerkannten, gemeinsam gebildeten Obersätzen, auch den Widerstrebenden zur Annahme nöthigend, abgeleitet werden. Wer eine solche Rechts-Rechnung nicht gelten lassen will, dem ist so wenig zu helfen, wie Jenem, welcher das Zwingende einer Zahlen-Rechnung nicht einräumen will.

Aber die „Obersätze", die angeblich anerkannten, gemeinsam gebildeten, — wird man einwenden — sind eben häufig nicht anerkannt, nicht gemeinsam gebildet oder nicht mehr gemeinsam gebildet. Wird z. B. der Satz des älteren deutschen Rechts „der Todte erbt den Lebenden" oder der Ausschluß der Weiber von der Nachfolge in Liegenschaften von einer Minderheit des Volkes nicht mehr als vernünftig angesehen, entspricht es der Rechtsüberzeugung einer Menge von Rechtssubjecten nicht mehr, kraft welchen Rechts verlangen wir auch dann von den Dissentirenden Unterordnung ihrer theoretischen Ansichten, Verläugnung ihrer hierauf gestützten praktischen Ansprüche?

Antwort: Abermals aus Vernunftnothwendigkeit. Auch diese opponirende Minderheit muß anerkennen, daß die Verwirklichung von Recht und Stat, dieser unentbehrlichen, von der menschlichen Vernunft unabweislich geforderten Güter, nur durch die Unterordnung der Minderzahl unter die in gehöriger Form ausgeprägte Anschauung der Mehrzahl (oder der durch die Verfassung zur Normirung des Gesammtwillens berufenen Organe) geschehen kann: Rechtsordnung und Statsleben hören auf, wenn in jedem Divergenzfall die Minderzahl (oder die Statsangehörigen) sich an dem Beschluß der Mehrzahl (oder der Statsgewalt) kraft des angeblichen Rechts der gleichen souverainen Gewalt ihrer Vernunft nicht für gebunden erachten. Es ist das geringere Uebel auch für mich, muß sich der gute Statsbürger sagen, daß ich ein meiner besseren Einsicht widersprechendes Recht, ein ungerechtes Recht über mich ergehen lasse, als daß das Princip der Anarchie die Rechtsordnung auflöse. Hier gilt in der That politische und juristische Disciplin wie militairische: die höhere formell correcte Anordnung muß auch von dem anerkannt und vollzogen werden, der ihre Mangelhaftigkeit durchschaut und durch angemesseneren Entscheid ersetzen könnte.

Aber freilich diese Gehorsamspflicht gegenüber unvernünftigen Gesetzen und Gewohnheitsrechtssätzen hat ihre Schranken in den Grenzen von Recht und Stat selbst. Im Gebiet des Privatrechts sind die Nachtheile, welche ein verkehrter Rechtssatz im Gefolge führt, wohl fast nie so schwer und so acut wirkend, daß nur die Wahl zwischen seiner oder des Gemeinwesens Existenz übrigte. Bekanntlich aber geschieht es im Gebiet des Statsrechts, der öffentlichen und wirthschaftlichen Zustände nicht selten, daß eine veraltete Norm starr als formelles Recht festgehalten wird, während der veränderte Lebens-Inhalt des Volkes und der Zeit dringend eine Umgestaltung auch der alten Formen heischt; in solchen Fällen kann dann allerdings nur die Wahl zwischen Untergang des Stats und Volksthums oder der erstarrten Rechtsform übrig bleiben und es geschieht, daß sich die Rechtsanschauung der Mehrzahl (oder des Volkes) gegenüber dem von der Minderheit (oder der Regierung) aus selbstischen Motiven oder aus Verblendung festgehaltenen formellen Recht mit Gewalt, d. h. also mit Verletzung des bestehenden Rechts, aus werdendem, innerem Recht in gewordenes äußeres umsetzt.

Etwas spät (S. 64) richtet auch unser Verfasser den Blick auf die Möglichkeit, daß Inhalt und Form des Volkslebens sich nicht decken, d. h. das Recht nicht gleichen Schritt hält mit den Umgestaltungen des Volksthums in allen Zweigen von Cultur und Wirthschaft; er zieht dann auch, namentlich gegen Stahl sich wendend, die richtigen Folgerungen aus einer gesunden Grundanschauung; nur möchten wir in dem Satz: „die Anschauung einer früheren Generation sind sonach nicht geeignet, als Rechtsquelle für die Gegenwart zu dienen" einschieben: „nicht immer"; denn bekanntlich verändert sich, namentlich in einfachen, von äußeren Einflüssen abgeschlossenen Culturzuständen der Inhalt des Volksthums oft in Generationen sehr wenig, während es allerdings auch Perioden gibt, in welchen die Fortschritte der Cultur, die Zersetzung der bisherigen substanciell den Volksgeist beherrschenden Anschauungen so rasch voraneilen, daß die Rechtsproduction, welche, der Natur des Rechts entsprechend, langsam arbeiten muß, den rapiden und tief greifenden Veränderungen und den daraus folgenden Anforderungen nach Rechtsreform nicht zu folgen vermag: solche Phasen der Entwicklung haben die Athener nach dem ersten und zweiten Perserkrieg, die Römer nach dem zweiten punischen Krieg und der Unterwerfung von ganz Italien, die Germanen während des Uebertritts auf römisches Gebiet und fast alle europäischen Staten gegen Ende des Mittelalters und zu Anfang des 16. Jahrhunderts durchlebt. Kömmt nun hinzu, daß der Proceß der Rechtsumbildung bei einem solchen Volke gerade besonders schwerathmig und mit zähem Widerstreben vor sich geht, (wie er z. B. bei den Römern und Engländern aus Gründen des Nationalcharakters, der geschichtlichen Ueberlieferung, der Complicirtheit der gesetzgeberischen Organe und ihrer Function, endlich aus einer gewissen nationalen und historischen Angewöhnung sich gestaltet hat), dann kann es begegnen, daß eine schwer auszufüllende Distanz sich einschiebt zwischen dem außergewöhnlich rapiden Fortschritt des Volkslebens und der außergewöhnlich starren Retardation der Rechtsgestaltung. Freilich kann auch bei sehr beweglichem Temperament des Volksgeistes das noch Schlimmere eintreten, daß der fieberhaft erregte Puls des Volkslebens auch die Gesetzgebung ergreift und nun eine Ueberhastung der Rechtsproduction erfolgt, welche das Athen der Sophisten und das Frankreich der Jacobiner kennzeichnet.

In dem folgenden Abschnitt (S. 6) behandelt der Verfasser die Analogie; mit Recht bemerkt er, daß dieselbe einer gesunden Rechtsbetrachtung nur als eines der „mancherlei Bestimmungsmomente neben vielen andern" erscheinen wird, welche bei der Rechtserzeugung, auch bei der wissenschaftlichen Weiterbildung des Rechts thätig sind.

Nur möchten wir wiederholt vor der starken Betonung der „Natur der Sache" bei solchen Deductionen warnen; denn wir sahen schon, was im Einzelfall für „Natur der Sache" erklärt wird, ist doch immer nur die Spiegelung der objectiv gegebenen Verhältnisse und daraus folgenden Bedürfnisse in dem subjectiven Nationalcharakter, der freilich seinerseits wieder durch die objectiven Mächte der geschichtlichen Voraussetzungen determinirt wird. Auch die Unterscheidung zwischen Logik und Gerechtigkeit in der

Weiterbildung des Rechts durch Analogie wird in einer höheren Einheit aufgehen müssen: die Logik in der Rechtsbildung darf nicht ungerecht, aber die Gerechtigkeit darf auch wahrlich nicht unlogisch sein.

Aufrichtig gesprochen: die „Gerechtigkeit" hat mit der Jurisprudenz viel weniger zu thun, als die Laien und manche wohlwollende Juristen anzunehmen pflegen. Denn die Gerechtigkeitsliebe, jene moralische Gesinnung, welche z. B. für sich nicht mehr als gebührt in Anspruch nimmt an Vortheilen und Gütern (die δικαιοσύνη im Gegensatz zur πλεονεξία, d. h. jener Gesinnung, welche stets profitiren, stets mehr als begründet ist, in Anspruch nehmen will) ist zwar auch im Rechtsleben nicht ohne Einfluß: sowol was die Forderungen und die Gegenforderungen der Parteien, als was die Würdigung durch den Richter anlangt, ist die aequitas vielfach von Bedeutung.

Aber nicht nur ist dies in der Gesammtheit des Rechtslebens doch nur ein sehr verschwindendes Moment, — es fehlt auch nicht an Fällen, in welchen, in directem Widerspruch mit jener sogenannten Gerechtigkeit, das Recht Ergebnisse producirt, welche die aequitas verletzen, welche daher dem Laienverstand geradezu als schreiendes Unrecht erscheinen. Und doch sind sie Recht, wenn auch vielleicht nicht gerecht; denn die Aufgabe der Rechtspflege ist nicht, wie man salbungsvoll zu moralisiren pflegt, die Realisirung der Idee der Gerechtigkeit, sondern der Idee des Rechts. Diese sind aber keineswegs identisch: auch subordinirt sind sie einander nicht, so daß das Recht lediglich äußeres Mittel zum Zweck der inneren Tugend der Gerechtigkeit wäre; sondern das Recht ist Selbstzweck, genauer: ist Befriedigung eines eigenartigen Bedürfnisses der menschlichen Vernunft: und wie unter Umständen Conflicte zwischen dem Recht und andern moralischen Tugenden (z. B. der Wohlthätigkeit) entstehen können, so kann es auch Conflicte geben zwischen Recht und Gerechtigkeit; wenn z. B. im Wechselproceß wegen des abstracten und formalen Charakters der Scriptur-Obligation die Verurtheilung des Acceptanten erfolgt und dessen aus der „Gerechtigkeit" geschöpfte Einreden, die sich etwa auf Widerruf des Trassanten oder auf mangelnde Deckung stützen, abgewiesen werden, so scheint diese Consequenz des formellen Rechts eine Verletzung der moralischen Gerechtigkeit.

Aber die menschliche Vernunft, welche das Recht producirt, arbeitet auf diesem Gebiet mit einer eigenartigen Logik: sie hat erkannt, daß bei der vernunftgemäßen Friedensordnung der äußeren Beziehungen der Menschen untereinander und zu den Sachen jenes Moment, welches man als Gerechtigkeit, Billigkeit, moralische Gesinnung zu beschreiben mehr als zu definiren pflegt, zwar auch ein Factor, aber eben nur ein Factor unter vielen ist; daß die Zweckdienlichkeit, die Rücksicht auf die Verkehrsbedürfnisse, die Logik der Rechtsconstruktion unter Umständen die Ansprüche jener Gerechtigkeit überwiegen müssen. Ein Beispiel von großer Tragweite gewährt die Behandlung des Rechtsirrthums: es ist eine Fiction, die jedes Referendarien- und Aßessor-Examen widerlegt, daß heutzutage jeder volljährige Statsangehörige das Recht kenne oder auch nur zu kennen vermöge; es wäre also ein Postulat der „Gerechtigkeit", gegen jeden aus Rechtsirrthum erlittenen Nachtheil Wiedereinsetzung zu gewähren: und doch kann solche Anforderung unmöglich erfüllt werden. Wenn daher der Verfasser (S. 69) verlangt, daß die Rechtspflege nicht bloß die Logik der Rechtsconstruction, sondern auch andere Factoren, die „materielle Gerechtigkeit" berücksichtige, so möchten wir als „materiell gerecht" eben jene Entscheidung bezeichnen, welche alle in Frage kommenden Momente, in gebührender Abwägung ihrer Bedeutung, würdigt.

Nicht ganz klar ist uns geworden, was dem Verfasser bei dem Satze S. 70 vorschwebte:

„niemals aber darf die Wissenschaft sich erkühnen wollen, den aus der Natur der Sache gefundenen, mit den bestehenden Rechtssätzen nicht in Widerspruch tretenden neuen Rechtssätzen nur deßhalb den Zutritt zu wehren, weil sie aus logischen Gründen nicht in ihr System passen."

Wenn man z. B. der Ansicht ist, die neuen Rechtssätze, welche aus der Natur der Inhaberpapiere sich ergeben, treten nicht in Widerspruch mit den bestehenden Rechtssätzen, wie soll dann die Wissenschaft überhaupt in Versuchung gerathen, ihnen den Zutritt zu wehren, „weil sie aus logischen Gründen nicht in ihr System passen?" Stimmen sie mit den „bestehenden," also in das System passenden, Rechtssätzen überein, so müssen sie, wie diese, in das System passen.

Wie aber — diese Frage verdient allerdings ernstere Erwägung — wenn die neuen, aus der Natur der Sache gefundenen Rechtssätze mit den bisher bestehenden allerdings in Widerspruch treten? Wer soll dann nachgeben, das Recht oder der Verkehr, die Wissenschaft oder das Leben? In solcher Fassung ist die Frage unrichtig gestellt und daher, so gestellt, unlösbar; denn weder kann das Bedürfniß des Lebens sich einer Theorie opfern, noch darf die Wissenschaft die Logik verleugnen.

Es handelt sich aber gar nicht um den Gegensatz von Wissenschaft und Leben oder Recht und Bedürfniß, sondern es handelt sich um neu gebildetes Recht, das von der Wissenschaft als solches erkannt werden muß, unter Aufhebung oder Umgestaltung des bisherigen Rechts und seiner Theorie.

Wenn z. B. im Gebiet des Handelsrechts das Princip der freien Stellvertretung, der Übertragbarkeit nicht bloß der actio, vielmehr der obligatio selbst, der Singularsuccession in Obligationen, der Verkörperung einer Forderung in einem Werthpapier, der Begründung von Schulden an unbekannte Gläubiger auftaucht und zahlreiche Rechtsbildungen treibt, so liegt nicht ein Conflict von Recht und Leben oder von Wissenschaft und Verkehrsbedürfniß vor, sondern vielmehr das von der Wissenschaft zu lösende Problem, eine neue Rechtsbildung anzuerkennen und theoretisch zu würdigen.

Aber freilich, dies setzt voraus, daß man nicht an die alleinseligmachende Unfehlbarkeit der römischen Rechtslehre glaubt.

Ich kann mir nicht versagen, die vortrefflichen Bemerkungen Stobbe's[*]) hierüber anzuführen: „Man darf nicht, weil etwas nach römischem Recht unmöglich ist, es überhaupt für unmöglich erklären (diese vornehme Behandlung praktischer Justitute ist noch nicht ganz verschwunden; so sagt z. B. Lenz, Recht des Besitzes 1860, S. 59: die Ordre- und Inhaber-Papiere „lassen sich in der That nicht unter die Normen des römischen Rechts subsumiren und sind deßhalb überhaupt nicht juristisch zu construiren!"); denn die römische Art, die Dinge anzusehen, ist nicht die einzig denkbare und was nach römischem Recht unmöglich ist, kann in einem andern Recht nicht bloß möglich, sondern auch vernünftig und zweckmäßig sein."

Tiefere rechtsphilosophische Auffassung erkennt, daß es ein vernunftwidriges Recht (an sich) überall nicht geben

---

[*]) Handbuch des deutschen Privatrechts I. S. 83.

kann; wenn irgendwo, so gilt auf dem Rechtsgebiet der Satz: „Alles was ist, ist vernünftig," d. h. es ist zur Zeit seiner Entstehung jedes Rechtsgebilde mit Nothwendigkeit als ein Vernunftpostulat seiner Bildner geschaffen worden; mag ein solches Gebilde unter veränderten Lebensbedingungen nicht mehr zweckmäßig oder mag es unserer anders angelegten Art von Anfang als vernunftwidrig erscheinen —: es war bei seiner Entstehung ein Versuch, die Rechtsidee in diesem Kreise von Rechtsgenossen zu befriedigen, wie z. B. auch ein verunglücktes Kunstwerk, eine ganze Stil- oder Geschmacksrichtung, welche wir verwerfen, immerhin ein Versuch bleibt, die Idee des Schönen zu verwirklichen. Hat nun gegenüber abgestorbenen Rechtsbildungen die Wissenschaft als geschichtliche Rechtsbetrachtung die Aufgabe, den zu Grunde liegenden Rechtsgedanken, das von der Rechtsvernunft dabei Gewollte zu ermitteln, so hat sie gegenüber den Neubildungen des Rechts, welche der Verkehr erzeugt, die entsprechende Aufgabe als dogmatische construirende Rechtsbetrachtung den hier verwirklichten Rechtsgedanken an sich zu erschließen und die Folgerungen zu ziehen, unbekümmert darum, ob dieses Institut mit den Grundsätzen anderer (älterer oder fremder) Rechtsbildungen übereinstimme oder nicht. Wesentlich ist nur die innere Logik jeder Neubildung des Rechts für sich. Wenn sich z. B. schon im mittelalterlichen Handelsrecht von den römischen Sätzen abweichende Anschauungen entwickelt haben, hätte man diese Gestaltungen weil „unconstruirbar" unterdrücken sollen? oder ist es ein unerträglicher Zustand, daß z. B. für Stellvertretung, für Zinsrecht in Handelsgeschäften in der That gerade das Gegentheil von den vom römischen Recht aufgestellten Normen galt und gilt? Oder beruhigt sich nicht vielmehr die Rechtsvernunft über diesen Widerspruch vollständig mit der Erkenntniß, daß es ein absolutes Recht nicht gibt, daß für jede der widerstreitenden Anschauungen vernünftige, in dem Nationalgeist und den jeweiligen Culturvoraussetzungen wurzelnde Gründe sprechen und daß es eben als Folge unserer reichgemischten Culturzustände hinzunehmen ist, daß wir für Civilrecht und Handelsrecht in diesen Fragen widerstreitende Rechtsnormen haben. Nicht einmal einen kranken Rechtszustand kann man darin erblicken, man müßte denn die gesammte Entwicklung unseres Rechts in ihrer Combinirung verschiedener nationaler

Rechtsstoffe eine kränkhafte nennen, was doch eine arge Verkennung des dadurch gewonnenen Reichthums und der dadurch getragenen Feinbildung unseres Rechts wäre. Freilich ist es höchst lehrreich, zu verfolgen, wie die freieren modernen Grundsätze — man kann durchaus nicht sagen, daß sie gerade nur deutsche Anschauungen seien: es sind die Auffassungen des gemein europäischen Handelsverkehrs schon mit dem Aufblühen des italienischen Handels im spätern Mittelalter —, welche in Beseitigung der ängstlichen römischen Cautelen (Zinsbeschränkung, lex Anastasiana, exceptio und querela non numeratae pecuniae; Verbot der lex commissoria, Beschränkung der Conventionalstrafe ꝛc.) sich zunächst nur für das Gebiet der Handelsgeschäfte Anerkennung erkämpft hatten, in unsern Tagen einer nach dem andern durch die Partikular-Gesetzgebung aus dem Handelsrecht in das gemeine Civilrecht herüber getragen werden.

Aber nicht nur, weil das gemeine römische Recht volksfremd ist, kann es geschehen, daß moderne Rechtsbildungen, unverträglich mit dem „System" der bestehenden Rechtslehre erwachsen, — die Geschichte verfährt auch innerhalb der rein nationalen Rechtsgestaltung nicht mit der säuberlichen Gleichförmigkeit theoretischer Constructionen; oder zeigt nicht jeder Blick in die Geschichte unseres öffentlichen Rechts, daß Reste mittelalterlicher Institutionen erhalten geblieben sind in unverträglichem Widerspruch mit den sie umgebenden Einrichtungen des modernen Rechtsstats? ja zeigt nicht auch die Geschichte des römischen Civilrechts ein Nebeneinander starr festgehaltener Grundsätze des alten jus civile und darüber hinaus gewachsener Normen des prätorischen Rechts und des jus gentium?

Der Rechtszustand eines Volkes bei reicher entwickelter Cultur weist Manchfaltigkeit, ja Widersprüche der Rechtsbildungen deßhalb auf, weil im Volksgeist selbst und seinen Lebenserscheinungen und Bedürfnissen solche Manchfaltigkeit, ja Widersprüche bei einer gesteigerten und complicirten Civilisation unvermeidlich sind.

So gefiel sich das deutsche Mittelalter in einer sehr weit getriebenen Manchfaltigkeit der Rechtsbildung nach Geburts- und Berufsständen, wobei es die Unterschiede gern zum Gegensatz, den Gegensatz zum ausgesprochenen Widerspruch antithetisch zu steigern liebte; oder es stellte auch je nach objectiven Sachunterscheidungen widerstreitende Grundsätze geflissentlich nebeneinander: z. B. errungenes und ererbtes Gut; ja es behandelte die gleiche Sache nach verschiedenen Grundsätzen, je nach Verschiedenheit der betheiligten Rechtssubjecte: so wenn ein bekanntes Weisthum Häuser als Liegenschaften bezüglich des Einspruchrechts der Erben, als Fahrniß gegenüber dem Veräußerungsverbot der Herrschaft behandelt.

Das Leben erzeugt gleichzeitig Rechtsbildungen mit widerstreitenden Principien; Aufgabe der Wissenschaft kann es nur sein, das Princip jedes Instituts zu erforschen und consequent durchzuführen — auch hier kann ihr „die utilitas ein Halt zurufen" (Jhering) — nicht aber den Widerstreit der Principien zu ignoriren oder die neuen Erscheinungen um ihres Widerspruches willen gegen die bestehenden Rechtssätze nicht anzuerkennen.

In dem letzten Abschnitt (§ 7) bespricht der Verfasser das Verhältniß des Gesetzes zu den übrigen Rechtsquellen; er gelangt hier zu dem Ergebniß der „Superiorität" des Gesetzesrechts über diese andern Rechtsquellen, namentlich über das Gewohnheitsrecht; danach soll das Gewohnheitsrecht dem Gesetzesrecht nicht derogiren können. Diese dem Gewohnheitsrecht abgünstige Anschauung, welche bekanntlich die großen Codificationen in Preußen und Oesterreich beherrscht (die in einer Periode tiefster Verkennung des volksthümlichen Erwachsens alles Rechts entstanden waren), auch in das sächsische bürgerliche Gesetzbuch und leider auch in das deutsche Handelsgesetzbuch eingedrungen ist, wird von dem Verfasser mit Eifer wieder vertheidigt. Er bemerkt mit Recht, daß er die Puchta-Savigny'sche Begründung der Gleichberechtigung des Gewohnheitsrechts mit deren Auffassung des Gesetzes als fingirter Rechtsüberzeugung, welche der wirklichen des Gewohnheitsrechts zu weichen habe, bereits beseitigt habe.

Aber im Verlauf der Darstellung muß dann der Verfasser doch Zugeständnisse machen, welche im thatsächlichen Ergebniß die angebliche Superiorität in der entscheidenden Frage beseitigen: auf „rechtmäßigem Wege" soll ein Gewohnheitsrecht ein entgegen stehendes Gesetzesrecht nie beseitigen können, „erst die Zeit ziehe den Schleier über den illegalen Vorgang" — der aber eben doch, und zwar mit Rechtswirkung, vorgegangen ist. Die eigenen Ausführungen des Verfassers S. 77 erläutern dann, wie thatsächlich solche

Abänderung von Gesetzesrecht durch Gewohnheitsrecht materielles Recht sein kann, obzwar mit Verletzung positiven Rechts.

Darin aber liegt das Wesentliche. Der Verfasser kann nicht bestreiten, daß bestehende Gesetze durch desuetudo aufgehoben werden; und doch ist die Nichtanwendung des Gesetzes in einem Fall, da es angewendet werden will, nicht minder eine Verletzung des formellen Rechts als die Anwendung eines entgegengesetzten Grundsatzes; in dieser liegt nur immer auch die Nichtanwendung des gesetzlichen. Selbstverständlich bedarf es auch für Ausbildung eines dem Gesetz derogirenden Gewohnheitsrechts „der Zeit", d. h. der wiederholten Uebung — sonst gebricht es dem herrschenden Rechtszustand gegenüber an einer erkennbaren Aenderung —: aber es ist nicht abzusehen, weßhalb bei dieser Art von Gewohnheitsrechtsbildung die heiligende Wirkung der Zeit eine andere Bedeutung als sonst, ja die allein entscheidende haben soll; das ideale Moment, die opinio necessitatis, ist auch in diesem Falle wahrlich nicht Nebensache.

Allerdings, ein revolutionärer Vorgang im weiteren Sinne ist es, wenn der Statswille, der im Gesetz geäußert ist und fort gelten will, bis er durch Gesetz aufgehoben wird — „hac lege in perpetuum valitura sancimus" — nicht durch Gesetz, sondern vorher durch Nichtbefolgung, durch Ausbildung entgegenstehender Rechtsüberzeugung aufgehoben wird. Aber ist es denn, nach so vielen Erfahrungen, vernünftig, kann dem Gesetzgeber die Einbildung imputirt werden, er könne unvergängliche, der ändernden Gewohnheit entrückte Normen aufstellen? Der Gesetzgeber soll wissen (und soll nichts Anderes wollen) und das muß als seine Anschauung und Absicht vermuthet werden, daß seine Producte dem Wandel der menschlichen Dinge nach hergebrachter Umgestaltungsart unterliegen, daß also, wie ein änderndes Gesetz, Nichtanwendung oder Ausbildung entgegenstehender Rechtsüberzeugung sie ändern kann. In solcher Voraussetzung liegt in der Aenderung auch formell nichts Illegales.

Wie aber, wenn ausdrücklich der Gesetzgeber die ändernde Kraft des Gewohnheitsrechts ausgeschlossen hat?

Mit Grund verlangt der Verfasser, daß eine consequente Anschauung auch einem solchen Verbot gegenüber die ändernde Kraft des Gewohnheitsrechts aufrecht erhalte.

Und wir stehen nicht an, diese Consequenz zu ziehen.

Der Gesetzgeber hat in jenem Fall etwas Unmögliches geboten, etwas Nothwendiges verboten: er hat die Rechtsvernunft zum Stillestehen verurtheilt und sie in Nothstand versetzt. Freilich, es mag viele Sätze des deutschen Handelsgesetzbuchs geben, gegen welche niemals eine ändernde opinio necessitatis mit entsprechender Uebung auftritt. Tritt aber eine solche, in äußerlichen Anwendungen bereits erschienen, hervor, so ist die Rechtsänderung bereits eingetreten und es hilft nicht, daß man sie eine illegale schilt; auch die „heiligende Macht der Zeit" ist bei diesem allerdings das formelle Recht durchbrechenden revolutionären Vorgang so wenig wesentlich wie bei der Legitimation von statsrechtlichen Revolutionen; denn man muß fragen, wie groß muß die Spanne Zeit sein, auf daß sie „heiligend" wirke?

Es wird also in solchen Fällen „durch Fortsetzung illegaler Handlungen" — Nichtanwendung eines Gesetzes — allerdings ein Rechtssatz beseitigt, mag auch „dieser Weg kein legaler sein", — das Recht wird eben nicht nur auf legalem, es wird nöthigenfalls auch auf illegalem Wege weiter gebildet.

Im Privatrecht handelt es sich allerdings nicht so leicht um Lebensfragen für das ganze Volk oder den Stat, welche vor die Wahl stellen zwischen gewaltsamem Bruch des formellen Rechts oder Untergang; es kömmt hier nicht so leicht zu acuten Krisen; dafür sind die Fälle desto häufiger, in welchen die Gewohnheit die Versäumniß des Gesetzgebers gut macht, veraltete oder von vornherein verfehlte Gesetze zu ändern. Dies geschieht unbefangen, wenn das Gesetz das ändernde Gewohnheitsrecht nicht ausdrücklich ausschloß; beging das Gesetz den Fehler dieses Gebots, so sucht sich die Praxis entweder durch Hinweginterpretation des Veralteten, also unter dem Schein der Aufrechthaltung des Gesetzes, zu helfen — eine Erscheinung, welche mehr juristische Finesse als politische Gesundheit voraussetzt.

Oder: es richtet sich die opinio necessitatis gegen jenes gesetzliche Verbot des Gewohnheitsrechts selbst: es wird herrschende Rechtsüberzeugung, daß jenes Verbot übertreten werden müsse, und nach dieser präjudiciellen Entscheidung tritt das junge Gewohnheitsrecht bei der ersten praktischen Anwendung bereits ausgewachsen und zum Siege gerüstet hervor wie Athene aus dem Haupt des Zeus.

Der Kampf für das Recht.[1)]

Wenn ein Mann wie Ihering einen fruchtbaren Gedanken mit Eifer ergreift und mit warmer Liebe ausführt, so wird seine geistvolle Behandlungsweise jedesfalls nach vielen Richtungen hin anregend — ja, man könnte bei seiner intensiven Auffassung und lebhaften Darstellung auch sagen: aufregend — wirken und die Wissenschaft fördern in mancherlei Weise.

Das ist denn auch durch diese Schrift in hohem Maße geschehen, welche durch Urheberschaft, Gegenstand und Form hohes Interesse gewann. Bei dankbarer Anerkennung des Vorzüglichen in der kleinen Abhandlung wird man aber auch die Puncte hervorheben müssen, in welchen ein an sich richtiges, zumal ethisch und volkspädagogisch wichtiges Princip zu weit ins Extrem geführt, ein ethischer Rath zu einer juristischen Vorschrift gesteigert und im heiligen Eifer etwas siebenmeilenstiefelig zu weit gegangen scheint.

Der richtige Grundgedanke der Schrift ist: „Die Wahrung und Geltendmachung auch der Privatrechte kann sittliche Pflicht, das Preisgeben derselben, um sich die Unannehmlichkeiten eines Rechtsstreites zu ersparen, kann unsittliche Charakterschwäche sein."

Dieser Gedanke wird nun in einer glänzenden, geistsprühenden und sehr lebhaften Sprache ausgeführt: nach allen Seiten werden von diesem Centrum aus Radien gezogen und auf die politische, die Rechts- und Culturgeschichte treffende Blicke geworfen.

Die Untersuchung geht aus vom Recht als einem „Zweckbegriff", der den Gegensatz von Zweck und Mittel in sich schließe, daher jede Definition eines Rechtsinstitutes, z. B. des Eigenthums, der Obligation nothwendig zweispaltig sei: „sie gibt den Zweck an, dem dasselbe dient, und zugleich das Mittel, wie er zu verfolgen ist."

[1)] Ihering, Rudolf von, k. k. österreichischer Hofrath und Professor an der Universität Wien (jetzt Göttingen). Der Kampf um's Recht. Wien. Verlag der G. J. Manz'schen Buchhandlung. VI, 100 S.

Diese Auffassung betrachtet von den beiden Wurzeln, aus welchen der Rechtstrieb das Recht im menschlichen Geistesleben entwickelt, nur die Eine, die reale: des praktischen, äußeren, wirthschaftlichen Bedürfnisses; nur in diesem Sinne kann man das Recht einem fremden, außer ihm liegenden Zwecke dienend nennen.

Aber das Recht erwächst daneben auch aus einer idealen Wurzel: aus dem theoretischen Bedürfniß der menschlichen Vernunft, die äußeren Beziehungen einer Menschengenossenschaft unter einander und zu der Sachenwelt nicht irgendwie, sondern vernunftgemäß geordnet zu wissen; das Recht ist ein nothwendiges Gut, nicht ein nothwendiges Uebel; es ist ein unerläßliches Postulat der Menschenvernunft, welche eine vernünftige Friedensordnung jener äußeren Beziehungen fordert, nicht sich bei jeder beliebigen Ordnung, welche etwa nur den Streit ausschließt und das „Unrecht" negirt, beruhigt.

In diesem Sinne ist das Recht Selbstzweck wie die Kunst, die Religion, die Moral: der specifische Rechtstrieb muß aus innerer Nothwendigkeit die der menschlichen Vernunft eigenthümliche Rechtsidee verwirklichen, mag immerhin den äußerlichen Anstoß hiezu das praktische Bedürfniß gegeben haben.

Nicht zuzugeben ist daher der Satz: „das Recht ist kein logischer, sondern ein Kraftbegriff;" vielmehr ist allerdings „das Recht", d. h. dieses ganze Product des Menschengeistes, ein Product, ein Begriff der Vernunft; ebenso sind die einzelnen Rechtsbegriffe durch die Vernunft dem jeweiligen Rechtsideal einer Nation und Zeit angepaßte Begriffe, also in diesem Sinne allerdings logische. Soviel vom Recht im objectiven Sinne; das Recht im subjectiven Sinne (d. h. die Befugniß) aber ist auch nicht ein bloßer „Kraftbegriff": ein Kraftbegriff ist z. B. auch die vom Räuber geübte Gewalt, ein Kraftbegriff ist die Uebermacht des deutschen Einheitsgedankens über den Particularismus, und doch sind beide kein Recht; die Befugniß aber, welche ich z. B. als Eigenthümer habe, den Besitzstörer durch Selbsthilfe oder richterliche Hülfe abzuwehren, dieser „Kraftbegriff" stützt sich auf den logischen Begriff des Eigenthums, des Besitzrechtes, der Selbsthilfe, der Klage. Endlich aber bleibt das Recht als logischer Begriff auch dann bestehen, wenn es wegen Uebermacht des Gegners, verweigerter Rechtshilfe nicht geltend gemacht werden kann, also ein „Kraftbegriff" — ein nicht eben sehr bestimmter Gedanke — im gegebenen Falle nicht ist.

Der Gegensatz des Rechtes ist freilich das „Unrecht"; aber dieses Unrecht ist keineswegs immer bewußter „Angriff auf das Recht", mit offener Gewalt oder arglistiger Umgehung, es ist in ungleich häufigeren Fällen „unbefangenes Unrecht", d. h. fahrlässige Verletzung in gutem Glauben oder Irrthum: eben Unvernunft gegenüber der im Recht erscheinenden Vernunft.

Wäre einem Manne wie Jhering gegenüber ein solches Bedenken erlaubt, fast möchten wir bezweifeln, ob der Verfasser im Eifer seiner rhetorischen Argumentationen immer zwischen dem objectiven Recht in seinem Entwicklungs- und Gestaltungs-Prozeß und subjectiven Rechten scharf genug unterschieden habe.

Sätze wie die folgenden: „Alles in der Welt ist erstritten worden, jeder „Rechtssatz, der da gilt, hat erst denen, die sich ihm widersetzten, abgerungen werden müssen," sind in solcher Allgemeinheit von dem Recht im objectiven Sinn verstanden gewiß nicht richtig; häufig waren solche, welche „sich der Bildung eines Rechtssatzes widersetzten," und „denen er erst abgerungen werden mußte," gar nicht vorhanden, weil Niemand in der fraglichen Genossenschaft ein Interesse daran hatte, daß der neu auftauchende Rechtssatz nicht entstehen solle. Wenn sich z. B. in ziemlich früher Vorcultur bei vielen Stämmen, ohne Entlehnung und ohne Urgemeinschaft, der Rechtssatz ausbildete, daß bei dem Tode eines Menschen dessen Nachlaß nicht der Aneignung preisgegeben, sondern den nächsten Familiengliedern zufallen solle, wenn also das Familienerbrecht allmählig ausgebildet wird, so sind die unbestimmten Vielen, welche möglicherweise ein Interesse an der freien Aneignung gehabt haben konnten, so unbestimmt und das Vernunftgemäße des neuen Rechtssatzes ist so einleuchtend, daß solche, „denen er erst abzuringen wäre," gewiß nicht vorhanden waren. Aber freilich, wenn durch Aenderung des bisherigen Erbrechtes das ausschließende oder überwiegende Recht gewisser Kategorien von Verwandten (z. B. Agnaten oder Schwertmagen oder Mannsstamm) beseitigt oder wenn z. B. neben das bisher ausschließlich geltende Familienerbrecht die freie letztwillige Verfügung gestellt werden soll, dann wird der neue

Rechtssatz „denen erst abgerungen werden müssen, welche sich ihm widersetzen;" nur dann also, wenn die Aenderung, die Entwicklung des objectiven Rechtes bestehende subjective Rechte oder Interessen verletzt, erfolgt die Neubildung nicht ohne Kampf; das ist aber der Natur der Sache nach keineswegs immer der Fall.

Es ist also ein unbegründeter Vorwurf, der der historischen Schule gemacht wird, sie wisse von einem solchen Kampf nichts zu erzählen und lasse alle Rechtsbildung so mühelos vor sich gehen wie etwa die Entwickelung der Sprache. Und ist etwa die Entwickelung der Sprache mühelos vollzogen?

Die historische Schule lehrt vielmehr, daß, wo in dem Nationalcharakter und den geschichtlichen Voraussetzungen Gegensätze stammthümlicher, ständischer, socialer, wirthschaftlicher, culturgeschichtlicher Art gegeben sind, diese auch bei der Fortbildung des Rechtes in heftigen Kämpfen, in hitzigem Begehren des Neuen und hartnäckigem Festhalten des Alten sich äußern werden. Als im Jahre 1848 die absolutistische und die liberale Partei in acuten Kampf traten, wurde auch die Fortbildung der Gerichtsverfassung im Sinne der Geschwornengerichte nur nach heißem Kampfe errungen, heute ist aus politischen Gründen der Streit über Geschworne oder Schöffen lebhaft entbrannt; aber nothwendig in allen Fällen zur Genesis eines neuen Rechtssatzes gehörig ist solche Schwergeburt keineswegs. Die Ueberordnung des Mannes über das Weib in der Ehe, des Vaters über das Hauskind ist wohl in der Abstufung der Rechte, aber gewiß nicht im Princip jemals Gegenstand eines solchen „Kampfes um's Recht" gewesen, weil unabweisbar in der Natur begründet; oft fällt doch auch ein neuer Rechtssatz wie die voll gereifte Frucht, „von der eigenen Fülle schwer", von selbst vom Lebensbaum des Volkes[1]).

Nicht richtig ist es ferner, daß nur das Gesetz der Rechtsbildung neue Bahnen vorzeichnen, die Dämme niederreißen könne, die dem Strom verwehren, die neue Richtung einzuschlagen. Das Bild von dem Niederreißen der Dämme konnte den Verfasser erinnern, daß keineswegs immer das Gesetz, sondern viel häufiger der gewaltsame Gesetzesbruch

---

[1]) Ihering's Zugeständnisse S. 13 stehen mit seinen Sätzen S. 8 in Widerspruch, auch S. 15 setzt den Widerstand „bedrohter Interessen" voraus.

es ist, welcher bei hartnäckigem Aufrechthalten verrotteter Dämme dem Strome neue Bahnen schafft. Die Verfassungsgeschichte vieler Völker, der Kampf der Stände mancher Zeiten zeigt uns dies. Aber auch für das Gebiet des Privatrechtes ist es nicht richtig, daß „Verkehr" und „Wissenschaft" ohnmächtig seien, der Bewegung neue Bahnen zu öffnen, — nur innerhalb der vorhandenen sollen jene beiden Factoren des Gewohnheitsrechtes die Bewegung reguliren können — daß alle eingreifenden Reformen des Processes und des materiellen Rechtes „auf Gesetze zurückweisen."

Mag zum Theil bezüglich des Processes, schon wegen des engen Zusammenhanges des gerichtlichen Verfahrens mit der dem öffentlichen Rechte angehörigen Gerichtsorganisation, der Satz richtig sein —: es fehlt doch auch auf diesem Gebiete nicht an sehr bedeutenden Reformen, welche nicht das Gesetz, sondern das Gewohnheitsrecht geschaffen hat. Wenn bei den germanischen Völkern des IV. bis VI. Jahrhunderts Unschuldseid, Eidhelfer, Zweikampf, Gottesurtheil durch die materiellen Beweismittel des römischen und geistlichen Processes verdrängt wurden, so geschah dies auf dem Wege des Gewohnheitsrechtes und nur spät und vereinzelt hat die Gesetzgebung das so Erwachsene codifizirt und detaillirt.

Was aber das materielle Recht anlangt, so möchten wir Freund Jhering doch fragen, durch welches „Gesetz" das Handelsrecht als Sonderrecht der Kaufleute gegenüber dem römischen Recht und den germanischen Volksrechten seit dem Anfange des Mittelalters geschaffen worden ist? Ferner: Gibt es eine eingreifendere „Reform des materiellen Rechtes" in der ganzen Geschichte des „materiellen" Privatrechtes in Deutschland als die Reception des römischen Rechtes? und ist diese „neue Richtung" durch „Gesetz" eingeschlagen worden und nicht vielmehr grade durch die „Wissenschaft", d. h. das Gewohnheitsrecht? Endlich: die allmähliche Wiederausscheidung der nicht assimilirbaren Bestandtheile des fremden Rechtes aus unserem nationalen Rechtsleben, deren wir uns nunmehr seit etwa drei Menschenaltern erfreuen, diese neueste Reform des materiellen Rechtes, ist sie durch Gesetz oder nicht vielmehr ebenfalls durch „Verkehr" und „Wissenschaft" getragen?

Es will uns scheinen, als ob der hochverehrte Verfasser bei Aufstellung solcher zu allgemein gefaßten Sätze unwillkürlich von den ihm am meisten gegenwärtigen Entwicklungen des römischen Rechtes allein ausgegangen sei.[*]

Jhering sieht in seinem Eifer oft nur die gerade in Einer Richtung liegenden Erscheinungen: die „andere Seite der Sache" übersieht er oft genug.

So geistvoll ferner die Auffassung und so schwungvoll die Sprache bei Darstellung des „Conflictsfalles der Rechtsidee mit sich selber", —: wir vermissen doch hier eine Erklärung der Möglichkeit solcher Conflicte.

Die historische Schule, zwar nicht in der unphilosophischen Gestalt, welche ihr großer Begründer ihr gegeben, sondern in der Fortbildung, welche sie in der Durchdringung mit der deutschen Speculation erfahren, vermag jene Collisionen zu erklären; aber freilich nicht als „Conflict der Rechtsidee mit sich selber" — was in der That schwer zu denken ist! —, sondern theils als Conflicte einer älteren, zähe festgehaltenen Rechtsbildung und einer neu sich empor ringenden Rechtsanschauung, also als Conflicte der in der Zeit wechselnden Erscheinungen der Rechtsidee, theils als Conflicte des Rechtes mit der Moral, der Religion, wirthschaftlichen Interessen ꝛc. Die letzteren Collisionen innerhalb des identischen Volksgeistes scheinen ein Widerspruch gegen die Grundanschauung der historischen Schule, sind es in Wahrheit aber nicht; denn es können die moralischen, religiösen, gesellschaftlichen, wirthschaftlichen Vorstellungen und Bedürfnisse eines Volkes plötzlich in raschere Wandlungen gerathen, als daß ihnen das seinem Charakter, seiner Aufgabe nach langsamer fortschreitende Recht auf allen Puncten zu folgen vermöchte: dann stehen sich nicht, wie im ersteren Falle, eine ältere, herrschende und eine jüngere, nach Geltung ringende Rechtsanschauung entgegen, sondern der Rechtsordnung die jüngere Moral, Religion, Gesellschaft, Wirthschaft. Freilich wird sehr oft durch einen Conflict der zweiten Art ein solcher der ersten herbeigeführt; wenn es nämlich der neuen Anschauung gelingt, für ihre moralischen, religiösen, gesellschaftlichen, wirthschaftlichen Forderungen die feste Schale einer werdenden Rechts-

---

[*] Die später angeführten „Rechtskämpfe" S. 15 sind allerdings der Geschichte des Mittelalters entnommen, aber lauter Beispiele von Interessenkämpfen.

bildung zu gewinnen: solange die Gewissensfreiheit lediglich als religiös-moralisches Postulat dem Rechtsprincip des heiligen römischen Reiches deutscher Nation entgegen stand, lag ein Conflict zwischen Recht und Moral vor; als sich allmählig die Rechtsforderung der Gewissensfreiheit ausbildete, ergab sich ein Kampf des geltenden und des werdenden Rechtes.

Nicht zugeben können wir ferner, daß der Vergleich, der Rechtsbildung mit der Gestaltung von Sprache und Kunst darin unzulässig sei, „daß dem menschlichen Geist, der an der Sprache unbewußt seine Bildnerarbeit vollziehe, sich kein gewaltsamer Widerstand entgegenstelle, die Kunst keinen anderen Gegner zu überwinden habe, als ihre eigene Vergangenheit, den herrschenden Geschmack." Wenn ein Volk, durch äußere Verhältnisse gezwungen, mit einem fremdsprachigen Volk zusammenleben muß, so wird der Entwicklung seiner Sprache allerdings gewaltsamer Widerstand entgegengesetzt: nicht ohne gewaltigen Kampf sind in Spanien, Italien, Gallien die romanischen Sprachen gebildet worden; sehen wir doch an jeder Sprachgrenze fast nicht nur ein quantitatives Ringen ein wechselndes Vorbringen und Zurückweichen, sondern auch ein qualitatives, in der Anziehung und Abstoßung, in der Mischung der Idiome. Wahrlich, die englische Sprache ist nicht aus geringeren Kämpfen hervorgegangen denn das englische Recht! Und die Kunst wird in ihrer Entwicklung keineswegs nur von dem wechselnden Schönheitsideal des eigenen Volkes bestimmt. Einen Kampf auf Leben und Tod hat wiederholt die deutsche Malerei, Musik, Poesie mit romantischen und classischen Einflüssen zu führen gehabt, und wenn — ganz wie das deutsche Recht — die deutsche Kunst durch diese enge Berührung mit dem Fremden gewonnen hat, so war sie doch — ganz wie das deutsche Recht — nahe daran, wie Tarpeja von der allzureichen Gabe erstickt zu werden. Aber nicht nur mit fremder Kunst hat die Kunst zu kämpfen, sondern — abermals ganz wie das Recht — mit einer intoleranten Religion, welche nur die hergebrachten sacralen Formen archaistischen Stiles dulden will, nicht die freie Bethätigung des Schönheitsideals, oder mit einer corrumpirten Moral, welche die keusche Kunst frivolen Zwecken dienstbar machen will, oder mit der Barbarei einer

18*

Zeit, welche die Kunst als eine der Schule der Industrie entlaufene Müßiggängerin behandelt.

Ihering weiß das wohl auch, wenn er den Blick darauf richtet, — aber es gefällt ihm oft nicht, den Blick auf das zu richten, was einer einmal heftig ergriffnen Vorstellung widerstreitet. Ihering ist oft ein — unbewußter, überzeugter — Rhetor.

Eingehender müssen wir den Vorwurf widerlegen, daß die Anschauung der historischen Schule nothwendig zum Fatalismus, zum Quietismus gegenüber der Rechtsentwicklung, besonders im Gebiete des öffentlichen Rechtes, führen müsse.

Es ist leider nicht unrichtig, daß Eine vereinzelte Seite der älteren historischen Schule, wie sie von Savigny und Puchta, Niebuhr und Eichhorn begründet worden, in einer Zeit, in welcher die romantische Schule die Anschauungen der Nation beherrschte, unmittelbar nach den Freiheitskriegen und ihrer religiösen und conservativ-deutschen Exaltation, mit diesen romantischen, kirchlichen, feudalen, reactionären Elementen sehr enge Berührung hatte. Aber ein halbes Jahrhundert trennt die gegenwärtige historische Schule von jener Zeit, und die damaligen Sympathien mit dem Kirchenthum und der Reaction sind in die lebhafteste Bekämpfung umgeschlagen.

Bei jenen Männern waren die religiösen und conservativen Neigungen unwillkürlich und im besten Glauben stützten sie sich auf die Anschauungen der geschichtlichen Schule.

Wenn aber freilich Julius Stahl als ein Repräsentant der historischen Schule angeführt wird, so müssen wir hiegegen sehr feierlich Verwahrung einlegen.

Ursprünglich von ganz anderen Principien ausgehend — den zu Mystik und Theokratie mißbrauchten Ideen Schellings, man erinnere sich der berüchtigten ersten Ausgabe der Rechtsphilosophie! —, griff erst später dieser bewußte Sophist zu dem Rüstzeug, welches die historische Schule für seinen mit allem Raffinement des Convertiten verfolgten Zweck — der Reaction in Stat, Kirche, Wissenschaft, Gesellschaft — zu gewähren schien. Und in der That, mit blendender Geschicklichkeit bediente er sich guter Waffen für seine schlechte Sache. Wie aber diesem Manne das wichtigste Kennzeichen der historischen Schule — die Pflege treuer, quellenmäßiger Forschung und die Achtung vor quellenmäßiger Wahrheit — abging, das beweist die Art seiner fälschenden und verleumdenden Darstellung aller Statslehrer, welche seinem Theokratismus widerstrebten, so vor allen Macchiavells; Julius Stahl scheute vor keinem dialektischen Mittel, vor keinem schlechten Sophisma zurück, welches ihm sein theokratischer Zweck heiligte: er ist der widerlichste Ausdruck des protestantisch gewordnen Jesuitenthums, oder — Talmuds.

Die historische Schule kann nicht verantwortlich gemacht werden für den Mißbrauch, die Entweihung ihrer Waffen in den Händen dieses allzu gewandten Mannes, der von dem Judenthum die guten Seiten in der Taufe abgespült hatte, ohne die christliche „Einfalt" und den „Geist der Wahrheit" dadurch zu gewinnen. Julius Stahl war einer der schädlichsten Männer. Was ward aus Preußen, so weit Stahls Einfluß reichte? —

Wie leicht an sich richtige Sätze von extrem entgegengesetzten Parteien extrem verwerthet und dadurch in ein ihrem ursprünglichen Sinne fern liegendes Absurdum geführt werden können, davon legt gerade jene Schule, durch welche auch Jhering, mit sichtbar reicher Anregung, gewandelt, die Hegel'sche, vielfaches Zeugniß ab. Wie ist doch der Satz: „Alles was ist, ist vernünftig," in höchst wider-vernünftiger Weise zur Rechtfertigung des starrsten Beharrens und des radicalsten Umsturzes mißbraucht worden!

Ganz ähnlich verhält es sich mit der Lehre der historischen Schule von dem leisen, organischen Wachsthum alles Rechtes; man konnte daraus, durch Mißverständniß, die von Jhering so hart angegriffenen Consequenzen eines die Hände in den Schos legenden politischen Quietismus ableiten. Und die Ultra-Conservativen haben sie daraus abgeleitet.

Aber tiefere Erfassung wird umgekehrt aus dem Princip unserer Schule die dringende Anforderung ziehen, daß jeder einzelne Träger des Rechtsbewußtseins mit voller Anspannung seiner geistigen und sittlichen Kräfte sich darüber Klarheit erringe, ob die herrschende Rechtsordnung eine seine eigene subjective Rechtsvernunft befriedigende sei, und wenn er sich hiebei in Disharmonie mit derselben befindet, daß er mit gleicher Energie auf friedensordnungsmäßigem Weg eine Umgestaltung der herrschenden Normen nach dem ihm vorschwebenden Rechtsideal anstrebe. Denn nur bei solcher Uebereinstimmung gehorcht der Einzelne freudig und freiwillig, im Gegenfalle nur aus statlicher Disciplin, aus der Einsicht, daß die Anarchie, der Ungehorsam, wenn auch um des höher stehenden Rechtsideals willen gewagt, schlimmer ist als eine noch so verkehrte Rechtsordnung und die Zerstörung des Rechtslebens im Princip. Die eifrigste Betheiligung aller Einzelnen in Kritik und Reform des Rechtszustandes wird aber auch um deßwillen von der historischen Schule gefordert, weil sie weiß, daß eine Rechtsordnung desto mehr dann gefährdet, der Verrottung oder dem gewaltsamen Umsturz desto bringender ausgesetzt ist, je mehr sie lediglich auf äußeren, veralteten Voraussetzungen oder auf dem Sonderinteresse einzelner Stände und der dumpfen Trägheit der Massen, auf der bloßen Fortwirkung des Geistes der Vergangenheit beruht, daß umgekehrt Gesundheit, Lebenskraft und Sicherheit der herrschenden objectiven „Rechts-Vernunft" desto größer ist, je wahrhaftiger sie den Ausdruck der gegenwärtigen subjectiven Rechtsvernunft der großen Mehrzahl der Rechtsgenossen bildet. Für die deutsche Reichsverfassung von 1871 gewährt der Zusammenschluß mit der Rechtsüberzeugung des deutschen Volkes eine ganz andere Bürgschaft energischer Vertheidigung als für die des heiligen römischen Reiches seit 1648 oder des deutschen Bundes.

Manches Treffende führt dann der Verfasser aus über den Werth, welchen ein Volk auf einen durch harten Kampf errungenen Rechtssatz legen wird, über die Bewährung nationaler Kraft und politischer Tüchtigkeit in der Gestaltung und Behauptung eines befriedigenden Rechtszustandes. Gewiß hat die Geschichte auch des Privatrechtes, des Civilprocesses in Rom und England die politischen Vorzüge in dem Charakter des römischen und des englischen Volkes fast ebenso klar entfaltet und gesteigert wie die Verfassungsgeschichte dieser Staten.

Gleichwol kann man nicht sagen, daß die Mühe des Erringens allein über die Liebe entscheidet, mit welcher ein Volk an einem Rechtsinstitut hängt; der Inhalt, der Werth des dadurch geschützten subjectiven Rechtes, genauer dessen Werthschätzung durch den nationalen Charakter, sind dafür maßgebend, z. B. das Waffenrecht des freien Germanen ist vermuthlich ein von jeher anerkanntes, nicht erst durch

Kampf zu erringendes gewesen, und doch legte das Volk gewiß auf dieses Recht höchsten Werth.

Der Verfasser wendet sich nun zur Besprechung des Kampfes um das subjective Recht und stellt hier, unter Vergleich des Civilprocesses zweier Bauern um ein angemaßtes, werthloses Stück Land mit dem Kriege zweier Nationen um ein usurpirtes werthloses Stück Statsgebiet, den Satz auf, die Behauptung des guten Rechtes sei eine Ehrenfrage, eine Charaktersache, und da der „Kampf gegen das Unrecht" nur mit Erfolg geführt werden könne, wenn er auf allen Puncten, wo das Unrecht vorgehe, aufgenommen werde, so sei es eben Pflicht jedes Einzelnen, überall, wo sein privates Recht verletzt werde, nicht aus Scheu vor Mühe, Verdruß und Kosten, kurz aus Trägheit, sich das gefallen zu lassen, sondern mannhaft den „Kampf gegen das Unrecht" aufzunehmen und hiedurch an seinem Theile zur Behauptung des Rechtes beizutragen.

Das sind die eigentlichen Hauptsätze der neuen Lehre des Verfassers —: und gerade sie können wir, in solcher Allgemeinheit, unmöglich als richtig gelten lassen.

Wir sagen dagegen: die Geltendmachung des verletzten Rechtes kann unter Umständen Ehrensache, Charakterfrage, Pflicht der Selbstachtung oder auch der Abwehr, oder principiellen Klarstellung eines bezweifelten Rechtssatzes im Interesse der Gesammtheit sein; aber keineswegs muß dies immer der Fall sein.

Behauptung des Rechtes (d. h. des subjectiven) ist eine Pflicht der moralischen Selbsterhaltung, sagt der Verfasser, und zwar stellt er dabei folgerichtig alle einzelnen Rechte einander dem Werthe nach gleich: „das Eigenthum so gut wie die Ehe"; — nach unserer Ansicht besteht ein Unterschied in diesen Rechten; wir werden den Mann, der es aus Mangel an Selbstachtung unterläßt, seine angegriffene Ehre zu vertheidigen, doch mit ganz anderen Augen ansehen, als etwa denjenigen, welcher aus Bequemlichkeit es einem Miether oder Handwerker hingehen läßt, daß er den Miethvertrag nicht ordentlich erfüllt, die bestellte Arbeit zu spät liefert.

Und allzuweit läßt sich der Verfasser von dem Eifer der Consequenz fortreißen, wenn er sagt: „der Verzicht auf eine einzelne dieser Existenzbedingungen (gleich Rechte) sei rechtlich ebenso unmöglich, wie ein Verzicht auf das gesammte

Recht", wobei — in der rhetorischen Geschwindigkeit! — in dem Satze: „das Recht ist nur die Summe seiner einzelnen Institute" das Wort Recht im Sinne des objectiven Rechtes, des Rechtssystems, in dem darauf folgenden aber im subjectiven Sinne, der Befugniß, gebraucht wird

„Nur in dem Falle, daß mir der Räuber die Alternative zwischen Leben oder Geld stellt", wo also die Pflicht der Vertheidigung des Eigenthums vor der höheren der Erhaltung des Lebens zurücktritt, „soll diese Pflicht der Vertheidigung des Rechtes wegfallen, — abgesehen von diesem Fall ist es meine Pflicht, mit allen Mitteln die Mißachtung des Rechtes in meiner Person zu bekämpfen; sonst statuire ich einen Moment der Rechtlosigkeit in meinem Leben." (!) C' est fort, ça! —

Dem entgegen ist doch ganz bescheiden, aber ziemlich bestimmt, zu erinnern, daß keineswegs bloß ein höheres eigenes Interesse, daß auch die Rücksicht auf höhere Interessen Anderer oder der Gesammtheit zum Verzicht auf die Vertheidigung verletzten Rechtes verpflichten können. Der Vater, der den „Familiendiebstahl" seines Kindes nicht zur Anzeige bringt, auch auf Ersatz des Gestohlenen verzichtet, weil er die Ehre der Familie und das Ehrgefühl des Schuldigen wahren will; der Bestohlene, welcher den jugendlichen Verbrecher, ohne Verwandtschaftsrücksichten, lieber zu bessern als zu bestrafen trachtet; der Statsmann, die gesetzgebende Versammlung, der Monarch, welche von ihrem Rechte Gebrauch machen, eine durch die Presse oder anderweitig begangene Ehrenkränkung oder Majestätsbeleidigung nicht bloß nicht selbst zur Verfolgung zu bringen, sondern die zur Verfolgung von Amtswegen erforderliche Erlaubniß zu versagen, um Aergerniß zu vermeiden und Aufregung, welche also der Gesammtheit die Wahrung ihrer verletzten Ehre opfern, handeln also nach Ihering pflichtwidrig.

Aber es kann freilich auch in den letztgenannten drei Fällen umgekehrt die Erhebung der Klage Pflicht sein. Ja, es kann sehr angemessen, vielleicht sogar Pflicht sein, einen Rechtsanspruch, den man sonst wegen der Geringfügigkeit des Werthinhaltes nicht geltend machen würde, um deswillen zur richterlichen Entscheidung zu bringen, weil der Rechtssatz, auf den er sich stützt, principiell wichtig und vom Gegner bestritten ist; bekanntlich werden zuweilen in England controverse Fragen „for a shillings worth" zur richterlichen Entscheidung gebracht.

In den allermeisten Fällen aber ist es doch lediglich eine Erwägung der widerstreitenden Interessen, ob der in seinen Vermögensrechten Verletzte klagen soll oder schweigen: und es ist doch wahrlich nicht ein „Moment der Rechtlosigkeit in meinem Leben", wenn ich meinen Schuldner, der den vertragsmäßigen Zahlungstermin nicht einhält, zu verklagen vorläufig oder auch endlich aus Gutmüthigkeit oder auch nur aus Bequemlichkeit unterlasse. Ich gebe dadurch nur dieses (subjective) Recht, nicht wie Jhering sagt, das (objective) Recht Preis.

Es ist eben eine petitio principii, eine theoretische Fiction, daß „das Recht" fortwährend auf allen Puncten vom „Unrecht" negirt werde und daß daher auch fortwährend jede Rechtsverletzung zurückgeworfen werden müsse, damit das „Unrecht" nicht irgendwo in die Lücke eindringe. Der Dieb, der bei dem Bäcker eine Semmel stiehlt, will aber durchaus nicht das Eigenthum „negiren", sondern nur seinen Hunger.

Richtig ist freilich, daß die Bequemlichkeit, die Gleichgültigkeit in Vertheidigung der Einzelrechte ein Kennzeichen ist für eine wenig stramme, energische Zeit, Nation oder Standesart (sowie zum geringen Theil wol auch eine Folge des mühelosen, durch Börsenspeculation 2c. vollzogenen Eigenthumerwerbes: indessen sind Börsenspeculanten doch auch nicht selten geizig und zähe genug in Vertheidigung ihrer Beute).

Und hier gelangen wir zu der werthvollsten Seite der interessanten Abhandlung: es ist zugleich diejenige, welche uns auf die psychologische Motivirung, die Entstehungsgründe der ganzen Erörterung, hinweist.

So recht nach dem Herzen Rudolfs von Jhering als eifersüchtige „Kämpfer um das Recht" erscheinen unter den Nationen die Römer und die Engländer (er hätte die Isländer beifügen mögen, wenn er mehr von ihnen gewußt hätte), unter den Ständen der Bauernstand, unter den typischen Gestalten der Dichtung der Jude Shylock; dagegen leidet es keinen Zweifel — das darf ich wol von meinen liebenswürdigen nächsten Stammesvettern sagen, ohne sie zu überraschen und zu erzürnen —, daß durch Anlage und Geschichte (d. h. Druck des Absolutismus in

Stat und Kirche) in den Deutsch-Oesterreichern jene zähe und schneidige „pugnacitas" weniger entwickelt ist als in anderen deutschen Stämmen, namentlich den sächsisch-niederdeutschen: und zum guten Theil war wol der Vortrag Jherings, aus welchem diese Abhandlung erwachsen, als eine Mahnung gemeint, die leichtlebige, behagliche Gemüthlichkeit an der schönen blauen Donau den strengen „Kampf um's Recht" nicht einschläfern zu lassen.

Bereitwillig geben wir nun zu, daß als pädagogische, politische Mahnung und Warnung eine solche Erinnerung an die Pflicht der Selbstvertheidigung sehr am Platze sein kann. Gewiß besteht ein Zusammenhang zwischen der Abneigung, sein Privatrecht im Civilproceß zu wahren, und einer gewissen Lässigkeit im Kampfe gegen fremde Nationalitäten, im Widerstand gegen Rechtsverletzungen durch ein absolutistisches Regiment. Wenn in Südtirol die Italiener, in dem ehemals so stark germanischen Böhmen die Tschechen, in Ungarn die minderzähligen Magyaren das deutsche Element zurückgedrängt haben und noch immer mehr zurückdrängen, so trifft der größte Theil der Schuld hievon zwar eine verblendete Regierung, ein kleiner Theil aber auch die Eigenart der Deutsch-Oesterreicher, eine gewisse weiche Nachgiebigkeit, welche freilich auch mit ihren liebenswürdigsten Eigenschaften zusammenhängt.

Auf dem Gebiete des öffentlichen Rechtes allerdings ist die Wahrung der Befugnisse zugleich Pflicht.

Auf dem Boden des Privatrechtes aber ist es unzutreffend, das wiederholt verwerthete Gleichniß des aus der Schlachtreihe aus Feigheit zurückweichenden Soldaten, der dadurch die Lage der pflichtgemäß Ausharrenden erschwert, auf denjenigen anzuwenden, welcher auf die Anstellung einer ihm zustehenden rei vindicatio aus Bequemlichkeit verzichtet: denn die Vorstellung, daß das Recht stets auf der ganzen Linie vom „Unrecht" angegriffen und nur durch Geltendmachung der Befugnisse aller Einzelnen aufrecht zu halten sei, ist eben eine Fiction: und wenn zufällig eine Reihe von Jahren hindurch alle Eigenthümer, welche Anlaß hätten, eine rei vindicatio anzustellen, dies nicht thun würden, der Eigenthumsbegriff würde darunter nicht leiden und die Eigenthumsverletzungen deßhalb nicht häufiger werden.

Erfahrungsgemäß verzichten die Kaufleute sehr leicht auf Einklagung ihrer Forderungen; daß aber das deutsche

Handelsrecht darunter gelitten hätte, kann man gewiß nicht behaupten.

Können wir eine sittliche Verpflichtung zur Wahrung angegriffener Privatrechte also nur ausnahmsweise, unter besonderen Umständen, anerkennen, so legen wir doch dem Rechte noch eine idealere Bedeutung bei als die Auffassung des Verfassers („ein rechtlich geschütztes Interesse"). Es ist ein Bedürfniß der menschlichen Vernunft, die äußeren Beziehungen der Menschen untereinander und zu den Sachen in einer die Vernunft (d. h. das relative Rechtsideal dieser Rechts-Genossenschaft) befriedigenden Weise geordnet zu sehen. Die Befriedigung dieses Vernunft-Postulats ist — das Recht, d. h. es ist die vernunftgemäße Friedensordnung einer Menschengenossenschaft in ihren äußeren Beziehungen zu einander und der zugehörigen Sachenwelt. Daher der Eifer, die Begeisterung, mit welcher die Gesammtheit und der Einzelne jeden Angriff auf das objective Recht abwehrt und abwehren soll, mag dieser Angriff eine unmittelbare Negation z. B. des Princips des Eigenthums, des Erbrechtes, der persönlichen Freiheit enthalten, oder mag er als Gesetzesänderungsvorschlag eine unvernünftige an Stelle der vernunftgemäßen Friedensordnung setzen wollen. Das „Unrecht" ist dem Menschen deßhalb so antipathisch, weil es widervernünftig ist und weil es, der praktischen Natur des Rechtes entsprechend, nicht wie ein sonstiger theoretischer Irrthum, z. B. eine falsche mathemathische Rechnung oder eine verkehrte ästhetische Ansicht, uns unbehelligt läßt, sondern uns zumuthet, wirklich in unserem äußeren Thun und Lassen uns seinen unvernünftigen Consequenzen zu unterwerfen. Daher also, zur Wahrung der Freiheit unserer Vernunft und des ihr entsprechenden Handelns, ist der Kampf für das objective Recht allerdings ein Vernunftpostulat wie eben die Verwirklichung des Rechtes selbst. Wir möchten also die heilige Kampfesfreude für das Recht, welche wir in warmer Begeisterung theilen, für das objective Recht, nicht für unsere verletzten subjectiven Befugnisse in Anspruch nehmen. Das „Unrecht bekämpfen wir nicht, weil es unsittlich ist — das „unbefangene Unrecht" ist nicht unsittlich —, sondern weil unvernünftig; übrigens ist das Unsittliche auch nichts Anderes als das Unvernünftige: denn das Ethos ist die vernünftige Friedensordnung der inneren Beziehungen einer Menschengenossenschaft, ihrem relativen Moral=Ideal entsprechend und deßhalb ebenfalls nach Völkern, Zeiten, Culturzuständen wechselnd.

Nur sofern also in der Verletzung der subjectiven Befugniß zugleich eine Negation des objectiven Rechtes liegt, kann von einer Vernunftpflicht der Abwehr die Sprache sein. Ob ich meine Freiheitssphäre, mein Eigenthum — mag dies immerhin als „Erweiterung meiner Persönlichkeit gelten — durch das Unrecht einschränken lassen will, ist ebenso Sache meiner Willkür,[1]) wie ob ich sie durch Verträge beschränken will.

Was der Verfasser in vortrefflicher Weise von dem „verletzten Rechtsgefühl", d. h. der Entrüstung über das „Unrecht" ausführt, können wir vollständig acceptiren. Wir fügen nur bei: diese Entrüstung erhält ihre ideale Weihe erst dadurch, daß sie nicht nur der Vertheidigung unserer „rechtlich geschützten Interessen" (d. h. doch in letzter Instanz unserer Selbstsucht), sondern der Aufrechthaltung der in der Rechtsordnung objectiv gewordenen Vernunft gilt, dann auch der von unserer eigenen Persönlichkeit getragenen subjectiven Rechtsvernunft, welche der Unvernunft sich nicht unterwerfen will. So gefaßt ist der „Kampf um's Recht" der Ritterdienst für die Idee. — Er gilt der Abwehr des Unrechts, nicht der bloßen Selbsterhaltung. Mit ganz anderer Empfindung bekämpfen wir den Räuber als den feindlichen Soldaten, der in der Schlacht unser Leben bedroht. Es ist dort die Empörung über das Vernunftwidrige im Unrecht, was die Entrüstung verstärkt und idealisirt, während die Vertheidigung unseres Lebens im Kriege von dieser Regung frei ist. Erst wenn z. B. der Feind durch Verletzung des Kriegsrechtes zugleich unser Rechtsgefühl gereizt hat oder wenn die ganze Kriegserklärung als ein schweres Unrecht gegen unseren Stat empfunden wird, mischt sich in den Kampf um's Dasein die Entrüstung des Kampfes für das Recht.

Daß nicht die Geltendmachung des verletzten Privatrechtes unter allen Umständen eine Pflicht gegenüber der Gesammtheit ist, erhellt deutlich auch schon daraus, daß sogar in manchen Fällen, in welchen die Rechtsordnung in einer Handlung nicht bloße Verletzung von Privatrechten, sondern ein Vergehen erblickt, gleichwol sogar die Ver-

---

[1]) Abgesehen von den drei oben erörterten Ausnahmsfällen.

folgung und Bestrafung von Seiten des States abhängig gemacht wird von der Wahl des in einem privaten Rechte Verletzten. Die sogenannten Antragsvergehen sind nach der Ansicht des Verfassers eine Monstrosität; in jedem Falle des Familiendiebstahls ꝛc. müßte der Antrag auf Bestrafung erfolgen. Die Verzeihung, die Versöhnung, die Berücksichtigung der höheren Interessen, welche wir schon oben S. 280 berührten, müßten der Antragspflicht geopfert werden. Daß der „Rechtssatz selbst lahm gelegt wird," wenn die Geltendmachung des verletzten Rechtes unterbleibt, können wir durchaus nicht zugeben; es ist ein ungerechtfertigtes Bild, ebenso wie das abermals herangezogene Gleichniß des aus der Schlachtreihe weichenden Soldaten, der dadurch die Macht des „Gegners" stärkt; ein solcher „Gegner", der dem Recht in acutem Kampfe gegenüber stände, so daß es auf die Zahl der geführten Processe ankäme, diesem Gegner numerisch gleich stark zu begegnen, existirt nicht.

Daß unter Umständen der Satz: „thue kein Unrecht und dulde kein Unrecht" auch ethisch — nicht nur „socialpolitisch" — vollgültig ist, räumen wir bereitwillig ein. Es ist diese Anschauung wieder ein merkwürdiger Beleg dafür, wie auch die sittlichen Ideale der Völker und Zeiten gleich ihren Kunst= und Rechtsidealen wechseln: denn offenbar steht eine solche Moral im denkbar schroffsten Gegensatz zu jener Lehre, welche da gebot, nach dem Streich auf die rechte Wange noch die linke Wange zum Schlage, dem Räuber, der uns den Mantel abgenommen, noch das Untergewand darzubieten. Diese Moral der ersten Christen in ihrer Verachtung gegen alle weltlichen Dinge führte denn auch dahin, die Anstellung einer Civilklage, z. B. der rei vindicatio, als eine schwere Sünde zu brandmarken. Freilich, mit einer solchen Moral sind Recht und Stat und die besten Mannestugenden unvereinbar.

Aus den Principien dieses „Kampfes" folgt übrigens auch, was von dem Verfasser nicht hervorgehoben wird, daß in dem modernen Rechtsstate die Niederschlagung einer anhängigen Strafsache aus Nützlichkeitserwägungen, wie z. B. die preußische Verfassung noch statuirt, als unzulässige Kabinetsjustiz zu verwerfen ist; der Gang der Rechtsverfolgung soll nicht durch Willkür gehemmt werden können; die Gründe, welche für Nachlaß der ausgesprochenen Strafe im Wege der Gnade sprechen, können nicht auch für die Abolition angeführt werden; die Aergernisse und Aufregungen des Verfahrens sind durch Ausschluß der Oeffentlichkeit zu beseitigen.

Dagegen möchte ich der glänzenden Verwerthung der Worte, welche Shakespeare seinem Shylock in den Mund legt, die doch noch schönere Verherrlichung der Gnade in der gleichen Tragödie gegenüber halten. Eine consequente Verfolgung des Satzes, das Gebot „dulde kein Unrecht" sei socialpolitisch noch wichtiger als das Gebot „thue kein Unrecht" würde zur Ausschließung der Verzeihung der Verletzten und des Straferlasses von Seite des Statsoberhauptes aus Gründen der Billigkeit oder des überwiegenden öffentlichen Interesses führen.

Oft ist es sichtlich nur der Eifer der rhetorischen Darstellung, welcher zu Superlativen geführt hat, die manchmal schon durch den nächstfolgenden Satz auf ihr richtiges Maß herabgedrückt werden. So ist wol noch ein kostbareres Gut vom Stat zu hüten und zu pflegen als das „nationale Rechtsgefühl": der Patriotismus, die begeisterte und pflichttreue Hingebung seiner Bürger an den Stat ist doch wol noch nöthiger, um das Reich geachtet nach außen, fest und unerschüttert im Innern hinzustellen. Freilich soll sich der zunächst naturalistische Patriotismus, der auf dem Stammesgefühl ruht, zu dem Politismus erheben und vergeistigen, d. h. zu der Hingebung an die geistige Form, welche das Volksthum in der Statsordnung erhält; daß aber das nationale Rechtsgefühl zu pflegen „eine der höchsten Aufgaben der politischen Pädagogik" ist, geben wir gern zu.

Daß jeder Despotismus mit Eingriffen in das Privatrecht begonnen habe, ist wol auch zu viel gesagt. Unter Despotismus im Gegensatze zu dem Absolutismus versteht man allerdings die Schutzlosigkeit der privatrechtlichen Rechtssphären gegenüber der Regierungsgewalt; aber begonnen hat z. B. der Despotismus in den germanischen Reichen der Völkerwanderung nicht mit der Antastung von Eigenthum und Ehe, sondern mit der Lahmlegung und Beseitigung der Organe der statsrechtlichen Freiheit: und wenn man das spätere römische Imperatorenthum füglich trotz der classischen Jurisprudenz des gleichzeitigen Privatrechtes von orientalischem Despotismus wenig mehr unterscheiden kann, wenn die Imperatoren vornehmen Römern ihre Frauen und ihre Villen wegnahmen: so haben sie doch nicht damit, sondern mit der Usurpation oder Erschleichung statsrechtlicher Gewalten, der Unterbrückung der Rechte von Senat, Magistratus, Comitien begonnen.

„In derselben Zeit als der Bauer und Bürger Gegenstand feudaler und absolutistischer Willkür war, ging Lothringen und Elsaß für das deutsche Reich verloren."

Ganz richtig; aber Frankreich gewann diese Länder und gewann seine europäische Oberherrschaft in derselben Zeit, in welcher das Regime Louis XIV. den französischen Bauer und Bürger wol noch in strengerer Rechtsschutzlosigkeit nieder zwang.

Und als bei Chatten, Marsen, Cheruskern und Sugambern der Schutz der privatrechtlichen Freiheit und das stolze Rechtsgefühl am stärksten blühte, erlagen sie denselben Römern, welche diese Blütezeit hinter sich und eine despotische Gewalt über sich hatten. Und die Angelsachsen König Harolds mit ihrem lebhafteren Rechtsgefühl erlagen der überlegenen normännischen Statsbildung mit viel geringerem Rechtssinn.

Wir wollten in diesen Bemerkungen nur vor der übertreibenden Verallgemeinerung an sich und in gewissen Schranken gewiß richtiger und lehrreicher Sätze warnen.

Auf die zahlreichen rechtsphilosophischen und rechtspädagogischen Ausführungen des Verfassers, in welchen er alte Wahrheiten in geistvoller neuer Wendung oder Motivirung beleuchtet oder auch neue Gesichtspuncte eröffnet, können wir hier nicht eingehen.

Zur Methode der Rechtsphilosophie.[1])

Seit zwanzig Jahren trägt Referent nun (1878) Rechtsphilosophie vor und ebenso lange weist er darauf hin, daß nur auf vergleichender Rechtsforschung eine wissenschaftliche Rechtsphilosophie gebaut werden kann: die landläufigen Redensarten, die nicht einmal Recht und Moral zu scheiden vermögen, aber unter dem Titel „System des Naturrechtes" (!) oder dergleichen zusammengeschrieben werden, sind das Gegentheil von Philosophie, von Recht und von aller Wissenschaft. Ebenso lange schon verweist Referent auf die Nothwendigkeit, den der Rechtsphilosophie unterzubreitenden Stoff nicht immer und immer wieder dem römischen Rechte und einigen leichter zugänglichen Gesetzeswerken der deutschen Rechtsbildung allein zu entnehmen, sondern das Rechtsleben aller Völker, namentlich auch der sogenannten „Naturvölker" oder „Wilden" heranzuziehen. Ausgezeichnetes hatte hierfür vorgearbeitet der zu früh verstorbene Theodor Waitz (Anthropologie der Naturvölker): und Oskar Peschel, dessen Tod mehr als Eine Wissenschaft schmerzlich beklagt, würde gewiß bei neuen Erweiterungen seiner „Völkerkunde" den Rechtsstoff mit dem gleichen Feinsinne wie bisher und vielleicht mit reichlicherer Spendung dargeboten haben. Beide uns entrissene Forscher leisteten zumal durch ihre mustergiltige Methode höchst Dankenswerthes. Wenn dagegen Hr. Bastian einen Haufen von Notizen (Citate kann man die Angaben nicht nennen, da außer dem Namen des Autors Nichts angeführt zu werden pflegt, weder der Name noch der Theil des fragwürdigen Werkes, geschweige Seiten- oder Paragraphenzahl) zu einer olla potrida mengt, so wird dadurch kaum er selbst, gewiß kein anderer Mensch klüger. Hr. Post hat nun schon in mehreren Büchern („Einleitung in eine

---

[1]) Post, Dr. Alb. Herm., Richter, die Anfänge des Stats- und Rechtslebens. Ein Beitrag zu einer allgemeinen vergleichenden Stats- und Rechtsgeschichte. Oldenburg 1878. Schulze. (XVI, 306 S. gr. 8.) M. 4,80.

Naturwissenschaft des Rechtes", „die Geschlechtsgenossenschaft der Urzeit und die Entstehung der Ehe", „der Ursprung des Rechtes", „das Naturgesetz des Rechtes") wie in dem vorliegenden reichlich Rechtsquellen der Naturvölker und der minder oft ausgebeuteten Culturvölker verwerthet, um einige Grundgedanken, die zum Theil richtig, zum Theil zweifelhaft, zum Theil falsch sind, in den verschiedensten Wendungen zu wiederholen. Man würde ihm, ganz abgesehen von dem Werthe seiner Schlüsse, Dank schulden für das interessante (und löblich genau citirte) Material, wenn nur nicht der Behandlung des Materials jegliche wissenschaftliche Methode völlig abginge. In der Einleitung meint der Herr Verfasser, die Opposition, welche die historische Schule gegen eine vergleichend ethnologische (soll wohl heißen vergleichende?) Methode mache, werde hoffentlich nicht lange mehr vorhalten: es handle sich darum, eine andere Methode dort anzuwenden, wo die historische nichts mehr zu leisten im Stande sei. Darauf ist zu sagen, daß die verjüngte historische Schule, nach Ueberwindung des Irrthums der älteren, daß nur die Nation der Kreis der Rechtsbildung sei (während es allerdings auch schon vor der Nationsbildung in der Gemeinde, Horde, Sippe Rechtsbildung gibt), keineswegs gegen die vergleichende ethnologische Methode mehr Opposition macht, zweitens aber, daß der Verfasser an Stelle einer anderen Methode die Abwesenheit jeder Methode treten läßt. Seine „primitive Stufe", (in dieser Allgemeinheit) ist eine Fiction, eine Selbsttäuschung, so plump, wie die Annahme des Paradiseszustandes oder des Naturzustandes des Naturrechts. Gewiß standen alle Völker bereinst auf „primitiver Stufe": aber diese „primitive Stufe hatte keineswegs bei allen Völkern den gleichen Charakter und Rechtsinhalt. Zuzugeben ist, daß bei manchen Völkern die aufsteigende Linie der Entwicklung sich an die vom Verfasser mit mancher hübschen Beobachtung ausgestatteten Stufen der Geschlechts-, Gau-, Friedens- und Stats-Genossenschaft geknüpft haben wird: aber eine Fiction ist es, daß dies nach „Naturgesetzen" bei allen Völkern, bei der ganzen „Menschheit" gleichmäßig geschehen sei. An anderem Orte werden wir diese Irrthümer ausführlicher besprechen. Es ist schade darum. Denn der Verfasser bekundet eine Entschlossenheit in Durchführung monistischer Weltanschauung auf dem

Rechtsgebiete, welche selten ist unter den Juristen: theologische Dogmatik scheint diesen meist noch der sicherere Bestandtheil der Tapferkeit für Gedankenanstrengung und Beförderung. Aber abgesehen von jener Fiction einer einheitlichen Entwickelung aller Völker ist es doch das Gegentheil nicht bloß der Methode der historischen Schule, sondern aller Methode, wenn häufig erst vom Rechte der Angelsachsen, dann unmittelbar der „Germanen" die Rede ist. Sind die Angelsachsen keine Germanen? Oder wenn von einem Rechtsgebrauche in „Schlesien" die Rede ist. Bei wem in Schlesien? Bei Silingen oder Semnonen oder heidnischen oder christlichen Slaven? Zur Zeit Rübezahls oder des alten Fritz? Der Verfasser meint offenbar: bei den „älteren" Slaven in Schlesien. Aber sich so auszudrücken hält ihn die „andere Methode" ab, während doch nur dann von wissenschaftlichem Fortschritte gesprochen werden kann, wenn bei jeder Rechtsquelle Nation und Zeit genau unterschieden wird. Streng zu sondern nach Race, Völkerzweig, Volk und Stamm, nach Jahrhundert und Jahrzehnt sind die Rechtsstoffe: noch gilt es lange Zeit, scharf zu trennen, nur beweisbar Zusammengehöriges zu verbinden, nicht Citate aus allen Racen und den verschiedensten Culturzeiten zu amalgamiren. Wir wollen doch mit der vergleichenden Rechtsforschung nicht auf den Standpunct vergleichender Religionsforschung etwa zu der Zeit von Creutzer und Mone zurückfallen. Die Umgebung eines Volkes soll ohne Einfluß auf dessen Rechtsgebräuche sein (S. 6)! Gibt es ein Strandrecht, ein Deichrecht in den Alpen? Gibt es ein Almenrecht im Strandgebiete? Hat der Nomade der Steppe, der Wüste, Sondereigen an der Ackerscholle? Könnten die dem Klima Palästinas angepaßten Diätgesetze Mosis auf Island entstehen? Endlich ist zu rügen, daß der Verfasser längst überwundene Irrthümer (z. B. Gesammtbürgschaft bei den Germanen als gemeinsame, uralte Einrichtung) aufrecht hält. Wäre die Richtung des Verfassers nicht so respectabel, man würde sich bei einem Buche, welches so starke Spuren von Dilettantismus zeigt, nicht so lange aufhalten. Aber Anlage und vorurtheilsfreier Eifer und Muth des Verfassers veranlassen, ausführlicher als es hier geschehen kann, auf seine bisherigen Arbeiten in vergleichender Rechtsforschung einzugehen. Der vergleichenden Rechtsforschung gehört die glänzendste Zukunft in unserer Wissenschaft: aber nicht der methodescheuen, sonbern der methodisch vergleichenden Rechtsforschung als einem Theil der Völkerpsychologie. Und für Herrn Post gibt es statt der Völker nur „Stufen".

Vom Werden und Wesen des Rechts.

Einleitung.
Die Rechtsvergleichung als Grundlage der Rechts-Philosophie.

Ein zweifacher Weg, ein doppeltes Bedürfniß führt den menschlichen Geist mit Nothwendigkeit zu der „Rechtsphilosophie," diesem von beiden Nachbaren oft einander bestrittenen Grenzgebiet zwischen Rechtswissenschaft und Philosophie.

Der Philosoph findet in der Geistes-Hemisphäre des Kosmos neben Sprache, Religion, Kunst, Ethos, Wissenschaft auch Recht und Stat als großartige Erscheinungen des menschlichen Geistes in der Geschichte bei allen entwickelten Völkern höherer Anlage: er trifft in allen Menschengenossenschaften die Idee des Rechts in den mannigfachsten Abstufungen (von dem Grade feinster wissenschaftlicher Durchbildung bis herab zu sehr einfachen noch halb unbewußten Ansätzen) als ein dem Menschen wesentliches Gut an.

Es erwächst ihm daher die Aufgabe, sein irgend wie gefundenes metaphysisches Princip auch an diesem Wissensstoff zu erproben: denn ein philosophisches Princip, das nicht im Stande wäre, seine Durchführbarkeit auch an diesem wichtigen Product der menschlichen Vernunft zu erwahren, würde dadurch seine Unzulänglichkeit bloß stellen: eine Philosophie, welche aus extremem weltflüchtigem Spiritualismus Stat und Recht nur als nothwendige Uebel zu fassen vermag, wie die ursprüngliche christliche Weltanschauung, oder aus extremem materialistischem Atomismus den Stat auflöst in die „arbeitende Gesellschaft," beweisen dadurch die Einseitigkeit und Unzulänglichkeit ihres Princips.

Die Rechtswissenschaft aber sieht sich, wenn die Rechts=cultur und ihre wissenschaftliche Bearbeitung mit der steigenden nationalen Gesammt-Entwicklung eine gewisse Stufe erreicht hat, vor eine Reihe von Fragen und Anforderungen gedrängt, welche sie, als Einzeldisciplin, nicht zu beantworten und zu erfüllen vermag: ihre eignen Principien kann die Jurisprudenz sowenig erweisen, als irgend eine andere Einzelwissenschaft: das kann nur die Philosophie: denn Philosophiren ist Principien suchen.

Schon das encyklopädische Bedürfniß kann von der Rechtswissenschaft nicht befriedigt werden: den Zusammenhang, die Unterordnung oder Selbstständigkeit, die Nothwendigkeit der einzelnen Disciplinen und Gebiete des Rechts kann nur philosophische Betrachtung darthun.

Sodann verlangt die Rechtskritik einen von dem zu kritisirenden Gegenstand unabhängigen Maßstab.

Ist einmal ein Volk aus der Unmittelbarkeit der Vorcultur zur Reflexion vorgeschritten, so nimmt es auch auf dem Gebiet seines Rechtslebens das Ueberkommene nicht mehr mit fragloser Anerkennung hin: es wird, namentlich wenn bei rascherem Fortgang des Lebensinhalts und reicherem Auftauchen neuer wirthschaftlicher, gesellschaftlicher Aufgaben die alten, einfachen Rechtsnormen als nicht mehr angemessen empfunden werden, die einmal erwachte Kritik das Ueberlieferte und Bestehende auch auf dem Boden des Rechts um seine Existenzberechtigung, d. h. um seine Zweckmäßigkeit, um seine Uebereinstimmung mit dem veränderten Gesammt=zustand der Nation, mit ihrem folgeweise zugleich mit veränderten Rechtsideal befragen.

Ist vollends bereits eine Wissenschaft des Rechts erwachsen, so wird diese nicht nur aus Gründen des äußeren Bedürfnisses nach praktischen Reformen, auch aus theoretischer, logischer, innerer Nothwendigkeit Kritik des von ihr zu behandelnden Rechtsstoffes üben und diesen nicht bloß nach der Zweckmäßigkeit, auch nach der Vernünftigkeit der positiven Rechtssätze prüfen.

Aber auch bei der Fortbildung des Rechts durch die bewußte Absicht des Gesetzgebers können die letzten Entscheidungen über sich bekämpfende Anschauungen nur aus der Grundauffassung vom Recht, von dem Wesen, den Aufgaben, den Mitteln und den Schranken des States gefunden werden.

Gewiß sollen diese Entscheidungen in voller Würdigung der concreten Verhältnisse des einzelnen Volks und States, nicht aus abstracten Theorien mit dem Wahne der Gültigkeit für alle Nationen und Zeiten, geschöpft werden: aber in dem Lärm und Gewoge der Parteien kann dem Statsmann, dem Gesetzgeber doch nur philosophisch durchgebildete Vernunftüberzeugung Ruhe und Stäte und Klarheit gewähren über seine Ziele und seine Bahnen.

Aus dem Grundgedanken unserer ganzen Auffassung folgt allerdings die Einsicht, daß auch die Ergebnisse solcher philosophischer Forschung, welche der Einzelne zu gewinnen vermag, stets bedingt sind von seiner Individualität und der Gesammtheit der auf ihn wirkenden Einflüsse in Raum und Zeit: Absolutes also vermag auch die Philosophie in diesen Fragen nicht zu erreichen: auch ihre Erfassung der Idee des Rechts ist stets eine individuell, national, zeitlich bestimmte: aber klarer, ruhiger, objectiver wird das Ergebniß sich immer gestalten als die Auffassungen der Parteileidenschaft oder der reflexionslosen Weiterbildung des Ueberkommenen.

Der Statsmann, der Gesetzgeber wird die wichtigsten Begriffe, mit denen er zu operiren, die dringendsten Aufgaben, die er zu lösen, die brennendsten Streitfragen, die er zu entscheiden hat, aus den bewußten und unbewußten Verdrehungen der sogenannten öffentlichen Meinung in der Gegenwart und ihren Parteiungen sowie aus der Herrschaft veralteter Traditionen der Vergangenheit empor heben müssen auf die Höhe der Kritik: er wird sie mit seiner gesammten Weltanschauung, mit seinen Principien zusammen halten d. h. er wird sie philosophisch betrachten müssen.

Die praktisch wichtigsten Fragen auf allen Gebieten des Rechts: des Völkerrechts, des Statsrechts, des Kirchenrechts, des Strafrechts, des Proceß-, des Privatrechts: (z. B. Interventionsrecht, Nationalitätsprincip, Verhältniß des States zur Kirche, zu den andern Aeußerungen des freien Innenlebens, Zurechnung, Strafzweck, Beweissystem, Organisation der Gerichte, Ehe, Erbrecht), das Verhältniß von Recht und Stat zu Familie, Volkswirthschaft, Religion, Moral, Kunst, Wissenschaft —: diese Probleme finden ihre letzte Beurtheilung nur in der Aufsuchung der Grundbegriffe, der Principien von Persönlichkeit, Freiheit, Recht und Stat.

Principien suchen aber ist Philosophiren.

Die Rechtsphilosophie ist demnach die systematische Erforschung der Principien des Rechts.

Sie hat nach ihrer philosophischen Seite die nothwendige Entstehung der Idee des Rechts in der menschlichen Vernunft und ihr Verhältniß zu den übrigen Richtungen des Menschengeistes und Kräften im Menschenleben zu untersuchen: sie hat dem Recht seine Stellung in dem geistigen Kosmos anzuweisen.

Nach ihrer juristischen Seite hat sie die mit philosophischer Speculation auf Grund vergleichender Rechtsgeschichte gefundenen obersten Principien von dem Wesen des Rechts und Stats zu bewahrheiten an dem positiven Rechtsstoff aller Rechtsgebiete.

Darin liegt die empirische Probe über die speculative Rechnung.

Je mehr wir im Stande sein werden, unser rechtsphilosophisches Princip in allen wichtigen Fragen des öffentlichen und privaten Rechts in ungezwungener und ergibiger d. h. an zutreffenden Entscheidungen fruchtbarer Weise durchzuführen, je mehr die aus diesem Princip gezogenen Folgerungen juristischen Tact und praktische Brauchbarkeit zeigen, so zwar, daß sie dem historischen Rechtsleben nicht gedankenlos und kritiklos nachbeten, aber auch nicht in seinen Erfordernissen widersprechen, sondern dasselbe, mitgehend, aber voranschreitend, führen, desto sicherer dürfen wir eine Annäherung unserer Auffassung an das objectiv Richtige annehmen. —

Der Darstellung des Systems wird eine Geschichte der Rechtsphilosophie vorangeschickt werden müssen: das empfiehlt sich aus dem hier nur kurz angedeuteten Standpunct, dessen Rechtfertigung die folgende Ausführung liefern muß.

Verwerthung der Ergebnisse der historischen Schule durch die Speculation, Aufbau der rechtsphilosophischen Construction auf Grund der vergleichenden Rechtsgeschichte, der Völkerpsychologie und Ethnologie lautet unsere Anforderung an eine Rechtsphilosophie, welche eine Wissenschaft und nicht eine Phrasensammlung sein will.

Nachdem die genialen aprioristischen Constructionen der Fichte-Schelling-Hegelschen Systeme über ein Menschenalter die deutsche Bildung zwar vielfach gefördert und befruchtet, aber auch in der Selbsttäuschung der Schulformel befangen gehalten, war es die historische Schule, welche auf dem Gebiet der Sprach- und Rechts-Forschung, der Kunst- und Religions-Geschichte, dann folgeweise auf dem der politischen Geschichte und zuletzt von der Seite der „Philosophie der Geschichte" und der Erkenntnißtheorie her auch auf dem Boden der Philosophie die aprioristische, rein speculative Construction in ihrer Unfruchtbarkeit nachwies und durch die Ergebnisse der historischen Methode beschämte: denn diese historische Forschung hat auch für die bezeichneten Gebiete der Philosophie Aufschlüsse gewonnen, welche die inhaltleeren und oft dem Thatsächlichen widersprechenden Formel-Resultate der Speculation auslöschten in der deutschen Bildung: ähnlich wie die sogenannte Naturphilosophie verschwand vor den fast gleichzeitigen Entdeckungen der experimentirenden und beobachtenden Naturforschung.

Die Strömung der Zeit wandte sich dann mit Geringschätzung von aller philosophischen Denkweise ab, vollbeschäftigt mit Einbringung und Genuß der reichen Ernte empirischer Forschung auf dem Gebiet der Geistes- und der Natur-Wissenschaften.

Aber die philosophische Betrachtung ist dem Menschengeist auf einer gewissen Culturstufe unentbehrlich: und zumal deutsche Geistesart kann nicht von ihr lassen.

Gerade die Meister empirischer Forschung erkennen klar die Begrenzung ihrer Mittel und die Nothwendigkeit der Ergänzung ihrer Arbeit durch eine besonnene Speculation, welche sich auf dem von der Empirie eroberten Boden bewegt, aber auch darüber erhebt.

Dies ist unser Standpunct.[1])

---

[1]) Die Herausgeber und Freunde dieser Zeitschrift (für vergleichende Rechtswissenschaft) wird es vielleicht erfreulich berühren, wenn wir hier einige Sätze einschalten, welche wir lange vor Begründung dieser Blätter, im Jahre 1873, in Vorbereitung einer Geschichte der Rechtsphilosophie niedergeschrieben haben.

„Wenn wir für die Rechtsphilosophie die historische Methode — die der Rechtsvergleichung und der Völkerpsychologie — als die allein auf der Höhe der Wissenschaft stehende bezeichnen, wenden wir nur eine allgemeine Errungenschaft der letzten Jahrzehnte auf das Sondergebiet des Rechtes an. Unmittelbar nach den Warnungen Kants vor den Selbsttäuschungen dogmatischer Philosopheme erfolgte ein Aufbau von dogmatischen Systemen mit Constructionen a priori, welche zwar alle früheren in Deutschland überragten an genialer Kühnheit, aber auch an genialer Willkür, an genialer Großartigkeit, aber auch an genialer

Kant verdanken wir die Erkenntniß der Beschränkung aller menschlichen Speculation: wir wollen aus diesem Kriticismus in keine Art von Dogmatismus, und sei er auch so geistvoll wie die genialen Constructionen Hegel's, zurückfallen.

Von einer Kritik unseres Erkennens, seiner inneren Gesetze und seines unablegbaren Mediums, der Sprache, muß alle Speculation anheben: dann wird sie sich der Relativität ihrer Ergebnisse bescheiden bewußt bleiben.

Irrigkeit, an genialer Inspiration, aber auch an scheuloser Vergewaltigung der Thatsachen, des tief verachteten „empirischen" Wissens in Natur und Geschichte. Und dabei wähnten anfangs jene Baumeister auf Kantischem Boden zu stehen. Diese aprioristischen Systeme von Fichte, Schelling, Hegel haben, vermöge der außerordentlichen Begabung der Meister, einzelne glänzende und dauernde Entdeckungen in Psychologie, Aesthetik, Religionsphilosophie, in Philosophie der Geschichte geliefert und Hegel wenigstens hat auch für eine tiefere und würdevollere Auffassung von Stat und Recht sehr dankenswerthe Anregungen gegeben. Aber die Methode dieser Systeme hat doch für immerdar ihre Verwerflichkeit erwiesen durch jene unglaublichen Ungeheuerlichkeiten der Natur-, Religions- und nicht zum Mindesten der Rechtsphilosophie, welche wir, wenn wir sie bei unsern geistreichen westlichen Nachbarn fänden, mit recht übeln Namen schelten würden.

In derselben Zeit, da die apriorische Construction diesen stolzen ikarischen Flug in die Wolken wagte und den Boden, auf welchem die verachtete empirische Forschung ihre Ameisen-Arbeit betrieb, ganz aus den Augen verloren hatte, gerade damals, in den ersten Jahrzehnten unseres Jahrhunderts haben die Niebuhr und Savigny, die Eichhorn und Grimm für römisches und deutsches Recht nicht nur, für römische und deutsche Cultur-Geschichte nicht nur, sondern, im Anschluß an Wilhelm von Humboldt's geniale Auffassungen, für die gesammte Geistesgeschichte der Menschheit auf empirischem, geschichtlichem Wege Ergebnisse gewonnen, welche zu sehr großem Theil auch dem Inhalt nach, vor Allem aber was die Methode betrifft, als unverlierbare Errungenschaften gerühmt werden dürfen: und zwar für die Methode nicht empirischer Forschung nur, auch jedes besonnenen „Suchens der Principien" das heißt jedes besonnenen Philosophirens.

Jene Männer konnten und wollten ihre Entdeckungen nicht speculativ verwerthen.

Die speculative Schulphilosophie aber ignorirte die von den Empirikern gefundenen Wahrheiten.

Die speculative Verwerthung dieser Wahrheiten in Methode und Inhalt, die Speculation auf Grund der Ergebnisse der historischen Schule, ist unseres Erachtens die heutige Aufgabe der Rechtsphilosophie: auf dem Gebiet der Sprache und der Mythologie dürfen wir bereits große Fortschritte dieser verbündeten Mächte, der Speculation und der historischen (vergleichenden) Empirie verzeichnen: die Rechtsphilosophie darf sich gürten und rüstig wandern, will sie die weit vorangeeilten Schwestern einholen." (Ostern 1873!)

Das Material aber, über welches philosophirt werden soll, muß in dem von der geschichtlichen Forschung genau festgestellten Bestande von dem Philosophirenden vollständig und sicher beherrscht sein.

Wenden wir diese Sätze auf den Rechtsstoff an, so ergibt sich als unerläßliche Voraussetzung aller Rechtsphilosophie eine Disciplin vergleichender Rechtsgeschichte: eine Vorlesung, welche sowenig wie vergleichende Sprachforschung oder vergleichende (geographische) Botanik oder Zoologie an unsern Hochschulen fehlen sollte.

Der Professor der Rechtsphilosophie müßte, als Legitimation für sich selbst und seine Hörer, dieses Colleg — als Einführung in die Vorlesung über Rechtsphilosophie — zu halten im Stande sein.

Bei dem dermaligen Stande der Erforschung der orientalischen Culturen wird es freilich noch kaum einem Einzelnen möglich sein, neben dem Rechtsstoff der drei großen arischen Culturvölker Europas: Hellenen, Römer, Germanen (welchem etwa angefügt werden mag, was von Slavischem und Keltischem bekannt ist), auch jene so mannichfaltigen aus Religion, Moral, Poesie und Recht gemischten Bildungen im Orient zu beherrschen: billige Ansprüche werden sich dermalen mit der empirischen Durchbildung des Rechtsphilosophen in jenen drei Gebieten begnügen müssen.

Aber es darf nicht verkannt werden, daß das eine nur provisorisch ausreichende, eine an sich zu schmale Grundlage ist: universelle vergleichende Rechtskenntniß muß als Ziel im Bewußtsein erhalten werden.

Ist doch schon bei Hellenen und Italikern die Ausscheidung des Orientalischen kaum mehr durchführbar und ein Zurückgehen auf das den arischen Völkern Gemeinsame im Gebiete des Rechts sowenig zu vermeiden wie in dem der Sprachforschung oder der Mythologie.

Aber auch nach andern Richtungen hin muß die Grundlage rechtsphilosophischer Forschung gar bedeutend erweitert werden: ja so sehr in's Ungemessene, daß schwerlich das hier vorleuchtende Ziel ganz wird erreicht werden.

Es ist nämlich doch ein seltsamer Irrthum der Methode, sich auf die genannten drei Nationen und etwa noch die reichst entwickelten orientalischen Reiche zu beschränken und dabei gleichwol fortwährend ungenirt von einer „Geschichte der Menschheit" zu sprechen.

In Wahrheit müßten die Rechtsbildungen aller uns bekannten Stämme beigezogen werden, auch der minder reich angelegten, auch der in der Stufe der Vorcultur Beharrenden, auch der sogenannten „Naturvölker" oder der „Wilden".

Vergleichende Völkerkunde, Ethnologie, Völkerpsychologie, Anthropologie (die ihrerseits ohne die Grundlage von zwei naturwissenschaftlichen Disciplinen: der Paläontologie und vergleichenden Zoologie, in der Luft schweben) sind die Voraussetzungen einer wissenschaftlichen Rechtsphilosophie. Für die Sprachphilosophie, ja für die auf der Höhe der Forschung stehende empirische Sprachwissenschaft ist dies anerkannt: für das Recht wird diese Anforderung solcher Ausdehnung hier zum ersten Mal aufgestellt.

Und doch ist es gewiß für die Rechtsphilosophie an sich ebenso interessant zu lernen, wie die Petschenägen oder Australneger Eigenthum und Strafe auffassen als wie die Römer oder Beccaria darüber dachten.

Erst der Blick auf fern abliegende, „barbarische", „wilde" Völker und ihre einfachen, „wilden" Anschauungen und Zustände erweitert den Gesichtskreis und befreit von dem Bann der unwillkürlich oder mit Bewußtsein ausschließlich zu Grunde gelegten hellenischen, römischen und, wie die Phrase tönt, „christlich-germanischen" Vorstellungen. Die Berichte der Reisenden über die Rechts- und Cultur-Zustände solcher Naturvölker sind ein unentbehrliches Material für eine „Rechtsphilosophie auf Grund vergleichender Rechtsgeschichte" wie sie uns als Ideal vorschwebt.

Dabei waltet freilich der doppelte Uebelstand, daß solche Berichte, wie sie z. B. Waitz in seiner Anthropologie der Naturvölker verwerthet hat, sich meist aller Controlle entziehen und aus Mißverständniß der Sprache oder der Dinge, aus Mangel an Kritik oder an Interesse oft unrichtig aufgeführte Thatsachen liefern. Dann, daß der nicht juristisch, ja oft auch nicht historisch gebildete Reisende (Naturforscher oder Missionair oder Militair) nicht weiß, auf welche Puncte er seine Fragen zu richten hat; so wird oft als Rechtssatz berichtet, was nur Sitte oder moralische oder religiös-sacrale Ordnung ist.

Allein die Schwierigkeiten, welche der Lösung einer wissenschaftlichen Aufgabe bei idealer Auffassung entgegenstehen, dürfen nicht abhalten von der Aufstellung dieses Zieles.

II.

Haben wir in der früheren Darlegung die Entstehung des Rechts nachzuweisen versucht, so mögen nunmehr einige Grundstriche das Wesen des Rechts zeichnen: für manches Detail kann verwiesen werden auf die Antikritik des geistvollen von Jhering'schen Werkes: „Der Zweck im Recht" in meiner Schrift: „Die Vernunft im Recht; Grundlagen der Rechtsphilosophie", Berlin 1879.

Wir geben hier kurze Sätze, Thesen, zum Theil Definitionen. Jede Definition entfaltet ihren Sinn erst durch das System: erst die Auseinanderlegung ihrer Merkmale, die Erläuterung der darin zusammengefaßten Begriffe macht sie lebendig.

Aber die volle Ausschöpfung des Inhalts der Begriffsmerkmale, welche in die einzelnen Definitionen gelegt sind, wäre nichts Geringeres als ein vollständiges System der Rechtsphilosophie, für welches hier keine Stätte. Die kurzen hier mitgetheilten Sätze mögen als Andeutungen, als Abschlagszahlungen gelten für eine solche positive Darstellung der Rechtsphilosophie, wie sie wiederholt von dem Verfasser (zuletzt von der Besprechung der erwähnten Schrift im Centralblatt 1880) als Ergänzung seiner Kritiken von Ahrens und Jhering gefordert wurde.

---

§. 1. Das menschliche Denken, sofern es Principien sucht, nennen wir philosophiren. Absolute Principien sind für den Menschen mit wissenschaftlicher Evidenz nicht erreichbar. Seit Kant muß alle Philosophie von der Kritik des menschlichen Denkens selbst ausgehen: dann wird sie sich auch der Relativität aller ihrer Ergebnisse bewußt bleiben.

§. 2. Das Gesetz des menschlichen Denkens muß auch das Gesetz unseres Philosophirens sein (subjectiv und objectiv): nicht nur, weil Philosophiren selbst eine Art des Denkens, nämlich methodischen Principien-Denkens, ist, sondern zumal, weil dies Gesetz Voraussetzung aller unserer Ergebnisse ist; identisch damit muß auch das Gesetz des Seienden überhaupt sein, denn auch unser Denken ist ja ein Theil des Seienden.

§. 3. Das Gesetz des menschlichen Denkens, das an die Sprache gebunden ist, erweist sich als Subsumtion alles Einzelnen, scheinbar Zufälligen unter eine höhere Einheit, Allgemeinheit, Nothwendigkeit; umgekehrt ist daher Begreifen die Erklärung des Einzelnen, scheinbar Zufälligen als Erscheinung einer Einheit, Allgemeinheit, Nothwendigkeit d. h. eines Gesetzes.

§. 4. Dem menschlichen Denken ergeben sich daher alle Einzelheiten als Erscheinungen von Gesetzen d. h. von allgemeinen Vernunftnothwendigkeiten. Es beruhigt sich erst dann, wenn es das Einzelne, mit dem es sich eben befaßt, als Erscheinung eines allgemeinen Gesetzes gedacht, d. h. begriffen hat. So sucht alle Wissenschaft als methodisches Denken Gesetze: Naturwissenschaft Naturgesetze, Geisteswissenschaft Geistesgesetze.

§. 5. Das menschliche Denken kann sich nun aber bei dem Dualismus
   1. von Geist und Natur und
   2. bei der scheinbar zufälligen Menge von Geistes- und Naturgesetzen auch nicht beruhigen. Es muß vielmehr nach seinem Wesensgesetz (§ 3)
   a. über dem Unterschied von Geist und Natur und
   b. über den mehreren Geistes- und Natur-Gesetzen eine höhere Vernunfteinheit postuliren.

Es hebt daher 1. auch die Zweiheit von Geist und Natur auf in einer höheren Einheit: im Begriffe des Universums; und es fordert

2. über den einzelnen Natur- und Geistes-Gesetzen ebenfalls eine höhere Vernunfteinheit d. h. ein absolutes oder Weltgesetz, zu welchem sich nun Natur und Geist und ihre einzelnen Gesetze selbst wieder verhalten wie Erscheinung zum Gesetz. Allerdings bleibt auch jetzt noch ein Dual übrig: der von Weltgesetz nnd Welt d. h. von Gesetz und Erscheinung überhaupt. Auch diese Zweiheit als nothwendige Einheit zu denken ist die letzte Leistung des menschlichen Gedankens.

§. 6. Aufgabe alles Philosophirens d. h. Principien-Suchens ist hienach, das Weltgesetz in den Gesetzen und Erscheinungen von Natur und Geist zu suchen: Aufgabe der Rechtsphilosophie also, auch in der Idee des Rechts, den Gesetzen der Rechtsproduction und in den einzelnen Erscheinungen des Rechtslebens eine Erscheinungsform des absoluten Gesetzes zu ergründen. Es soll also die Rechtsphilosophie das Vernunftnothwendige im Recht aufsuchen und darweisen./ Schon hienach dürfen wir als bewiesen aussprechen, daß dem Recht und Stat nicht bloß zu Grunde liege eine äußerliche realistische Nöthigung, sondern daneben und tiefer eine innerliche ideale Vernunftnothwendigkeit. Wir sind also hinaus über die Frage, ob Recht und Staat φύσει oder θέσει entstehen oder gar durch Vertrag. Wir haben das Recht als ein vernunftnothwendiges Attribut des Menschen erfaßt, als eine nothwendige Folge der menschlichen Vernunft: nicht als ein nothwendiges Uebel, sondern als ein nothwendiges Gut. Der Mensch hat nicht nur um der äußeren Noth willen die Neigung, vernünftige Friedensordnungen aufzustellen (Besitz) oder moralische Ordnungen (Pietät, Dankbarkeit), sondern er hat daneben das Bedürfniß, um seiner Vernunft willen solche Normen aufzustellen, welche logisch seine Vernunft befriedigen.

§. 7. Auch im Menschen erscheint die Verwirklichung von Natur- und Geistes-Gesetzen. Diese sind im Menschen zwar unterscheidbar, aber nicht absolut scheidbar. Natürliche Triebe dienen geistigen Kräften; andrerseits sind die höchsten Ideale des Menschen zu ihrer Verwirklichung angewiesen auf ein Material von natürlichen Trieben, Kräften und Stoffen.

§. 8. Solche Erscheinungen im Leben der Menschheit, welche in der Wechselwirkung von Ideal und Trieb, Geist und Natur, Form und Stoff bei allen Völkern auf allen Culturstufen mit einheitlichem Wesen, obzwar stets wechselnden Erscheinungen, auftreten, nennen wir menschliche Attribute. Diese Attribute sind:

1. Die Sprache (Sprachtrieb, Gedanke und Wortstoff).
2. Familie (Geschlechtstrieb, Ehe, väterliche Gewalt).
3. Kunst (Idee des Schönen, Formentrieb der Phantasie).
4. Religion (Trieb der unmittelbaren Erfassung des Absoluten, der gefühlsmäßigen Subsumtion des Einzelnen unter das Höchste, Vernunftnothwendige: Bethätigung äußerer Erscheinungen im Cult und in gemeinsamer Verehrung).
5. Moral (Idee des Guten, Trieb der harmonischen Gestaltung von Selbsterhaltung und Hingebung, richtige Subsumtion des Einzelnen unter die höhere Allgemeinheit in den Motiven).
6. Recht und Stat (Idee der vernünftigen äußeren Friedensordnung, richtige Subsumtion der Erscheinungen des äußeren Verkehrs unter ihre vernünftige Ordnung).

7. Wissenschaft (Idee des Wahren, Trieb der theoretischen Subsumtion der Einzelerscheinungen unter ihr höheres Begriffsgesetz).

§. 9. Alle diese Attribute erscheinen der Anlage, dem Keime nach überall, wo und wann Menschengenossenschaften leben, weil sie wesentliche Bedürfnisse zugleich des menschlichen Geistes und der menschlichen Natur sind.

Wie der allgemeine Begriff des Menschen nicht erscheint in einer abstracten Menschheit gleichsam oberhalb der einzelnen Völker, sondern nur in der Gesammtheit der Volksindividuen, so erscheinen jene Attribute niemals und nirgend in einer absoluten für immer giltigen Gestalt, sondern in immer wechselnden Bildungsformen bedingt durch zwei Factoren:

a) ein innerer Factor, der in seinen letzten Gründen unerklärbare Nationalcharakter; und

b) die Gesammtheit der geschichtlichen Voraussetzungen in Raum und Zeit, die auf den Nationalcharakter wirken.

Also kein sogenanntes Naturrecht, keine sogenannten angeborenen Rechte, keine sogenannten Menschenrechte.

§. 10. Unter diesen Attributen finden wir, bei psychologischer Betrachtung des Individuums und historischer Betrachtung der Völker, auch den Rechts- und Stats-Trieb vor in Realisirung der Rechts- und Stats-Idee. Der Mensch bedarf, zu seiner Existenz und Erhaltung und mehr noch zur Entfaltung, wegen seiner Leiblichkeit

a) des äußeren physischen Stoffes d. h. der Sachenwelt und

b) des Zusammenlebens, der äußeren Gemeinschaft mit anderen Menschen, wozu ihn drängen Geschlechtstrieb, Sprachtrieb, später die erkannten volkswirthschaftlichen Vortheile von Arbeitstheilung, Arbeitsverbindung und Austausch.

Dies sind die realen Wurzeln von Recht und Staat.

§. 11. Neben jene realen Wurzeln von Recht und Stat tritt nun aber, unserer Grundanschauung gemäß, eine ideale Wurzel, neben die äußere Nöthigung eine innere logische Nothwendigkeit für Recht und Stat.

a) Das Recht. Der Mensch hat das logische, das Vernunftsbedürfniß, alles Einzelne unter ein Allgemeines, alle Erscheinungen unter vernünftige Nothwendigkeiten zu subsumiren d. h. unter Gesetze. (§ 3.) Dieses Bedürfniß der logischen Subsumtion waltet nun auch bei den Einzelheiten des äußeren Verkehrs; auch diese Erscheinungen müssen nach einem zwingenden Bedürfniß des menschlichen Denkens subsumirt werden unter nicht bloß willkürliche, sondern unter vernunftbefriedigende Obersätze.

§. 12. b) Der Stat. Er hat seine reale Wurzel in geschichtlichen Verhältnissen: meistens, aber nicht immer, in Stammesgemeinschaft, dann in der Lebenserleichterung, Sicherung, Förderung des Lebens durch die Gemeinschaft. Die ideale Wurzel hat der Stat ebenfalls in dem menschlichen Grundzuge zum Einheitlichen, Nothwendigen, Allgemeinen und zwar

a) weil der Stat Voraussetzung für sichere, reichliche und volle Realisirung der Rechtsidee ist;

b) in dem starken Idealtrieb des Patriotismus, der zunächst naturwüchsig auftritt, als Nationalismus, und sich vergeistigt und gipfelt in dem Politismus: denn die richtige Subsumtion des ganz isolirten Einzelmenschen unter die ganz abstracte Menschheit geschieht normal und vollkommen nur in der Nationalität. Das Volksgefühl ist jene Harmonie des berechtigten Individualismus und der pflichtmäßigen Hingabe, welche (Harmonie) in allem Menschlichen das Ideale ist, (also ebenso verwerflich der nationale Indifferentismus wie der inhaltlose Kosmopolitismus). Die Menschheit verwirklicht allerdings ihr und das Weltgesetz: aber nicht abstract, sondern nur concret in der Summe der einzelnen Volkscharaktere. Die richtige Subsumtion des Einzelnen unter seinen Artbegriff ist daher der innigste Zusammenschluß mit seiner Volksthümlichkeit. Nationalismus ist also nicht ein barbarisches Vorurtheil, sondern die richtige Form des Kosmopolitismus. Daß der Nationalismus zum Theil auf Naturtrieb beruht, (anders der Politismus), ist kein Vorwurf, sondern seine beste Rechtfertigung: er theilt sie mit Sprache, Familie und Kunst.

§. 13. Die menschliche Vernunft fordert also nicht nur eine zufällige, äußerliche, willkürliche, irgendwie beruhigende Ordnung der äußeren Verhältnisse der Menschen zu einander und zu den Sachen, sondern sie fordert eine vernunftgemäße Friedensordnung dieser Beziehungen. Die Erfüllung dieser Forderung ist das Recht. Das Recht ist also die **vernünftige Friedensordnung einer Menschengenossenschaft in ihren äußeren Verhältnissen unter einander und zu den Sachen.**

§. 14. Der Stat ist die Gesammtform eines Volksthums zu Schutz und Förderung von Recht und Cultur.

§. 15. Das Recht ist die Ordnung einer Menschengenossenschaft: und zwar im subjectiven wie objectiven Sinn d. h. von einer Menschengenossenschaft für eine solche aufgestellt: also die menschliche geschichtliche Bethätigung eines menschlichen Triebes. Folglich ist das Recht weder als Ganzes noch in einzelnen Instituten Product einer göttlichen Offenbarung: folglich ferner bezieht sich das Recht nur auf Verhältnisse der Menschen unter einander, nicht der Menschen zu Gott oder zu den Thieren.

§. 16. Da das Recht die Friedensordnung einer Menschengenossenschaft ist, kann es kein Naturrecht geben; nur die Idee des Rechts ist gemein-menschlich, die Erscheinungen derselben sind überall national uud historisch bedingt.

§. 17. Recht und Religion sind zwei wesentlich verschiedene, selbstständige, obzwar vielfach sich berührende Gebiete: Religion die unmittelbare Beziehung des Menschen zum Absoluten, das Recht eine Norm äußerer Menschenverhältnisse. Es berühren sich aber Recht und Religion

a) dadurch, daß in der Unmittelbarkeit, in der Vorcultur jedes Volkes alle menschlichen Attribute in einandergehüllt und verwickelt sind: Kunst, Religion, Moral, Recht bilden noch unausgeschieden die Substanz des nationalen Geistes (Gottesurtheil, Strafe als Opfer, religiöse Weihe der wichtigeren Rechtsgeschäfte). Der Culturfortschritt beruht nun aber gerade in der Ent-wicklung der zur Selbstständigkeit reifenden Attribute.

b) Eine zweite Berührung von Religion und Recht liegt in der engen Verbindung von Religion und Moral einerseits, von Moral und Recht andrerseits, wodurch einzelne Acte auch später noch zugleich religiösen und juristischen Charakter behalten (Eid).

c) Wenn der Religionstrieb aus dem bloß Inneren in äußere Verwirklichungen übergeht, äußere Verhältnisse der Menschen unter einander und zu Sachen gestaltet, wie die Religion, gleichwie jedes andere Attribut, nothwendig thun muß (Culthandlungen, gemeinsame Verehrung, sacrale Sachen, Kirchengüter), dann freilich kann und muß auch für diese äußeren Beziehungen eine Friedensordnung Platz greifen

d. h. ein Sacralrecht, Kirchenrecht, welches aber autonom von den religiösen Verbänden, nicht vom Stat zu schaffen ist: vorbehaltlich selbstverständlich des jus cavendi atque judicandi des States.

§. 18. Der principielle Unterschied zwischen Recht und Ethos liegt darin, daß das Recht die vernünftige Friedensordnung äußerer, das Ethos die vernünftige Friedensordnung innerer Beziehungen der Menschen zu einander ist. Erst folgeweise ergibt sich hieraus;

a) Die Erzwingbarkeit der Rechtspflichten und die Unerzwingbarkeit der Moral.

b) Das Uebergewicht der Gesinnung im Ethos, der Handlung für das Recht.

Regelmäßig, bei gesunden Rechtsverhältnissen, ist jeder Bruch des Rechts zugleich ein Bruch der Moral (Ausnahmen kommen vor, setzen aber immer krankhafte Zustände voraus), während selbstverständlich nicht jeder Bruch der Moral auch ein Bruch des Rechts ist.

§. 19. Die älteste Form aller Rechtsbildung ist die des Gewohnheitsrechts (das Recht als kristallisirte Sitte). Wie in aller menschlichen Entwickelung geht auch im Recht das unmittelbare, unbewußte, überwiegend unabsichtliche Produciren der absichtlichen, reflectirenden Production voraus. Auch dies zeigt die gleiche Stellung des Rechts mit den übrigen menschlichen Attributen.

§. 20. Wenn auf höheren Culturstufen die bewußte Form der Rechtsbildung, d. h. die Gesetzgebung, erscheint, soll sie doch mit Nichten das Fortwirken der Bildung von Gewohnheitsrecht verhüten wollen: sie würde es nicht können und nur an Stelle eines gesunden Gewohnheitsrechts eine ungesunde Gesetzesinterpretation bewirken. Das Gesetz soll vielmehr neben dem Gewohnheitsrecht

a) zweifelhaftes Gewohnheitsrecht entscheiden, fixiren;

b) wo neuer Lebensinhalt neue Rechtsformen verlangt, welche das langsam schreitende Gewohnheitsrecht nicht rasch genug bilden kann, solche neue Rechtsformen schaffen;

c) im Nothfall, aber nur mit Vorsicht, veraltetes, jetzt als unsittlich, unvernünftig, schädlich wirkend erkanntes Gewohnheitsrecht ändern und aufheben.

§. 21. Da das Recht eine äußere Formbildung ist, steht der Inhalt des gesammten Innenlebens der Einzelnen und ihre inneren Beziehungen unter einander an sich nicht unter der Herrschaft des Rechts. Dies gilt, wie vom Ethos, so von allen übrigen Gebieten des inneren Lebens in Geist, Gemüth, Phantasie. Nur unter besonderen Voraussetzungen werden diese Gebiete und immer nur in ihrem äußeren Erscheinen fähig und bedürftig der Regelung durch Recht und Stat. Daraus folgt:

a) Schutzrecht und Schutzpflicht des States gegen solche Erscheinungen dieser Attribute, die ein anderes Attribut oder den Stat selbst bedrohen (frivoler Mißbrauch der Kunst, statsgefährlicher Aberglaube ꝛc.);

b) Schutz der persönlichen uud vermögensrechtlichen Rechte, welche sich an jene äußeren Erscheinungen knüpfen (Urheberrecht, Verlagsrecht ꝛc.);

c) Hegung und Förderung dieser auch für den Stat hochwichtigen Gebiete, soweit ihre Autonomie hiezu nicht ausreicht;

d) Richterliche Competenz des States bei Conflicten.

§. 22. Aus unserer Definition des Rechts (§. 13) folgt auch Berechtigung und Nothwendigkeit des **provisorischen Schutzes alles Besitzzustandes**; denn wo Stat und Recht in Kraft bestehen, d. h. eine vernünftige Friedensordnung herrscht, spricht die Vermuthung für die Vernunftgemäßheit des jeweiligen wirklich friedlichen Besitzstandes: sonst würde eben unter der Herrschaft von Recht und Stat der Besitz nicht friedlich bestehen.

§. 23. Wie jedes natürliche Rechtssubject das Recht hat, unter Einhaltung der übergeordneten Friedensordnung seine äußeren Verhältnisse selbst zu ordnen, so muß auch jede Rechtsgenossenschaft im Stat unter gleicher Voraussetzung das gleiche Recht haben, insbesondere auch was ihre Verfassung, die Pflichten und Rechte ihrer Glieder betrifft. Dies (abgeleitet aus §. 3 und 13) bedeutet also:

a) innerhalb des States das **Princip der Autonomie**, der Selbstverwaltung als ein begrifflich gerechtfertigtes und

b) im Verhältniß souveräner Staten unter einander das **Princip der Nichtintervention**, das nur ausnahmsweise beschränkt werden kann:

α) durch einen Specialtitel in Vertrag oder Gewohnheitsrecht und

β) durch Selbsthilfe bei Nothstand.

§. 24. In jeder Rechtsinstitution muß sich wenigstens der Versuch der Verwirklichung einer Vernunftidee in der Kategorie des Rechts nachweisen lassen. Diesen Versuch aufzudecken ist eine der wesentlichsten und an tiefsinnigen Ergebnissen reichsten Aufgaben der Rechtsphilosophie.

§. 25. Wenn aber auch die Rechtsphilosophie theoretisch die relative d. h. die historische Berechtigung (causa sufficiens) aller Rechtsinstitutionen als versuchter Verwirklichungen der Rechtsidee anzuerkennen hat, so folgt doch andrerseits aus unserer Definition, daß jeder Einzelne Pflicht und Recht hat, die Rechtsgebilde seines States danach zu prüfen, ob sie auch dermalen noch vernünftige Friedensordnungen sind. Nur im Bejahungsfall wird er freudig gehorchen; auch im Verneinungsfall besteht die Gehorsamspflicht (§. 18), aber zugleich die Pflicht, auf friedensordnungsmäßigem Wege zur Umgestaltung des nicht mehr vernünftigen Rechtsbestandes hinzuwirken, auch das Recht, aber mehr in der Gesammtheit als in seinem Interesse. Es folgt also aus dem richtig verstandenen historischen Princip keineswegs jener politische Quietismus oder Fatalismus, den man ihm vorwarf, sondern das Gegentheil: denn jeder Einzelne trägt hienach durch Schuld seiner Trägheit und Stumpfheit dazu bei, wenn ein ganzes Volk der Autonomie unfähig wird, veraltete Rechtsinstitutionen noch fortschleppt, wenn statt Reformation Rechtsstagnation oder Rechtsbruch (Revolution), vielleicht Untergang des States eintritt.

§. 26. An sich ruht die Verwirklichung der Rechtsidee, wie z. B. auch der Volkssprache, auf dem ganzen Volk: es ist aber nicht eine Anomalie, ein Verstoß gegen das Princip, wenn, bei fortschreitender Cultur, in Folge individueller Begabung und Neigung, in Folge des Princips der Arbeitstheilung überhaupt und der massenhaften Anwachsung von Rechtsstoff, ein besonderer Juristenstand entsteht (analog Volkspoesie, später Kunstpoesie). Der Juristenstand muß sich dann nur stets als lebendiges Glied seines Volkes empfinden: er darf mit seiner überlegenen Rechtsbildung die Rechtsproduction des Volkes leiten, soll sie aber nicht im Widerspruch gegen Volkscharakter und Volksgeschichte erzwingen wollen.

§. 27. Aus §. 13 folgt, daß Rechtssubject zunächst jeder Mensch und nur der Mensch sein kann; natürliches Rechtssubject ist der Mensch, nach Abschaffung der Sclaverei, weil er selbstbewußter Träger einer Rechtsvernunft ist. Es kann nun aber in rechtsphilosophisch vollbegründeter Weise auch ein künstliches Rechtssubject d. h. eine künstliche Persönlichkeit bestehen. Erforderlich und genügend wird hiefür sein, was erforderlich und genügend war, ein natürliches Rechtssubject entstehen zu lassen, d. h.

a) eine Rechtsvernunft, getragen
b) von einem Corpus, einem leiblichen Substrat.

§. 28. Gegenstände des Rechts können nur sein Aeußerlichkeiten, freilich auch als Erscheinungen von Innerlichkeiten (Urheberrecht, Kirchenrecht ꝛc.). Demnach sind Rechtsobjecte nur

a) Sachen oder
b) Menschenverhältnisse d. h. Rechte und zwar
  α. dauernde Rechtszustände,
  β. vorübergehende, Handlungen.

§. 29. Daraus folgt, daß alle Forderungen der leiblichen, sittlichen, geistigen Natur des Menschen nur dann des Rechtsschutzes fähig und bedürftig werden, wenn sie in äußeren Erscheinungen, unbeschadet ihres inneren Werthes, vom Recht ergriffen werden können. Und erst dann, wenn Regungen, Wünsche, Bedürfnisse der menschlichen Natur vom Recht anerkannt und geschützt werden, werden sie Recht: vorher sind sie Postulate, Wünsche, vielleicht nothwendige Bestrebungen, aber nicht Recht. Es gibt also keine sogenannten angeborenen oder gemein-menschlichen Rechte. Ihre Annahme beruht stets auf Confusion: entweder von Moral und Recht oder der Persönlichkeit als des allgemeinen Substrats aller Rechte mit einzelnen jura quaesita oder endlich auf der Confusion des legislatorischen und des positiv rechtlichen Standpuncts.

§. 30. Jedes natürliche Rechtssubject ist hienach als solches für die ganze Dauer seiner Existenz nothwendig rechtsfähig. Daraus folgt, daß der Mensch nie als rechtlos behandelt werden darf, sonst würde sich ja das Rechtssubject in ein bloßes Rechtsobject verwandeln: also Anerkennung der Rechtsfähigkeit auch im Fremden, im Kriegsgefangenen, im Wahnsinnigen, im Trunkenen, im Verbrecher. Gegen den Kriegsfeind waltet Nothwehr resp. Nothstand des States, ausgeübt durch dessen Wehrkraft. Daraus folgt ferner de lege ferenda die Verwerfung der Sclaverei, des Strandrechts und der Folter.

§. 31. Die Strafe ist die Selbstbehauptung der vernünftigen Friedensordnung gegen vernunftwidrigen äußeren

Angriff durch äußere Repression. Der Unterschied des Strafunrechts vom Civilunrecht ist ein geschichtlich schwankender. Die verschiedene Abstufung der Strafe wird bemessen nach der objectiven Gefährlichkeit des Verbrechens oder nach der subjectiven Verwerflichkeit der Gesinnung. Abschreckung, Besserung, Sicherung sind nur secundäre Gesichtspuncte, namentlich bei der Wahl der Strafmittel, bei der Ausmessung des Strafquantums maßgebend. Was die Todesstrafe betrifft, so steht unzweifelhaft dem Stat das jus morte puniendi zu: nicht blos wegen der Abschreckung, sondern vermöge des Princips der Proportionalität.

§. 32. Aus unserer Rechtsdefinition (§. 13) folgt auch die rechtsphilosophische Begründung der Klagenverjährung und der Ersitzung; es folgt ferner aus ihr im Gebiet des Völkerrechts und Statsrechts die sogenannte legitimatio per possessionem. Nicht blos aus praktischen Utilitätsgründen rechtfertigen sich diese Institute: vielmehr ist ja das Recht eine vernünftige Friedensordnung. So wenig nun das bloß Reale ohne das Ideale der opinio necessitatis Recht ist, ebensowenig der bloße Rechtsanspruch, das bloße Ideale, der bloße Rechtsspiritualismus, wie er in der extremen Legitimitätstheorie enthalten ist.

§ 33. Wenn auch in jedem Lebenskreise die Friedensordnung soweit möglich autonom geschaffen werden soll, so folgt doch aus §. 13 und 14

1. die Unmöglichkeit, den Stat durch die sogenannte Gesellschaft ersetzen zu wollen,

2. die übergeordnete, allumfassende, in allen Conflicten entscheidende Autorität des States über allen Kreisen der sogenannten Gesellschaft.

Der Stat soll durch den Culturfortschritt nicht verdrängt, nicht überflüssig gemacht werden, sondern einerseits in den einzelnen Lebensgebieten in Inhalt und Form die möglichste Vervollkommnung steigern, auch deren Autonomie steigern, und andrerseits sich selbst d. h. seine Verfassung und (Selbst-) Verwaltung zur Freiheit empor bilden.

§. 34. Das Eigenthum entsteht durch die Steigerung des Besitzschutzes auch nach verlorener Detention durch Anerkennung der Gesammtheit.

Ganz ebenso wie das Eigenthum aus gesteigertem Besitzschutz durch Anerkennung, ist die Ehe und die väterliche Gewalt, sind die Familienrechte überhaupt entstanden durch

Anerkennung ursprünglich rein thatsächlicher Verhältnisse. Diese Anerkennung erst hat rein thatsächliche natürliche Beziehungen zu Rechtsverhältnissen gestaltet.

§. 36. Der Stat entsteht weder durch ausdrücklichen noch durch stillschweigenden Vertrag noch durch übermenschliche Einsetzung, sondern er erwächst instinctiv geschichtlich aus der Sippe, Horde und Gemeinde. Seine Wurzeln sind der Rechtstrieb und Nationaltrieb. Der Statstrieb ist die idealisirte Form des Nationaltriebes. Der Stat schafft nicht erst das Recht, ist aber Voraussetzung und Rahmen für volle, sichere Rechtsgestaltung. Von der Sippe und Gemeinde unterscheidet er sich geschichtlich betrachtet nicht absolut, sondern relativ d. h. durch die stärkere Betonung des Nationalen oder doch den mehr bewußten Gegensatz nach außen; thatsächlich dann durch die vermehrte Zahl der gemeinsam verfolgten Zwecke.

Im Verlage von **Otto Janke** in Berlin ist erschienen und durch alle Buchhandlungen zu beziehen:

Bausteine.

Gesammelte kleine Schriften

von

Felix Dahn.

Erste — dritte Reihe. Gr. 8. Geh. 547, 469 und 442 Seiten. Preis à 7 Mark.

Inhalt der ersten Reihe: Briefe aus Thule I.—IV. Vom Bernstein. — V.—VI. Herrn Obermüllers Entdeckungen. — VII. Das Angespül der See. — Die Symbolik in der deutschen Mythologie. — Der Feuerzipfel auf dem Kesselberg bei Kochel Ein Beitrag zur Lehre vom Feuer in der deutschen Mythologie. — Das Tragische in der germanischen Mythologie. — Skepticismus und Götterleugnung im nordgermanischen Heidenthum. — Wodan und Donar als Ausdruck des deutschen Volksgeistes. — Der Aberglaube des Mittelalters. — Wald- und Feld-Culte. — Deutscher Glaube und Brauch im Spiegel der heidnischen Vorzeit. — Altgermanisches Heidenthum im süddeutschen Volksleben der Gegenwart. — Altgermanisches Heidenthum in der christlichen Teufelssage. — Ursachen, Wesen und Wirkungen der sogenannten Völkerwanderung. — Die älteste Rechtsverfassung der Bajuvaren. — Ueber Pfahlbautheorieen. — Die Deutsche Sage — Die Argovia von 1866 und der Fund von Lunghofen. — Westgothische Inschriften. — Bedaium (Seebruck am Chiemsee). — Die Germanen vor der sogenannten Völkerwanderung. — Gesellschaft und Stat in den germanischen Reichen der Völkerwanderung. — Geschichte aus der Gothenzeit. Der Deutschen Jugend erzählt. — Zur Geschichte des Statsbegriffs der Germanen.

Inhalt der zweiten Reihe: Studien zur Geschichte der germanischen Gottes-Urtheile. — Fehde- und Rechts-Gang der Germanen. — Die Elbgermanen. — Die Lungern und Bastarnen. — Das deutsche Kriegswesen der Urzeiten. — Zur Geschichte der Urzeit und der Völkerwanderung. — Ermanarich, König der Ostgothen. — Der Gothenkrieg unter Valens. —

Alarich der Balte. — Athaulf, König der Westgothen. — Westgothen und Römer zur Zeit Alarich I. — Alarich II. König der Westgothen. — Genserich, König der Vandalen. — Rom im Mittelalter. — Dietrich von Berne. — Theodorich der Große und Odovakar. — Ueber Cassiodor. — Alboni, König der Longobarden. — Zur westgothischen Verfassungs-Geschichte. Ueber Handel und Handelsrecht der Westgothen. — Das Mönchthum in Bajuvarien. — Die Fehde im Langobardenrecht. — Zu Paulus Diaconus. — Desiderius, König der Langobarden. — Die Angelsachsen um das Jahr 800. — Ludwig der Fromme. — Das Frankenreich unter Ludwig dem Frommen. — Deutschlands Geschichtsquellen im Mittelalter. — Zur Geschichte der Burgunder. — Nordische Zehnten. — Germanische Rechtsdenkmäler. — Ansiedlungen und Wanderungen deutscher Stämme. — Zur Germania des Tacitus. — Die Anfänge der deutschen Geschichte. — Die Entstehung des Zusammenhangs des deutschen Reichs mit dem Papstthum, Rom und Italien. — Deutsche Kaiserzeit. — Giesebrechts Geschichte der deutschen Kaiserzeit. — Noch einmal das germanische Museum und sein Organ. — Preußen vor fünfhundert Jahren. — Bilder aus der deutschen Vergangenheit. — Die Bekehrung des norwegischen Stammes zum Christenthum. — Altnordisches Leben. — Maurers Island. — Das norwegische Gesetzsprecher-Amt.

Inhalt der dritten Reihe: Ueber den Bau der Ballade. — Soll und Haben. — Gustav Freytag: Aus einer kleinen Stadt. — Friedrich Leutner: I. Zur Märchen-Poesie. — II. Die Märchendichtung und Victor Blüthgen. — Maximilian Beilhack. — G. E. Lessing. — Bilder aus der Beamtenwelt. — Die Poesie und ihre Geschichte. I. — Zur Erinnerung an Wilhelm v. Humboldt. — Nochmal zur Märchendichtung. — Das bairische Hochland. — Wanderungen im bairischen Gebirge. — Ludwig Steub: Drei Sommer in Tirol. — Die Rose der Serwi. — Das siebenhundertjährige Jubiläum Münchens. — Die erste deutsche geschichtliche Kunstausstellung zu München. — Siciliana. — Vischer's kritische Gänge. — Melchior Meyr's „Vier Deutsche." — Ueber und gegen Thomas Buckle. — Reisebriefe aus Tirol und Italien. — Frau Aventiure. — Die Schlachtfelder von Beaumont, Mouzon und Sedan. — Kriegsbilder. — Aus den Tagen von Sedan. — Allgemeines Reichscommersbuch für deutsche Studenten. — Die deutsche Mundart-Dichtung und Karl Stieler. — Julius Wolff's wilder Jäger. — Neue Gedichte von Max Schlierbach u. s. w.

www.ingramcontent.com/pod-product-compliance
Lightning Source LLC
Chambersburg PA
CBHW030016240426
43672CB00007B/981